ゆまに書房

書誌書目シリーズ⑩

フランク・ホーレー旧蔵

「宝玲文庫」資料集成

第5巻

[編著・解題] 横山　學

凡　例

一、本書は、「宝玲文庫」に関するフランク・ホーレー旧蔵資料を影印復刻したものであります。原資料の大半は編著者が保持しています。

二、第二回配本のうち、第五巻には関連資料として、古書関係者が作成したホーレーの蔵書に関する目録をはじめ、本の売買や修復についての書簡やメモなどを影印で収録しました。また、同巻には、第一巻から第四巻に収録した資料の解題と、第五巻に収録した関連資料の解題を収録しています。第六巻は「「宝玲文庫」関係論文集」として、編著者がホーレーについて表した論述のうち、「宝玲文庫」に関わるものを中心に収録しました。

三、復刻にあたっては「原資料に対して無修正」を原則として、書き込み等もそのままとしました。但し、実際のインク・鉛筆色が赤・青・黒などとなっていますが、製版の都合で判別が難しいかもしれません。

四、欧文（横書き）の資料はページ順に従い、右開きとして製本しました。

五、原資料の寸法は様々ですが、Ａ５判に収めるために縮尺率を調整しました。

六、底本の記録状態や経年劣化等により、読み難い箇所がありますが、御了解をお願い致します。

七、各資料には便宜的に番号を付しました。

八、第二回配本（全二巻）の内容は以下の通りです。

第五巻　関連資料01「ホーレー文庫蔵書展観入札目録」
関連資料02「フランク・ホーレー氏蒐集和紙関係文献目録」
関連資料03（巌松堂　評価目録）
関連資料04「美野田琢磨文庫図書目録」（漢字・欧文）
関連資料05（坂巻駿三「琉球コレクション」書抜）
関連資料06（伊波普猷文庫目録）「故伊波普猷所蔵研究資料（沖縄関係ノ分）」

第五巻　目次

関連資料01 「ホーレー文庫蔵書展観入札目録」

ホーレー文庫藏書展觀入札目錄

宋 螺 箋 紙 三枚一卷の內（羅振玉の識語あり）

本目錄14頁參照

日本に在住すること約三十年、この風土に親昵し、この國の言語に熟達、文學・歴史・書誌に造詣深く、又古典籍を愛好寶重する事常人に超えたフランク・ホーレー氏は、多年研鑽の業績が積つて、ようやく畢生の大著「日本の鯨と捕鯨」が完成せんとしつゝある時に、中道にして今年初急逝されました。氏のためはもちろんの事、學界のため、否廣く全世界の日本學のため痛惜にたえません。

この度、御遺族及びその代理の方々の御委托を受けて、その遺藏書全部を別記の通り一般展觀の上、入札賣立をいたします。國語學・書誌學・本草學・日本切支丹史・アイヌ史等を中心に、多年費をいとわず蒐集された資料ばかりで、その數は約一萬册。善本佳書に富み、保存もごく良好のものであります。また卷頭に掲げた和紙關係の文獻は、數量も質も全國有數の蒐集であります。どうぞ御誘い合せの上、御來觀、又御買上げ下さいます樣御願い申し上げます。

昭和卅六年四月一日

札元

弘文荘 反町茂雄
東京都文京區本郷西片町十
電話(921)三七〇三番

村口書房 村口四郎
東京都港區麻布飯倉六ノ十三
電話(481)一七三一番

竹苞樓 佐々木惣四郎
京都市中京區寺町通姉小路上ル
電話(3)二九七七番

春和堂 若林正治
京都市伏見區京町南八丁目一〇二
電話(30)一六六五番

フランクホーレー氏小照

京都山科自邸
庭前にて
鳥袋久さん
令息ジョン君
ホーレー氏

フランク・ホーレー氏略歴及び著書

一九〇六年（明治三十九年）三月三十一日、英國ストックトン・オン・テーにて生

學歴　リバプール、ケンブリッジ、パリ、ベルリン各大學

學位　バッチェラ オブ アーツ、マスター オブ アーツ

職歴　一九三〇—三一年ロンドン大學、言語學教授

一九三一—三四年東京外語及文理科大學英語教授

一九三四—三六年第三高校、英語教授

一九三九—四一年研究社辭書編集

一九四二—四三年ロンドン大學、日本語教授

一九四二—四六年英外務省附

一九四六—五二年タイムズ、外數紙特派員

一九五三年關西亞細亞協會々長

一九六一年一月京都にて遠逝、行年五十四。

著書　La Philosophie dù Langage dans L'Encyclopédie, 1930

The linguistic theories of Ernst Cassier, 1931

The sources of the TAKETORIMONOGATARI (竹取物語), 1937

An English Surgeon in Japan in 1864—1865, 1954

Whales & Whaling in Japan, Vol. 1, 1961

ホーレー氏の思い出

中山正善

ホーレー氏とは近頃あまり逢わなかつたが、突然の訃報を聞いて驚いた。遺族のお方々には同情にたえない。僕としては、有力な本道樂の仲間を失つたことを、さびしく思つて居る。

あの人の蒐書の態度について、詳しい事は知らない。最初に氏の話をきかせたのは君だつたと思う。終戦後二、三年たつた頃、「ある外國人が、日本の古い良い本をドンドン買つて京橋のあるビルの一部をかりてその中に入れて居る。チェンバレンやモリソンよりも廣い角度で古書を集めて居る」と君から聞いた。なじみになつたのは、氏が京都に移つてからで、京都ホテルのグリルで最初に逢つたように思う。うちの娘が京都で入院していた時に、娘をつれて京都ホテルへ行つた時だつた。日本語が上手で、僕が英語で話しかけても、返答はかならず日本語だつた。英語もアメリカ式の英語だけでなく、格の正しい英語を話した。この時は、唯我獨尊的な、自分中心の話をした。その後、奈良ホテルへ來た時に時々僕のところへ來た。五、六度は來た様におぼえて居る。うちの圖書館について讃辭を受けた。

氏の蒐書について全貌は分らないが、五山版や滿蒙のコレクションを讓り受け、その他にも色々のものを買つた。五山版の時は僕自身が立合い、満蒙の時は富永君が行つた。最後に逢つた時には鯨の本（註「日本の鯨と捕鯨」）の話をして、「自分は今一番よい本をつくつて居る」と語つた。その自信に満ちた本が、立派な豪華版で來月に出版が完成すると聞いて、よろこびにたえない。永くあの人の學問と書物制作の見識を傳えるものになるだろうと思う。

ブックマニヤを失つてさびしい。彼自身も孤獨なんだつたと思う。

藏書が君たちの盡力で賣立てられる相だが、故人のために、又御遺族のためにも、大きな成功を収める事を祈る。（三月十六日夕、談話筆記。筆記者反町）

ホーレー氏蒐集

1 和紙文献コレクション 和漢洋取り交せ 四三一部の内

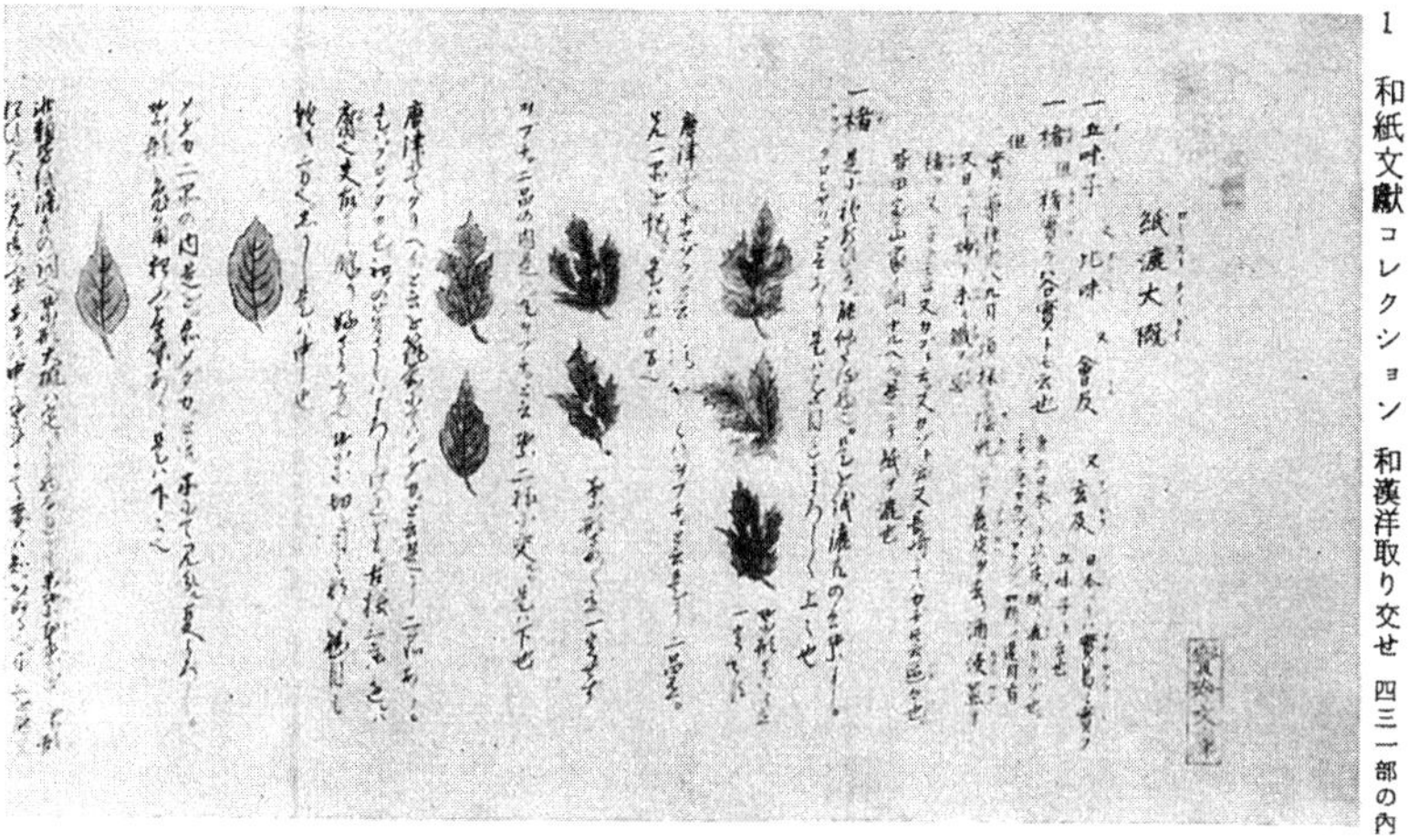

紙漉大概 木崎攸軒著 彩色繪卷

同上

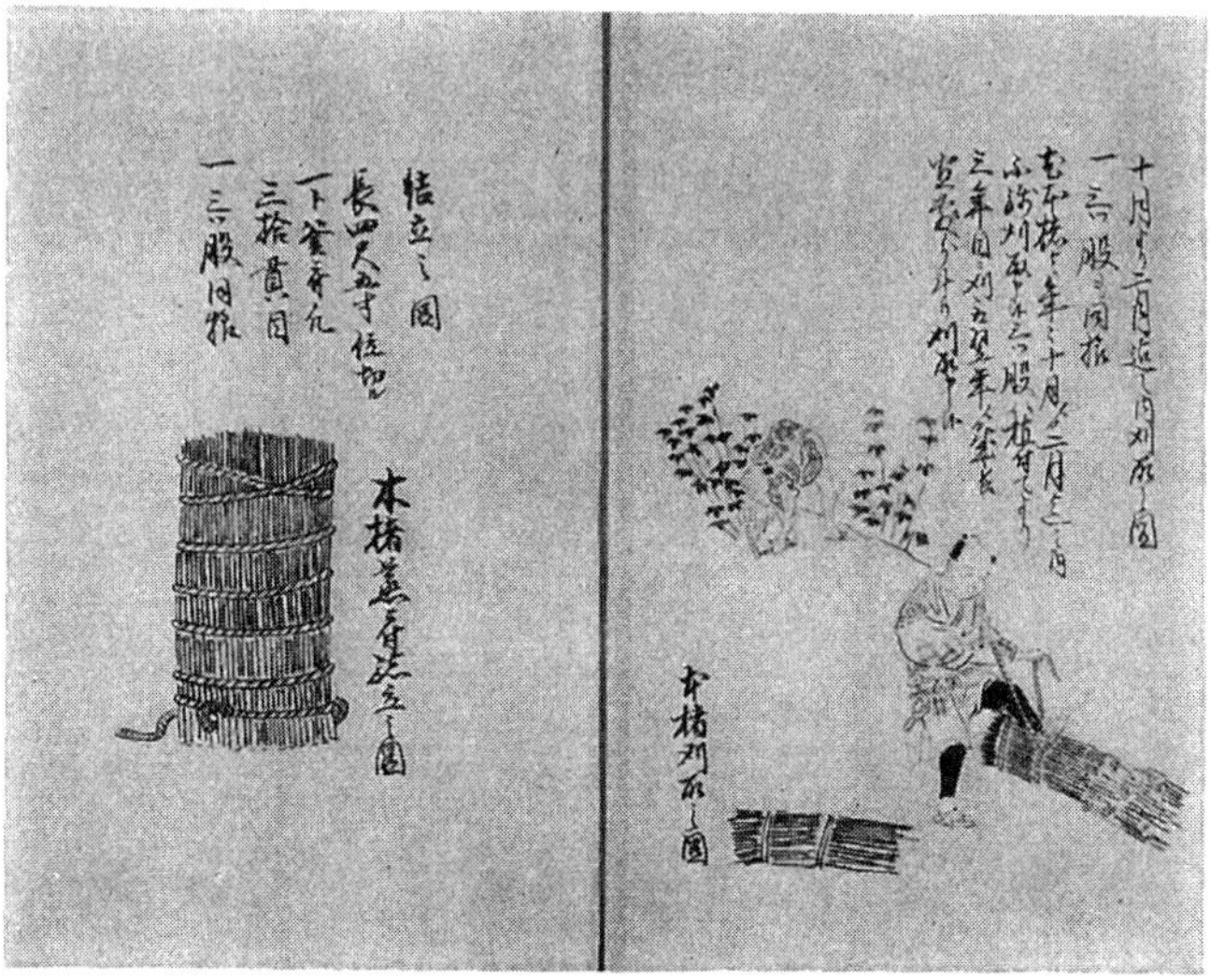

楮及三俣製紙漉方之記 新寫

ホーレー氏蒐集

1 和紙文獻コレクションの内

造紙説 帝國圖書館本寫 厚册 二册

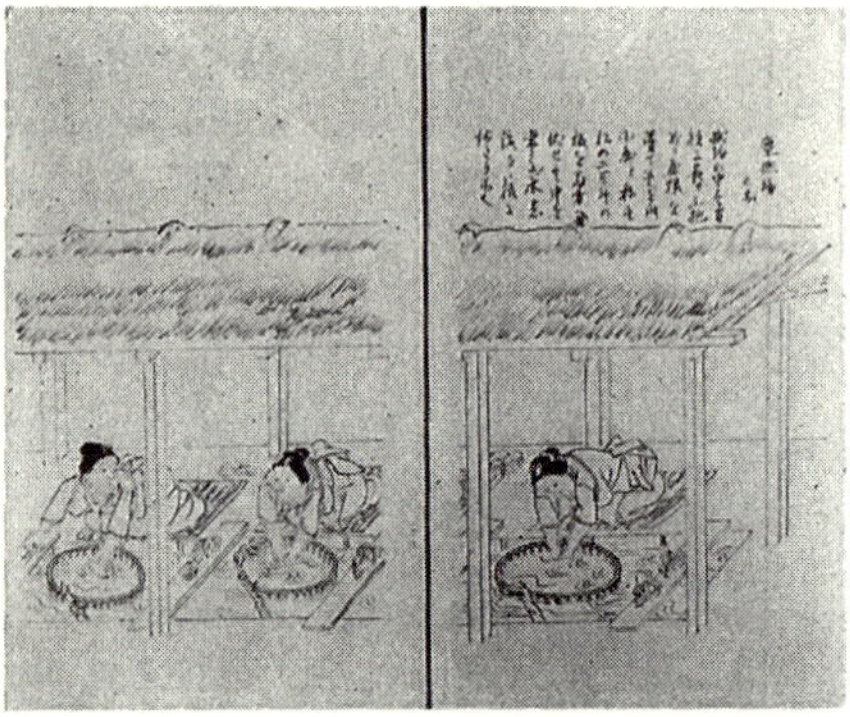

同上

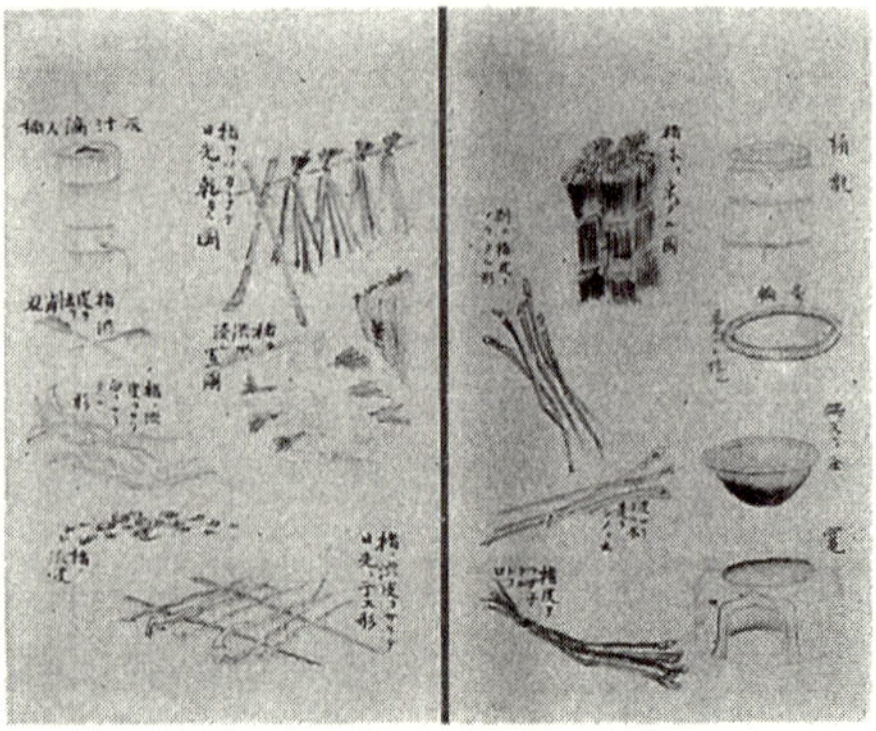

同上

1 ホーレー氏蒐集 和紙文献コレクションの内

ケンペル 異國雜纂 一七一二年刊

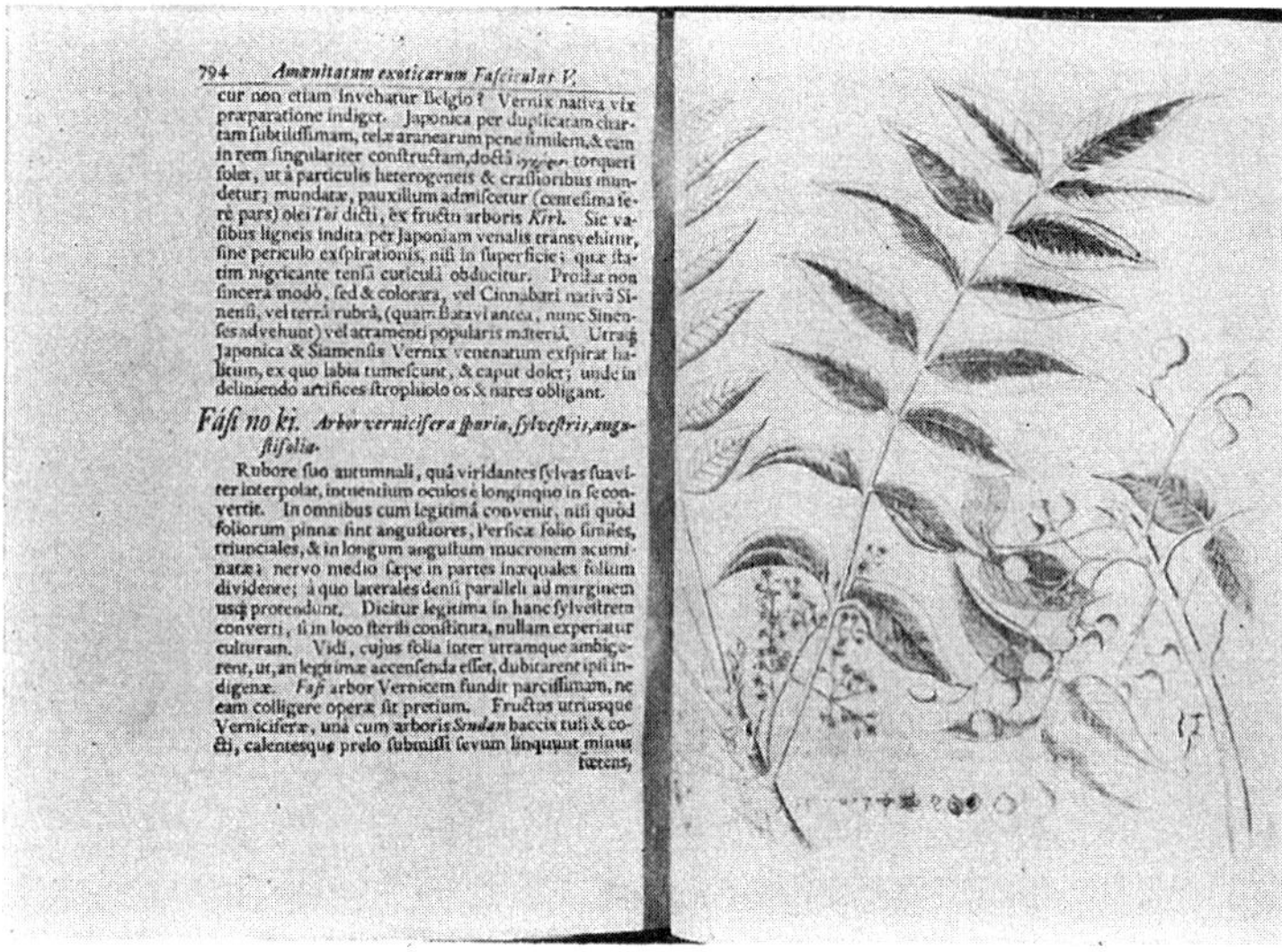

794 *Amœnitatum exoticarum Faſciculus V.*

cur non etiam invehatur Belgio? Vernix nativa vix præparatione indiget. Japonica per duplicatam chartam ſubtiliſſimam, telæ aranearum pene ſimilem, & eam in rem ſingulariter conſtructam, doctâ *[illegible]* torqueri ſolet, ut à particulis heterogeneis & craſſioribus mundetur; mundatæ, pauxillum admiſcetur (centeſima ferè pars) olei *Toi* dicti, ex fructu arboris *Kiri*. Sic vaſibus ligneis indita per Japoniam venalis transvehitur, ſine periculo exſpirationis, niſi in ſuperficie; quæ ſtatim nigricante tenſâ cuticulâ obducitur. Proſtat non ſincera modò, ſed & colorata, vel Cinnabari nativâ Sinenſi, vel terrâ rubrâ, (quam Batavi antea, nunc Sinenſes advehunt) vel atramenti popularis materiâ. Utraq; Japonica & Siamenſis Vernix venenatum exſpirat halitum, ex quo labia tumeſcunt, & caput dolet; unde in deliniendo artifices ſtrophiolo os & nares obligant.

Fáſi no ki. *Arbor vernicifera ſpuria, ſylveſtris, anguſtifolia.*

Rubore ſuo autumnali, quâ viridantes ſylvas ſuaviter interpolat, intuentium oculos è longinquo in ſe convertit. In omnibus cum legitimâ convenit, niſi quòd foliorum pinnæ ſint anguſtiores, Perſicæ folio ſimiles, triunciales, & in longum anguſtum mucronem acuminatæ; nervo medio ſæpe in partes inæquales folium dividente; à quo laterales denſi paralleli ad marginem usq; protendunt. Dicitur legitima in hanc ſylveſtrem converti, ſi in loco ſterili conſtituta, nullam experiatur culturam. Vidi, cujus folia inter utramque ambigerent, ut, an legitimæ accenſenda eſſet, dubitarent ipſi indigenæ. *Faſi* arbor Vernicem fundit parciſſimam, ne eam colligere operæ ſit pretium. Fructus utriusque Verniciferæ, unà cum arboris *Sendan* baccis tuſi & cocti, calentesque prelo ſubmiſſi ſevum linquunt minus fœtens,

和紙に關する西歐の最古の文獻であらう

同上

手漉紙の歴史 R・H・クラッパートン著 オックスフォード一九三四年版

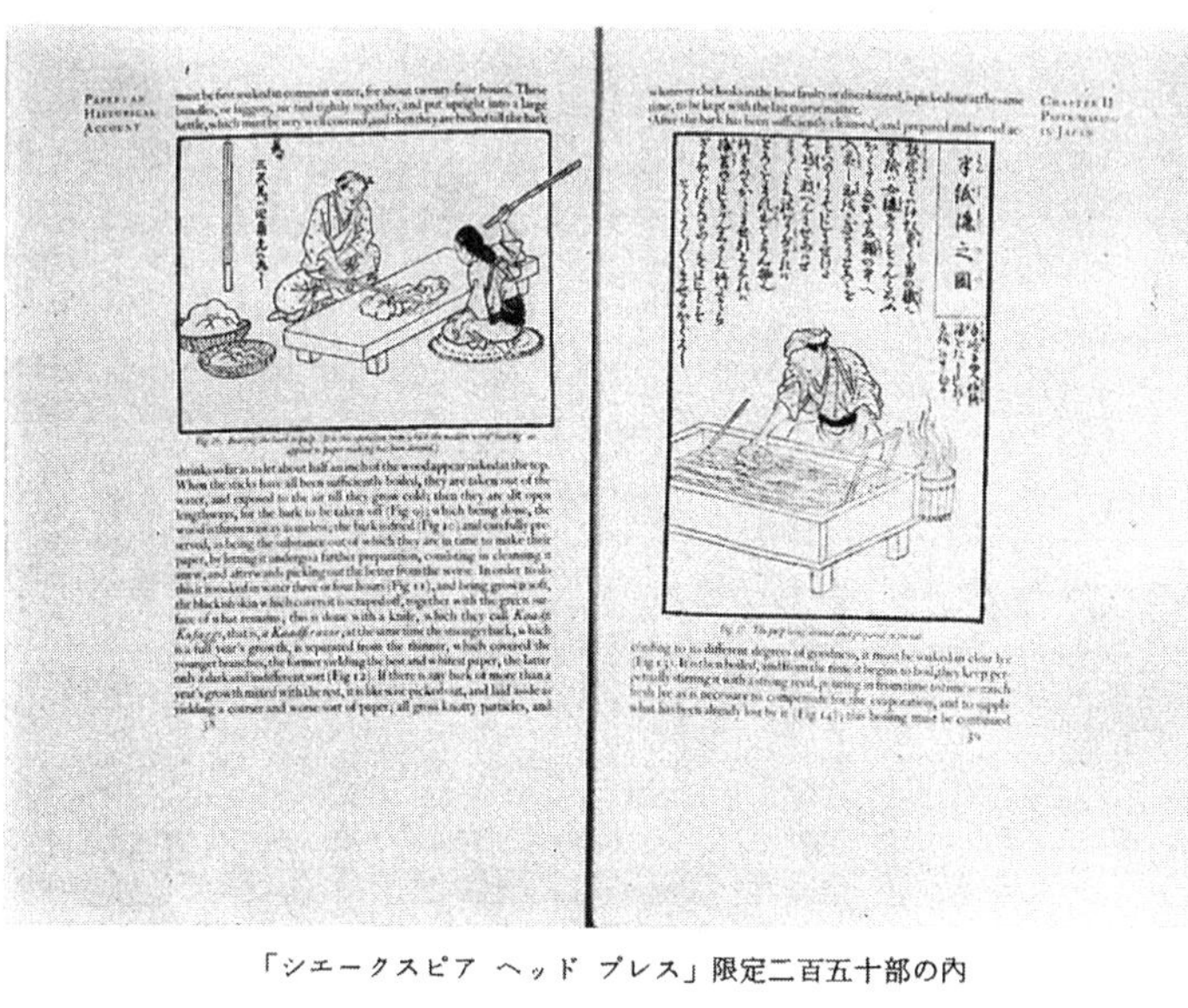

「シエークスピア ヘッド プレス」限定二百五十部の内

1

ホーレー氏蒐集

和紙文献コレクションの内

ダードハンター著 三部作 全部限定版、稀本

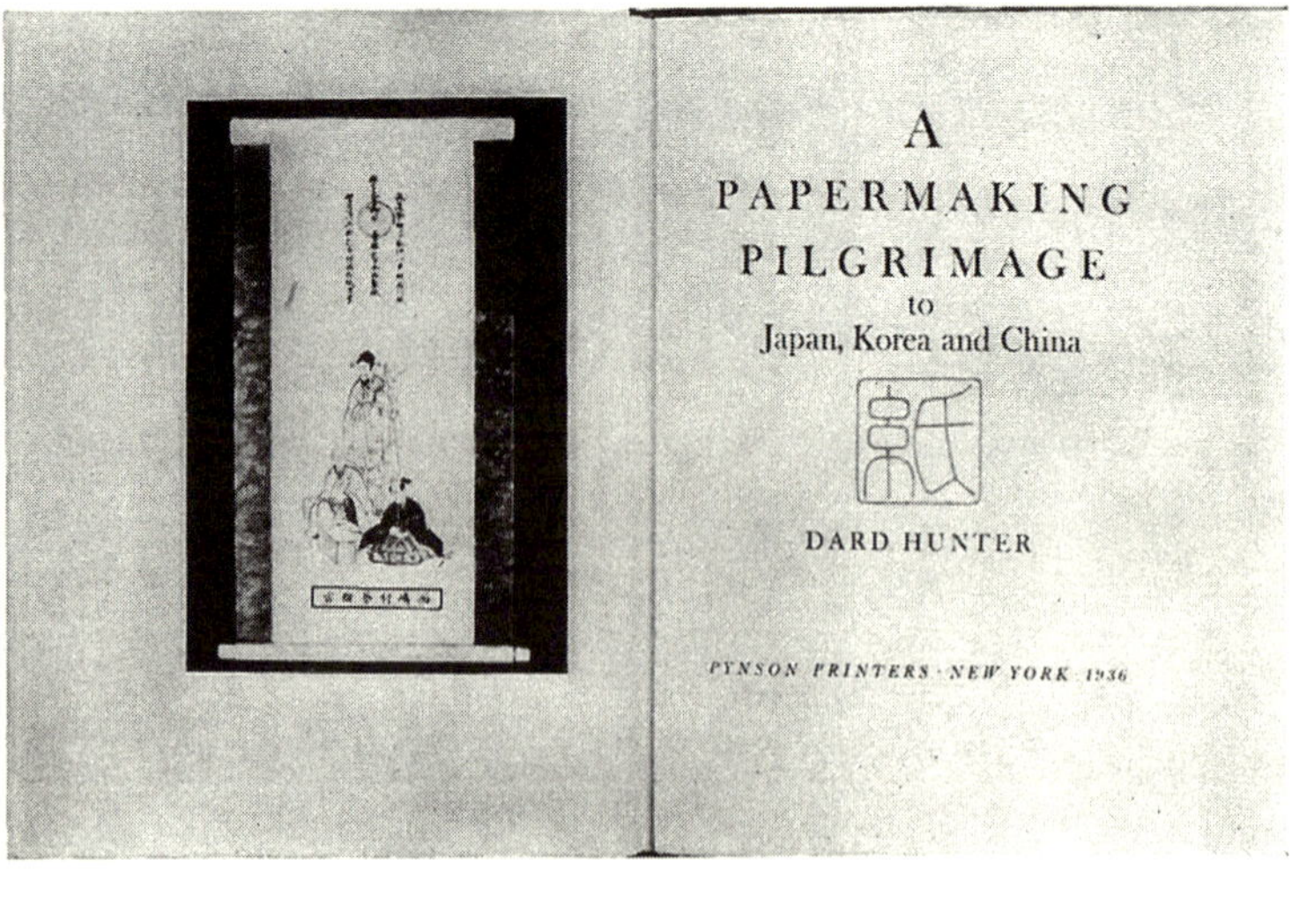

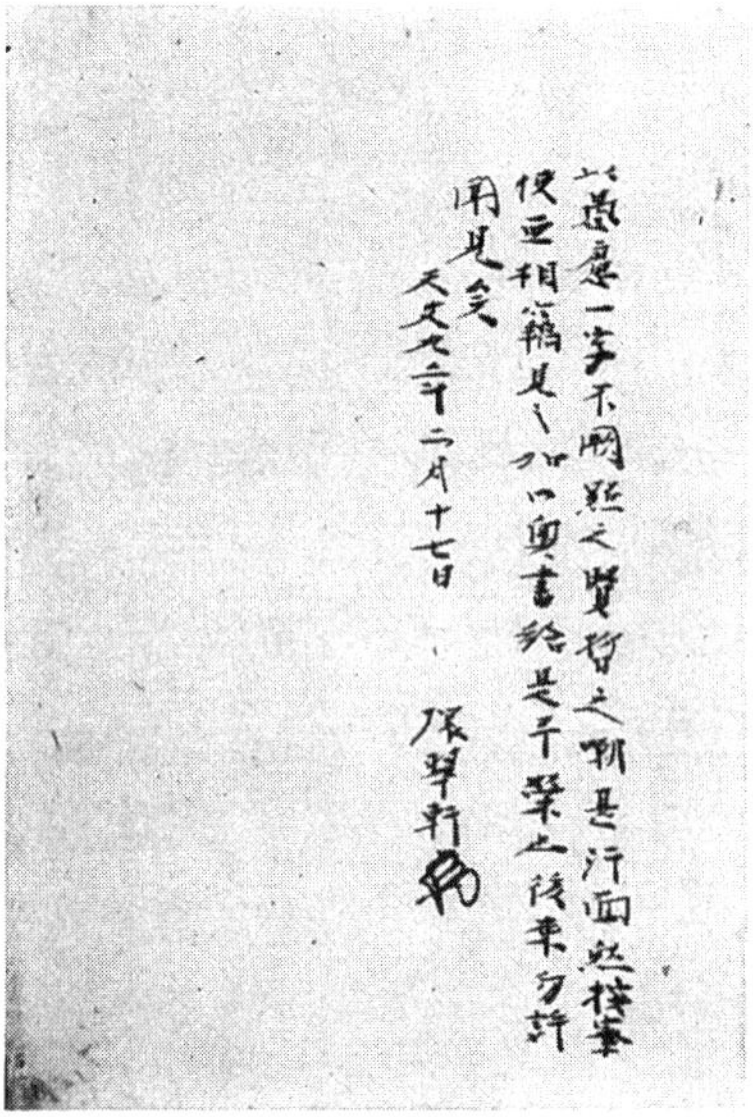

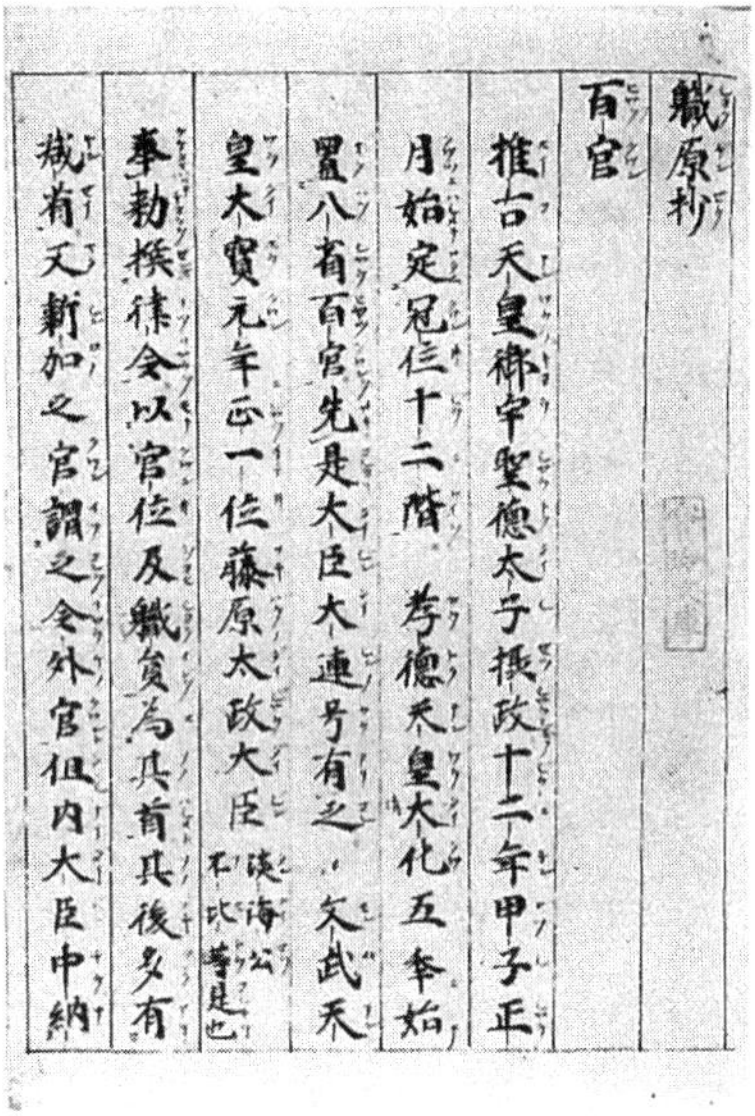

職原抄
百官
推古天皇御宇聖徳太子摂政十二年甲子正
月始定冠位十二階　孝徳天皇大化五年始
置八省百官先是大臣大連号有之　文武天
皇大宝元年正一位藤原太政大臣 淡海公 不比等是也
奉勅撰律令以官位及職員為其首其後多有
職省又新加之官謂之令外官但内大臣中納

2　職原抄　卜部吉田家本　吉田兼右筆　清原宣賢自筆點

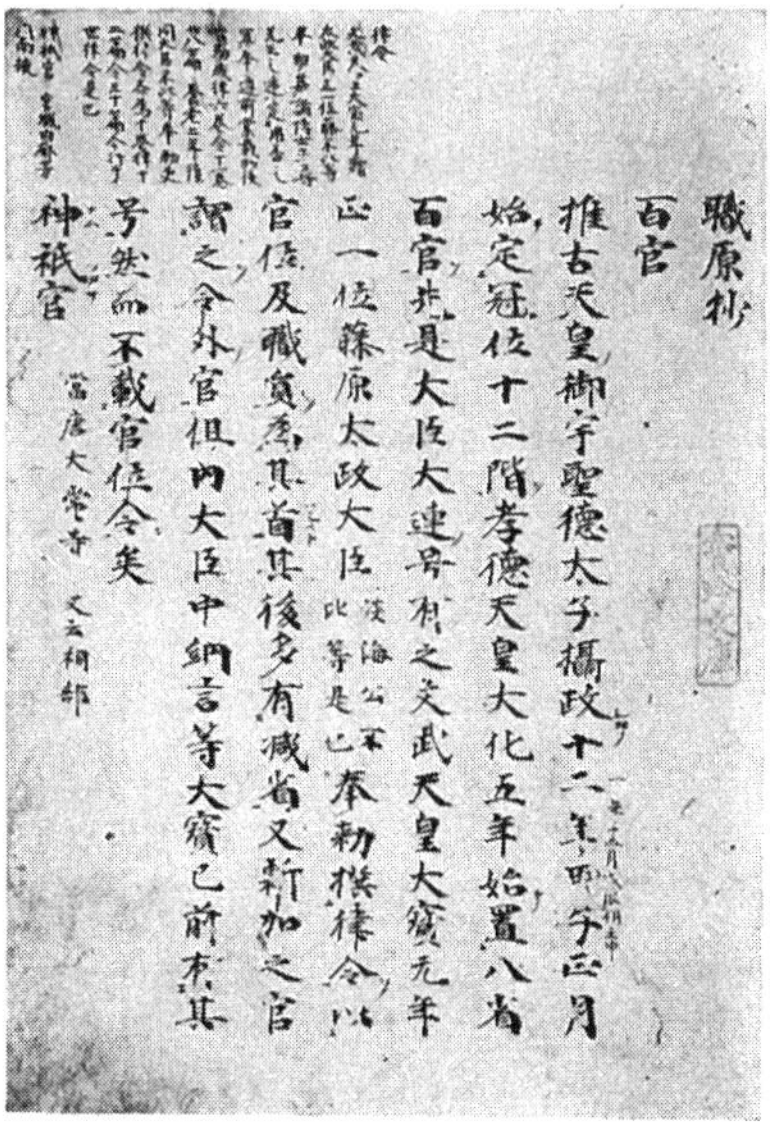

職原抄
百官
推古天皇御宇聖徳太子攝政十二年甲子正月
始定冠位十二階孝徳天皇大化五年始置八省
百官先是大臣大連号有之文武天皇大寶元年
正一位藤原太政大臣 淡海公 不比等是也 奉勅撰律令以
官位及職員為其首其後多有職省又新加之官
謂之令外官但内大臣中納言等大寶已前有其
号然而不載官位令矣
神祇官　當唐大常寺　又云祠部

3　職原抄　三條西家本　三條西實隆筆

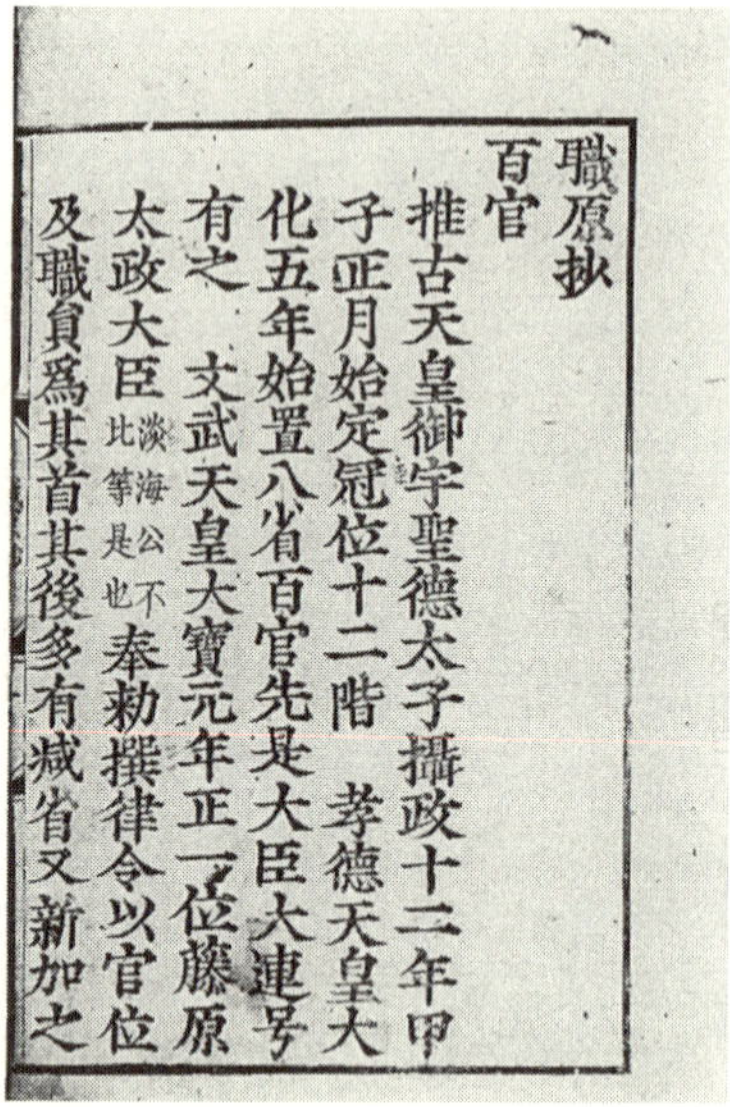

職原抄
百官
推古天皇御宇聖德太子攝政十二年甲
子正月始定冠位十二階　孝德天皇大
化五年始置八省百官先是大臣大連号
有之　文武天皇大寶元年正一位藤原
太政大臣淡海公不比等是也奉勅撰律令以官位
及職員爲其首其後多有減省又新加之

4　職原抄　慶長元和中刊　大形、稀本　伏見宮家版

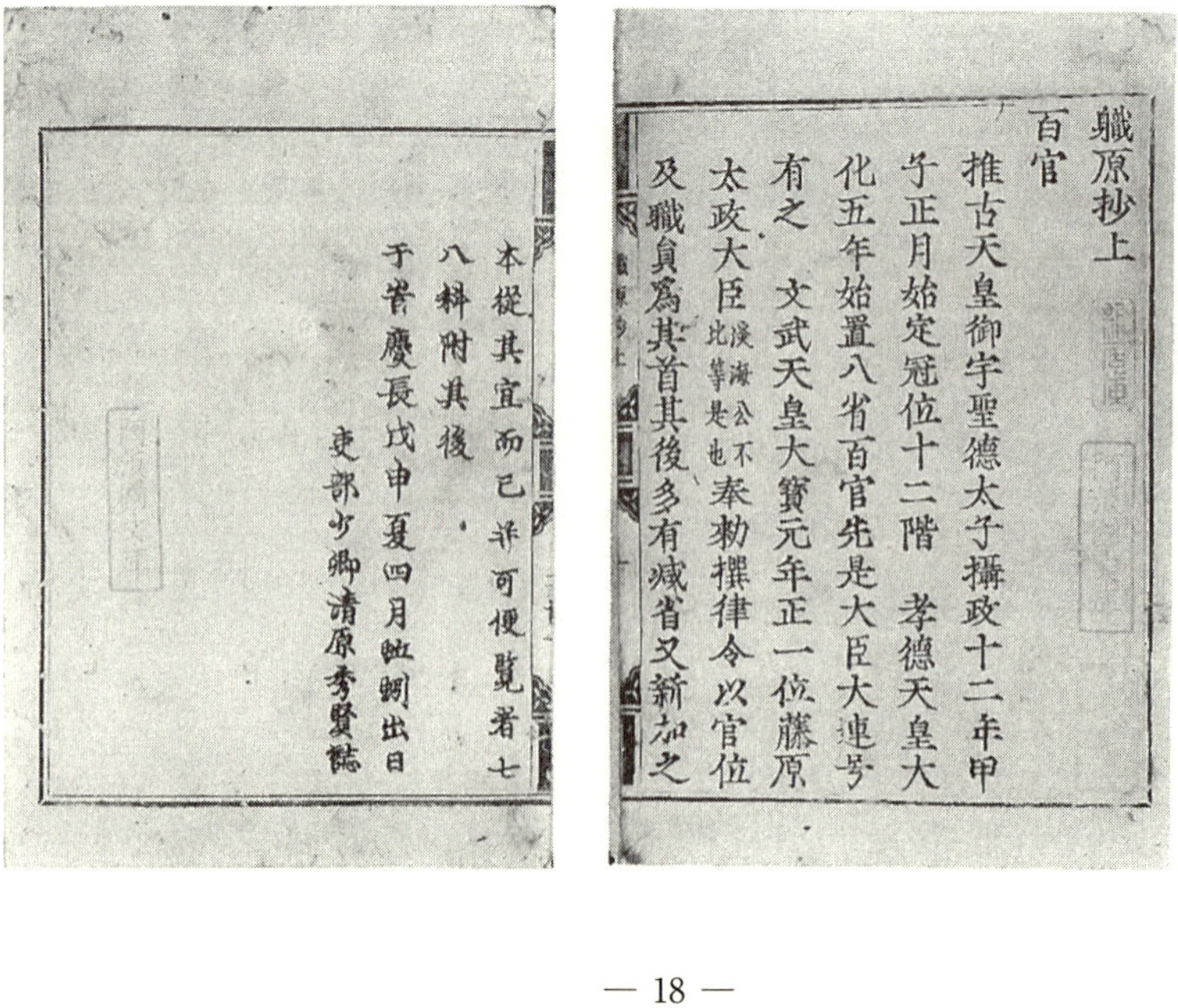

職原抄上
百官
推古天皇御宇聖德太子攝政十二年甲
子正月始定冠位十二階　孝德天皇大
化五年始置八省百官先是大臣大連号
有之　文武天皇大寶元年正一位藤原
太政大臣淡海公不比等是也奉勅撰律令以官位
及職員爲其首其後多有減省又新加之

本從其宜而已并可便覽者七
八科附其後
于旹慶長戊申夏四月朏蜩出日
吏部少卿清原秀賢誌

5　職原抄　慶長十三年刊古活字版　阿波國文庫舊藏　二冊

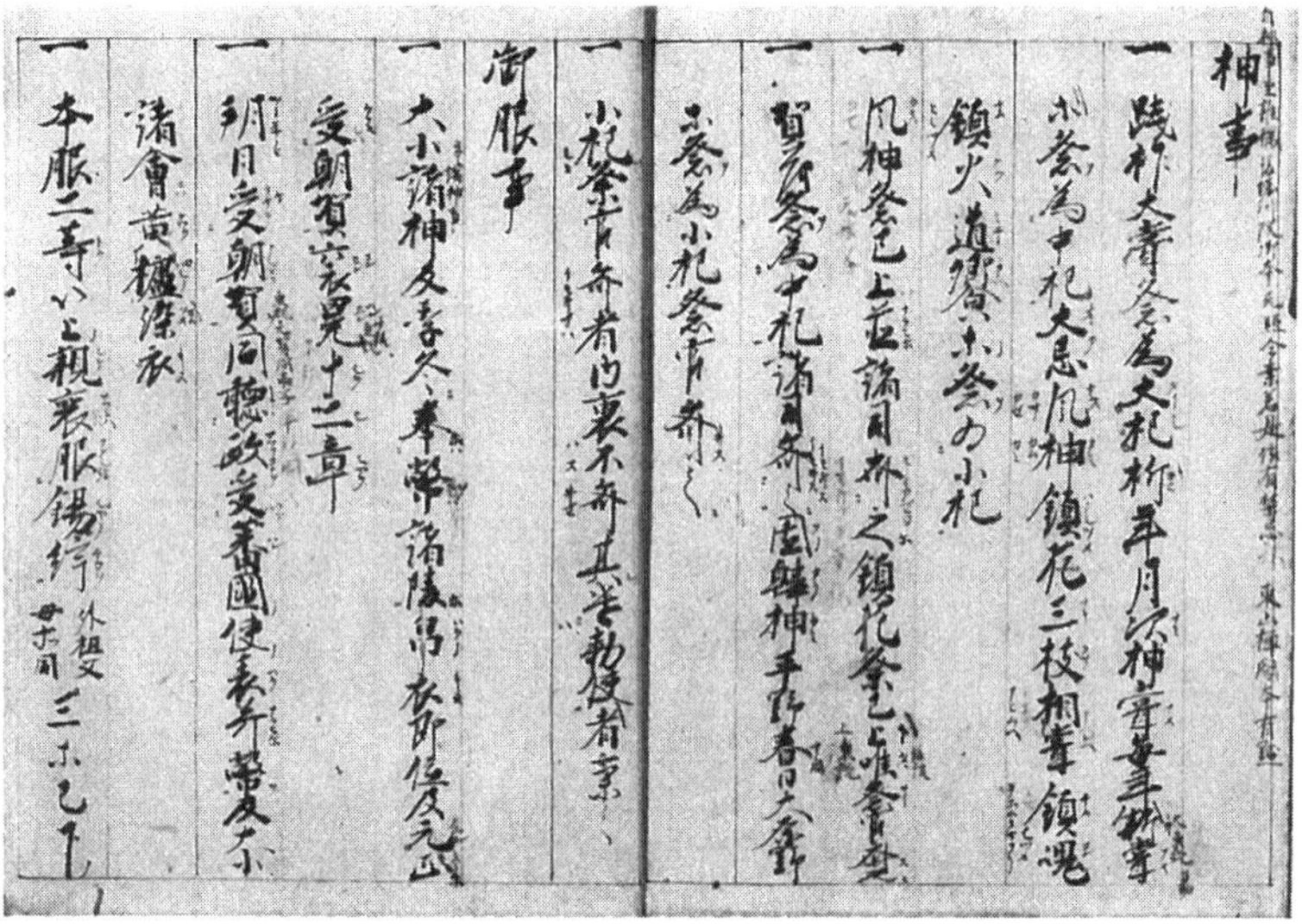

6　百官并年中行事　甘露寺親長筆　文明十年寫

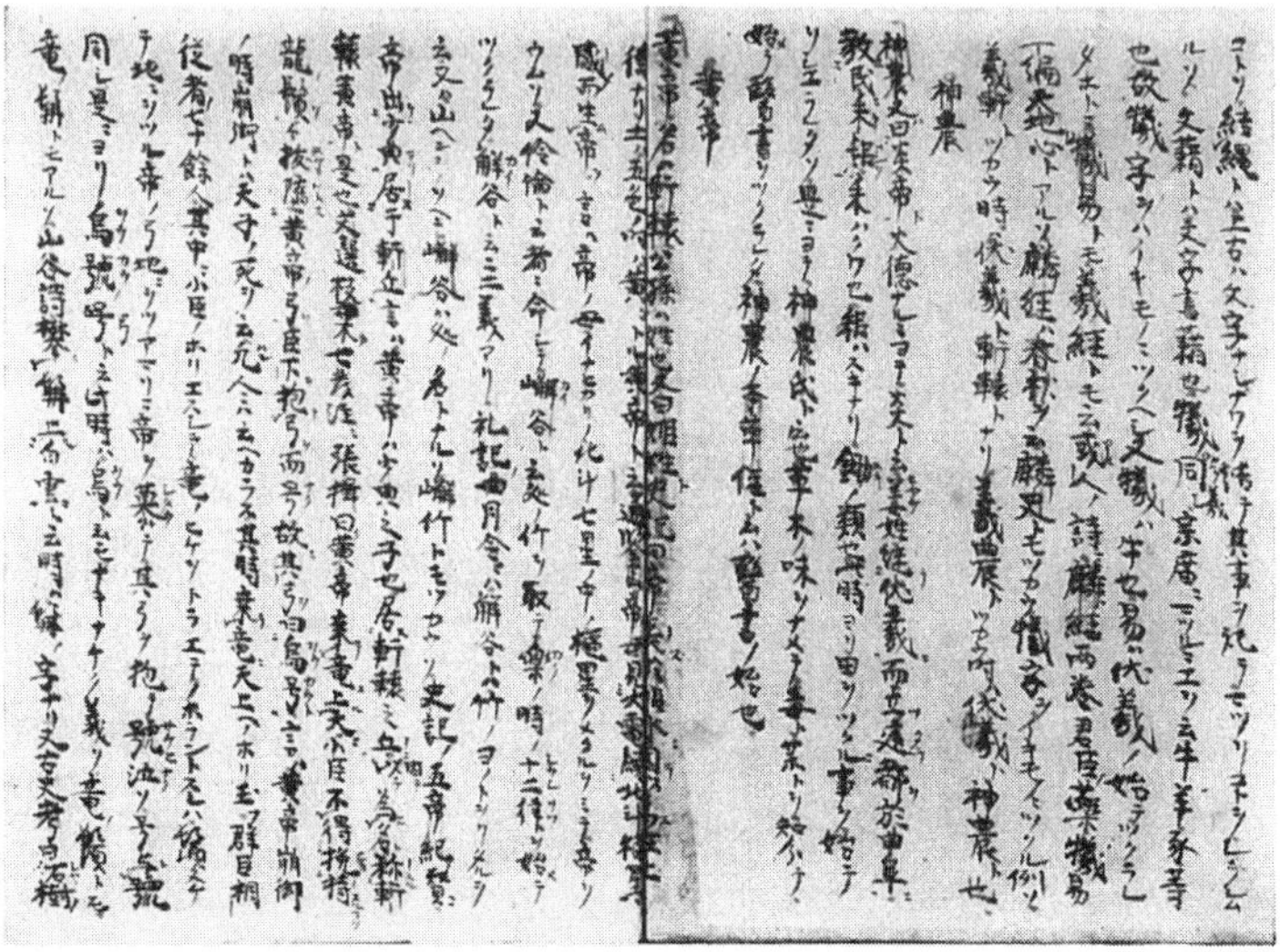

7　燈前夜話假名抄　足利末期古寫本

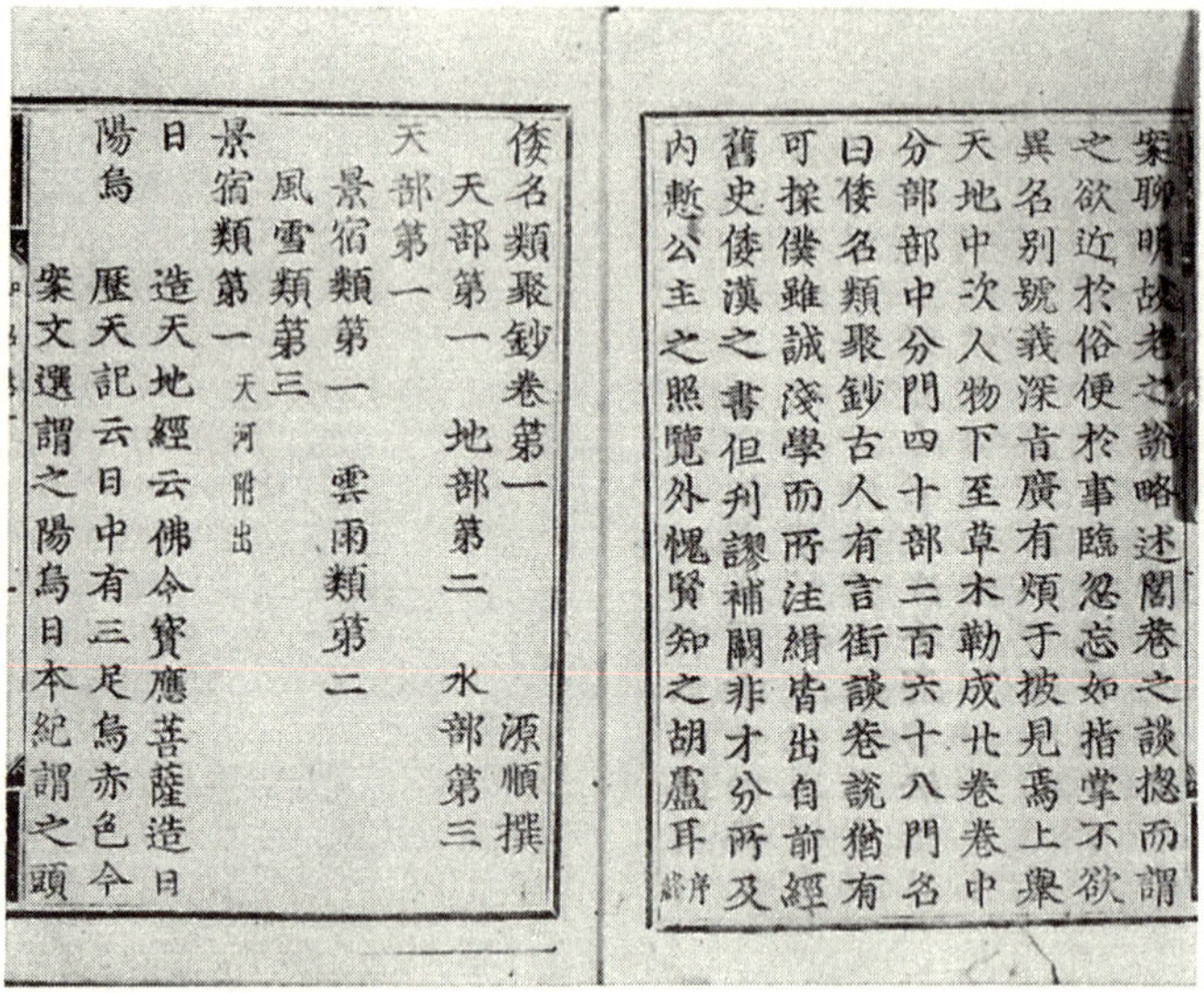

案聯暁故老之説略述閣卷之謙摠而謂
之欲近於俗便於事臨忽忘如指掌不欲
異名別號義深旨廣有煩于披見焉上舉
天地中次人物下至草木勒成廿卷卷中
分部部中分門四十部二百六十八門名
曰倭名類聚鈔古人有言街談巷説猶有
可採僕雖誠淺學而所注緝皆出自前經
舊史倭漢之書但刊謬補闕非才分所及
内懃公主之照覽外愧賢知之胡盧耳

倭名類聚鈔卷第一　源順撰
天部第一　地部第二　水部第三
天部第一
景宿類第一　雲雨類第二
風雪類第三
景宿類第一　天河附出
日　造天地經云佛令寶應菩薩造日
陽烏　歷天記云日中有三足烏赤色今
案文選謂之陽烏日本紀謂之頭

8 倭名類聚鈔　元和中刊古活字版　那波道圓校刊　十冊

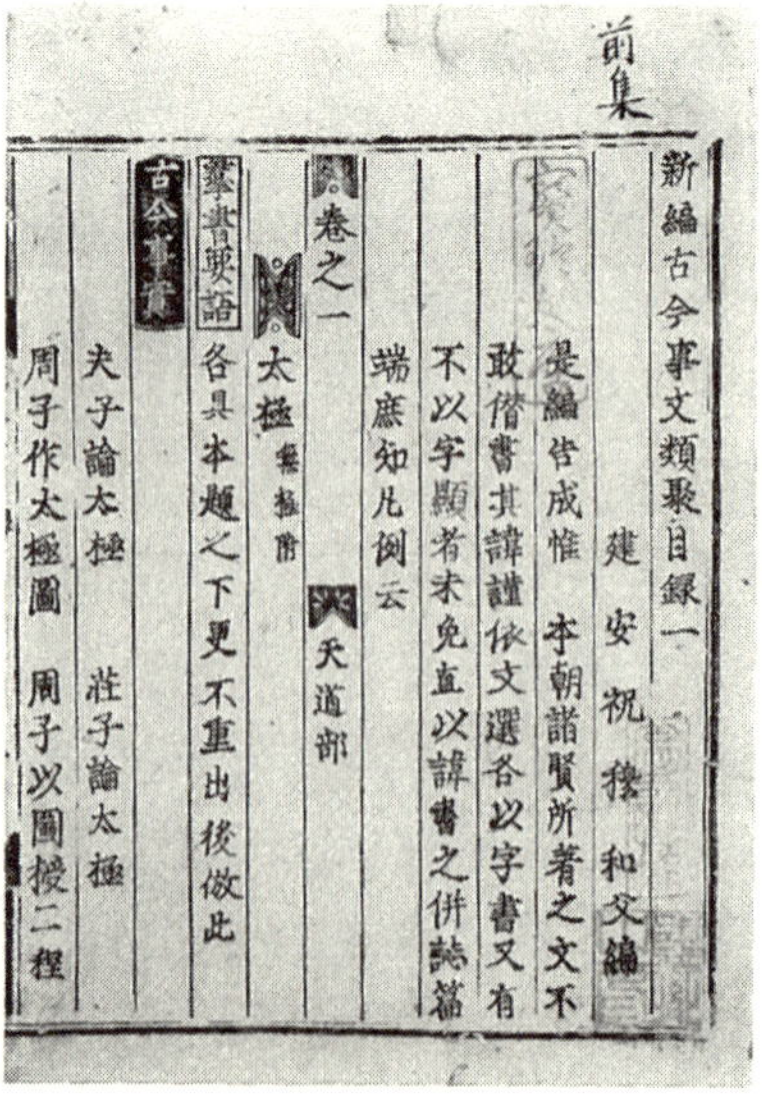

前集
新編古今事文類聚目錄一　建安祝穆和父編
是編皆成惟本朝諸賢所著之文不
敢僭書其諱謹依文選各以字書又有
不以字顯者未免直以諱書之併誌篇
端庶知凡例云
卷之一
天道部
太極　無極附
羣書要語
各具本題之下更不重出後倣此
古今事實
夫子論太極　莊子論太極
周子作太極圖　周子以圖授二程

9 古今事文類聚　元和寛永中刊古活字版　八十一冊

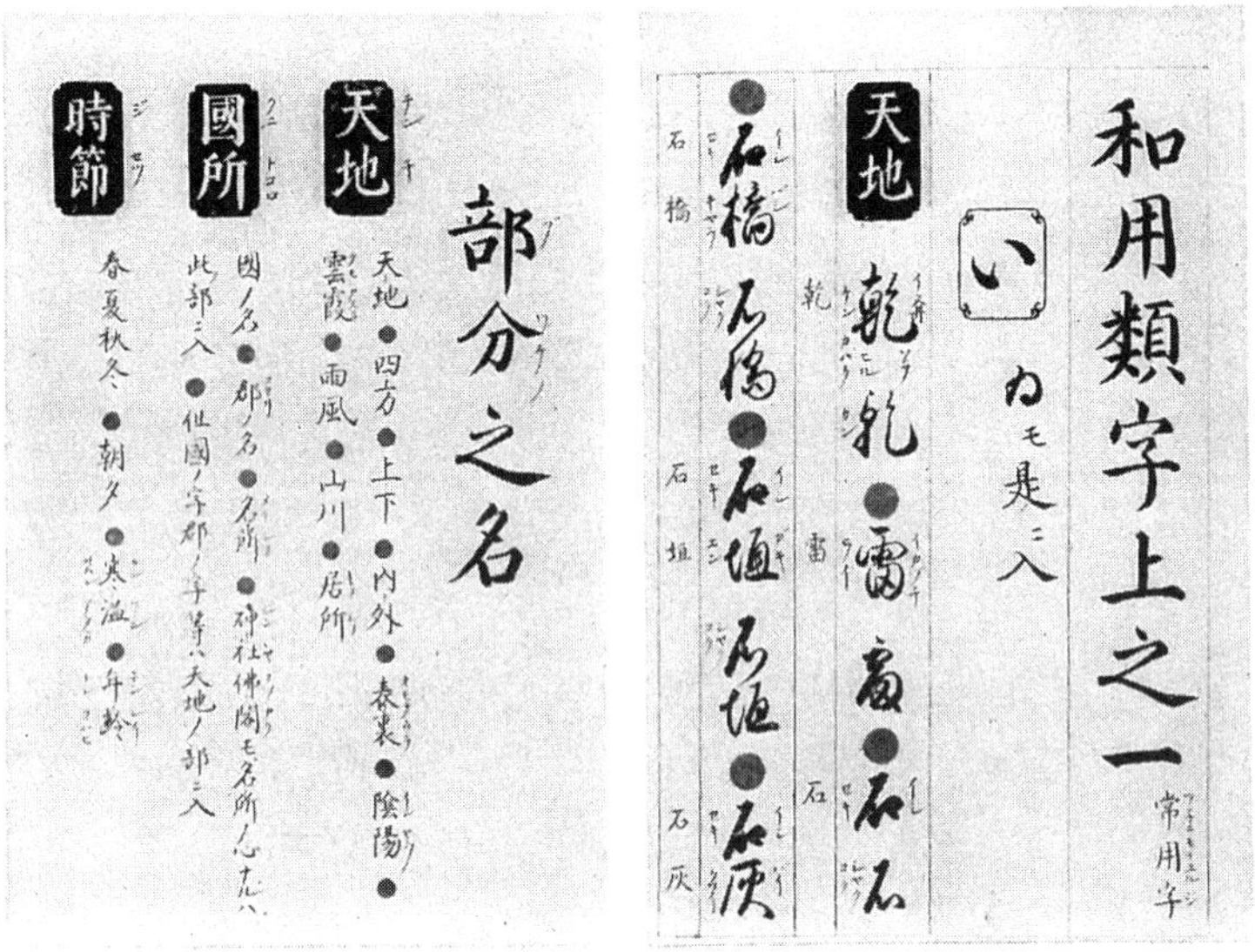

和用類字上之一
常用字
い カモ是ニ入
天地
乾 乾●雷●石●石
石橋 石橋●石垣 石垣●石灰

部分之名
天地 天地●四方●上下●内外●表裏●陰陽●
雲霞●雨風●山川●居所
國所 國ノ名●郡ノ名●名所●神社佛閣モ名所ノ心ナル
此部ニ入●但國ノ守郡ノ守等ハ天地ノ部ニ入
時節 春夏秋冬●朝夕●寒温●年齢

10 和用類字 伊達家本 江戸中期寫、原本歟 大形極上本 十五册

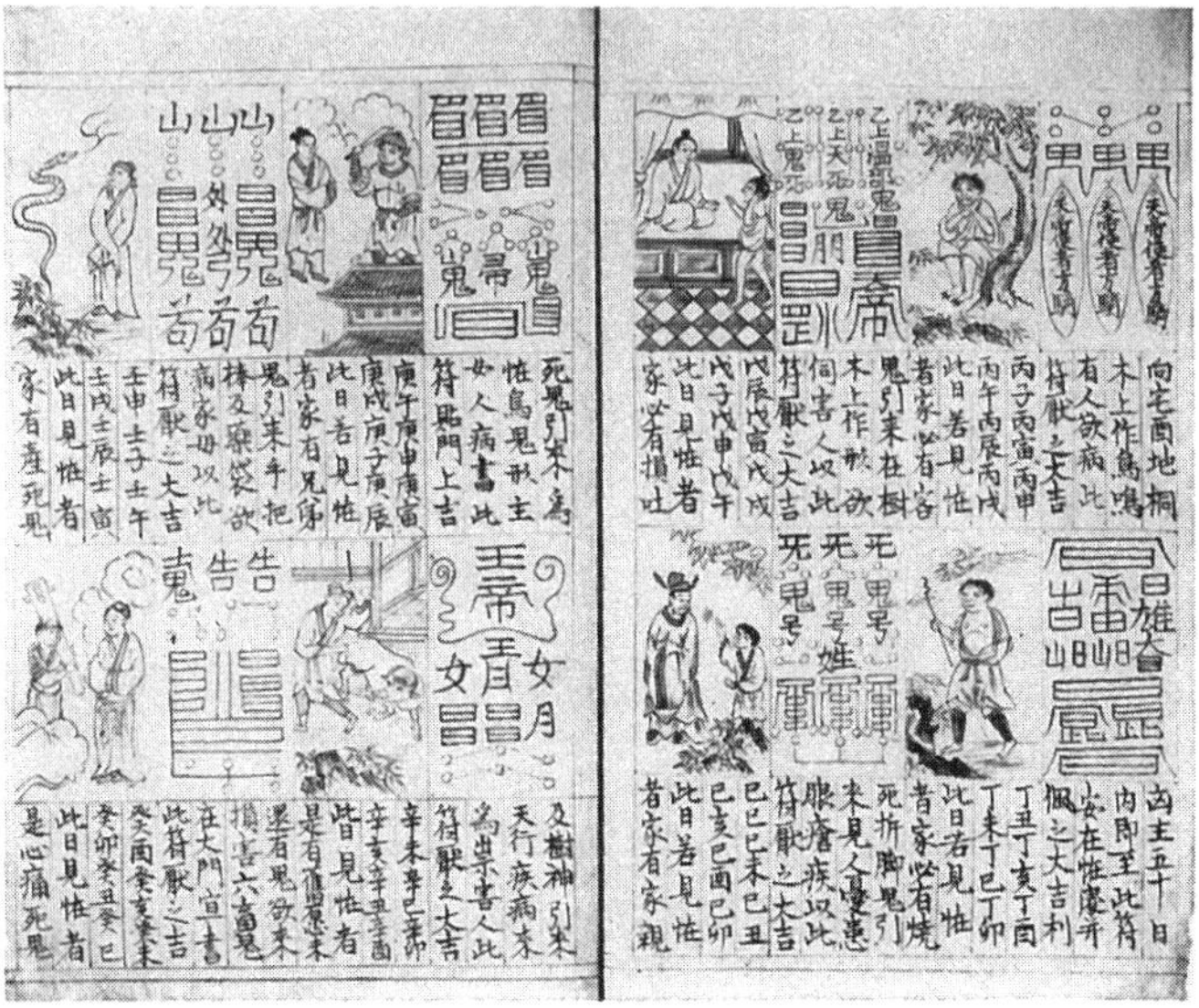

11 増廣校正 周公解夢書 朝鮮古寫本 大形、繪入

12 津輕家本 蝦夷蜂起物語繪巻 二巻

アイヌを題材にした現存唯一の物語繪巻

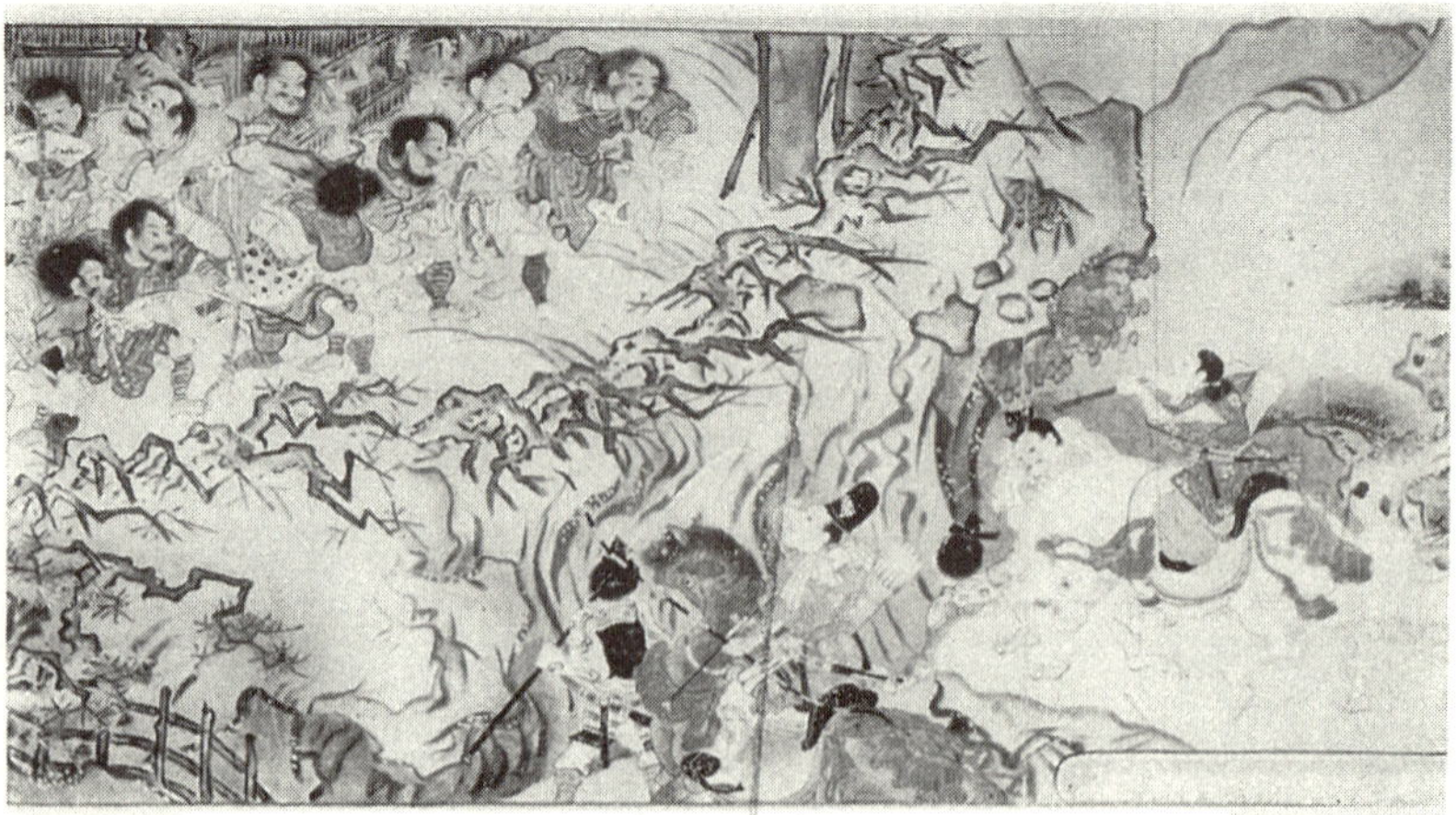

同上

アイヌ繪としても最古のもの

松前領江差港附近の圖

13 蝦夷地唐太眞景圖卷　彩色精寫、原本寛政五年戌、樂翁公舊藏　四卷

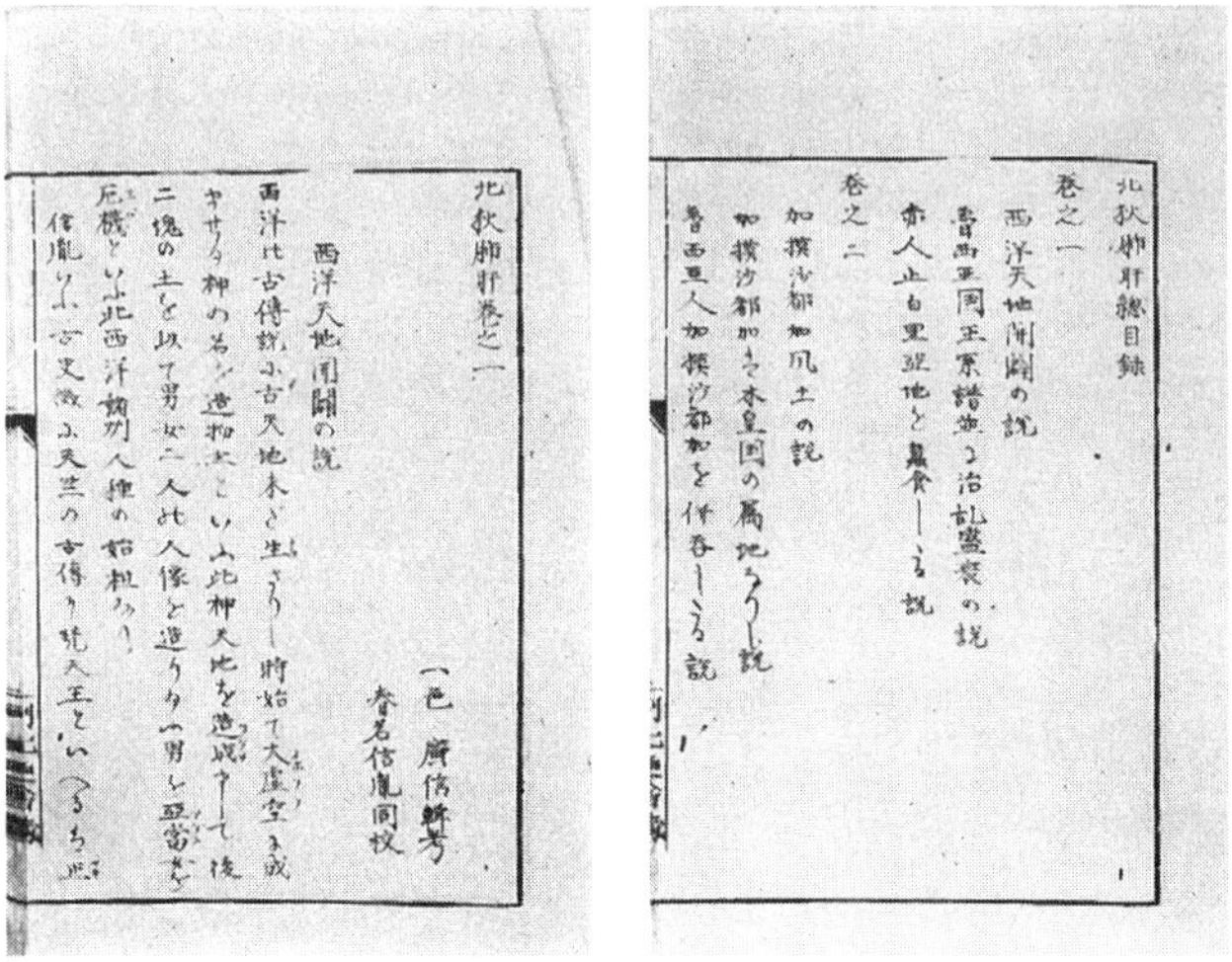

北狄肺肝總目録
巻之一
西洋天地開闢の説
晉西亜國王累譜並ニ治乱盛衰の説
赤人止白里亜地を蠶食しける説
巻之二
加摸沙都加風土の説
加摸沙都加ハ本皇國の属地なりし説
魯西亜人加摸沙都加を併呑しける説

北狄肺肝巻之一
一色 廣信輯考
香名信胤同校
西洋天地開闢の説
西洋ニ古傳説ニ古天地未だ生ざりし時始て大虚空ニ成
やすうち神の名ゝ造物主といふ此神天地を造成して後
二塊の土を以て男女二人此人像を造りて一男を亜當
厄襪といふ此西洋諸州人種の始祖なり
信胤いふ古史徴ニ天竺の古傳ニ梵天王といへるも此

14 北狄肺肝　一色廣信著、淨寫稿本歟　蝦夷地史料、極稀本　十九册

15 勇魚取繪詞　天保三年刊　大形上本　附鯨肉調味方　三冊

記事圖解とも正確詳密、刻刷精良、江戸時代の代表的版本の一である

同上

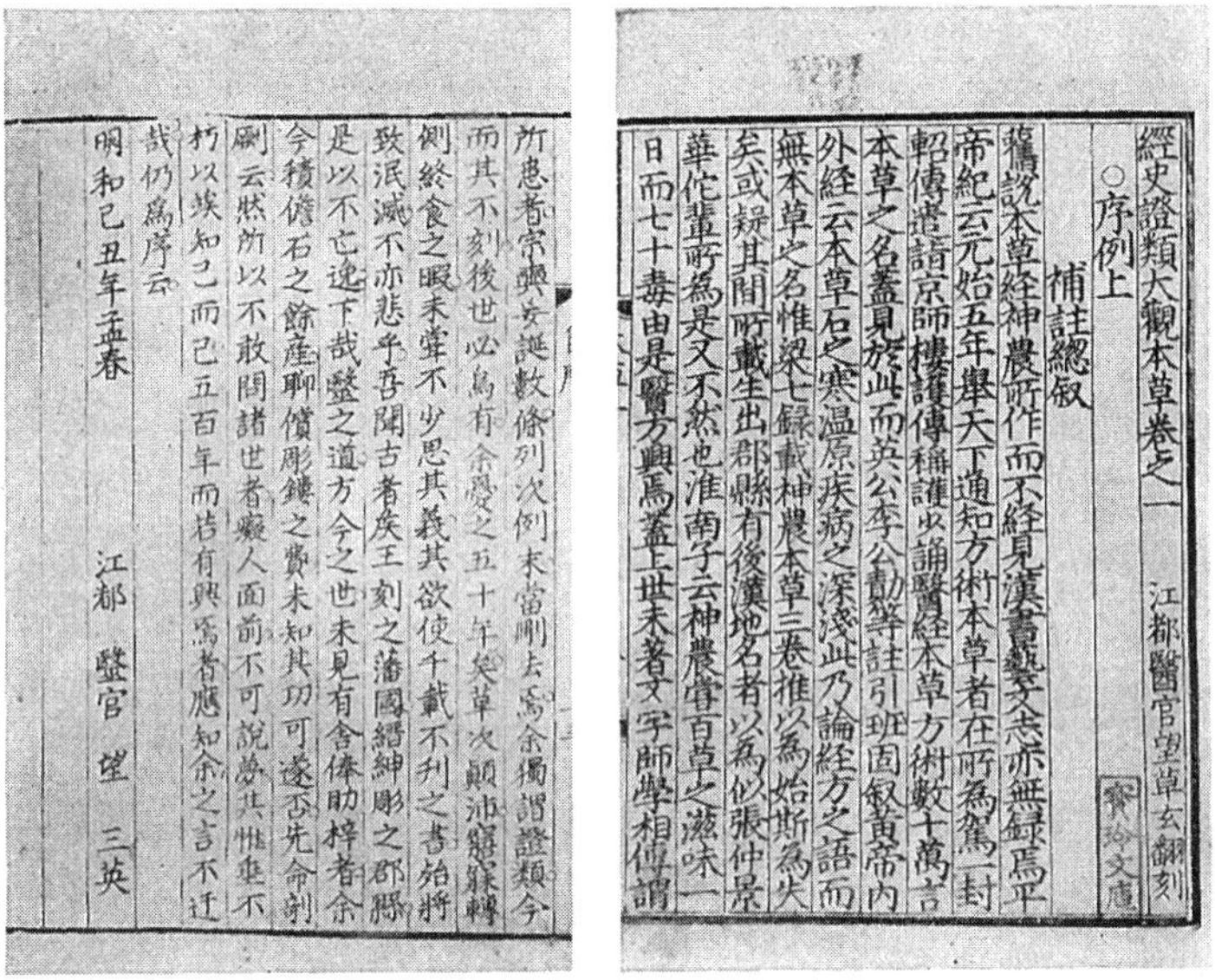
經史證類大觀本草卷之一　江都醫官望草玄翻刻
○序例上
補註總敘
舊説本草經神農所作而不經見漢書藝文志亦無録焉平
帝紀云元始五年舉天下通知方術本草者在所爲駕一封
軺傳遣詣京師樓護傳稱護少誦醫經本草方術數十萬言
本草之名蓋見於此而英公李公勣等註引班固敘黄帝内
外經云本草石之寒温原疾病之深淺此乃論經方之語而
無本草之名惟梁七録載神農本草三卷推以爲始斯爲失
矣或疑其間所載生出郡縣有後漢地名者以爲似張仲景
華佗輩所爲是又不然也淮南子云神農嘗百草之滋味一
日而七十毒由是醫方興焉蓋上世未著文字師學相傳謂
寶玲文庫

所患者宗奭妄誕數條列次例末當刪去焉余獨謂證類今
而其不刻後世必爲有余愛之五十年矣草次顛沛寤寐轉
側終食之暇未嘗不少思其義其欲使千載不刊之書殆將
致泯滅不亦悲乎吾聞古者庚王刻之藩國縉紳彫之郡縣
是以不亡逸下哉醫之道方今之世未見有含倖助梓者余
今積償石之餘產聊償彫鏤之費未知其功可逶否先命剞
劂云然所以不敢間諸世者癡人面前不可說夢其惟垂不
朽以俟知己而已五百年而若有興焉者應知余之言不迂
哉仍爲序云
明和己丑年孟春　江都　醫官　望　三英

16
經史證類大觀本草　望月三英校刊　極稀本　二十五册

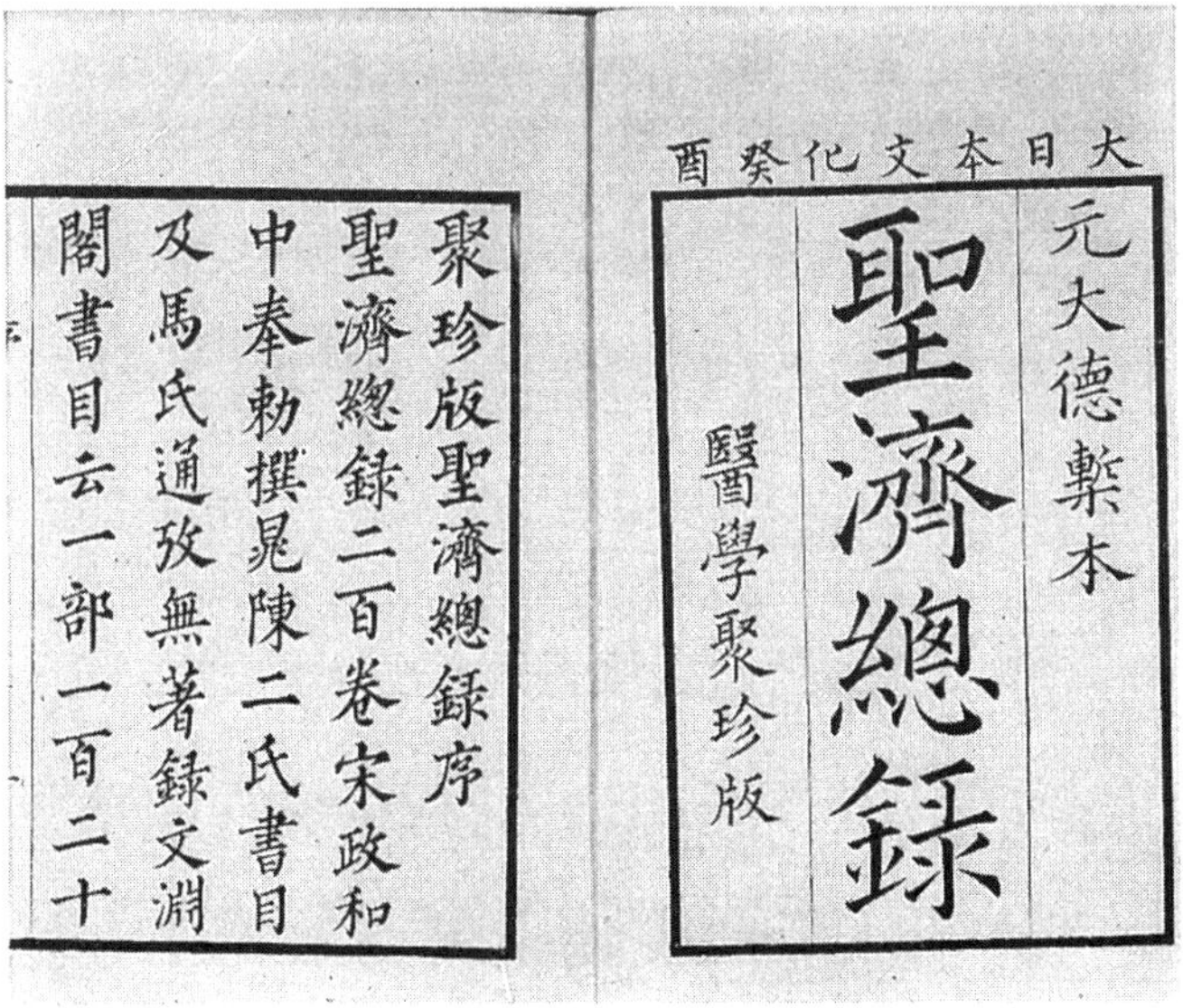
大日本文化癸酉
元大德槧本
聖濟總錄
醫學聚珍版

聚珍版聖濟總錄序
聖濟總錄二百卷宋政和
中奉勅撰晁陳二氏書目
及馬氏通攷無著録文淵
閣書目云一部一百二十

17
聖濟總錄　多紀氏醫學館活字版　文化十年刊、稀本　百册

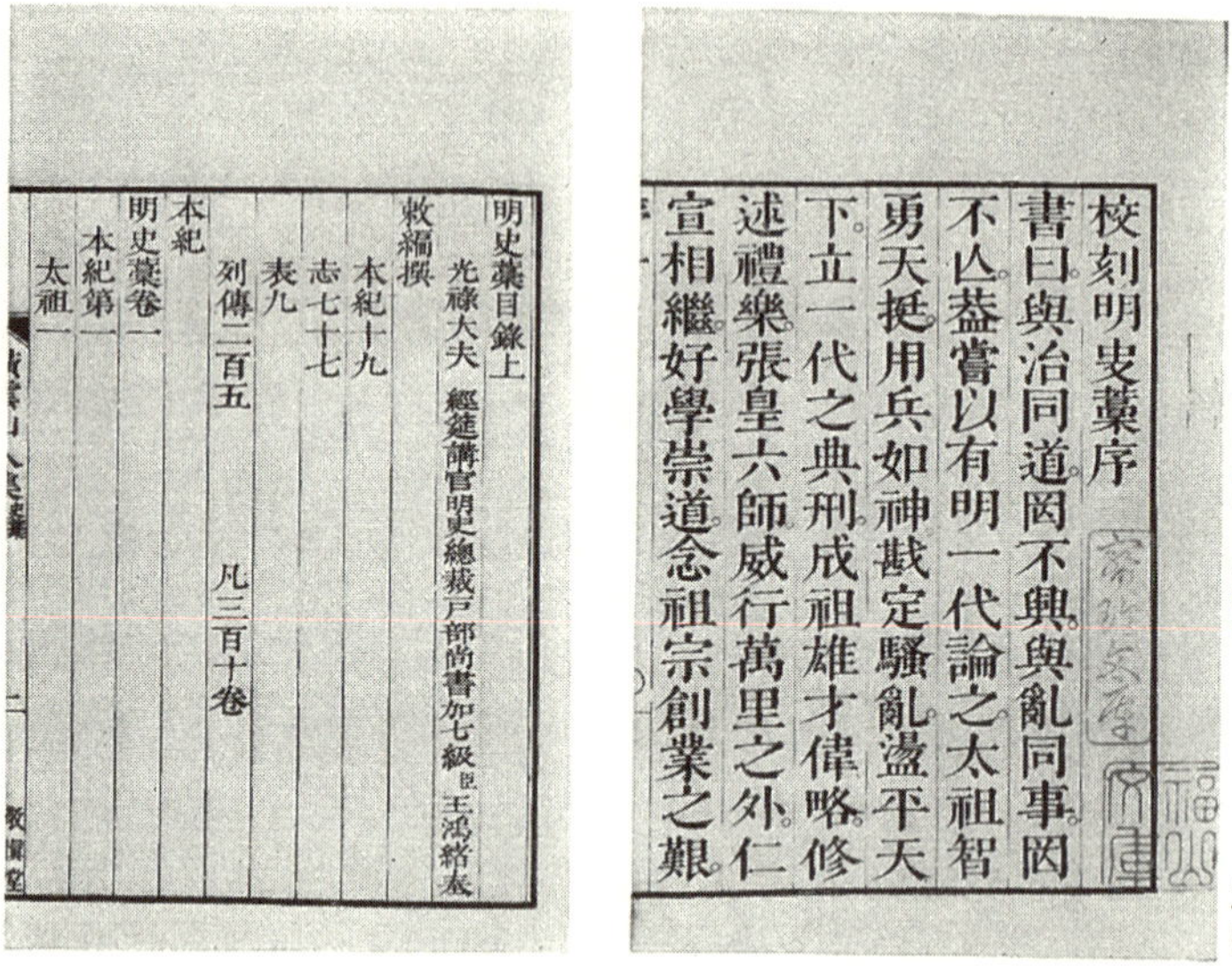

校刻明史藁序
書曰與治同道罔不興與亂同事罔
不亾葢嘗以有明一代論之太祖智
勇天挺用兵如神戡定騷亂盪平天
下立一代之典刑成祖雄才偉略修
述禮樂張皇六師威行萬里之外仁
宣相繼好學崇道念祖宗創業之艱

明史藁目錄上
光祿大夫 經筵講官明史總裁戸部尚書加七級臣王鴻緒奉
敕編撰
本紀十九
志七十七
表九
列傳二百五
凡三百十卷
本紀
明史藁卷一
本紀第一
太祖一

18 明史稿 越後高田藩校刻 天保中刊、極稀本 八十冊

19 鳩畫 極密極彩色 精寫長卷 二卷

20 飛禽圖卷 極密極彩色、精寫大長卷 二卷

同上

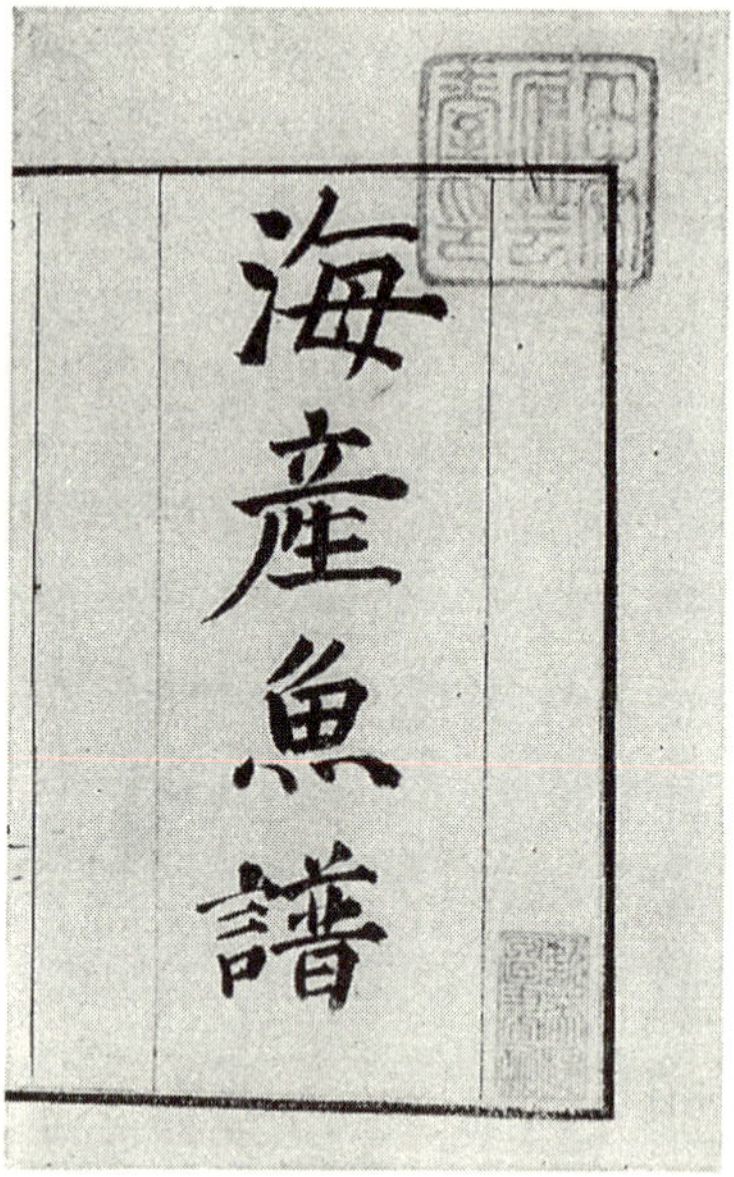

21 海産魚譜 田安家舊藏 彩色精寫 五冊

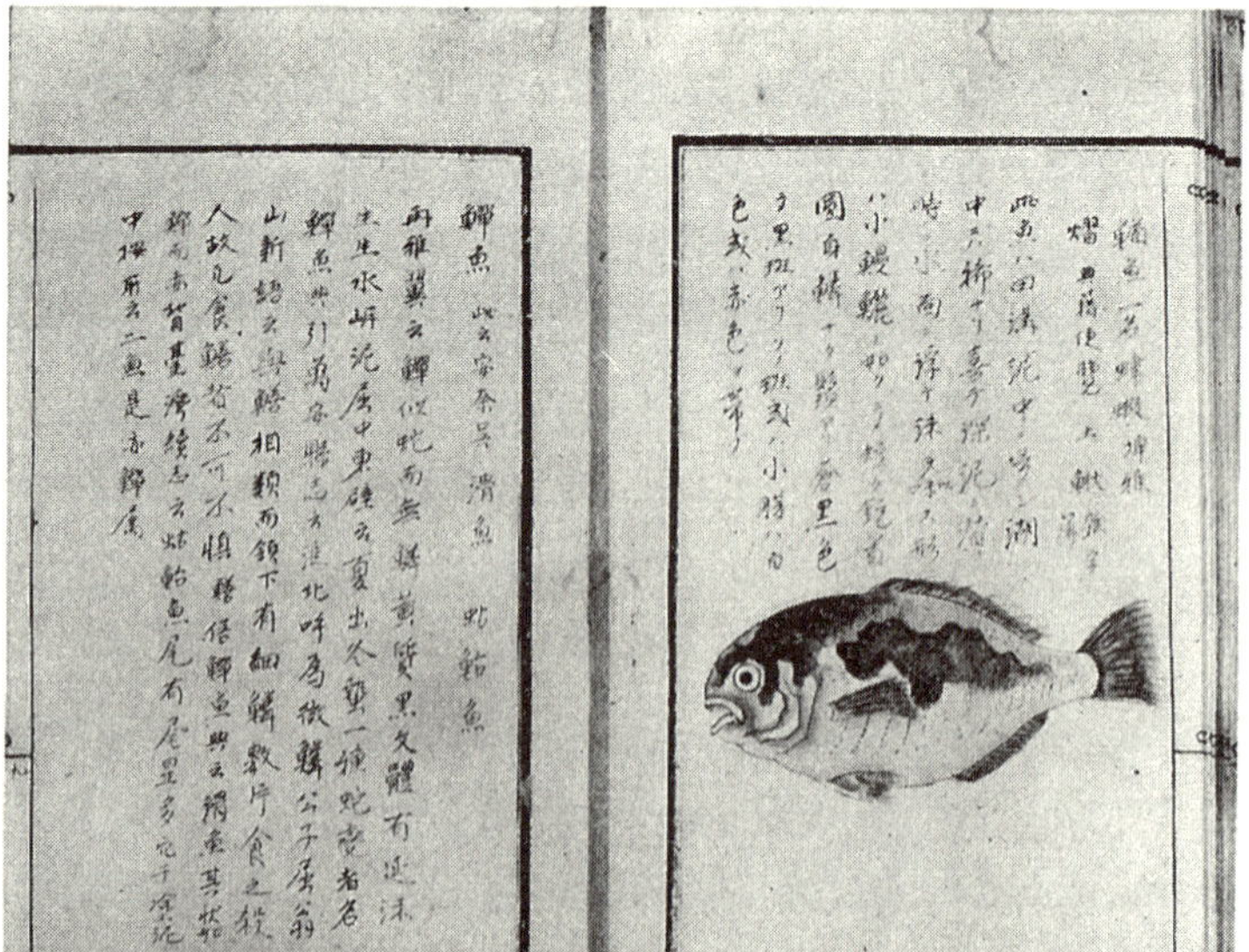

同上

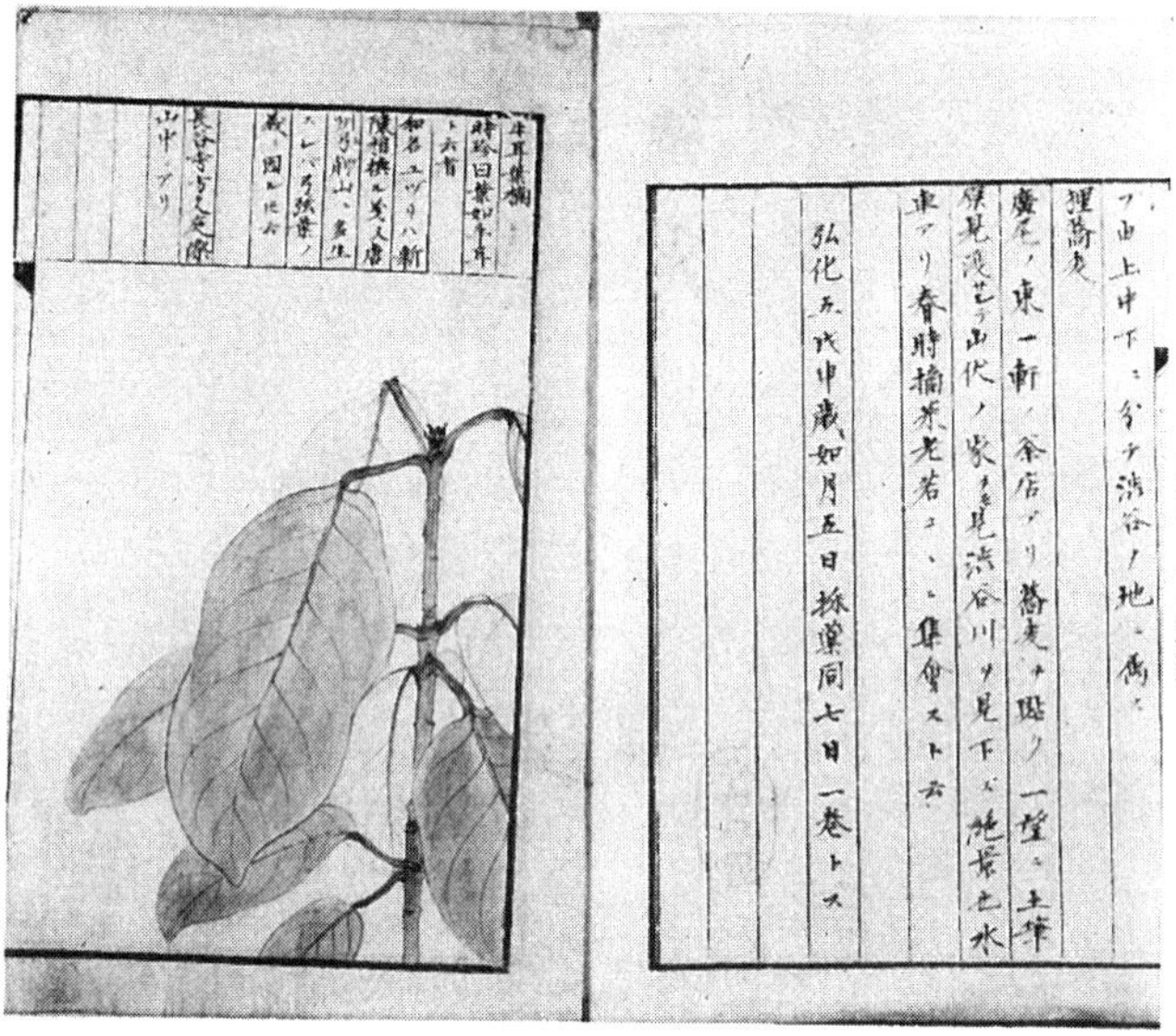

22 信筆鳩識 富山侯前田利保自筆原本 十一冊
彩色、ごく精美

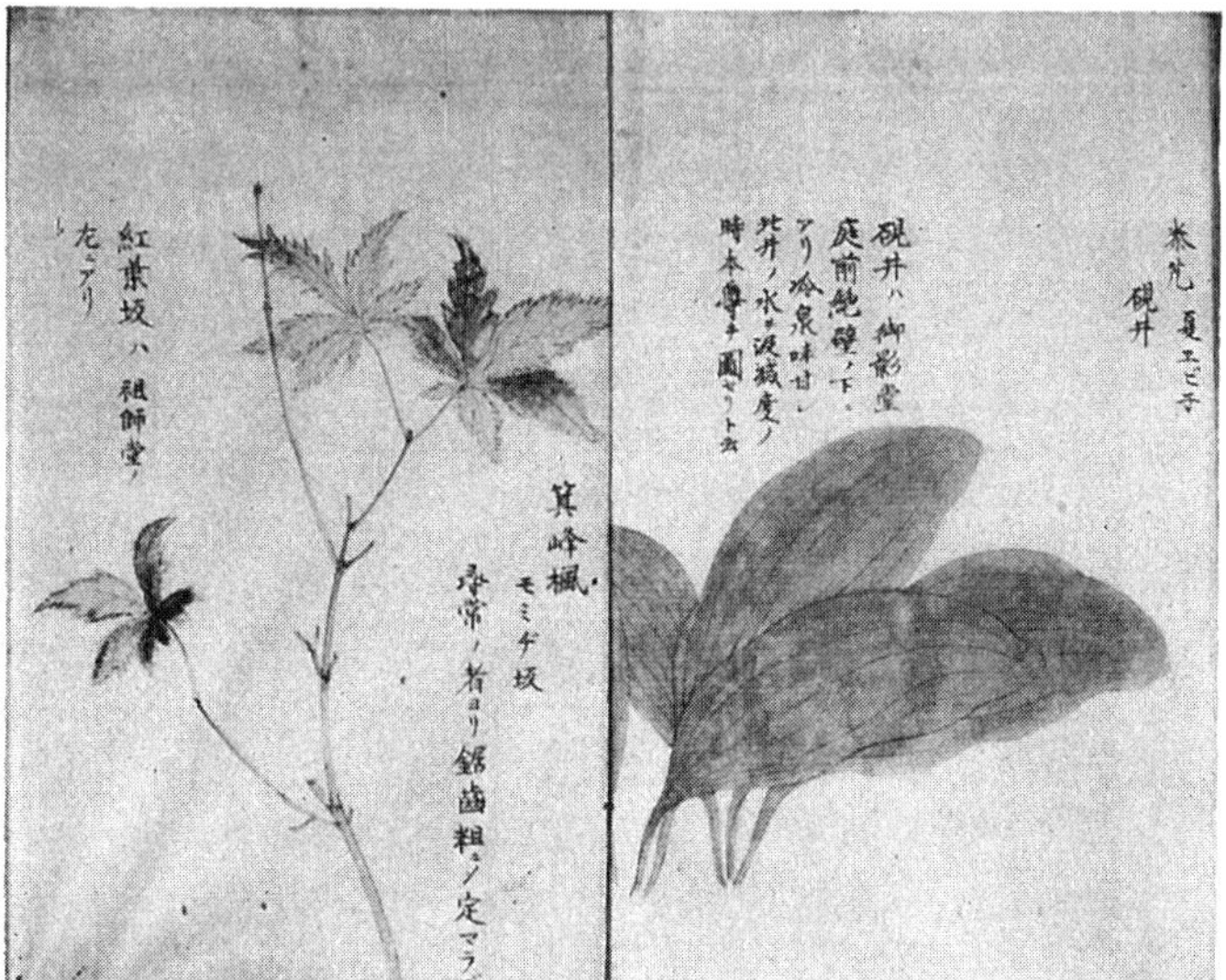

同上

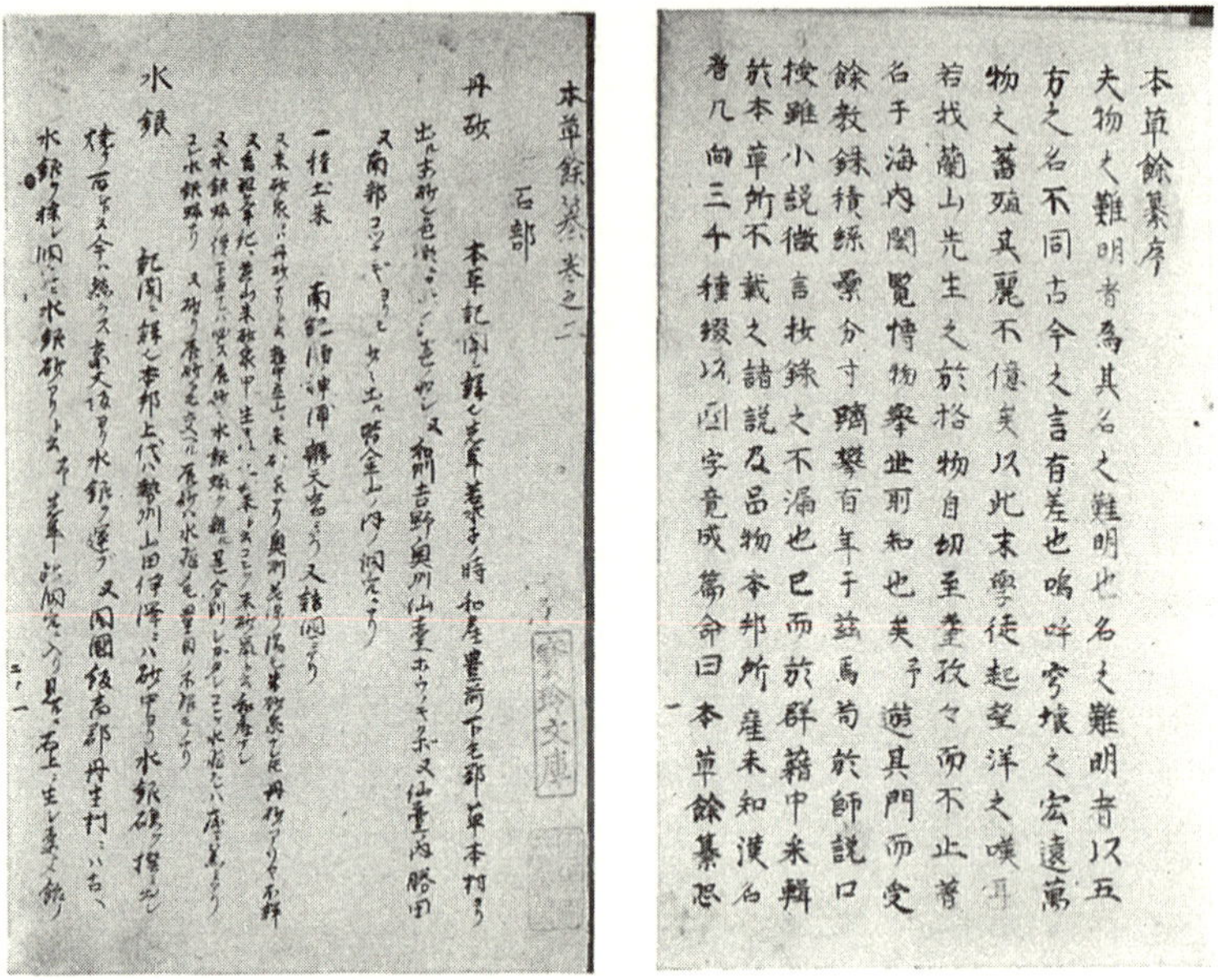

23 本草餘纂 小原桃洞自筆草稿 箱入 十二冊

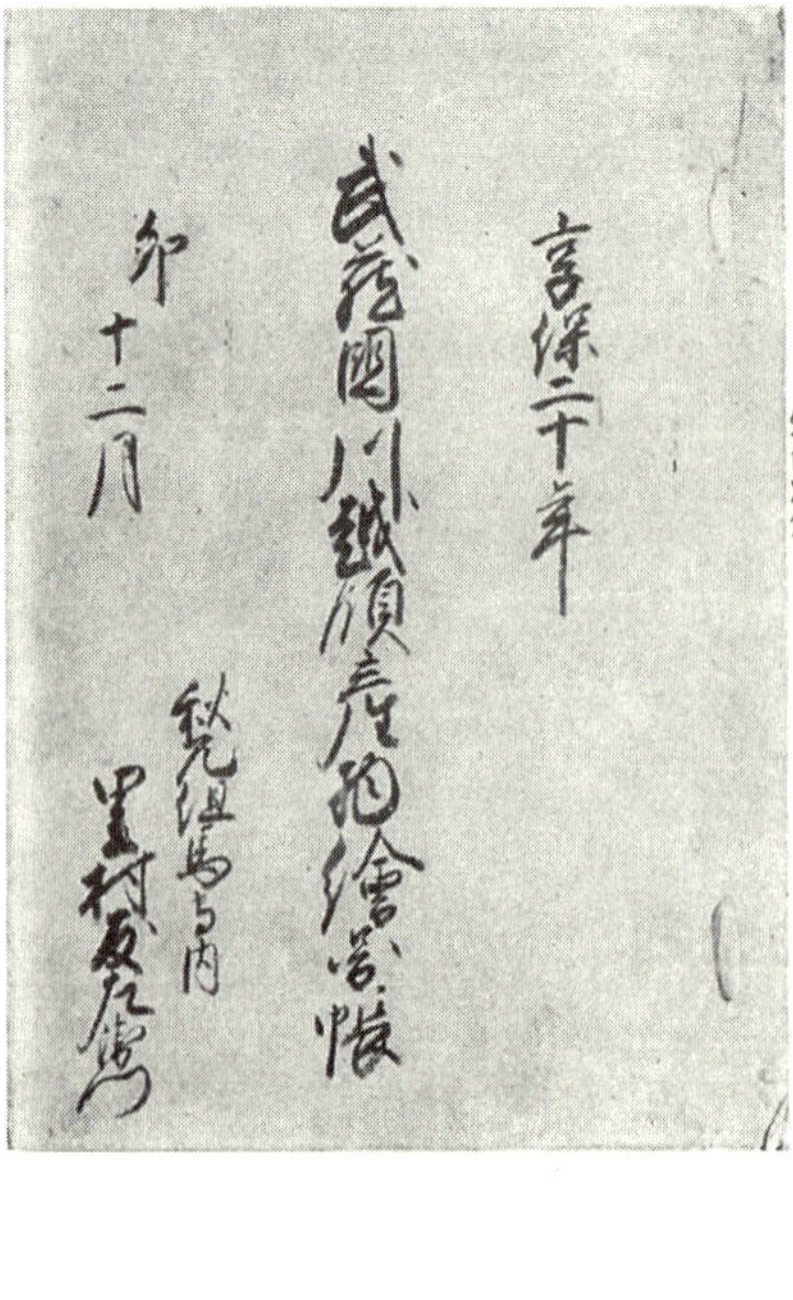

25 諸國產物帳 享保元文中成、原本 彩色精寫 九冊

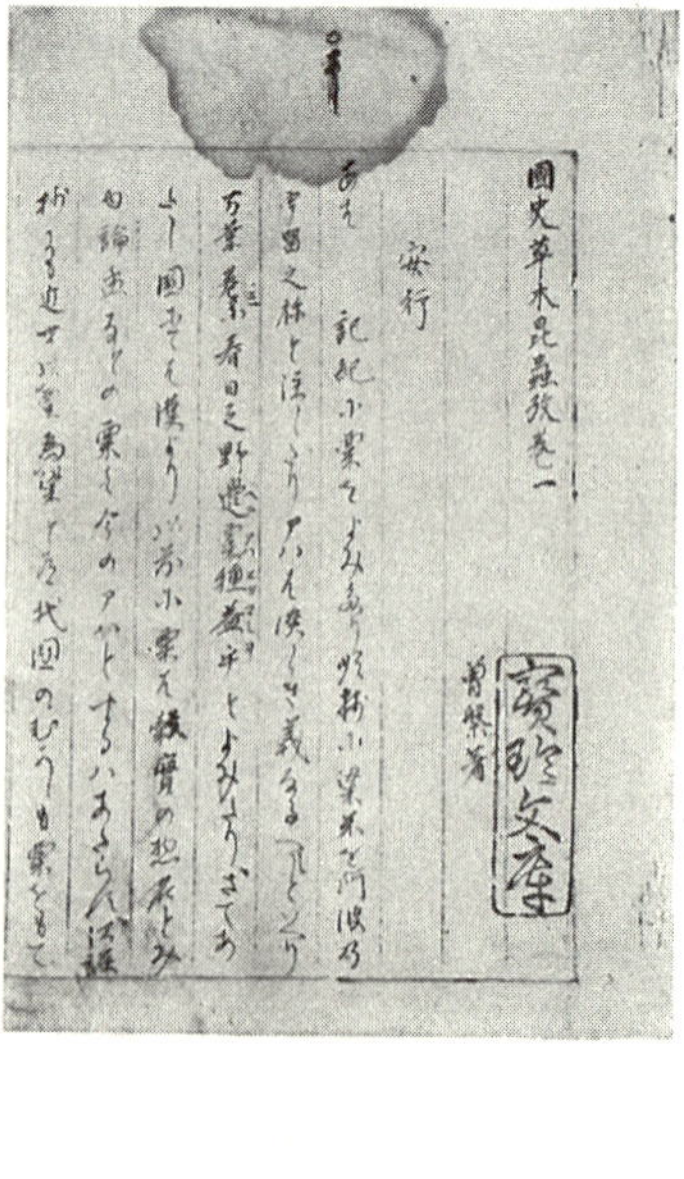

24 國史草木昆蟲考 曾槃自筆草稿 五冊

25 諸國産物帳 享保元文中成、彩色精寫 原本 九册

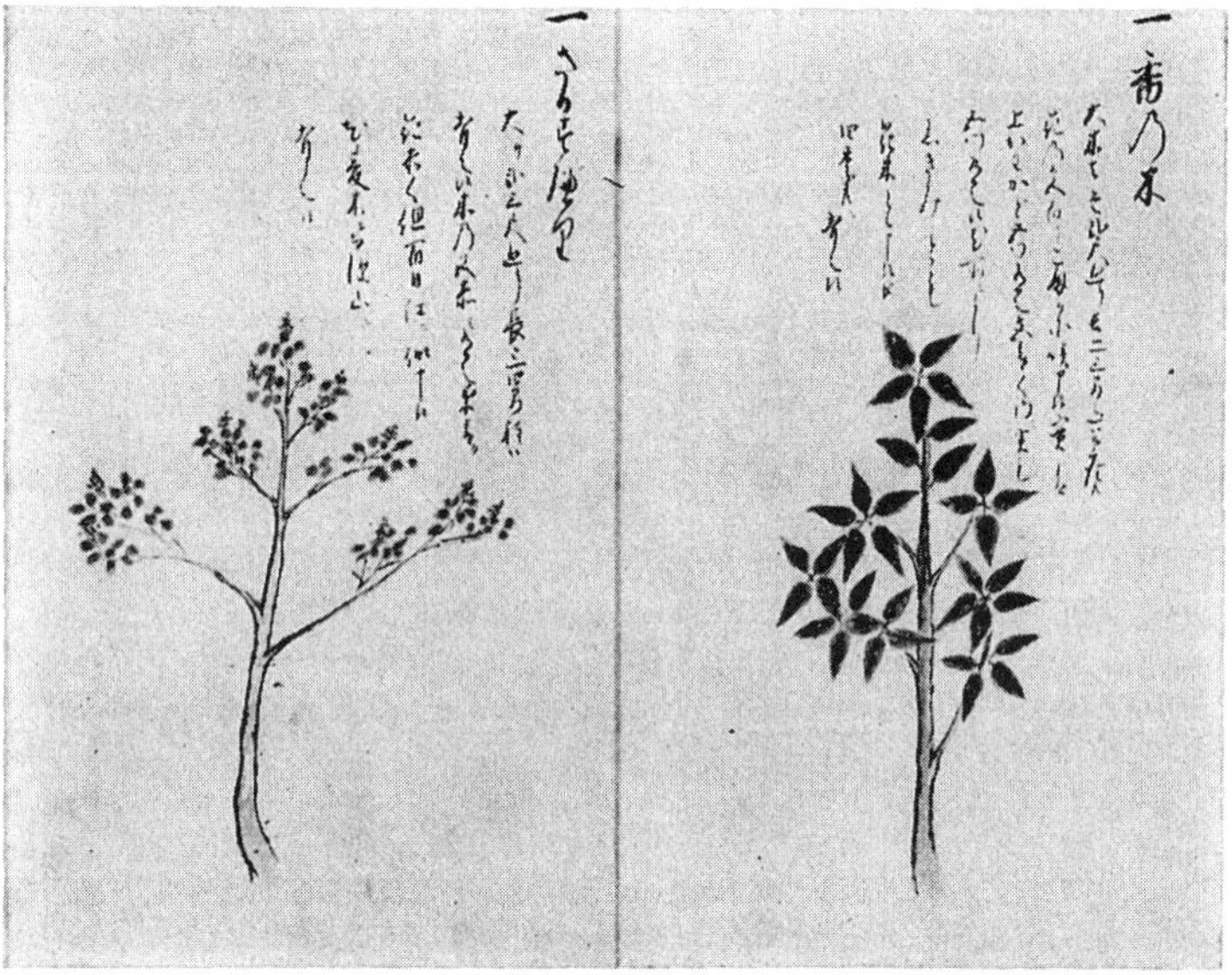

同上

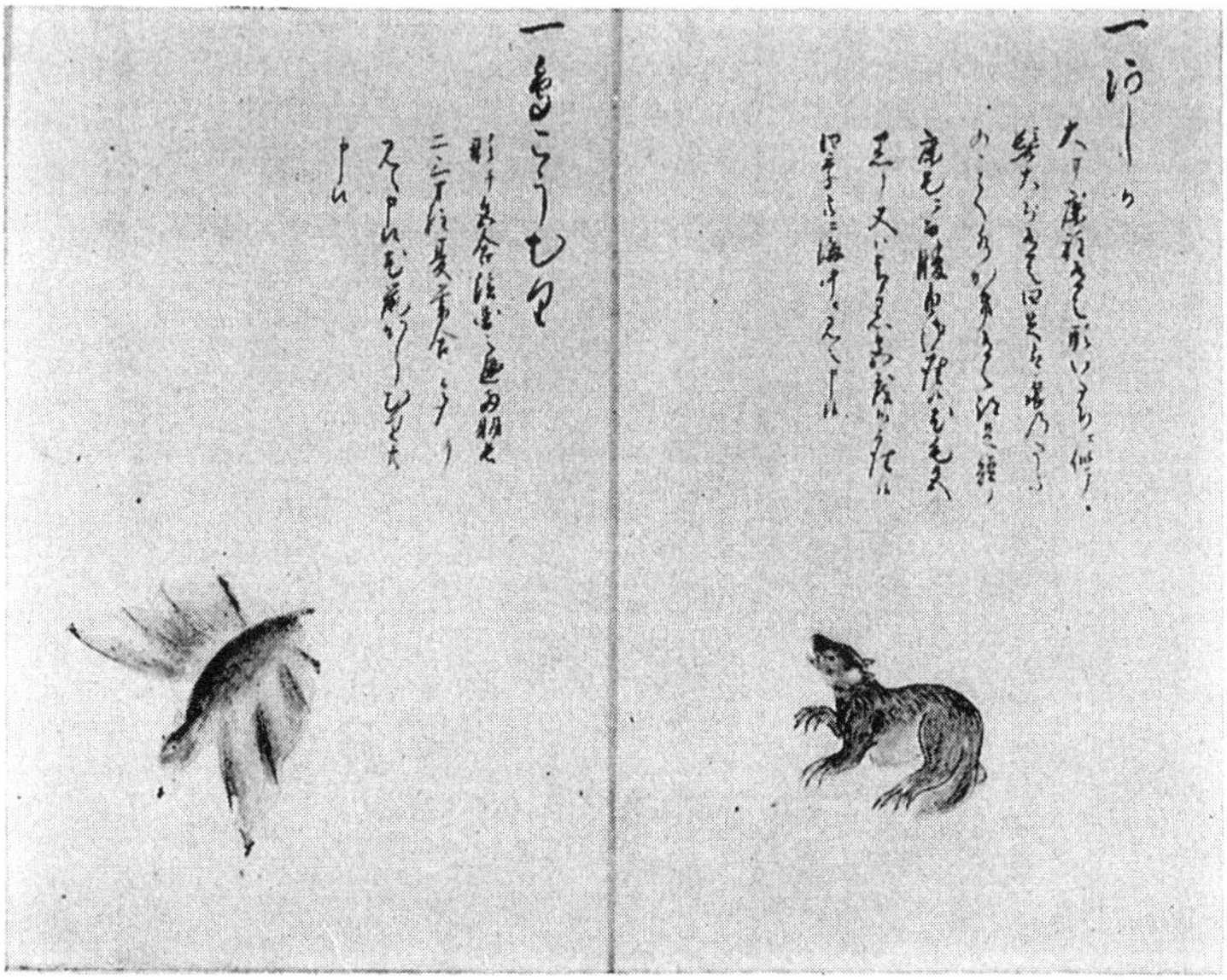

26 笛製考 宮川侯堀田正穀著、原本精圖入、樂翁公自筆序

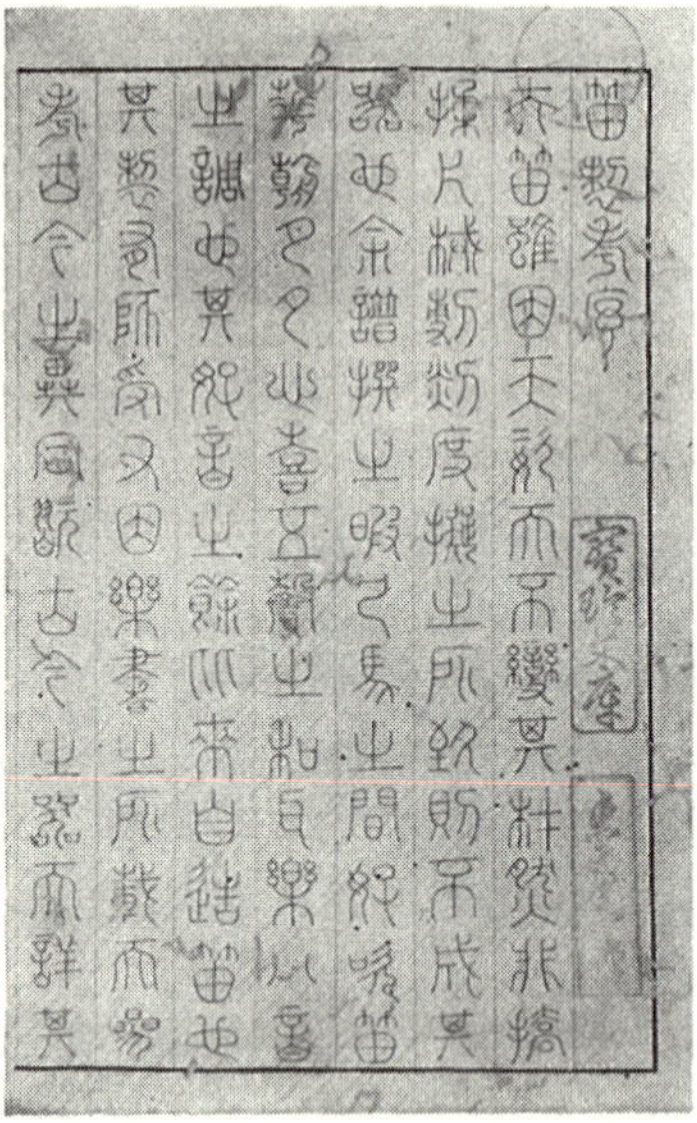

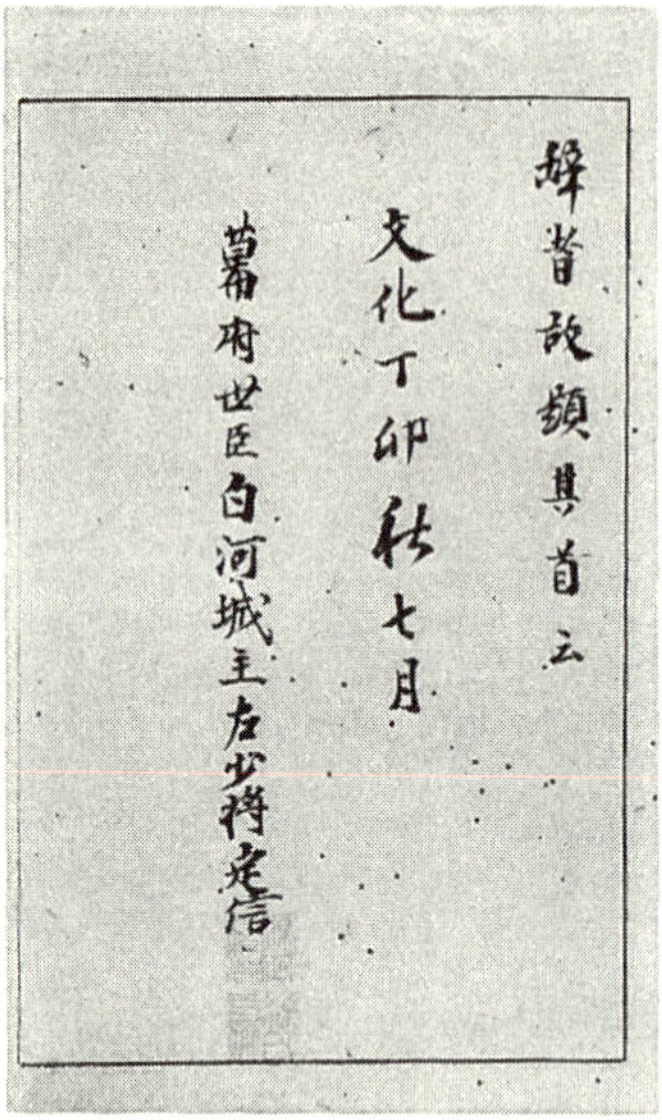

27 古方類聚鈔 森立之自筆草稿 八册

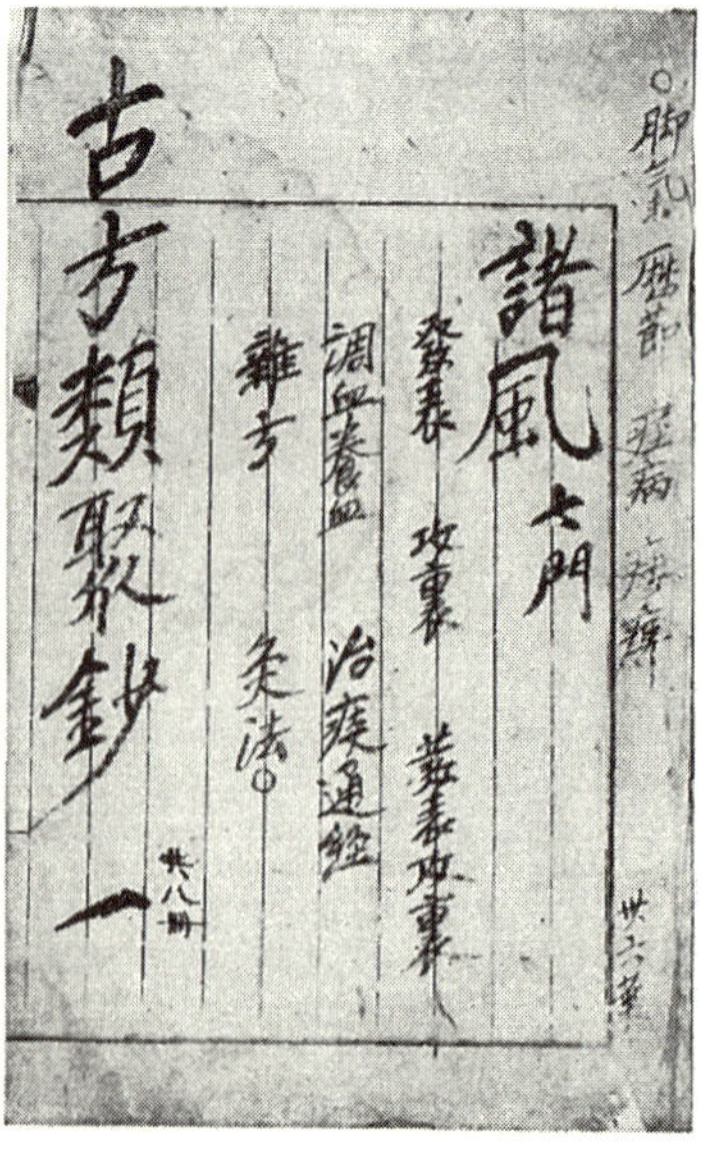

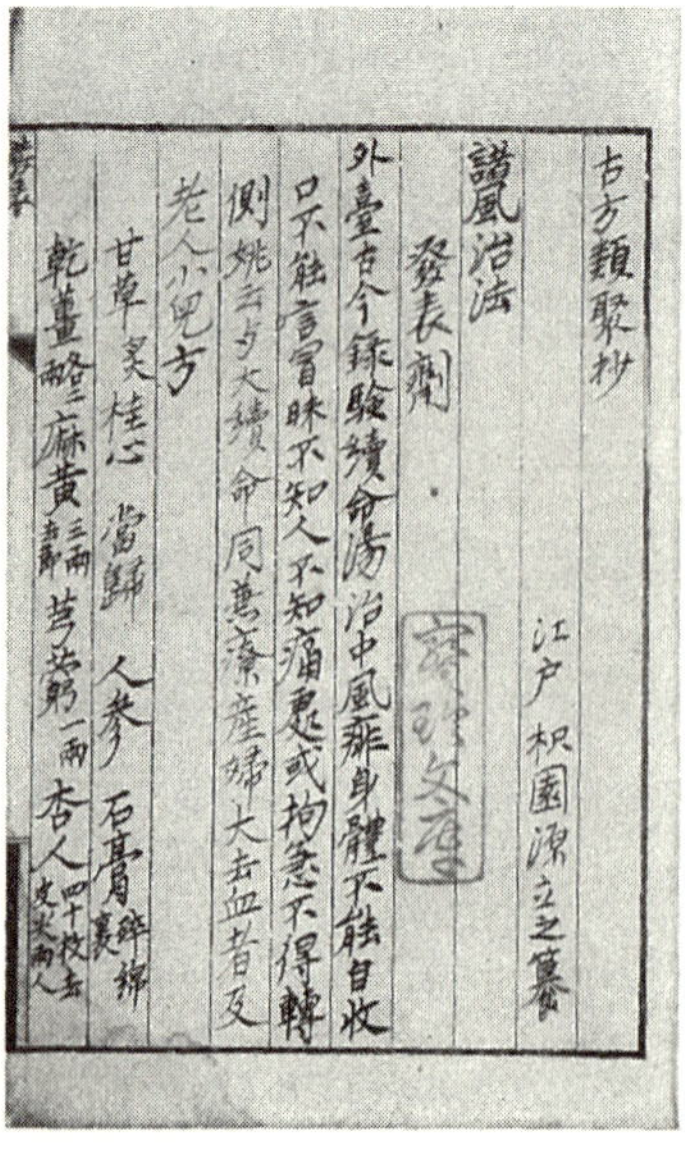

展観入札賣立目録

一 和紙關係文献コレクション
フランクホーレー氏蒐集
和漢洋取り交ぜ一括 四三一部

日本の和紙の美しさ、强さ、いさぎよさは、今日ではモー世界的な定評を獲て居るが、それに關する文獻は必ずしも多くない。このコレクシヨンはホーレー氏廿餘年の苦心經營にかゝるもので、廣く和漢洋、又古今の典籍を重價をいとわず買い集め、その數は四百餘にも及び、質量ともに現在の日本では最大の一である。少し大げさな表現をかりれば、こと和紙に關するかぎり、世界的なコレクシヨンとも云えよう。

故人の苦心を偲び、散逸をおそれて、いま全部を一括して入札に附する。

一、和本及び唐本

二 本朝書策目録 寛永正保頃古寫本 一巻
九條家本
紙背に寛永十九年の具注暦あり

三 本朝書籍目録 寛永頃古寫大本 加持井宮舊藏 一册
四 本朝書策目録 精寫本 一巻
五 本朝書籍目録 鈴鹿連胤手寫校合本 一册
本朝書籍目録 「森田藏書」の大印あり 一册
本朝書籍目録 永仁二年師名奥書の本の寫し 一册
六 本朝書籍目録 寛文十一年刊 喜多村信節舊藏 一册
本朝書籍目録 寛文十一年刊 內田魯庵舊藏 一册
七 日本國見在書目録 古寫本影寫 松平樂翁侯舊藏 一册
八 皇代暦 寛永頃精寫 上本 六巻
九 播磨風土記・常陸風土記 小杉榲村自筆 三條西家本及び彰考館本寫 一册
諸國風土記逸文 前田夏蔭自筆校合本 一册
一〇 古葉略類聚抄 古寫本影寫 上本 六册
一一 日本靈異記 群書類從本 文化十三年刊 美 三册
日本靈異記考證 狩谷掖齋著 松本愛重自筆校合本 三册
一二 日本靈異記 正德四年刊 三册
日本靈異記考證 狩谷掖齋著 三册

25

一三 日本靈異記　屋代弘賢手寫、校合書入 古寫本臨寫　二册

一四 日本靈異記　金剛三昧院本寫 足代弘訓舊藏　合一册

一五 延喜式神名牒考證　鈴鹿家舊藏 上寫　四册

一六 和名類聚鈔　元和中刊 古活字版 那波道圓校刻、上本　十册

一七 和名類聚鈔　刊本 清水濱臣舊藏書入本　二册

一八 和名抄鄉名考　寫本 井上頼圀自筆書入本　一册

一九 和名類聚鈔　諸版本一括　十一部

二〇 夜合不開錄　森立之自筆原本 揚守敬自筆書簡付　一册
狩谷掖齋著箋注倭名抄刊行の經緯を語る資料集

二一 桑家漢語抄　齋藤彥麿自筆　一册

二二 新撰字鏡　鈴鹿家本 天治本精寫 大形本　八册

二三 新撰字鏡採收語索引　大槻文彥　一册

二四 水鏡　江戸初期古寫　缺二册

二五 十訓抄　屋代弘賢舊藏寫本 弘賢自筆書入 黒川眞頼自筆奥書　三册

二六 言泉集（表白集）　鎌倉末期古寫本　三册
風光集（表白集）　同　一册

二七 玉篇攷　木村正辭著 森約之舊藏、同自筆補記　一册

二八 運歩色葉集　阿波國文庫舊藏 精寫本　四册

二九 撮壤集　阿波國文庫舊藏 極精寫本　一册

三〇 以呂波分古字書　足利末期古寫本　一册

三一 麒麟抄　古寫本　一册

三二 燈前夜話假名抄　足利末期古寫本 竹裏館文庫舊藏　一册

三三 遊仙窟　古版　三種

三四 遊仙窟鈔　元祿版外五部　廿三册

三五 增廣校正周公解夢書　天順二年跋 繪入特大本 古寫本　一册

三六 百官并年中行事　甘露寺親長自筆 文明十年古寫本　一册
谷森善臣舊藏

三七 職原抄　伏見宮家藏版本 慶長元和中刊　一册
慶長勅版をそのまゝに、伏見王府で複刻されたもの。版式堂々、用紙精良、刷印整美。傳本まれ。

三八 職原抄　慶長十三年刊 古活字版 阿波國文庫舊藏　合一册

三九 職原抄　慶長十三年刊 古活字版　二册

四〇 職原抄　醍醐家本 足利時代古寫本　一册

四一 職原抄　三條西家本 三條西實隆手寫 及び書入　一册

26

四二 職原鈔　卜部吉田家本　卜部兼右自筆　大本　天文九年清原宣賢自筆奧書　一冊

四三 職原抄　東寺觀智院本　永祿四年古寫本　細字の書入　一冊

四四 職原抄　永祿九年古寫本　「天海藏」の印記あり　二冊

四五 職原抄　足利末期古寫本　船橋家舊藏　二冊

四六 職原抄々物　九條家本　九條植通手寫　「九條」の朱印あり　一冊

四七 職原抄不審要錄　永祿六年古寫本　細註入　一冊

四八 職原抄注釋　古寫大本　九條家舊藏　二冊

四九 職原抄注　古寫細註本　一冊

五〇 職原抄假名抄　足利末期古寫本　一冊

五一 百官略　慶長十七年刊　古活字版　一冊

五二 職官志料　小杉榲邨自筆稿本　一冊
　　 押字變態略說　小杉榲邨自筆稿本　明治二十九年成　一冊

五三 君台觀左右帳記　慶長元和頃寫　一卷

五四 君台觀左右帳記　元和頃古寫本　一冊

五五 律　九條家舊藏、上寫　朱點つき　二冊
　　 律　上寫　荷田東滿奧書本寫　三冊

五六 和律　青木信寅自筆校合本　上寫　三冊

五七 講令備考　上寫本　二十冊

五八 令集解　精寫　校合書入本　二十二冊

五九 令義解　近藤芳樹自筆大書入本　七冊

六〇 標注令義解校本　近藤芳樹自筆草稿本　四冊

六一 朝野群載　上寫　校合書入本　二十冊

六二 江家次第　德川家康舊藏、「御本」の印あり　極大形本　十四冊

六三 江家次第　承應二年刊　橋本經亮自筆筆入　榊原芳野舊藏　十九冊

六四 江家次第抄　德川家康舊藏　「御本」の印あり　五冊

六五 大唐六典　近衞家版　上本　十五冊

六六 東鑑　寬永三年刊　丹表紙極上本　二十五冊

六七 蒙古襲來繪卷　彩色精摹　白河樂翁公舊藏　二卷

六八 謠曲 鵜飼・杜若・松風村雨　荒井[illegible]安手寫、節つけ　色變り料紙、元和頃寫　三冊

六九 津輕家舊藏神道傳書類　極上寫　大箱一箱

七〇 吉田梵舜日記　鈴鹿家本　上寫　三十三冊

七一 神社及び神道關係寫本類　鈴鹿家舊藏　取り交せ　約八十冊

27

七二 仁和寺諸家記 精寫本 四册
仁和寺歴代略譜 上寫 一册

七三 諸陵徵 谷森善臣著 九條家舊藏 上寫 四册

七四 事纂 御書物奉行淺井奉政著 上寫 十册

七五 下學集 元和三年刊 一册

七六 易林本節用集 巻下 慶長二年刊 一册
下学集 巻下 元和三年刊 一册

七七 三部經音義 古刊 一册

七八 假名文字遣 蜆縮涼鼓集 元祿八年刊 稀本 二册

七九 和用類字 特大寫本 伊達家舊藏本 十五册
古版節用集風の字書。行書と草書とを本躰とし、左傍に楷書の注記音訓の振假名あり。元祿頃の寫、恐らく原本であらう。「國語學書目解題」未收。巻頭の圖版參照。

八〇 芟柞節用集 寛政三年刊小横本 稀本 一册

八一 古今韻會擧要 古活字版 十五册

八二 日本古代文字考 落合直澄 二册
神代神字考 鶴峯戊申 一册

八三 上記鈔譯外神代文字關係書 十四種

八四 集古圖巻 藤貞幹、寫 廿六巻

八五 輪池雜記 屋代弘賢自筆草稿 彩色圖入 五册

八六 笛製考 堀田攝津守正穀著松平定信自筆序文 密圖入原本 樂亭文庫舊藏 一册

八七 課餘雜錄 岩瀬忠震自筆原本 藏印あり 一册

八八 故實類纂 足立正聲舊藏 上寫 六十一册

八九 浩然隨筆 上寫 五十一册

九〇 足利尊氏安堵狀 文和四年五月五日 赤堀又太郎宛 一通

九一 延壽院玄朔自筆書簡 一巻

九二 貝原益軒自筆書簡 稲生若水宛 本草關係長文 一巻

九三 右文故事 近藤重藏著 上寫本 六册

九四 森氏開萬册府藏書目錄 森約之自筆原本 明治四年成 一册

九五 好色本解題 寫本 一册
好色本目錄 寫本 二册

九六 宋槧太平御覽 官版、木活字本 百五十一册

九七 晋書 和刻本 五十三册

九八 唐書 和刻本 八十二册

九九 宋史新編 天保六年刊 六十五册

一〇〇 明史藁 淸王鴻撰 高田藩刊行 縮山文庫本 八十册

越後高田藩榊原家が天保年中幕命を受けて飜刻。海路本藩へ輸送の途中直江津近海で難破し、刷本板木ともに流滅。従つて今に傳はるもの甚だ稀れ。この本は高田藩より閣老福山藩主阿部伊勢守正弘に贈る所のもの。各册に福山文庫の印あり。

一〇一 昌平叢書 富田鐵之助刊 大揃 三箱
一〇二 草書韻會 傳金版 眞珠庵舊藏 二册
一〇三 佛果圓悟眞禪師心要 曆應四年臨川寺版覆刻 二册
元禪師語録 一册
一〇四 百官略 慶長十七年刊 古活字版 極美 一册
一〇五 百官略 慶長十七年刊 古活字版 一册
一〇六 古今事文類聚 元和寛永中刊 古活字版 八十册
一〇七 增續韻府 古活字版 三十册
一〇八 三國佛法傳通緣起 古活字版 極美 平等心王院舊藏 合一册
一〇九 玉印鈔 寛永三年尾州丹下淨善刊 古活字版 六册
一一〇 開心鈔 寛永四年高野山刊 古活字版 平等心王院舊藏 美本 二册
一一一 般若波羅蜜多心經疏 寛永八年平等心王院刊 古活字版 美本 一册
一一二 妄盡還源觀 寛永八年平等心王院刊古活字版 同院舊藏 一册
一一三 金剛錍顯性録 古活字版 平等心王院舊藏 二册
圓頓觀心十法界圖 古活字版 扉繪古朴喜ぶべし、美本 一册

一一四 菩薩戒本宗要 元和寛永中刊 古活字版 平等心王院舊藏 一册
初出家戒儀 元和頃刊 古活字版 剃髪作法と題 一册
一一五 圓覺經略疏 古活字版 平等心王院舊藏 四册
一一六 涅槃經疏 古活字版 平等心王院舊藏 美本 十五册
一一七 西谷名目 古活字版 平等心王院舊藏 二册
一一八 山家本 妙法蓮華經 叡山南谷藏版 釋宗淵自署 極上本 八帖
一一九 訓蒙圖彙 中村惕齋撰 寛文八年刊初刷上本 十四册
一二〇 訓蒙圖彙 中村惕齋撰 寛文版上本 八册
一二一 本朝食鑑 平野必大著 元祿八年刊 伊藤篤太郎舊藏 十册
一二二 料理物語 寛永二十年刊 一册
一二三 江戸料理集 延寶二年刊圖入 合三册
一二四 天地麗氣記 寛文十二年刊繪入 大四册
一二五 富士百詠 前編 藤原倫著 一册
富士 後編 天和二年刊 五册
一二六 士峰錄 土師玄同編 延寶六年刊 上本 六册
一二七 京わらべ 明曆四年刊 繪入 五册
一二八 洛陽名品集 寛文四年刊 圖入 中川忠英舊藏 十二册

一二九 島原記　慶安二年刊　黒川眞頼舊蔵　初刷美本　三册

一三〇 島原記　明暦寛文頃刊　繪入　三册

一三一 島原記　寶永元年刊　繪入　三册

一三二 祇教六日間考　物集高見浄寫稿本　明治四年成　一册
一名「流血宗考」と題。ヤソ教記事

一三三 隣交徴書　伊藤松編　天保九、十一年刊　合六册
善隣國寶記　釋周鳳著　二册

一三四 異國往來記　元祿九年刊　上下合一册

異人恐怖傳　ケンペル著　志筑忠雄譯　三册
一三五 同上後篇　黒澤翁満著　嘉永三年奥書　一册

一三六 長崎入船便覧　天保十三年刊　稀本　大坂唐藥問屋石田氏蔵板　一册

一三七 肥前國長崎圖　文化九年寫　彩色精寫　一舗
肥前國島原圖　同上　一舗

紅毛雑話　桂川中良著　寛政八年刊　圖入　五册
一三八 畫圖西遊譚　司馬江漢著并畫　享和三年跋　五册
長崎聞見録　廣川獬著　寛政十二年刊　圖入　五册

一三九 磐水夜話　大槻磐水著　寛政十一年刊　繪入小本　二册

一四〇 泰西輿地圖説　朽木龍橋著　寛政元年刊　圖入　六册

一四一 蘭學事始　杉田玄白著　明治二年刊　石川大浪口繪　極美　二册

一四二 海上砲術全書　安政版　十六册

一四三 海上砲術全書　第二編卷三　宇田川榕庵譯、自筆稿本　一册

一四四 以呂波萬國地名箋　宇田川榕庵自筆稿本　一册

一四五 無敵獨行車(戰車)圖説　白河樂翁公自筆　一册

一四六 フイッセル　日本風俗備考　杉田成卿等譯、山路諧孝校　精寫、著色極密繪入　越前松平家舊蔵　十册

一四七 漂流記　大形古寫本　伊達家舊蔵　一册

一四八 漂流記十種　上寫本　伊達家舊蔵　十册
細目左の如し
漂人談話(正徳二年)　一册
南京船八丈島漂着記(寛延二年)　一册
浙江漂流歸帆(寶暦二年)　一册
船頭傳兵衛中華漂流實録(同上)　一册
寶暦漂流物語(同上)　一册
漂流人口書(寶暦四年)　一册
漂流記(同上)　一册
漂流人口書(文化二年)　一册
呂宋國漂流記(天保十二年)　一册
漂流奇談(同上)　一册

一四九 五郎治譚　伴信友自筆　漂流記　一册

一五〇 航海日記　上寫　四册

一五〇 漂流記　彦藏著　文久三年刊繪入　美本　二册

一五二　南　瓢　記　寛政十年刊　圖入　五冊

一五三　鵠　橋　隨　筆　日尾荆山著、齋藤月岑書　天保十年刊　美本　三冊

一五四　班　荆　譚　直海龍著　寛延元年刊　二冊
朝鮮信使との筆談。韓人唱和産物筆語の角書あり。

一五五　今様職人盡歌合　宿屋飯盛判　鍬形蕙齋畫　文政八年刊　彩色刷　美本　二冊

一五六　九州今和藤内唐土船　享保二年刊　繪入　三冊

一五七　怪　異　類　纂　西川如見編　黒川眞頼舊藏　寫本　稀本　四冊

一五八　文　藝　類　纂　榊原芳野著　彩色密圖入　淨寫本　上本　八冊
刊本と異同あり、初稿本か。

一五九　武　藏　野　話　齋藤鶴磯著　文化十二年刊　繪入　三冊

一六〇　球　磨　川　日　記　白野夏雲著　着色密圖入　淨寫原本　一冊

一六一　武藏川越松山巡覽圖誌　精寫、彩色繪入　一冊

一六二　日　光　巡　拜　圖　誌　精寫　彩色圖入　四冊

一六三　松井羅洲自筆稿本　富岡鐵齋舊藏　十二冊
佗山石八冊、拾玉藻四冊、桐箱入。

一六四　蝦　夷　蜂　起　物　語　寛文頃奈良繪本　二卷
蝦夷人を題材とした極めて珍稀な室町時代の小說。諸書未載、恐らく現存この一本のみであらう。アイヌ繪としても最古の一。津輕侯舊藏。

一六五　蝦　夷　風　俗　彙　纂　肥塚貴正編　明治十五年開拓使刊　美本　二十冊

一六六　東西蝦夷山川地理取調紀行　松浦武四郎著　色刷繪入　刊本　十六冊
天鹽日記以下十一部、闕場文庫舊藏

一六七　東西蝦夷山川地理取調圖　松浦武四郎編　安政六年序　色刷　二十六舖
附、おきのいし、東部壺の石、蝦夷地名なるべし　三舖

一六八　松浦武四郎小品集　刊本　十九冊
木片勸進　庚辰游記　辛巳游記　壬午游記
癸未溟誌　甲申小記　乙酉掌記　丙戌前誌
丙〃戌後記　丁亥前記　丁亥後記　尚古杜多
尚古杜多(別本)　古鏡小集　新獲小集　馬角齋茶餘
松のけふり　そめかみ　癸未溟誌首卷
同　上　十五冊
右と内容重複すれども装禎同じからず

北　蝦　夷　圖　說　間宮倫宗口述　橋本玉蘭齋等畫　安政二年刊　四冊

一六九　東　蝦　夷　夜　話　大内餘庵著　文久元年刊　田崎草雲等畫　二冊

蝦　夷　葉　那　誌　松浦武四郎著　刊本　繪入　一冊

一七〇　北　蝦　夷　圖・說　間宮倫宗著　安政二年刊　橋本玉蘭齋等畫　四冊

唐　太　日　記　鈴木茶溪著　安政七年刊　橋本玉蘭齋畫　二冊

一七一　蝦　夷　産　業　圖　說　竹内栖鳳、岡本景暉等摹寫　「幸野私塾」の印あり　二帖

一七二　蝦　夷　島　奇　觀　秦檍丸編　彩色精寫　一帖

一七三　蝦　夷　國　風　圖　繪　墨繪　樂翁公舊藏　一卷
天明元年藤原泰有の奥書あり、多賀常政の藏本を写

一七四 蝦夷地及唐太眞景圖卷　寛政五年成　原本　彩色精圖　四卷

一七五 蝦夷錦　荒井宣行著　寫　明治三年成　著色圖入　二册

一七六 北倭志　松前廣長編、天明元年序　精寫、彩色圖入、稀本　十册

一七七 北狄肺肝　姫路藩一色廣信著　上寫、原本歟　十九册

蝦夷地とロシヤとの交渉史料。安政三年成、内容豐富。傳本甚だ稀
他に所傳を聞かない。

一七八 北槎記聞　吉田篁墩著　木村謙手寫　圖入　一册

蝦夷闔境輿地全圖　藤田惇齋編　嘉永七年刊　彩色刷　一舗

一七九 蝦夷年代記　松浦武四郎編　明治三年刊　一册

蝦夷行程記　阿部櫟齋著　安政三年刊　繪入　二册

一八〇 文化四年蝦夷紀聞　上寫本　六册

四、五月中のロシヤ人のエトロフ及び唐太侵略、幕府の警備强化等
についての豐富な史料集。

一八一 蝦夷志　新井白石著　寫本　著色圖入　一册

蝦夷風俗集　寫本　著色　一册

松前家記　新寫本　北海道廳本に據る　一册

一八二 魯西亞志　桂川甫周譯　寫本　大槻文庫舊藏　一册

蝦夷記　寫本　著色圖入　一册

北陲杞憂　北海道廳本寫　一册

一八三 蝦夷志　明和元年河本寛手寫　著色圖入　一册

蝦夷草紙　大槻俊齋舊藏關場不二彥校合奥書本　一册

定西法師琉球物語　文化五年寫本　一册

蝦夷草紙　最上德內著　寫本　宍戸昌舊藏　一册

一八四 松前秘說　高田屋嘉兵衛蝦夷出產申立書、寫本　一册

義經蝦夷實記　寫本　渡邊千秋舊藏　一册

一八五 松前より西蝦夷地分見圖書　寫本　關場文庫舊藏　一册

蝦夷地家數人別產物船數牛馬其外取調帳　新寫本　一册

東蝦夷地諸產物凡出高中高考步役見定書　明治二年　原本　一册

一八六 蝦夷花木圖　寛政十一年田淳手寫　彩色精寫　一册

一八七 蝦夷地腊葉　小野蕙畝自筆草稿　岩崎灌園自筆書入　一册

蝦夷草木志料　曾槃編　活字本（某雜誌揭載）　一册

東韃紀行　間宮倫宗口述　越前松平家舊藏　彩色圖入　合一册

一八八 東韃地方紀行　間宮倫宗口述　新寫本　彩色圖入　三册

東韃地方紀行　間宮倫宗口述　文政五年寫　彩色圖入　一册

一八九 天鹽日記　松浦武四郎著　彩色圖入　一册

十勝日記　〃　〃　一册

東蝦夷日記　三編・四編　〃　繪入　二册

東韃紀行　間宮倫宗著　著色圖入　昭和十三年南滿洲鐵道株式會社刊行　一册

一九〇 蝦夷今昔物語　バチェラー著　昭和十三年再刊　和裝本　一册

蝦夷痘黴史考　高橋信吉著　昭和十一年　一册

一九一 神農畫像　細井平洲自書讃　一幅

一九二 神農本草經　森立之校刊　青山道醇細字大書入　二册

一九三 本草經藥和名攷　森立之著　森約之自筆補記　萬延元年成　一册

一九四 神農本草經 嘉永七年 森立之校刊 三册
神農本經 寬保三年刊 一册
本草經百種錄 躋壽館活字版 三册
本草和名 精寫本 生駒耕雲手寫 一册

一九五 本草和名考異 狩谷掖齋著 岡本況齋手寫本 一册
神農本經解故 鈴本素行著 新寫本 三册

一九六 本草和名 多紀元簡校刻 橘守部舊藏書入 二册

一九七 本草和名抄 丹波康頼撰 丹波長平跋 精寫 二册

一九八 本草和名訓纂 森約之自筆稿本 大槻文彥舊藏 一册

一九九 影寫新修本草 極精寫 福井崇蘭館舊藏 五卷

二〇〇 證類本草序例 慶長十四年梅壽刊 古活字版 一册

二〇一 大觀證類本草 望月三英飜刻 安永四年刊 美本 二十五册
江戸時代の醫學に於ける考證學派の祖とも稱すべき望月三英が、畢生の材力を傾けて校刻したもの。すこぶる稀覯、戰後いまだ坊間に出でたるを聞かない。

二〇二 庖厨備用倭名本草 向井元升著 貞享元年刊 富田溪仙舊藏 美本 六册

二〇三 庖厨備用倭名本草 向井元升著 貞享元年刊 十三册

二〇四 本草沿襲考 松下見林著 森中虛（立之の父）自筆 一册

二〇五 本草辨疑 遠藤元理自筆原本 天和元年成 三册

二〇六 本草總括 精寫 本郷龍岡町松平家舊藏 合七册

二〇七 本草記聞 小野蘭山著 寫本 寬政六年與書 十五册

二〇八 本草譯說 カナ交り 精寫本 十六册

二〇九 本草餘纂 小原桃洞自筆稿本 田中探山舊藏 桐箱入 十二册

二一〇 本草摘要 奈良田中尙德編 嘉永六年龜井宗玄寫 七册

二一一 本草圖說 水產部 高木春山自筆稿本 伊藤篤太郎舊藏 一册

二一二 采雅 田安宗武著 淨寫稿本 田安家舊藏 四册
副題「大和本草正誤」とあり。貝原益軒の説を訂したもの。

二一三 眞影本草 名古屋石黒通玄等撰 安政四年刊 一帖

二一四 國史草木昆蟲攷 曾槃自筆草稿 六册

二一五 信筆鳩識 前田利保自筆原本 「萬香亭」の朱印あり 十一册
本草學者として名高い越中富山藩主前田利保の稿本。弘化四年のもの二册、同五年のもの二册、嘉永元年のもの七册。著色の挿繪が精緻で非常に美しい。

二一六 本草三品圖（イヌシデ・チングルマ・イチヤウラン） 文久二年嘗百社刊 筆彩 一幅

二一七 天保七年班鳩日記 蘭政處士著 活字版 一册
本草逢原 天明四年刊 四册
武江產物誌 岩崎灌園編 文政七年序 一册
福州府志物產便覽 天保四年刊 川田剛舊藏 一舗

黍稷稻梁辨　龜田鵬齋著　濱和助舊藏　文政五年再刻　一册

二八　松屋叢考三樹考　小山田與淸著　文政九年刊　圖入　一册

經典穀名考　山田文靜著　文政十一年刊　三册

小品考　西村廣休著　安政六年刊　圖入　一册

北野抱甕錄　淸、高士奇著　宍戶昌舊藏　寫本　一册

二九　牟閉名實考　寫本　村野時哉舊藏　一册

本草沿革考　岡本保孝著　新寫本　一册

神農本經解故　鈴木素行著　〃　一册

移居記・鳥名便覽　新寫本　一册

三〇　越中富山侯本草寫生　彩色精寫　二册

三一　本草花蒔繪　伊藤樹久編　元文四年成　精寫本　塗箱入　二十册

一種の本草圖譜。內容豐富。

三二　和漢草木藥品寫眞　新宮城舊藏本　彩色精寫　五册

三三　廣溪花卉寫生圖　彩色精寫　五册

三四　花卉寫生　原本　彩色精寫　明治二十三年成　七帖

草選集　彩色　精寫　一册

三五　躑躅譜　新寫本　彩色美本　三册

三六　畫鷦　寫本　著色圖入　一册

山菊花集　新寫本　〃　一册

櫻草圖譜　〃　〃　一册

三七　飛禽圖　彩色寫生圖　「山內藏書」の印あり　二卷

極密極彩色の精寫。大小數百の鳥類を圖し、精巧無比。

二八　鳥類圖卷　著色精寫　一卷

二九　鷹圖　永祥筆　極大形本　一帖

三〇　鳩盡　實物大寫生圖譜　極密彩色　長卷　二卷

三一　鳥名便覽　島津重豪編、淨寫原本　極上本　一册

三二　鳥名便覽　島津重豪編　文政十三年刊　美本　一册

三三　鳥巢獸類魚品石貝之寫生　上寫、彩色　一卷

三四　海產魚譜　田安家舊藏　極精寫彩色　五册

三五　春山魚譜　高木春山編　寫本　伊藤篤太郎舊藏　四册

三六　海の幸　勝間龍水畫　彩色刷　寶曆十二年刊　合一册

三七　麑海魚譜　白野夏雲編　石版圖入　明治十六年刊　二册

三八　日本產物志　伊藤圭介著　圖入　明治十年刊　文部省藏版　十五册

三九　大日本物產圖會　三代安藤廣重畫　彩色刷　箱入　八十七枚

四〇　五畿內產物圖會　大原東野編　彩色刷　文化八年刊　五册

四一　諸國物產繪圖帳　享保元文中成　原本　彩色繪入　九册

享保十九年幕府が諸藩に命じて產物目錄を呈せしめたのに應じて作

成したもの。ここに現存左の如し。
一近江國産物繪圖帳　一册
二遠江國懸河領産物之内繪圖　享保廿一年　二册
三武藏國川越領産物繪圖帳　享保二十年十二月　一册
四武藏國多摩郡産物繪圖帳　元文元年六月　一册
五越中國産物之内繪形　乾　一册
六肥後國球摩郡米良山産物繪圖帳　一册
七播摩國網干領産物帳　一册
八肥後國珠摩郡米良山産物帳　一册
稀本。かくの如く多く揃つたものは殆んど稀有であらう。

二四二　加賀國物産書上帳　享保二十年成　新寫　二册

二四三　近江物産志　新寫　彩色圖入　二册
木曾産物圖譜　〃　〃　一册

二四四　勢賀二州物産點檢錄　鎌井松石自筆原本　明治五年成　著色圖入　一册

二四五　西國藝備本草産物圖會　特大寫本　彩色　二册

二四六　北越卉牒　畔田伴存編　新寫本　圖入　二册

二四七　佐州産物志　新寫本　著色圖入　三册

二四八　越信土産　新寫　彩色圖入　一册

二四九　房總水産名物圖誌　稿本　彩色密圖入　四册

二五〇　八丈島物産志　精寫　彩色圖入　二册
薩州産物錄　佐藤中陵編　新寫　一册
土州淵岳志産物編　新寫　一册

二五一　伊豆海島風土記　寫本　森立之舊藏　一册

二五二　海島諸山物産志　寫本　著色圖入　一册

二五三　物産小錄　堀江玄章編　繪入精寫本　伊藤篤太郎博士舊藏　二册

二五四　日本全國釣鈎圖　著色極精寫　明治二十八年宇都宮七五寫　一册

二五五　勇魚取繪詞　淡墨刷　大本　美　文政十二年跋　二帖
鯨肉調味方　天保三年刊　一册
肥前平戸沖の生月島の益富家を中心にした捕鯨業の圖說。記事正確詳密、刻刷共に優れ、科學性と美術性を兼備した善本。江戸時代の刊本中、特筆すべき佳書。稀

二五六　鯨史稿　大槻準編　新寫本　圖入　六册

二五七　捕鯨史資料集　取り交ぜ　三十册

二五八　觀鯨篇　釋歸牛編　口繪あり　寺門靜軒序　美　一册
花火秘傳集　圖入　美　一册

二五九　鯨志　梶取屋次右衞門著　圖入　寶曆十年刊　一册
海鰌漁談　詮昌著　圖入　寫本　一册

二六〇　小兒の弄鯨一件の巻　唐津藩木崎盛標自筆原本　彩色精寫　一巻
肥前の國唐津沖の小川島の捕鯨圖卷である。安永二年成、原本。

二六一　捕鯨圖卷　著色寫本　一巻

二六二　鯨圖　寫本　一巻

35

二六三 鯨志 梶取屋次右衛門著 寛政六年刊 圖入 一册
象のみつぎ 卯三近著 繪入 享保十四年刊 一册

二六四 象志 享保十四年刊 一册
象のみつぎ 綱三近著 繪入 享保十四年刊 一册
詠象詩 享保十四年刊 一册
馴象編 享保十四年刊 一册
馴象俗談 井上通煕著 享保十四年刊 一册

二六五 鼓銅圖錄 増田綱著 彩色刷 大坂住友家藏版 一册

二六六 佐渡國金山之圖 彩色精寫 太卷 一卷

二六七 西三河砂金山稼方圖卷 大太卷 彩色 一册

二六八 紀州新宮 櫨の實の蠟製作圖卷 彩色上寫 一卷

二六九 漁撈圖卷 安永二年木崎盛標自筆原本 彩色 一卷
いるか漁・鮪網・鯛網・鮑取りの四部より成る。

二七〇 馬渡島駒捕一件繪卷 安永三年木崎盛標自筆原本 著色 一卷

二七一 諸職圖卷 木崎盛標編 原本か 著色密圖 天明年間成 一卷
布曝、鑄物師、線香製造の三部より成る。

二七二 朝鮮人參耕作記 田村元雄著 繪入 明和元年刊 一册
廣參品 松岡恕庵著 寶曆十一年刊 小本 一册

二七三 延喜藥錄 森立之自筆稿本 大槻文彥舊藏 一册

二七四 傷寒藥品大用 川越衡山著 寛政七年刊 極美 二册

二七五 諸國採藥記 植村政勝著 寫本 一册
羿庵釋藥 曾槃著 新寫本 一册
紫藤園考證 白井剛篤著 著色圖入寫本 村野時哉舊藏 二册

二七六 阿蘭陀本草 陽月窓士編 著色圖入 精寫本 二册

二七七 泥蘭度草木略 宇田川槐園譯 寫本 關場文庫舊藏 三册

二七八 泥蘭度草木略 宇田川槐園譯 寫本 合一册
達生園方穀 外五部 寫本 合一册
阿蘭陀本草 寫本 一册
蘭方類聚 吉雄常譯 一册

二七九 和蘭藥譜 中川淳庵譯 寫本 二册

二八〇 和蘭藥性辯 藤林普山譯 文政八年刊 五册

二八一 蘭藥鏡原草部 吉田駒谷譯 文政三年刊 三册
和蘭藥性辨 藤林泰介譯 文政八年刊 五册

二八二 和蘭諸製法藥品 宇田川榕庵自筆稿本 關場文庫舊藏 一册
觀古日錄 林文晩自筆原本 一册
玎瑺譯語卷五 宇田川榕庵著 漢文隨筆 淨寫本 關場文庫舊藏 一册

二八三 和蘭語法 筆者未詳 關場文庫舊藏 一册
蘭文手記（假題） 宇田川家舊藏 一册
旅程曆 筆者未詳 原本 伊藤篤太郎舊藏 一册
萩日記 明治四十年 さとみちの奥書あり 一册

石綿論　熙田玄鶴著　文政五年刊　一册
二八四　石綿論　黒田玄鶴著　文政五年刊　田安家舊藏　一册
三元素略說　廣川晴軒著　慶應元年刊　美本　一册
二八五　火浣布略說　平賀源內著　明和二年刊　繪入　一册
二八六　舎密開宗　宇田川榕庵　廿一册
二八七　ぢんてき問答　正保二年刊　一册
食品國歌　大津賀仲安著　天明七年刊　二册
同上　〃　〃　合一册
桑華新話　木活字版　一册
二八八　古方藥品考　內藤蕉園著　天保十二年刊圖入　五册
增補多識編　蔦廼家文庫舊藏　五册
二八九　老翁談　萬釋庵十意著　明和四年刊　五册
二九〇　齋民要術　田好之譯　延享元年刊　十册
天工開物　明和八年刊　圖入　九册
二九一　農業全書　宮崎安貞著　文化十二年刊　圖入　十一册
農工全書　宮崎柳條著　明治二十七年再版　彩色刷圖入　十五册
二九一　經濟要錄　佐藤信淵著　安政六年刊　木活字版　七册
草木六部耕種法　佐藤信淵著　明治七年刊　彩色刷挿繪入　十六册
二九二　佛說療痔瘻病經　鎌倉初期古寫本　一帖
二九三　運氣論　慶長十六年刊　首二丁缺　古活字版　一册
二九四　十四經并臓腑之圖　古活字版　繪入　一册

二九五　大德重校 聖濟總錄　杉本樗園等校　醫學館活字版　文化十年刊　大本極美　百册
二九六　飜刻宋本 傷寒論　堀川舟庵校點　安政三年刊　極美　四册
二九七　是齋百一選方　千田敬校訂　寛政十一年刊　五册
二九八　雜病廣要　多紀元堅著　躋壽館活字版　慶應三年刊　極美　二十册
二九九　靈樞識　多紀元簡著　躋壽館活字版　六册
三〇〇　醫鞭　萬年櫟山著　嘉永五年序　淨寫稿本　二册
生々論　萬年櫟山著　安政四年序　淨寫稿本　一册
三〇一　古方類聚抄　森立之自筆稿本　八册
三〇二　醫藉文字捷見　森立之編　自筆原本　一册
三〇三　醫範提綱　宇田川榛齋著　文化二年刊　三册
醫範提綱內象圖　亞歐堂田善銅版　文化五年刊　津和野文庫舊藏　一帖
三〇四　解體發蒙　三谷笙洲著　文化十年刊　彩色刷圖入　五册
三〇五　解體新書　杉田玄白譯　安政三年刊　圖入　五册
解體新書附圖　中伊三郎銅版　文政九年刊　一帖
三〇六　重訂解體新書　杉田玄白譯　大槻磐水重訂　天保十四年刊　極美　十三册
三〇七　瘍科精選圖解　越村德基譯　圖入　文政二年刊　美本　二册

三〇八	蘭療薬解	廣川獬譯 文化三年刊 圖入	一册
	和蘭醫話	萬町權之進著 文化二年刊	二册
三〇九	泰西熱病論	吉田駒谷編 文化版	六册
三一〇	和蘭內外要方	吉雄尙貞譯 文政九年刊 圖入	十二册
三一一	和蘭窮理外科則	新宮凉庭譯 嘉永三年刊 上本	二十六册
三一二	外科集成	栗崎道樞著 文化十年刊活字版 稀本	三十二册
三一三	眞本外科精要	津輕意伯校刊 寬政九年跋	三册
	泰西外科收功	大槻玄幹著 文化十一年序 彩色刷圖入	三册
三一四	施治攬要	田宮尙施編、安政四年刊 薩摩版木活字	九册
三一五	阿蘭陀外科書	河口良益譯 萬治元年跋 上寫本	六册
	蘭方類聚	吉雄魯彥譯 上寫本	一册
三一六	秘傳活幼全書	足利末期古寫本	一册
三一七	幼々新書	多紀元簡本寫 薄様紙精寫 朱校	二十册
三一八	三千佛佛名會本尊	古版 金泥彩色	一幅
三一九	宋蠟箋紙	瓛山王氏海上精舍舊藏 羅振玉の識語あり	三枚一卷
三二〇	小香雪黃舊蠟箋紙	三十年三月十四日 胡世傑交來と題	一卷
三二一	乾隆廿七年製龍紋紙	奉勅周尙文敬造	一紙
三二二	乾隆年仿明仁殿紙		
	金粟山藏經紙	その他	一括
三二三	重修證類本草	明、成化版	四帙
三二四	重刻經史證類大觀本草	明版	二帙十册
三二五	經史證類大全本草	順治十四年刊 籍山書院刊本	二帙十册
三二六	經史證類大觀本草	宋版覆刻	廿册
三二七	本草綱目	萬曆刊	十二帙
三二八	神農本草經贊	道光刊本	四册
三二九	醫學源流	萬曆十一年刊	合四册
三三〇	農書	元、王禎撰 圖入 武英殿聚珍版 美本	十六册
三三一	香乘	明、周嘉胄著 崇禎十四年序	六册
三三二	欽定武英殿聚珍版程式	乾隆刊 密圖入	一册
三三三	重印四庫全書總目	上海版	十册
三三四	皕宋樓藏書志	陸心源	二十二册
三三五	欽定天祿琳琅書目	于敏中等 光緒刊	十册
	鐵琴銅劍樓藏書目錄	瞿鏞	十册
	愛日精盧藏書志	張金吾	八册

38

三三六 日本訪書志　楊守敬　八冊
開有益齋讀書志　朱緒曾　六冊
郎園讀書志　葉德輝　十六冊

三三七 四庫提要辨證　余嘉錫　六冊
師石山房叢書　姚振宗　一冊

三三八 江蘇省立國學圖書館圖書總目　附　補編　三十冊

三三九 流沙墜簡　羅振玉　一帙三冊

三四〇 燉煌掇瑣　中華民國十四年　國立中央研究院歴史語言研究所　八冊
燉煌石室碎金　羅振玉　一冊
燉煌隨筆　常鈞　一冊
燉煌零拾　上虞羅氏印行　一冊

三四一 燉煌壁畫集　一冊

三四二 瀛涯敦煌韵輯　姜亮夫　四冊

三四三 燉煌遺書　ペリオ・羽田亨　二冊

三四四 說文解字詁林　付　補遺　丁福保　十帙　八十二冊

三四五 陳氏中西回史日曆　陳垣　五冊

三四六 讀律佩觽　康熙十五年刊　十冊

三四七 唐明律合編　三十卷　薛允竹　八冊

三四八 永樂大典　（元南台備要）　寫眞版　一冊

三四九 日本一鑑　北京鉛印本　四冊

三五〇 夢溪筆談　宋・沈括明刊　巻末落丁あり　四冊

三五一 廣東新語　屈大均　康熙版　富岡鐵齋舊藏　十冊

三五二 唐宋白孔六帖　明版　上本　百巻　四十九冊

三五三 三才圖會　明版　十帙

三五四 三才彙編　康熙中刊　六冊

三五五 李文忠公全集　李鴻章　光緒刊　百冊

三五六 十竹齋箋譜　民國二十三年　版畫叢刊會本　彩色刷　極美　四冊

三五七 顧氏畫譜　支那版畫史圖錄外集　民國卅年刊　四冊

三五八 石雅　章鴻釗　一冊
双梅景闇叢書　五冊

三五九 古逸叢書　揚守敬　二十帙　五十九冊

三六〇 影刻咸淳本　左氏百川學海　陶氏涉園刊　四十冊

三六一 大明律講解　朝鮮版　庚午初夏　箕營新刊　三冊

三六二 世說新語補　朝鮮古活字版　極大形本　七冊

三六三 濟衆新編　朝鮮版醫書　康命吉奉勅撰　五冊

39

三二四 華語類抄 朝鮮版諺文入り 一册

二 洋装本

三二五 古事類苑 神宮司廳 五十一册
三二六 續群書類從 續群書類從完成會 七十二册
三二七 新校群書類從 内外書籍會社 二十四册
三二八 増訂故實叢書 吉川弘文館 四十一册
三二九 存採叢書 近藤圭造 十八帙
三三〇 圖説日本文化史大系 十四册
三三一 尊經閣叢刊 育德財團 五〇種
三三二 南都十大寺大鏡 索引付揃 廿八册
三三三 寛政重修諸家譜 榮進社 九册
三三四 六國史 朝日新聞社 十一册
三三五 大日本人名辭書 五册

三三六 日本文學大辭典 新潮社 七册
三三七 本朝通鑑 國書刊行會 十八册
三三八 橘守部全集 國書刊行會 十三册
三三九 御湯殿の上の日記 續群書類從完成會 十册
三四〇 本居宣長全集 吉川弘文館 十三册
三四一 古典文庫 吉田幸一 九十册
三四二 近代文學研究叢書 昭和女子大學 十四册
三四三 明治文化全集 吉野作造等 二十四册
三四四 甲寅叢書 郷土研究社 六册
三四五 日本風俗圖會 黒川眞道 十二帙
三四六 南方熊楠全集 十二册
三四七 柳田國男先生著作集 九十一册
三四八 萬葉集全注釋 武田祐吉 十五册
三四九 國譯本草綱目 春陽堂 十四册
三五〇 古名錄 畔田伴存 四十五册

三九一 醫籍考 多紀元胤 十冊
三九二 中西交通史料匯篇 六冊
三九三 日本交通史料集成 二冊
三九四 杏林叢書 吐鳳堂 五冊
三九五 國語史 刀江書院 六冊
三九六 増補語林 倭訓栞 三冊
三九七 増補 俚言集覽 三冊
三九八 古辭書の研究 川瀬一馬著 一冊
三九九 訓點語と訓點資料 遠藤嘉基 十三冊
四〇〇 願經四分律古點 大矢透 二冊
四〇一 新撰字鏡 大槻文彦校 七冊
四〇二 假名遣及假名字體沿革史料 大矢透 一冊
四〇三 疑問假名遣 國語調査委員會 二冊
四〇四 假名源流考及證本寫眞 大矢透 二冊
四〇五 西大寺本 金光明最勝王經古點の國語學的研究 春日政治 三冊

四〇六 國語調査報告書 國語調査委員會 二冊
四〇七 音韻調査報告書 國語調査委員會 一冊
四〇八 音圖及手習詞歌考 山田孝雄 一冊
四〇九 隋唐音圖 大矢透 一冊
四一〇 韻鏡考 大矢透 一冊
四一一 南京遺芳 佐々木信綱 橋本進吉 二帙
四一二 一切經音義索引 山田孝雄 一冊
四一三 箋注倭名類聚抄 京大文學部 一冊
四一四 箋注倭名類聚抄國語索引 古典索引叢刊 一冊
四一五 古本節用集の研究 上田萬年 橋本進吉 一冊
四一六 節用集 天文十八年版複製 二冊
四一七 玉篇の研究 岡井愼吾 一冊
四一八 古點本の國語學的研究 中田祝夫 一冊
四一九 言語民俗論叢 金田一京助 一冊
四二〇 ロドリゲス 日本大文典 土井忠生譯 一冊

四二一 高等口語法講義 木枝増一 一冊
四二二 かざし抄 富士谷成章 二冊
四二三 津輕語彙 北山雄長 一冊
四二四 弘前語彙 松本明 一冊
四二五 國字國語問題文献目録 平岡伴一 一冊
四二六 朝鮮語學史 小倉進吉 一冊
四二七 朝鮮語に於ける謙譲法・尊敬法の助動詞 小倉進平 一冊
四二八 讀史備要 史料編纂所 一冊
四二九 日本叢書索引 廣瀬敏 一冊
四三〇 國學者傳記集成 三冊
四三一 日本書畫骨董大辭典 池田常太郎 一冊
四三二 日本地名事典 四冊
四三三 古文書學概論 勝峯月溪 一冊
四三四 大日本農史 瀧本誠一 一冊
四三五 日本漁業經濟史 羽原又吉 四冊

四三六 日本近代漁業經濟史 羽原又吉 二冊
四三七 日本米食史 一冊
四三八 日本凶荒史考 西村眞琴 吉川一郎 一冊
四三九 救荒誌 明治三十六年 一冊
四四〇 難波宮址の研究 一―三 三冊
四四一 江戸時代の科學 東京科學博物館 一冊
四四二 新選姓氏録考證 栗田寛 三冊
四四三 古風土記逸文考證 栗田寛 二冊
四四四 日本古代氏族制度 太田亮 一冊
四四五 栗里先生雜著 栗田寛 三冊
四四六 尺度綜攷 藤田元春 一冊
四四七 奈良縣總合文化調査報告 奈良縣教育會 三冊
四四八 北方文化研究報告 一―八 八冊
四四九 交通史料集成 二冊
四五〇 高知縣產業調査報告書 一冊

四五一 薩隅煙草錄 青江秀 一冊
四五二 長崎叢書 四冊
四五三 越前若狭地方の史蹟 一冊
四五四 足利市史 二冊
四五五 富山市史 二冊
四五六 鎌倉室町時代之儒教 足利衍述 一冊
四五七 東大文學紀要 社寺領性質の研究 一冊
四五八 寫經より見たる奈良朝佛教の研究 石田茂作 一冊
四五九 十六世紀世界地圖上の日本 岡本良知 一冊
四六〇 華夷變態 東洋文庫 三冊
四六一 文鏡秘府論考 小西甚一 三冊
四六二 正倉院薬物 一箱
四六三 小川博士還暦記念 史學地理學論叢 一冊
四六四 支那歴史地理研究 小川琢治 二冊
四六五 鳴沙餘韻 矢吹慶輝 一帙一冊
四六六 燉煌畫の研究 松本榮一 二冊
四六七 日支交通史 木宮泰彦 二冊
四六八 支那歴代地名要覧 青山定雄 一冊
四六九 永樂大典 東洋文庫 五冊
四七〇 後狩詞記 柳田國男 著者署名入 一冊
四七一 大森介墟古物編 エドワルド、エス、モールス 一冊
四七二 板碑概説 一冊
四七三 日本佛家人名辭書 鷲尾順敬 一冊
四七四 大日本寺院總覽 一冊
四七五 日本佛教史の研究 大屋德城 三冊
四七六 本朝瞽人傳 石川二三造 一冊
四七七 華岡青洲先生及其外科 呉秀三 一冊
四七八 蘭學全盛時代と蘭疇の生涯 鈴木要吾 一冊
四七九 大藏永常 早川孝太郎 一冊
四八〇 箕作阮甫 呉秀三 一冊

四八一 法制史の研究 三浦周行 二册

四八二 宮崎先生記念法制史論集 中田薫 一册

四八三 法制史論集 中田薫 二册

四八四 法制史料 古文書類纂 瀧川政次郎 一册

四八五 日本古代法典 池邊義象 一册

四八六 日本古代法釋義 有賀長雄 一册

四八七 大寶令新解 窪美昌保 一册

四八八 標注令義解校本 二册

四八九 律令の研究 瀧川政次郎 一册

四九〇 支那歴代刑事法制の思想 二册

四九一 李朝法典考 朝鮮總督府中樞院 二册

四九二 校訂大明律直解 一册

四九三 延喜式 昭和七年 三册

四九四 神道分類目録 佐伯有義 一册

四九五 明治大正昭和神道書籍目録 加藤玄智 一册

四九六 神社覈録 鈴鹿連胤 一册

四九七 神道辭典 下中彌三郎 三册

四九八 神祇志料 四册

四九九 アイヌ叙事詩 ユーカラの研究 金田一京助 二册

五〇〇 アイヌ考古學的人類學的研究 鳥居龍藏 一册

五〇一 北海道舊土人保護沿革史 北海道廳 一册

五〇二 あいぬ醫事談 關場不二彥 一册

五〇三 北海道開拓雜誌 明治十三年第一號――四十二號 合本二册

五〇四 文明源流叢書 圖書刊行會 三册

五〇五 日本西教史 太政官 二册

五〇六 切支丹史料集 一册

五〇七 高槻發見切支丹文書 巖松堂 一册

五〇八 天草本平家物語 龜井高孝 一册

五〇九 天草版金句集の研究 吉田澄夫 一册

五一〇 吉利支丹教義の研究 橋本進吉 二册

五一一 天正年間 遣歐使節見聞對話錄 東洋文庫 一册
五一二 吉利支丹語學の研究 土井忠生 一册
五一三 耶蘇會士日本通信 村上直次郎 二册
五一四 切支丹宗教文學 姉崎正治 一册
五一五 內國勸業博覽會審查報告 第三回及第四回 二册
五一六 日本名所圖繪 銅版 七册
五一七 職人繪盡 久保田米齋 合一册
五一八 謠本於裳佳介 三上進 一帙
五一九 葛布帖 柳宗悅 一册
五二〇 古摺佛聚 一函
古摺佛集 一册
五二一 醫學文化年表 藤井尙久 一册
五二二 皇國醫事沿革小史 郭嘉四郎 二册
五二三 皇國醫事大年表 中野操 一册
五二四 日本婦人科學史 緒方正淸 大正三年刊 繪入 二册
五二五 日本產科學史 緒方正淸 一册

五二六 日本女科史 佐伯理一郎 一册
五二七 第二回關西產科婦人科學會報告 佐伯理一郎 一册
五二八 醫家先哲肖像集 藤浪剛一 一册
五二九 防長醫學史 田中助一 二册
五三〇 朝鮮醫書誌 三木榮 一册
五三一 朝鮮醫學史及疾病史 三木榮 一册
五三二 中國醫學書目 黑田源次 二册
五三三 支那中世醫學史 廖溫仁 一册
五三四 中國藥學大辭典 二册
五三五 中國藥用植物誌 二册
五三六 日本植物總覽 牧野富太郎 根本莞爾 二册
五三七 礦物學名詞 民國二十三年 一册
五三八 日本藥園史の研究 上田三平 一册
五三九 本草書目の考察 中尾萬三 一册
五四〇 本草學論攷 白井光太郎 四册

五二一　大和本草　白井光太郎　二册
五二二　錦窠翁米賀會誌、耋筵誌　二帙五册
五二三　植物名實圖考　呉其濬　民國廿二年　二册
五二四　萬葉集草木考　岡不崩　四册
五二五　古典草木雜考　岡不崩　一册
五二六　日本上代染草考　上村六郎　一册
五二七　日本農具圖説圖譜　帝國農會　一册
五二八　日本産蛙總説　岡田彌一郎　一册
五二九　日本昆布大觀　稲垣美三雄　一册
五三〇　安房郡水産沿革史　岸上鎌吉　一册
五三一　麑海魚譜　日野夏雲　一册
五三二　廣州植物誌　科學出版社　一册
五三三　善本影譜　日本書誌學會　三十袋
五三四　訪書餘錄　和田維四郎　元版　二帙六册
五三五　和漢書目錄法　田中敬　一册

五三六　參考文献總覧　波多野賢一　一册
五三七　正續群書一覽　入田整三校　二册
五三八　書目集覽　禿氏祐祥　二册
五三九　本邦書誌の書誌　天野敬太郎　一册
五四〇　徳川幕府時代書籍考　牧野善兵衛　一册
五四一　慶長以來書賈集覽　井上和雄　一册
五四二　江戸書籍商史　上里春生　一册
五四三　紙魚の昔かたり　反町茂雄　一帙二册
五四四　享保以後　大阪出版書籍目錄　一册
五四五　日本法制史書目解題　池邊義象　二册
五四六　古活字版の研究　川瀬一馬　二册
五四七　平安朝摺經の研究　川瀬一馬　一册
五四八　法華版經の研究　兜木正亨　一册
五四九　嵯峨本考　和田維四郎　一册
五五〇　嵯峨本圖考　川瀬一馬　一册

五七一 日本古版地圖集成 栗田元次 一册
五七二 圖書寮宋本書影 日本書誌學會 一册
五七三 宋本書影 日本書誌學會 一册
五七四 藏書印譜 三村清三郎 横尾勇之助 二册
五七五 從吾所好 林若樹 一册
五七六 漢學者傳記集成 關儀一郎 一册
五七七 日本之古藏票 齋藤昌三 一册
五七八 內閣文庫藏書目錄 內閣文庫 二十册
和書假名別 三册 和書類別 三册
漢書假名別 二册 英書目 四册
佛書目 四册 獨書目 三册
五七九 靜嘉堂祕籍志 靜嘉堂文庫 五帙
五八〇 靜嘉堂文庫分類目錄 國書及漢籍之部 二册
五八一 圖書寮典籍解題 圖書寮 四册
五八二 彰考館圖書目錄 大正七年 一册
五八三 金澤文庫本圖錄 關靖 二册
五八四 金澤文庫古文書 關靖 二册

五八五 杏雨書屋圖書假目錄 一、二輯 二册
五八六 寧樂古經選 大屋德城 三册
五八七 安田文庫古經淸鑒 三册
五八八 高野山古經聚粹 水原堯榮 一帙
五八九 龍門文庫善本書目 川瀨一馬 一册
五九〇 乾々齋架藏和書目錄 藤浪和子 一册
五九一 日本文學圖會 阪倉篤太郎 一册
五九二 古梓殘葉 禿氏祐祥 一册
五九三 倭刊聚葉 第一輯 齋藤昌三 一册
五九四 朝鮮研究文献誌 櫻井義之 一册
五九五 朝鮮圖書解題 朝鮮總督府 一册
五九六 古今圖書集成分類目錄 文部省 一册
五九七 中國參考書目錄解題 鄧嗣禹 一册
五九八 中文參考書指南 何多源 民國二十五年 一册
五九九 中國歷代藝文志 民國二十五年 一册

47

六〇〇	中國文學家大辭典	譚正璧	一册
六〇一	古今人物別名索引	陳德藝	一册
六〇二	季刊 圖書館學	一—一〇號	十册
六〇三	書誌學	一—八十三號 内二册缺	八十一册
六〇四	書物の趣味	グロリア ソサエテ	七册
六〇五	書陵部紀要	一—十一號	十一册
六〇六	ビブリア	天理圖書館 一—十六號	十六册
六〇七	文獻索隱		二册
六〇八	雜誌索引	1(一—三七) 2(一—二四)	合四册
六〇九	科學史研究	一—五十四號	五十四册
六一〇	植物學雜誌	復製本 一卷—十卷	十册
六一一	本草	一—二六號	合五册
六一二	漢方と漢藥	一卷—六卷六號	六十六册
六一三	醫譚	一—二九號	合三册
六一四	方言	一卷—五卷 内二册缺	五十册

六一五	鄉土研究	鄉土研究社	合六册
六一六	民族學	一卷—三卷	合三册
六一七	民族藝術	民族藝術社 大揃	合六册
六一八	美術史	一—三十五號	三十五册
六一九	小咄研究	一—十二號	十二册
六二〇	東方學	一—十一號	十一册
六二一	東亞論叢	一—六	六册
六二二	朝鮮學報	一—十六號	十六册
六二三	青丘學報	四—二十一號 内一册缺	十七册

三 洋書

六二四	英文 日本書誌	ウエンクスターン編 ナホード 一八九五—一九三七年	八册
六二五	佛文 日本書目解題	ロニー編 一八八三年	一册
六二六	英文 日本耶蘇會刊行書目	サトウ編 一八八八年原版	一册

六一七　佛文　支那書誌　コルディエ編　パリー刊一九〇四年　五册
六一八　佛文　日本志　シャルボア著　パリー刊　一七三六年　二册
六一九　獨文　日本の歴史及記述　ケムプェル著　一七七七年　二册
六二〇　英文　日本の歴史　アダムス著　一八七五年　二册
六二一　英文　日本歴史　マードック著　一九四九年　三册
六二二　葡文　日本歴史　第二部　フロイス著　一册
六二三　英文　有史以前日本　ムンロー著　一九一一年　一册
六二四　英文　ヤング　ジャパン　横濱ブラック著　江戸一八八三年　二册
六二五　英文　日本の音樂及樂器　ピゴット著　一八九三年　一册
六二六　獨文　古今著聞集の音樂史的研究　エックハルト著　一九五六年　一册
六二七　佛文　日本の敷物と絹織物　ヘンリー著　一册
六二八　英文　日本青銅器鑄造法　ゴウランド著　一八九五年　一册
六二九　蘭文　日本文典　ホフマン著　一八五七年　一册
六三〇　英文　日本語文典　ホフマン著　一八六八年　一册
六三一　佛文　日本文法論　ホフマン・パージェス著　一八六一年　一册

六三二　獨文　日本語辭典　ランゲ編　一九一三年　三册
六三三　英文　日本俗語辭典　ブラウン著　上海版　一八六三年　一册
六三四　獨文　日本傳說集　フィッツマイア著　一八六四年　三册
六三五　獨文　日本民族詩　フィッツマイア著　一册
六三六　英文　古事記　チャムバレーン譯　一九三二年　一册
六三七　英譯　萬葉集　ピアソン　十一册
六三八　天正年間　遣歐使節見聞對話錄　原文共、サンデ原著　東洋文庫　一册
六三九　佛文　ツンベルク日本航海記　パリー刊　一七九六年　二册
六四〇　獨文　シナ・日本・オホーツク航海記　ハイネ著　一八五八年　三册
六四一　英文　リチャード・コックス日記　ハックルート協會刊　一八八三年　二册
六四二　獨譯　ゴローニン日本幽囚記　二册
六四三　獨文　ルイ・ホー　シーボルト著　一八三八年　一册
六四四　英文　アイヌの生活と說話　バチェラー著　一册
六四五　獨文　ベルツ評傳　トク・ベルツ著　一九三一年　一册
六四六　佛文　法寶義林　一九三一年　四册

六五七　佛文　アジア研究　一九二五年　二冊
六五八　佛文　アジア研究・批評雜錄　パリー刊　一八二五年　五冊
六五九　佛文　極東史　一九二九年　二冊
六六〇　韓英大辭典　ゲール著　一九三一年　一冊
六六一　羅文　羅典・朝鮮語辭典　ヤウン著　一九三六年　一冊
六六二　漢英辭典　ガビンス著　一八八九年　合一冊
六六三　英文　華英大辭典　ジャイルス編　一九一二年　一冊
六六四　佛文　中國古語大辭典　クウヴルール著　一九一一年　一冊
六六五　佛譯　五經　クウヴルール譯　七冊
六六六　佛譯　史記　シャヴアンヌ譯　一八九五―一九〇五年　六冊
六六七　佛文　中國古文書　シャヴアンヌ著　一九一三年　一冊
六六八　佛文　中國古文書　マスペロー著　一九五三年　一冊
六六九　古今姓氏族譜　ジャイルス著　一八九八年　一冊
六七〇　佛文　シナ言語學研究　カールグレン著　一九二六年　一冊
六七一　英文　シノ・イラニカ　ラウファー著　一九一九年　一冊

六七二　英文　中國の玉　ラウファー著　一九一二年　一冊
六七三　英文　耕織圖　フランク著　一九一三年　一冊
六七四　英文　シナ繪畫史序論　ジャイルス譯　一九〇五年　一冊
六七五　英文　卍の研究　ウイルソン著　一冊
六七六　英文　印度教と佛教　エリオット著　一九二一年　三冊
六七七　獨文　原始民族のオーナメント　シュメルツ著　一八九四年　一冊
六七八　英文　性崇拜物語　スター著　一九二七年　二冊
六七九　英文　刀劍と鮫　ジョリー著　一九一三年　一冊
六八〇　英文　宗教・醫學隨筆集　ブラウン卿著　一九〇二年　一冊
六八一　支那の醫學　アンドレアス クレイエル著　フランクフルト版　一六八二年　珍稀圖入　一冊
六八二　中國醫史　一九三六年　一冊
六八三　羅文　埃及の醫學　アルピン著　一七一九年　一冊
六八四　佛文　東洋の自然科學　一八二八年　一冊
六八五　英文　東洋植物文献目錄　メリル、ウォーカー著　一九三八年　一冊
六八六　英文　中國・臺灣の植物　リンネ協會刊、一―三卷　一八八六年　三冊

六八七 英文 中國植物考 一八九五年 三冊
六八八 英文 日本の森林樹木 サージェント著 一九三九年 一冊
六八九 英文 印度カルカッタ植物文献目録 一八四五年刊 一冊
六九〇 英文 圖解各國語植物名彙 カイロ版 一九三六年 一冊
六九一 羅文 ラテン語醫學語彙 一九五四年 五冊
六九二 英文 酒醸造の化學 アトキンソン著 一八八一年 一冊
六九三 英文 大英博物館日本・支那木版目録 一九一六年 一冊
六九四 英文 日本の木版畫 アンダーソン著 一九〇五年 一冊
六九五 英文 日本の木版及書物挿繪 ロンドン版 ブラウン著 一九二四年 一冊
六九六 獨文 日本古版地圖集 テレキー編著 一九〇九年 一冊
六九七 英文 ライアーソン蒐集 日本及中國挿繪本目録 シカゴ刊 一九三一年 一冊
六九八 英文 中國に於ける印刷の發明 カーター著 一冊
六九九 佛文 印刷術提要 一七六四年刊 二冊
七〇〇 英文 書物評論 ポラード著 カクストンクラブ版 一九〇五年刊 一冊
七〇一 英文 書物について マックマーター著 オックスフォード版 一九四五年刊 一冊

七〇二 英文 古版本と近代の發見 ケンヨン著 カクストンクラブ版 一九二七年 一冊
七〇三 英文 愛書家 グロリアクラブ版 一八八九年 三冊
七〇四 英文 バートン卿書誌解題 ペンザー著 一九二三年 一冊
七〇五 英文 英國蒐書家辭典 クォーリッチ版 一八九二―一九二一年 一冊
七〇六 文英 大英博物館創設者列傳 一五七〇年―一八七〇年 一冊
七〇七 英文 藏書票の話 ワーレン著 一八八〇年 一冊
七〇八 英文 日本アジア協會紀要 第一シリーズ二十四 第二シリーズ二十四 四十八冊
七〇九 英文 モニュメンタ・ニッポニカ 一―一五巻 一九三八―六〇年 十五冊
七一〇 英文 ジャパン・クォータリー 一―六巻 一九五四―五九年刊 六冊
七一一 英文 カルチュラル・ニッポン 一―十一 一九三三―四一年刊 九冊
七一二 英文 東洋文庫紀要 十二冊
七一三 佛文 極東佛蘭西學院紀要 一―九揃 他四册 十三冊
七一四 英文 東洋研究雑誌 香港版 一―三巻 三冊
七一五 英文 ハーバード東洋研究雑誌 一冊
七一六 英文 東洋藝術 一―三巻 一九二九―三一年刊 三冊

七七 英文 東方佛教學 大谷大學 一册

七八 英文 モニュメンタ・セリカ 一—十 一九三五—五六年刊 十三册

七九 支那叢報 丸善複製 解説共 三十册

七三〇 英文 中印研究 一—四、カルカッタ版 一九四四—四七年刊 三册

この他、和漢洋の古書約千五百點六七千册。

52

蒐書家としてのホーレーさん

弘文荘　反町茂雄

ホーレーさんが最初に日本へ來られたのは、ちようど三十年前の昭和六年で、たしか外語と東京文理大の先生としてでした。お茶の水の文化アパートに住んで居られた時に訪問したのが初めての様に思います。年は廿六七歳、若々しい、やゝ口重の、眞摯な感じの學者でした。既に七八ヶ國語を話されるとか聞き、言語學に關する立派な洋書が書棚に一杯つめられてあつたのにビックリもし感心もしました。少し前にC・R・ボクサー氏が英國大使館付の武官として日本に來て、年はやはり二十代だつたでしようが、本務の餘暇にこの國と西歐との交渉史について研究をしたり發表したり、日本の學者とも交際して居ました。何かの話の中で、岡本良知さんが「二人ともえらいヤツだ」と批評された事をよく覺えて居ます。評者自身も仲々えらい人ですが。

その頃から、早速日本の書物を買つて居られましたが、蒐集の範圍はまだ狹く、專攻の部門のものや、ある意味で先輩であるサトーやチェンバレンの藏書印のあるものに興味を持つたりされた様です。數年後、どう云う動機かわかりませんが、本草の書物の蒐集にかゝられ、和紙關係のものにも手を付け、その他の和本唐本にも食指を動かして、あちこちの古書肆から集められ始めました。巖松堂の金井君と云う人がよく御用をきいて居た様です。蒐集本能の強い人でしたから追々と間口は廣くなる一方で、四一年頃に太平洋戰爭のため歸國される時には、モー專門の言語學關係と本草關係を中心にした、和漢洋のかなり大きなコレクションに成長して居ました。

併し、この大蒐集家がその本領を發揮したのは、戰後に英國大使館附として再度來朝されてからです。日本としてはちょうど敗戰後の、精神的にも物質的にも最も窮乏の底にあつた時です。打ちつゞく戰災、疎開さわぎ、インフレ、食物の絶對的缺乏、新舊圓切換、財產稅、公職追放、大住宅の徵用、歷史或は古い物に對する價値感の減少等々、數多くの理由のつみ重なりで、これまで門外不出の稀書善本が大浪の樣に古書市場にハンランした時期でした。よく云うことですが、洋服一着の値で重要美術品に指定された古書が買えた時期、國寶の古典籍でさえ洋服二三着ほどのお金で手に入つた時代でした。あの人にとつては魚の一ッパイはいり込んだ小さな入江で、大きな網を引く樣な氣がしたものだろうと想像して居ります。何でも取り放題、つかみ放題、鯛でも比良目でも好きな樣にとれるのです。鮪や鯨さえも時々とれました、大した勞もなく。はじめは專門のもの、集めたいと思うものを、ドンドン思いのまゝに採られたのでしよう。併しあとには、何でも古い良い物は全部買う、或は買おうとされた樣に見えました。私などが出來たての古書目を屆けると、すぐ追つかけて氏の運轉手が、はじめはジープを驅つて、後には自動車で注文書きを持つて來訪する。取り敢えず目錄の中、最も値嵩のものを十點ほど。あと又入用のものを追加注文する、と云う樣なありさまでした。「コンナに良い本ぱかり買われてはたまらない」と心の底から感じ、若干の抵抗を試みて、賣れて居ぬものも「賣切」と返事をして、「そんなに早く賣れるわけはない」と叱られながらガンバリ通した事も記憶にあります。日本中の本屋さんたちが氏の漁場でした。この時期（昭和廿二年ごろから廿五年ごろ）に質と量と双方を考量して、最も多くの漁をされた人は、私の知る限りでは、天理の中山さんと、ホーレーさん、ついでは岡田眞さんだつたと思います。

廿五年六月朝鮮戰爭の勃發と共に、ホーレーさんの蒐書は一頓挫をしました。頓挫と云うのが誇張なら、かなり急激に勢が衰えました。その理由は私にはわかりません。たゞ強く印象に殘つて居る事は、戰爭勃發のニュースの入つた六月廿五日朝は、私たちの古典會の主催で、古書會館で古書展をやつて居た最中でしたが、友人のファン・グーリックさんと一緒に開場早々の混雜した會場を泳ぎながら、「朝鮮の軍事衝突の、あとのニュースを聞きませんか」と心配そうに私たちにさえ質問されて居た姿です。その態度の内に、當時まだ何も知らない私たちに、事件の重大さを感知させるあるものがありました。氏は廿一年からロンドンタイムスの特派員でした。

今からふり返つて見ますとホーレーさんの大蒐集は、この時までに一應ほゞ大成して居たのだろうと考えて居ます。その後多少づゝの出入はありましたが、恐らくこの頃が最高限に達して居たのでしよう。戰後廿一年頃から急激な上昇カーブを描いたものが、廿六年頃頂點に達して、高い所で一二年安定し、それからは下降線に移つたのではないでしようか。收穫の時代は終りました。やがて割愛・放出の時期が始まりました。

この少しあとに、東京から京都に移り、山科の、晩年の住いに落ち着かれました。移轉時の書物の量は鐵道の貨車二臺に滿載され、大きな書棚卅餘個ともの輸送費が、全部で六十萬圓もかゝつたと聞いて居ます。

ホーレーさんの蒐集の內、最大のものは本草學に關係のものだつたろうと想像して居ます。二十餘年にわたる熱心な蒐集で、田中光顯舊藏の永萬元年寫の香藥抄、平安朝時代寫の高山寺本藥種抄、益田家本寶要抄をはじめ、甚だ多くの稀珍を含んで居ました。今度の入札會に出品されて居るものはその一部分です。

本草學研究の一部として派生したのでしよう。晩年專心努力してまとめられた大著「日本の鯨と捕鯨」（英文、全三册、その第一册は今月中に刊行豫定。第二卷の草稿は出來上つて居る由）の資料として鯨に關する文獻は新古・東西・大小となく、廣く漁つて蒐め、書畫や一枚刷、斷簡零墨をも漏らさず拾收されました。その數量はどの位に達したか承知しませんが、量も質も、ユニークな大蒐集になつて居た事は疑をいれません。和紙文獻もほゞ同じ年月をかけられたもので、王子の製紙博物館をのぞけば、質量ともに最大のものゝ一でしよう。これは全部そのまゝ、今度の入札会に出品されて居ります。琉球關係のものゝ蒐集は、いつから初められたかつまびらかにしませんが、戰後から晩年にかけて最も熱心に努力されたもので、琉球文獻としては上野圖書館及び東恩納寛惇翁のコレクションと並ぶ大きな蒐集です。重價をいとわれなかつたゞけに、珍書の多い點ではホーレーコレクションが最大かも知れません。ハワイ大學及び琉球大學に一括購入の希望がある相ですが、まとまつた形で殘ることは故人もよろこばれるに相違ありません。

古版本を集めはじめられたのは、主として戰後だつたでしよう。ちようど古典籍のハンラン時代に當り、又その頃は古版本に注目する人が殆んど無くなつて居たので、環境にめぐまれて、比較的短時日に良い物を豊富に、易々と入手されました。古くは平安朝、鎌倉の刊本から、五山版を經て古活字版まで、重要なものゝ大部分を網羅して居ました。その內、五山版は約七十點、四五年前にまとめて天理圖書館に讓渡され、同館で特別展觀が催されました。乾元二年刊の人天眼目集をはじめ、永和二年の杜工部集、嘉慶元年の柳宗元の集、同二年貞和聯芳集以下、珍貴に滿ちて居ます。古活字版は勅版の日本書紀・勸學文以下恐らく二百種を超えたでしよう。現在筆者の手許に殘る寶玲文庫本だけで百五十種以上を數へます。古活字版の蒐集の二百種以上のものは、個人の藏書としては、德富蘇峯翁の成簣堂本、高木文庫及び安田文庫の三者を數えるに止まりますが、質量兼備の點で、前の二者にやゝまさり、安田文庫本と雁行するものだつたろうと思つて居ます。春日版・高野版以下の古版は、いつの間にか多く筆者の手に移りましたが、昨秋十一月の古典會五十周年の記念の大入札會に出品された、天承二年の墨書識語の金光明經、春日版で金銀の裝飾ある最勝王經、正嘉二年刊の高野版性靈集等の尤品は、みなホーレーさんの舊儲でありますす。百萬塔陀羅尼にしても、自心印、相輪、根本、六度の四種を揃えたものを、少くも二組、その他に保存のよい美しいものばかりを六七種も持つて居られたと思います。

古寫本では先づ古辭書。有名な高山寺本の三寶類字集、又承暦三年書寫の金光明最勝王經音義、正平七年本の最勝王經音義以下鎌倉室町の古寫も少なからず、大般若經音義、法華經音義、同音訓、拾芥抄、和玉篇、下學集、節用集等々古寫古版が揃つて居ました。「古辭書の研究」に「家藏」として引用された古辭書も、戰後の混亂時にいつか多くホーレー庫に移轉して居るのに驚きました。辭書との關聯で悉曇書も古寫の珍書が蒐まつて居ました。古典では先づ筆頭の古事記・日本書紀。その古事記では眞福寺本についで古い吉田家本の古事記（天理圖書館現藏、永德元年寫）には「寶玲文庫」の印がハッキリと捺してあります。書紀は卜部兼凞筆本をはじめ、南北朝時代寫の上卷殘缺、吉田兼見筆の神代卷等々。注書に至つては宣賢筆、兼永筆、吉田兼致筆、兼右筆、兼見筆、梵舜筆以下、室町期寫の著名のものだけでも十指を屈しても及びません。先代舊事本紀の最古本たる大永元年卜部兼永筆本、延喜式神名帳の鎌倉時代寫二卷（文明十二年の吉田兼倶の修補記のあるもの）等の名品も、曾つて庫中にあつたものです。神皇正統記をとりあげて見ても、文明古寫本、享祿本、文安六年本、天正十六年梵舜筆本、諏訪本、九條家本、青松本等々と名品が揃つたにぎやかさ。伊勢物語も鎌倉時代のものが數種あり、清少納言枕草子は富岡本以下慶長以前のものが二三點。大鏡、榮華物語、保元平治、平家物語、太平記、承久記、明德記等々については、いづれも鎌倉時代又は室町時代の重要な傳本が備わつて居ました。はやく戰前昭和十二年に「竹取物語の出所考《ソーセス》」と云うものを書かれた關係もあつて、竹取物語の諸本もあつめられて、現存最古本として名高い武藤元信舊藏天正二十年本をはじめ、繪卷・古寫本等も八九種は藏されて居ました。日本靈異記も手のとゞく限り網羅につとめられました。

　この樣に一々數えあげれば際限もない程ですから、あとはごく簡單に拾つても神道關係、法制殊に式目及び職原鈔關係、謠曲關係、舞の本・古文孝經類から蘭學關係、司馬江漢の著作及び銅版、海外への漂流記等まで、それぞれ第一級第二級の古寫本古版本、初版等を揃えて居られました。別の方面では洋書で日本のキリシタン關係の古版の珍書が多く、これだけでも我が國では指折りの集でしたが、比較的早く廿七八年頃に手離された樣です。ラフカディオ・ハーン關係のものもかなり力を入れて購入されました。外に天理へ一括讓渡されたものに、滿蒙關係の典籍（滿文蒙文の）コレクションがあり、これは版本を主とし鈔本も若干あつて、數量は相當のものであつたと聞いて居ます。

以上は筆者個人の今記憶して居るものだけです。忘れて居るものもありましようし、あづかり知らぬものもあるでしよう。それらの遺漏は別にして、以上のザッとした記録と、現在この目録につつて居るものを中心にした一萬冊に近い各種の基本的な實用的な書物（つまり今回の賣立で處分されるもの）とを合せて考える時、ホーレーさんが、容易ならぬ蒐集家であつた事はどなたにも御想像がつくと存じます。

外國人で日本の書物類を多く蒐めた人と云うと、古い時代のケンペルは不明として、有名な人としては、F・シーボルトや、E・サトーや、W・G・アストンや、B・H・チェンバレンの名を思い出します。シーボルトの日本語は片言まじりで文字も完全には讀めなかつたから、その集めた資料は少くないが書き抜きや地圖や繪圖の類が多く、古典籍の類は非常に多くはなかつたでしよう。サトーは有名な「日本耶蘇會刊行書誌」等の著述等があり、自らキリシタン版の「落葉集」を所藏した事から推して、古書に關する關心が少くなかつた事は想像され、又今日「英國薩道藏書」の朱印を捺した古典籍が時々見受けられる（現にホーレー文庫にも數十冊ありました）事からも、相當數の藏儲があつたと信じられます。しかし、管見の範圍では京都大學の圖書館に現藏の日本の耶蘇會の宣教師たちが本國へ送つた通信集の類の蒐集百二三十部をのぞいては、他に云うべきほどのまとまりの現存を知らず、又文獻も見及びません。アストンは日本語の讀み書きも出來、日本紀等の翻譯もあり、「英國阿須頓藏書」の印を捺した本もまれに見かけますから、若干の藏書はあつた事が想像されますが、私は詳しくは知りません。こゝでホーレーさんと並べて考うべきはチェンバレンの藏書だろうと思います。

明治六年に來日し、東京帝大その他の教師として明治四十四年まで前後四十年近くも日本に居り、日本語を語り、和歌さえ作つたB・H・チェンバレンの藏書の內、日本の古典籍は筆者の知る限りでは三つの大きなブロックに分割されました。一は愛弟子の上田萬年博士に讓られたもの、二は同じく佐佐木信綱博士に贈られた分、三は秘書の日本人某氏に與えたものであります。いづれも相當の分量であり珍書も少くありません。第一は藏者の歿後昭和十

58

三年八月に入札賣立をしました。二は現に天理圖書館にあります。その三は昭和五、六年の頃、東京の井上書店等の手を經て大阪の杉本梁江堂氏の手に歸し、多くの愛書家の手に分けられました。三つを合せてチェンバレン文庫の全貌を今に傳えるものとしては、筆者が約二十餘年前に上田文庫から獲てホーレーさんに賣り、四五年前に再び同氏から獲て、昨卅五年十月に他の書目と共に天理に寄贈した「赤坂文庫書目分類底稿」五册があります（赤坂文庫はチェンバレンの文庫の名）。外に天理には竹柏園文庫から傳えられた「赤坂文庫書目土代」四册があつて、この二つはどちらも全卷塙忠韶（塙保己一の孫）の自筆で、忠韶がチェンバレンの依頼で編纂した原本であります。これによつて見ると、チェンバレンの蒐書は國史・國文・漢籍・佛書から、醫學天文及び版畫類までにわたる百科全書的な性格のもので、部數も五六千、册數は一萬四五千册にも及ぶでしょう。堂々たる蒐集で、數量ではホーレー文庫に多く劣らぬコレクションであります。尤も江戸時代の版本が主で、それはそれとして貴珍の書も少なからず含まれて居りますが、概して云えば高級の實用書が主で、古寫本・古版本の類は少くあります。ホーレーさんの藏書が、重要美術品の類は數十を數え、重要文化財、國寶級のものもかなり多く含まれ（現にその後指定されたものも二三に留まりません）て、極めて程度の高いものであつたのとは恐らく同日の談ではないでしょう。

　こうして、蒐集家としてのホーレーさんは外國人としては最高最大と斷じても決して云い過ぎではありません。邦人の大きなコレクターと比較しても、明治以後では黑川家三代、富岡家二代、和田維四郎、狩野亨吉、德富蘇峯、内藤湖南、二世安田善次郎（大正震災前の蒐集をも考慮に入れて）、及び現存の人としては中山正善氏等と並ぶていの大コレクターで、「寶玲文庫」の印影と共に、永く日本の蒐書史に殘る人だと信じて居ります。

　ホーレーさんの蒐集法は、ねらいをつけたらその種のものを徹底的に集め盡す主義の樣でした。版本にしても少しでも違いがあれば、金嵩を物ともせずいくつでも買うと云うやり方、又その買いつぷりは「値を問わず重價をいとわず」と云う風でした。永い間に私は「高い」とか「高すぎる」とか云われた記憶は全くありません。これに反して、「日本の良い本の値は安過ぎる」との批評はよく聞きました。一昨年のことですが、ある時「日本の古い本は、同じ程度の格のイギリスのものに比較して、値段は十分の一、二十分の一だ。物によつては百分の一位と思われるものさえある」とのべられた事を記憶して居ます。恐らくあの人の正直な感じだつたのでしよう。だから何でも安く見えて、いくらでも買われたのではないかと想像して居ます。

手放す場合には「重價ならずんば賣らず」の方針でした。自分の十分と思う値を仲々固執されました。これもあの方の考えから推して當然だと思います。ですから、私たち業者から見れば「賣り易く買いにくい」人でした。現在の様に古書が逐年少しづゝ値上りして居る時機でなかつたら、私にしても多くのものを讓り受ける事は不可能だつたと思います。

珍稀な、莫大な書物の購入は、ホーレーさんの努力を以つてしても、時としては力にあまつた場合もあつた事でしよう。若干の無理をされた點は認められます。しかしそれは多くの蒐集家にありがちの事柄で、しかもやゝもすれば誇張して傳えられ勝ちなことです。

この度の賣立會に出品されるものは、故人が最後まで身邊に置いて使用された、實用的なものが多い點が特色で、稀珍を主とした古いものは比較的には少くなつて居ります。それにしてもなおこれだけの質と量とがある事は、恐らく見る人を驚かすでしよう。敗戰後の混亂時代、古書業殊に古典籍業の不振時代に、澤山の古書を購入して逸亡棄散をふせぎ、一面また古典籍業界の退廢衰微の防止に力を貸された功績に深く感謝の意を表したいと思います。

蒐集に際しては、東京・京都・大阪の主要な古書肆の大半が多少ともみな眷顧を受けましたが、主として力を致したのは村口四郎氏でしよう。割愛放出の時には天理が協力をされた場合が多く、書肆としては筆者が比較的に多くかゝわりを持つたかも知れません。日常の手近かの書物については、京都の若林正治氏が多く盡力して居た樣です。

今日、御遺族の方々の委托を受けて、村口、若林兩兄等の人たちと一緒に、入札賣立の催しの勞をとらせて頂くことは、こと柄の素直な、自然のかたちであり、微力ながら誠意と一生懸命の努力とをさゝげるのはきわめて當然の義務であります。幸に全國のみな様の御支援をえて、この劃紀的な大きな賣立會を、にぎやかに汪んにやりとげさせて頂きたいと念じて居ります。（三月廿三日記）

この入札目錄は、ごく短期間に作成しましたから、遺漏の多いものになりました。目錄掲載品以外にも珍らしいもの、良いものが少くなく、それらは四月五日の下見の際に陳列致します。

又、入札目錄第一番の和紙關係の文獻については、四月中に完全な細目錄（小册子）を作成し、御希望の向きへ謹呈致します。會場でお申込み下さればお送り申し上げます。

風流職人盡の内 紙　漉
貞秀畫、彩色刷
稀品

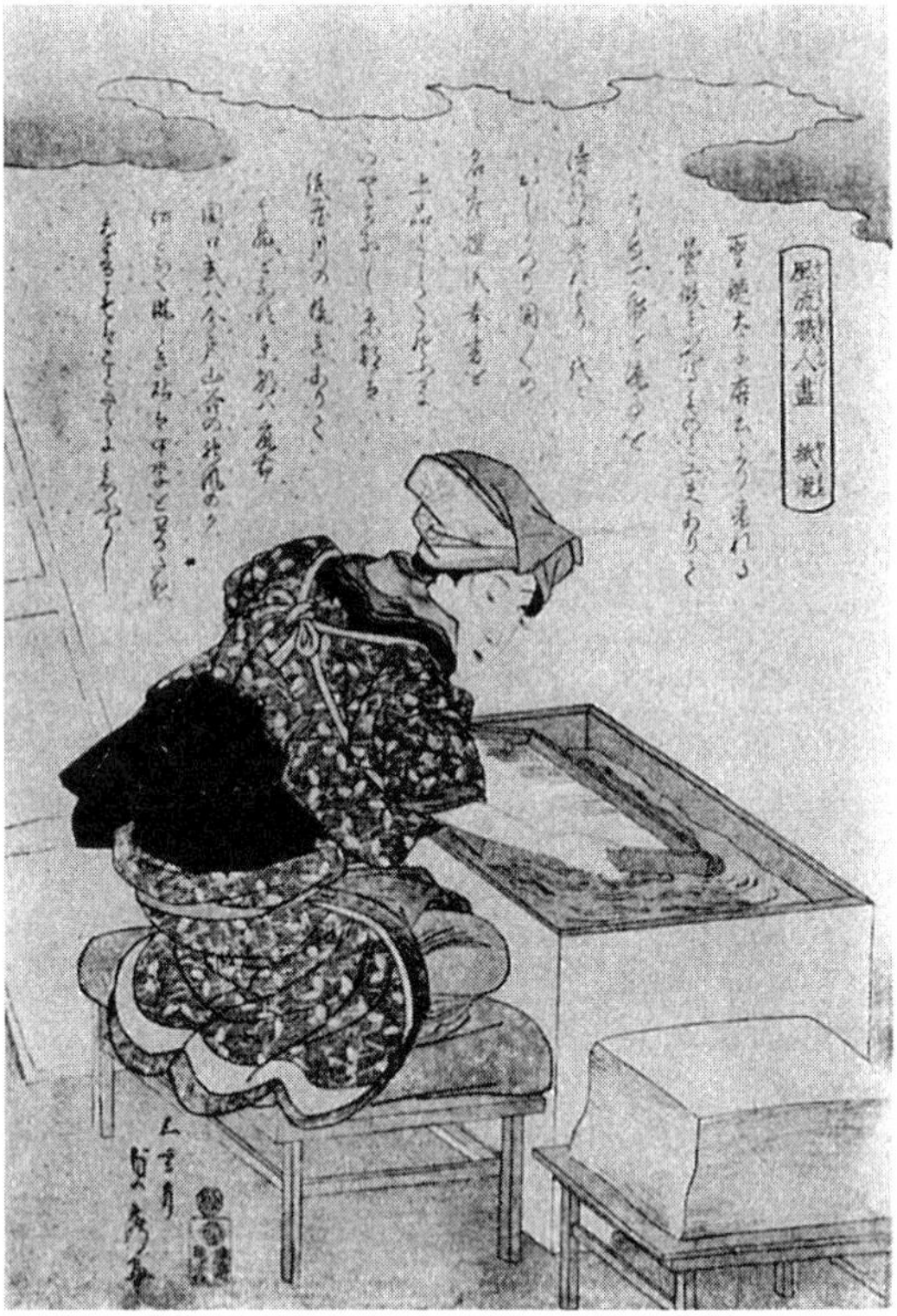

1
ホーレー氏蒐集
和紙文獻コレクションの内

オランダ駐レバノン大使フアン グーリツク氏書及び刻

一般下見　昭和卅六年四月五日（水）自午前十時至午後五時

入札賣立　昭和卅六年四月六・七兩日　自午前九時半業者間ニテ

場所會場　港區芝御成門（都電御成門下車　日赤本社前）
東京美術倶樂部
電話芝（431）九八九・九九〇・九九一番

主催　東京古典會

関連資料02「フランク・ホーレー氏蒐集　和紙関係文献目録」

フランクホーレー氏蒐集

和紙關係文獻目錄

和紙關係文獻目録

解説付

序

一、この目録は故フランク・ホーレー氏の古典籍蒐集の大きな仕事を記念するために刊行するものであります。敗戰後上下をあげての混亂時代に、我が古典籍を、價をいとわず大量に購入することによつて、荒廢衰殘、滅亡にひんしつゝあつたわが古典籍業界を、力強く支持し有効に鼓舞して、ようやく今日ある基礎を築かしめた功績は、中山正善氏その他の人々の功績と共に、忘るべからざるものがあると思います。

一、ホーレー氏の蒐書はこれを日本のものに限つて見ても、古版本（平安朝末から鎌倉時代の春日版・高野版等、南北朝時代から足利時代末までの五山版類、桃山時代から徳川初期にかけての古活字版等。そのどの部門でも第一級の蒐集）古寫本（圖書及漢籍。鎌倉時代初期から徳川初期までの）、本草書、鯨及び捕鯨文献、古辭書類、法制關係、謡曲本類、琉球文献及び和紙關係等々、多方面にわたつて居ました。それらの各々が質と量とを兼ねて優秀で、特に質に於ては日本屈指のものでした。惜しいことに、大部分はこの七八年の中に散逸して全貌を窺うことは不可能であります。もとのまゝに殘つて居るものは琉球文献と和紙關係のコレクションと二つだけです。しかも前者は最近一括してハワイ大學へ移つたとかきゝました。で、今日では和紙文献の集が、このイギリス生れの、最大の日本書コレクターの蒐集の痕を、部分的ながらまとまつた形で我々に示してくれる唯一のものであります。

このコレクションは、昭和卅六年四月に催されたホーレー文庫展觀入札賣立會で一括して賣立てられました。現在は奈良縣の天理圖書館に藏せられて居ります。

この編纂に當つては、ホーレー氏の晩年のよき協力者であつた島儀久さんから種々の便宜を與えられました。記して感謝の意を表します。

昭和卅六年六月

反町茂雄

凡　例

一、この目錄にのせてある書物は和紙（日本産の手漉きの紙）關係を主として居りますが、中に若干洋紙・唐紙・朝鮮紙等に關するものも含まれて居ります。故人の方針が和紙を中心にした紙の文獻を集めることにあつたと想像されますので、現在の形のままを記錄しました。

一、全部をかりに「紙及び和紙一般」以下十二種に分類し、同類のものは刊行の（寫本については書寫の、又はその書の成立の）年代順に記載しました。但しこの分類も順列も、ホンの便宜的なもので、嚴密ではなく、ことのよろしきに從つた個所もあります。

一、一點ごとに、それぞれ解説をつけましたが、繁簡に妥當をかくものが少くなかろうことを恐れて居ります。もつとも記事そのものは、一々現物に當つて正確を期したつもりでございます。

一、和裝本には册數の上に、「半」「大」「横」「合」等の符號をつけて居ります。半紙判・美濃判・横本（半紙半切又は美濃判半切）・合本の意味であります。

一、この目錄の用紙はホーレー氏にゆかりの深い奥州白石産の上質厚手の和紙を用い、五百部を印刷し、全國の同好の方々及び圖書館・學校等に寄贈しました。

一、印行の資は、編者と共にホーレー文庫賣立會の札元を務められた村口四郎氏・若林正治氏・佐々木隆一氏の出捐にかかり、不足の分は編者が補いました。尚、卷末の洋紙の部分の目錄編成については佐藤毅氏の援助を得ました。四氏の御好意に感謝致します。

1 紙譜

木村青竹編
安永六年刊

三種の異版

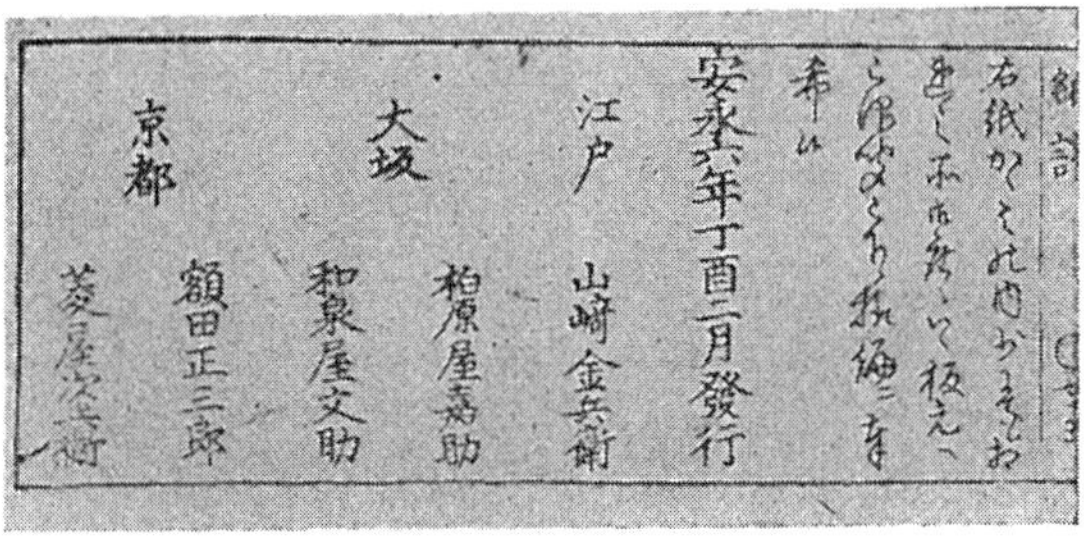
安永六年丁酉二月發行
江戸　山崎金兵衛
柏原屋嘉助
大坂　和泉屋文助
額田正三郎
京都　菱屋治兵衛

初版本

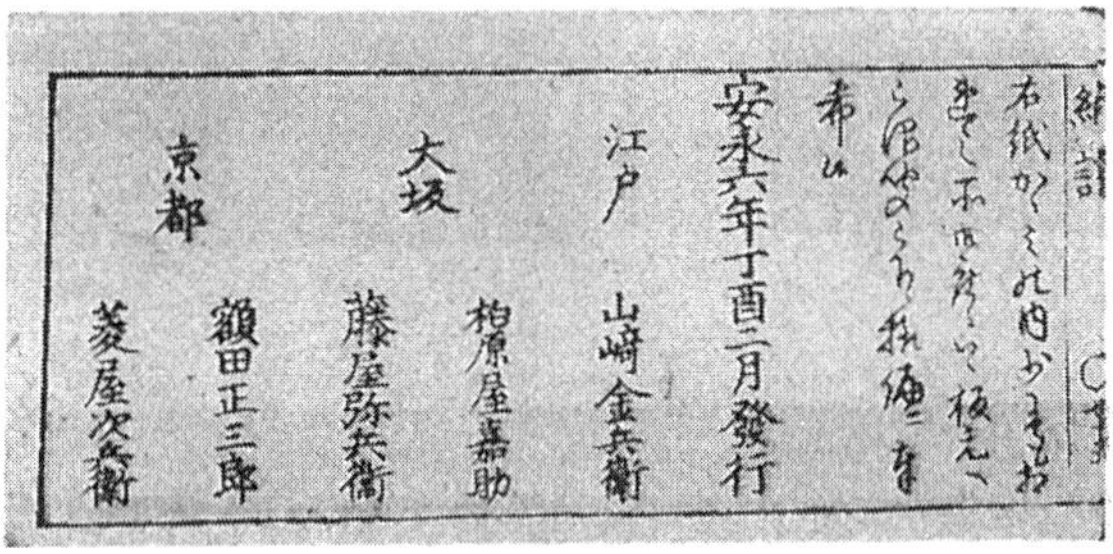
安永六年丁酉二月發行
江戸　山崎金兵衛
柏原屋嘉助
大坂　藤屋弥兵衛
額田正三郎
京都　菱屋治兵衛

再版本

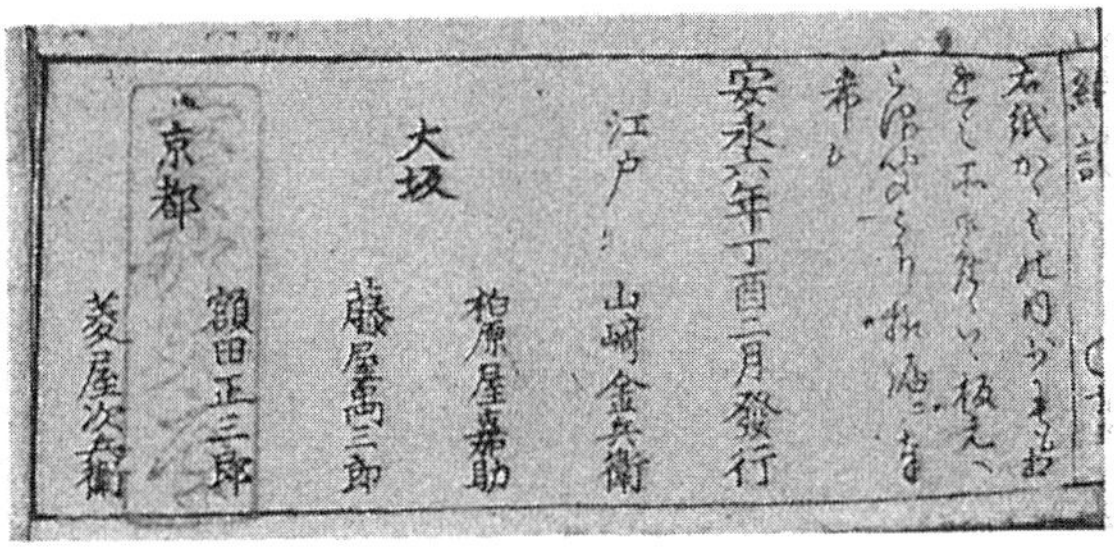
安永六年丁酉二月發行
江戸　山崎金兵衛
柏原屋嘉助
大坂　藤屋禹三郎
額田正三郎
京都　菱屋治兵衛

九頁参照

三版本

1

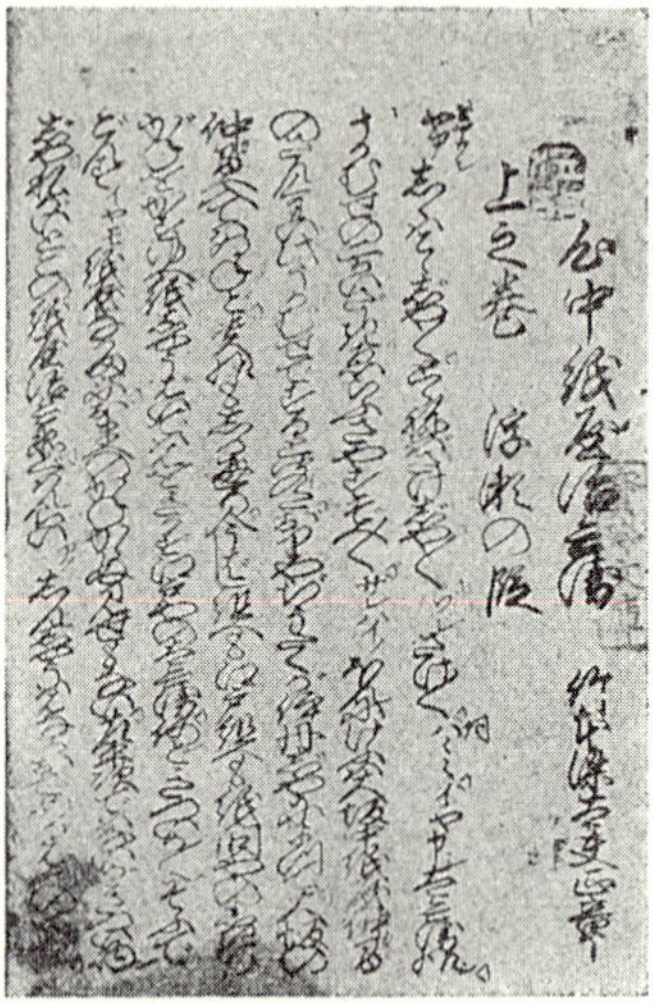

2 心中紙屋治兵衛 竹本染太夫正本 安永七年刊

十四頁参照

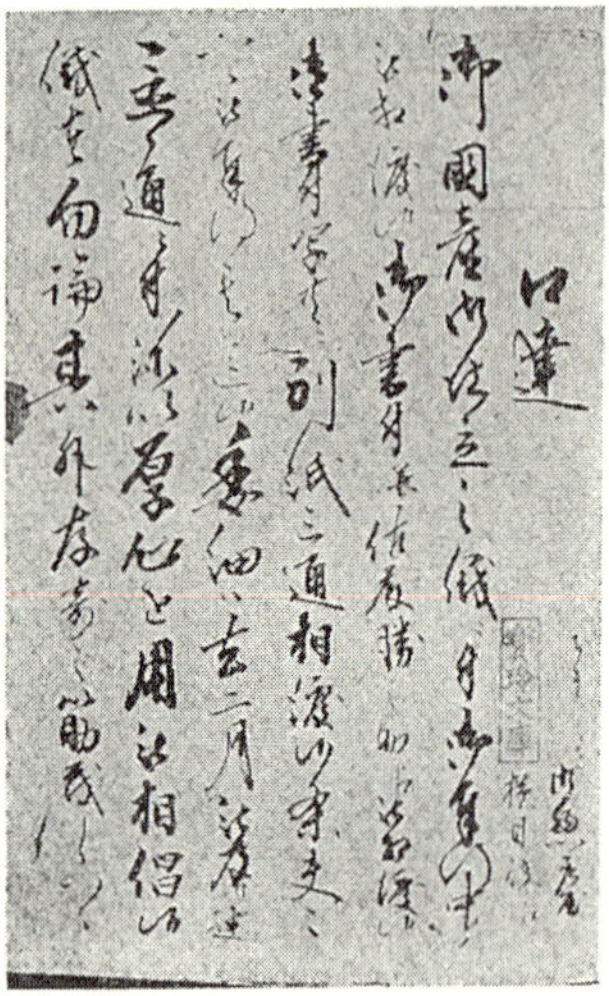

3 紙料 江戸仕立帳 文化六年成 原本 二册

十四頁参照

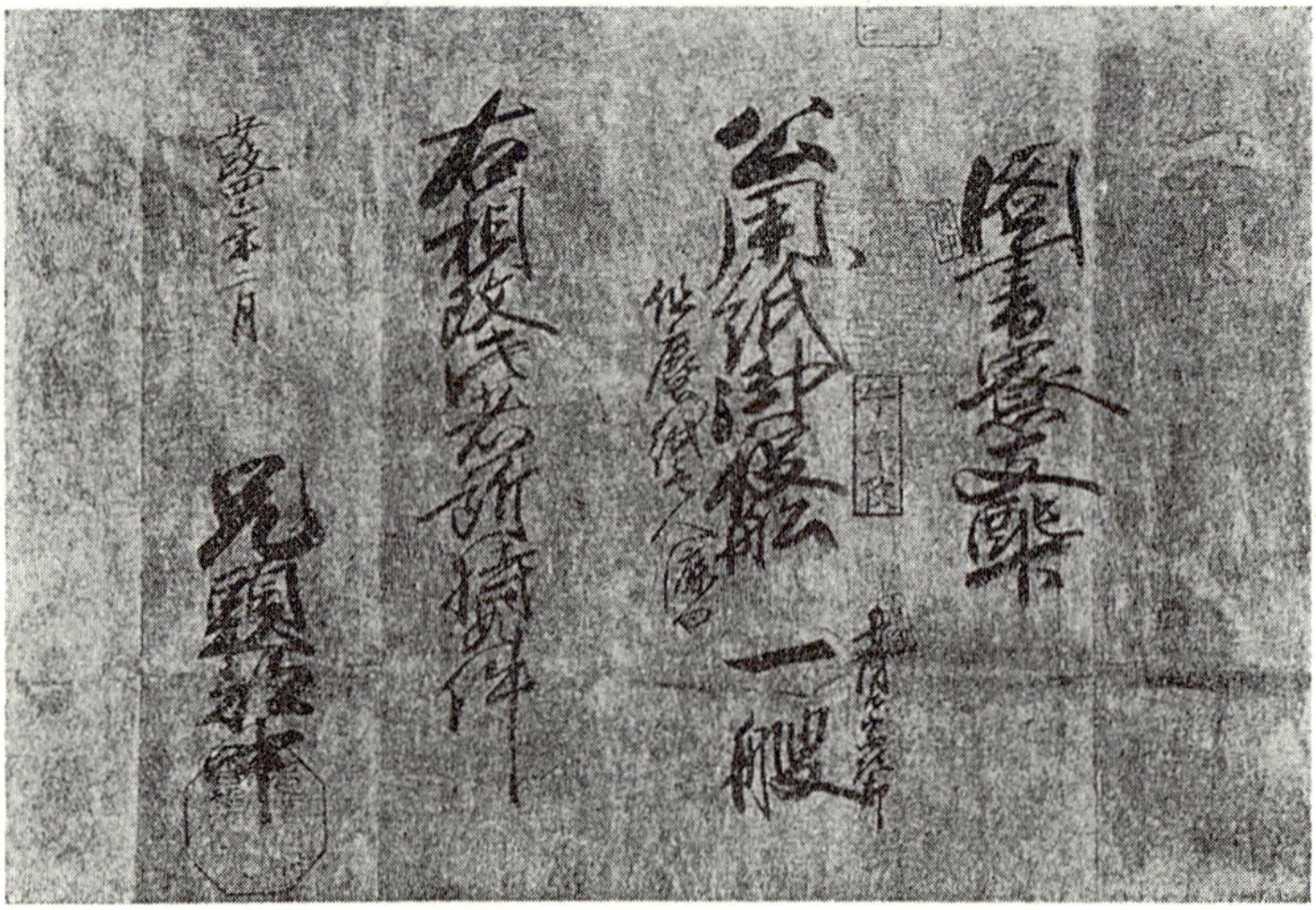

4 公用紙御役船朱印狀 安政四年二月 綸旨紙

十五頁参照

2

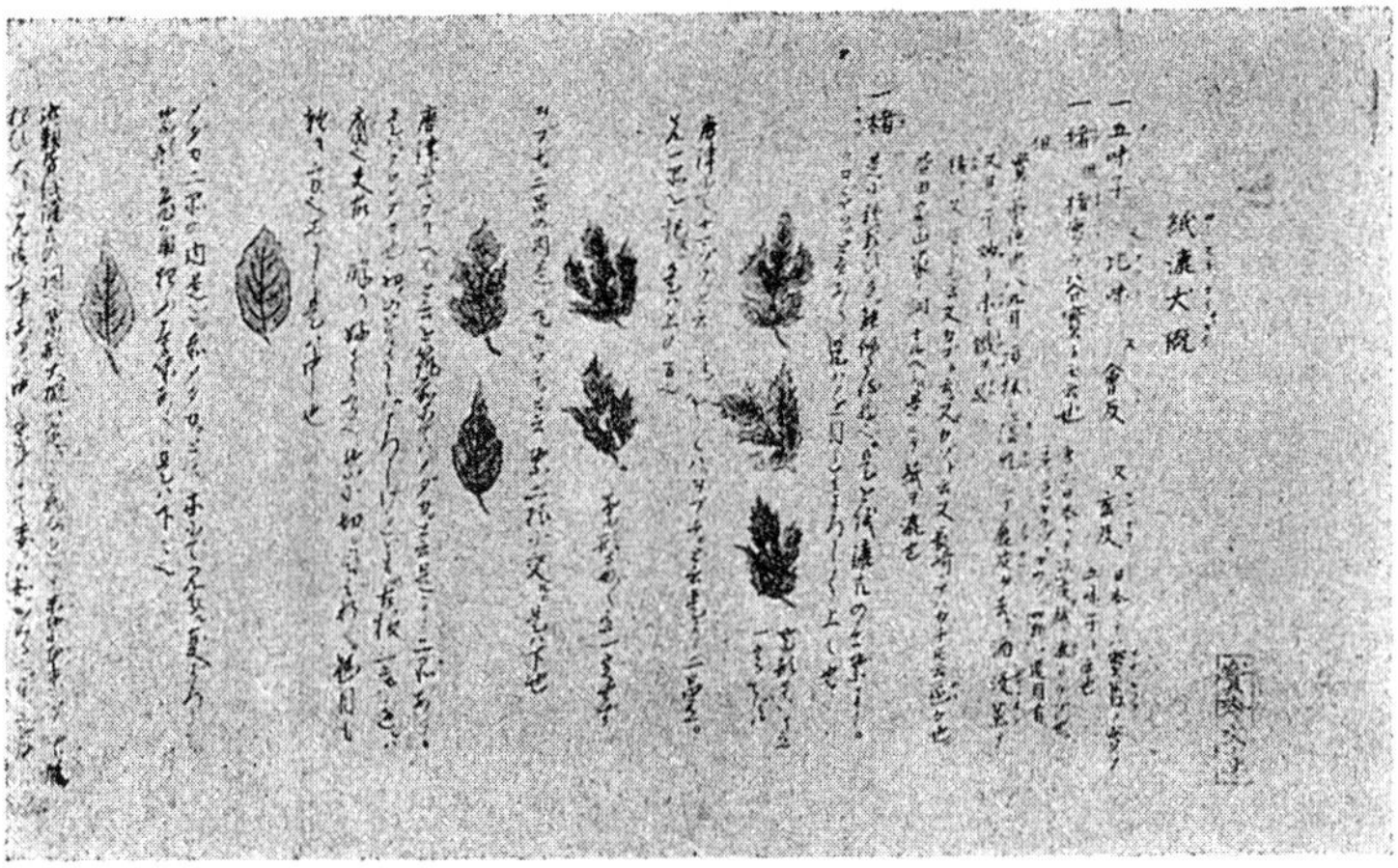

5 紙漉大概

木崎攸軒撰、著者自筆原本
天明四年成彩色繪巻

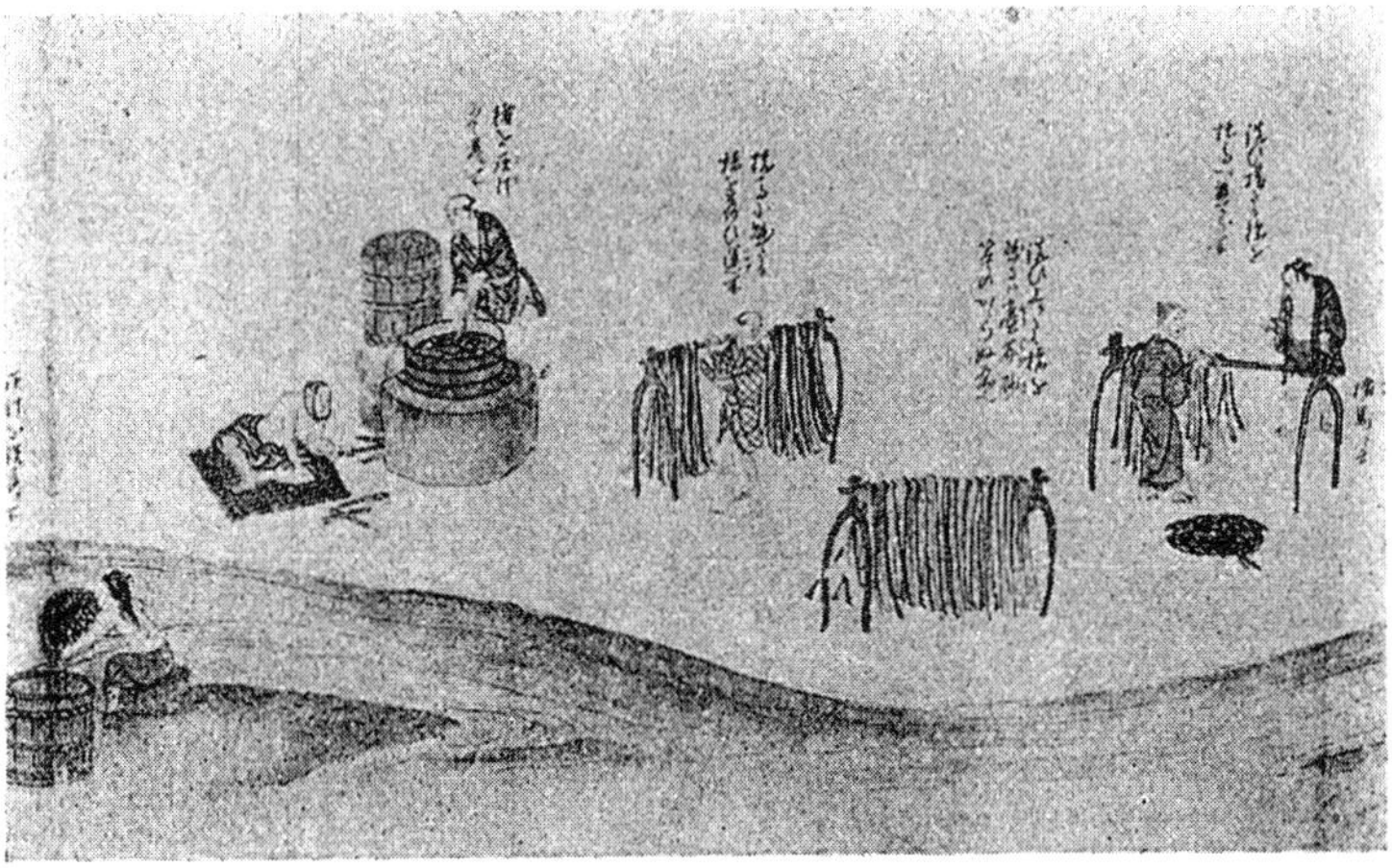

同上

十九頁参照

3

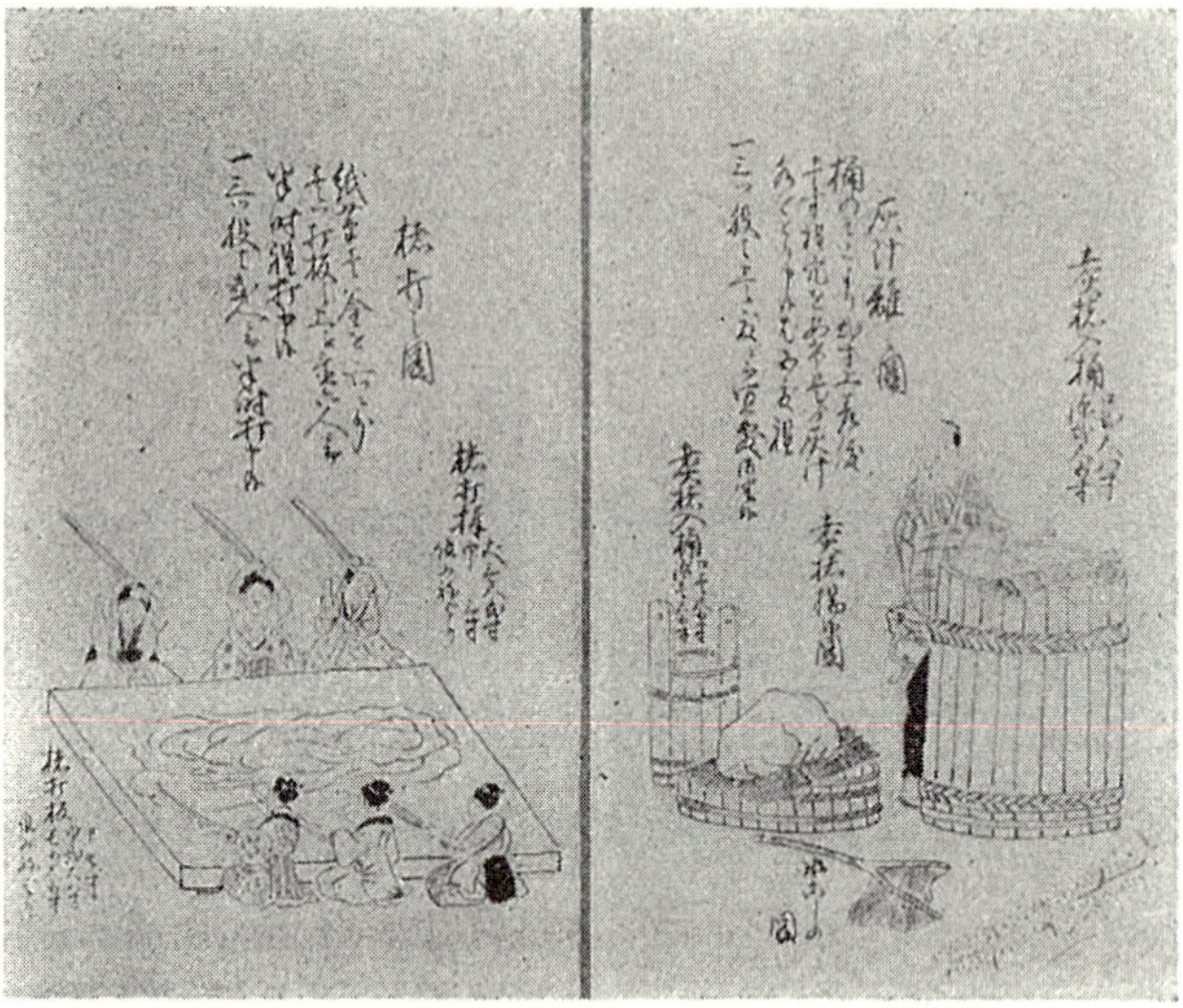

6 楮并三俣製紙漉方之記　新寫

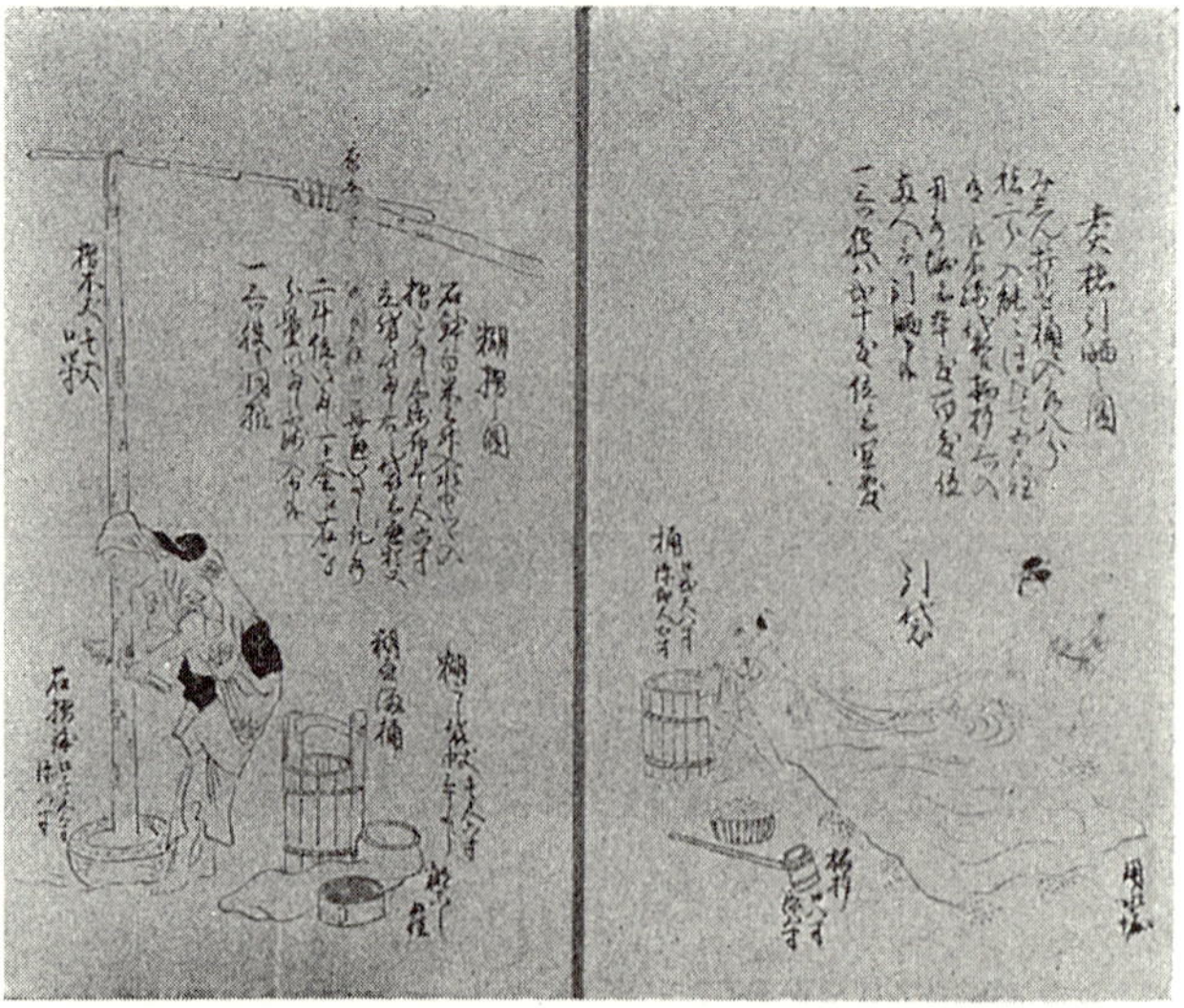

同上

二十頁参照

4

7 造紙説

上野圖書館本寫
厚册、繪入

二册

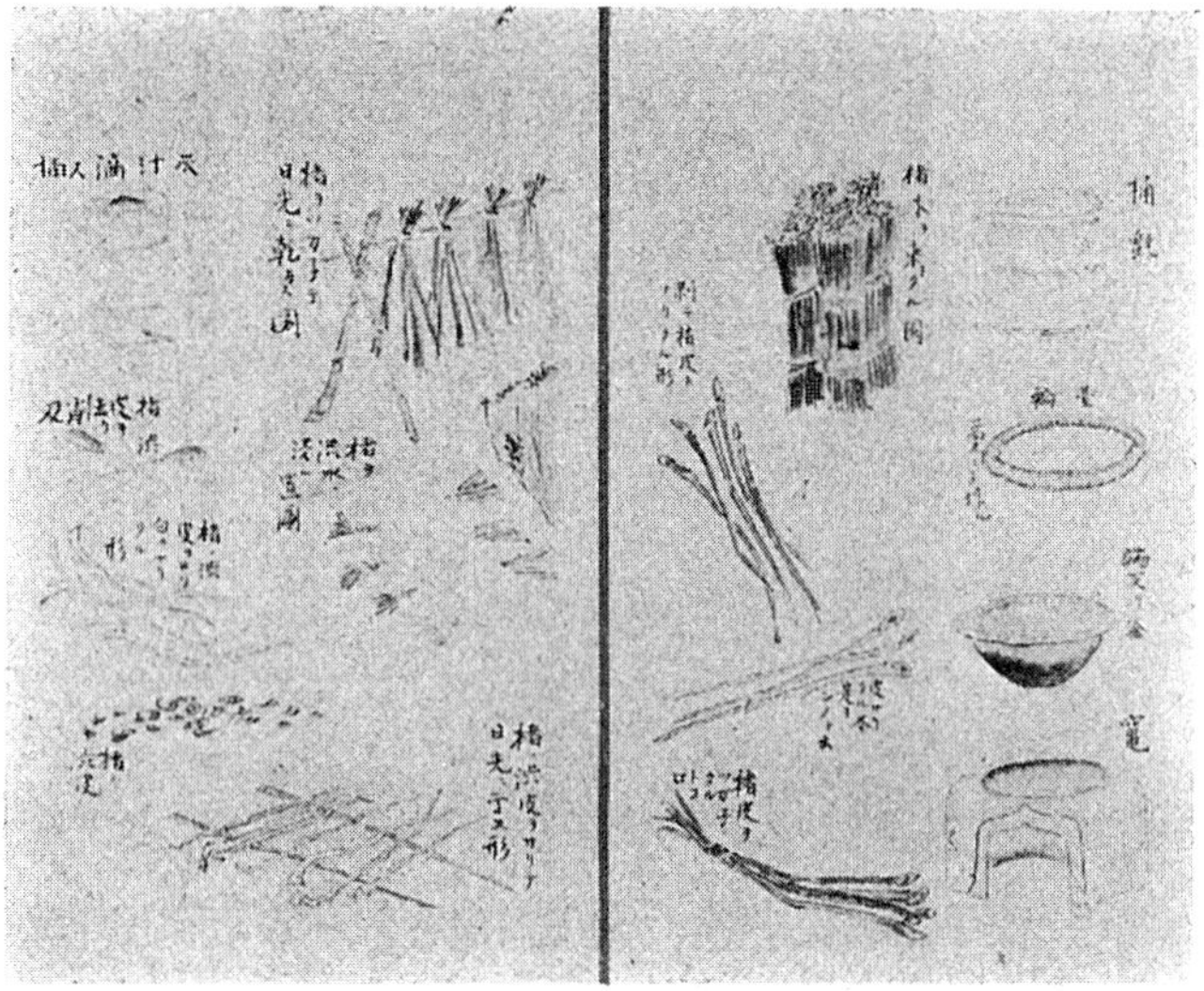

同上

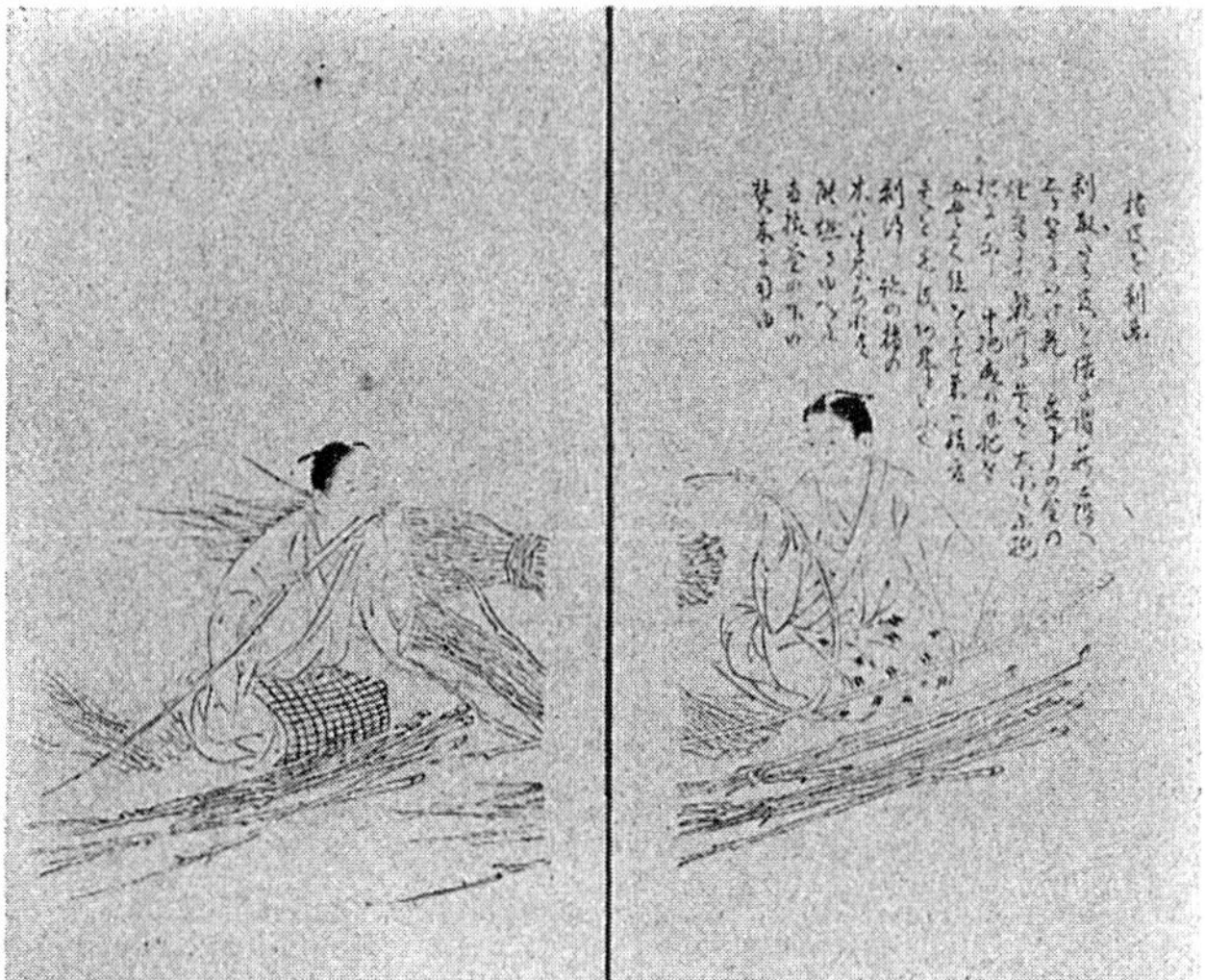

二十頁參照

5

8 手漉紙の歴史 R・H・クラッパートン著 一九三四年オックスフォード版

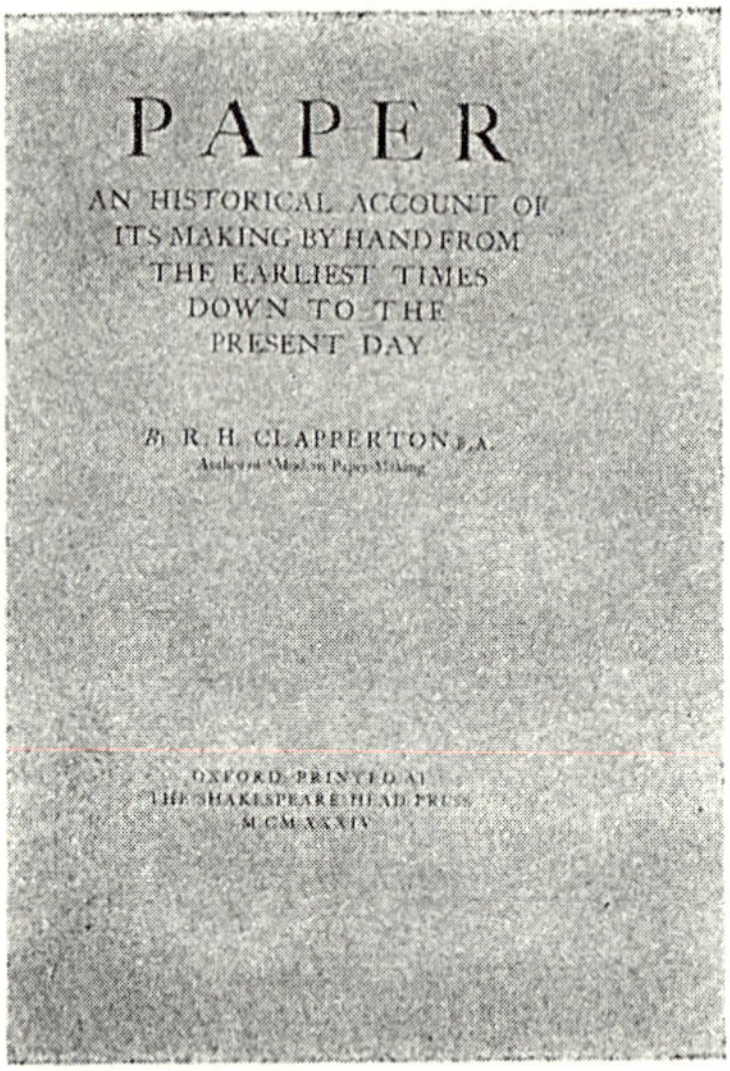

PAPER

AN HISTORICAL ACCOUNT OF ITS MAKING BY HAND FROM THE EARLIEST TIMES DOWN TO THE PRESENT DAY

By R. H. CLAPPERTON, B.A.

Author of Modern Paper-Making

OXFORD PRINTED AT THE SHAKESPEARE HEAD PRESS MCMXXXIV

同上

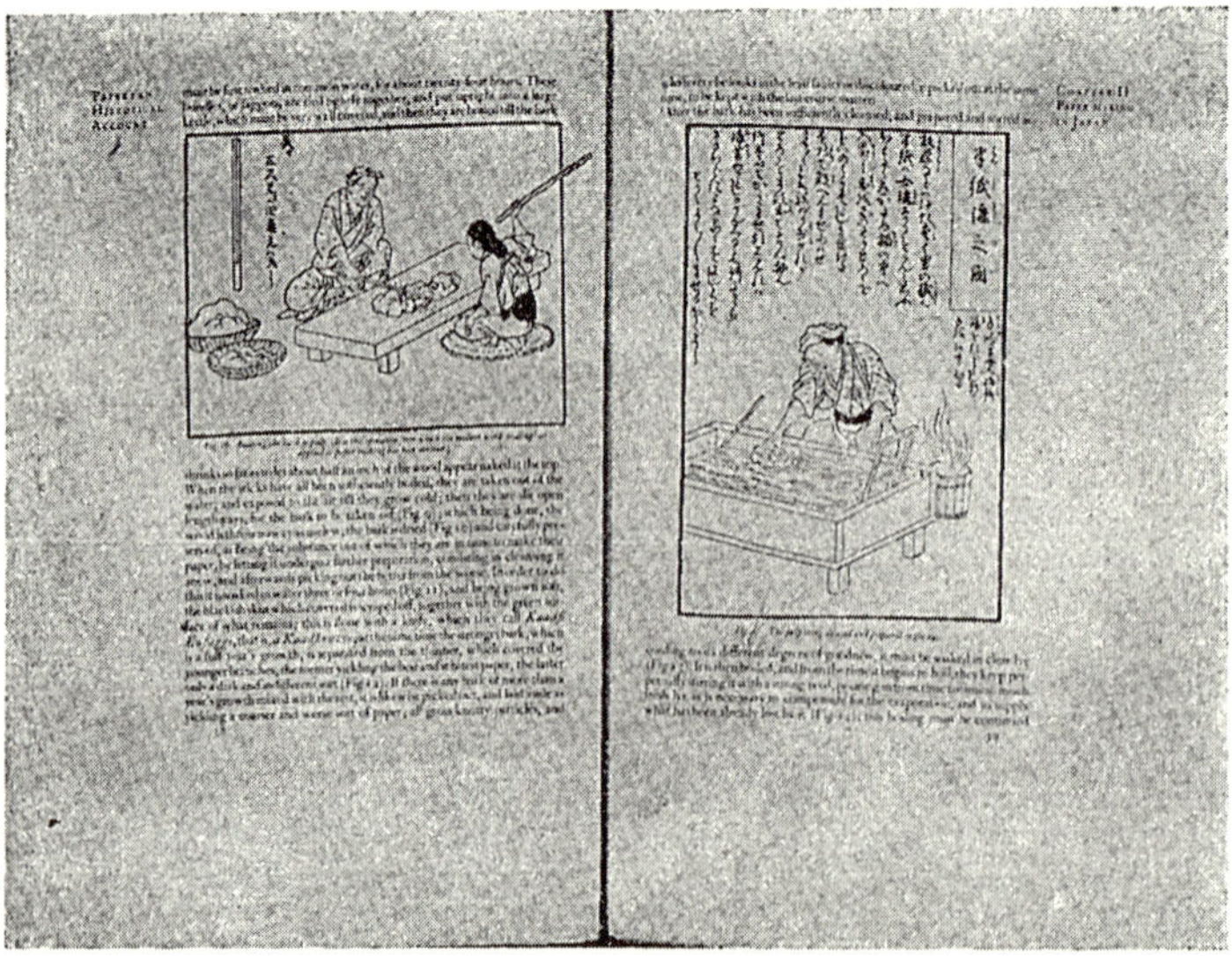

三十七頁参照

6

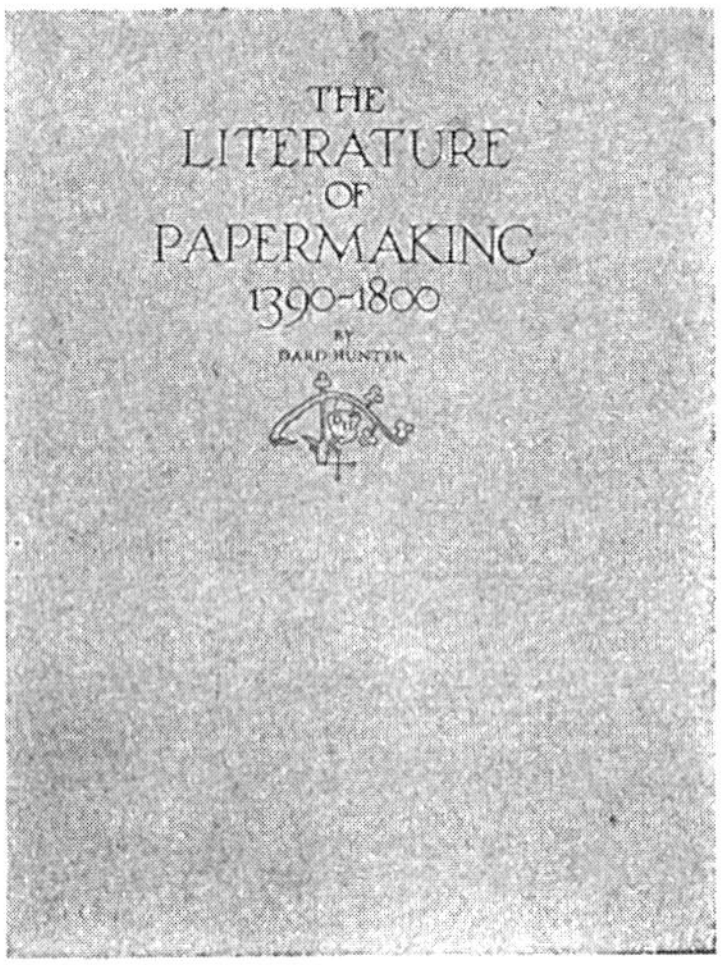

9　ダート　ハンター三部作の内　一九二七年版、限定百九十部

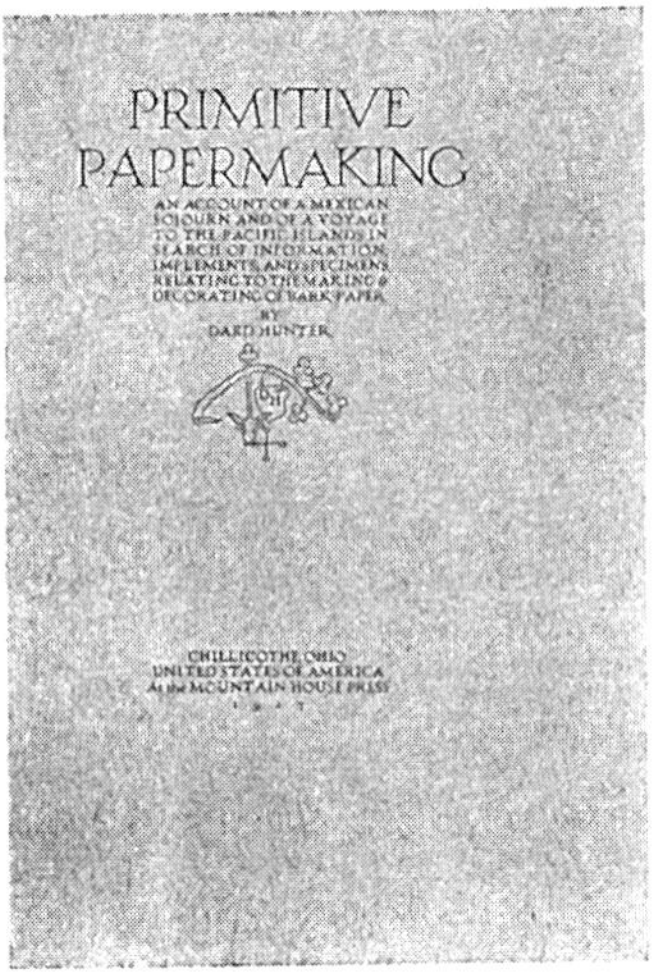

10　同　右　一九二七年版、限定二百部

11　同　上　一九三六年版、限定三七〇部

三十八頁参照

7

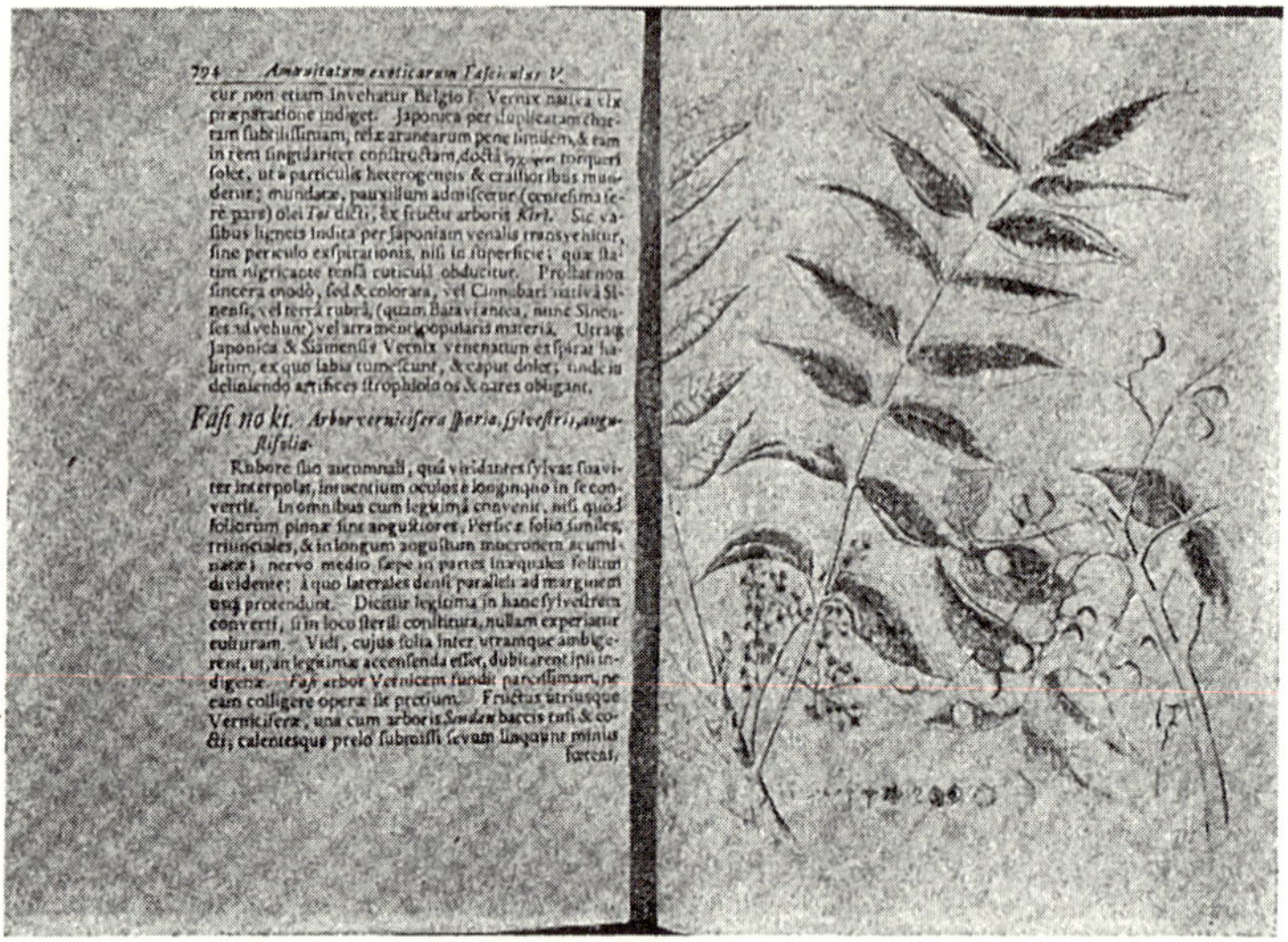

794 Amœnitatum exoticarum Fasciculus V.

cur non etiam invehatur Belgio? Vernix nativa vix præparatione indiget. Japonica per duplicatam chartam subtilissimam, telæ aranearum pene similem, & tam in rem singulariter constructam, doctâ [illegible] torqueri solet, ut a particulis heterogeneis & crassioribus mundetur; mundatæ, pauxillum admiscetur (centesima ferè pars) olei *Toi* dicti, ex fructu arboris *Kiri*. Sic vasibus ligneis indita per Japoniam venalis transvehitur, sine periculo exspirationis, nisi in superficie; quæ statim nigricante tenui cuticulâ obducitur. Prostat non sincera modò, sed & colorata, vel Cinnabari nativâ Sinensi, vel terrâ rubrâ, (quam Batavi antea, nunc Sinenses advehunt) vel atramenti popularis materiâ. Utraque Japonica & Siamensis Vernix venenatum exspirat halitum, ex quo labia tumescunt, & caput dolet; unde in deliniendo artifices strophiolo os & nares obligant.

Fási no ki. *Arbor vernicifera spuria, sylvestris, angustifolia.*

Rubore suo autumnali, quâ viridantes sylvas suaviter interpolat, intuentium oculos è longinquo in se convertit. In omnibus cum legitimâ convenit, nisi quod foliorum pinnæ sint angustiores, Persicæ folio similes, triunciales, & in longum angustum mucronem acuminatæ; nervo medio sæpe in partes inæquales folium dividente; à quo laterales densi paralleli ad marginem usque protendunt. Dicitur legitima in hanc sylvestrem converti, si in loco sterili constituta, nullam experiatur culturam. Vidi, cujus folia inter utramque ambigerent, ut, an legitimæ accensenda esset, dubitarent ipsi indigenæ. *Fasi* arbor Vernicem fundit parcissimam, ne eam colligere operæ sit pretium. Fructus utriusque Verniciferæ, una cum arboris *Sendan* baccis tusi & cocti, calentesque prelo subruissi sevum linquunt minus foetens.

12 異國雜纂 E・ケンペル著 一七一二年版

三十九頁參照

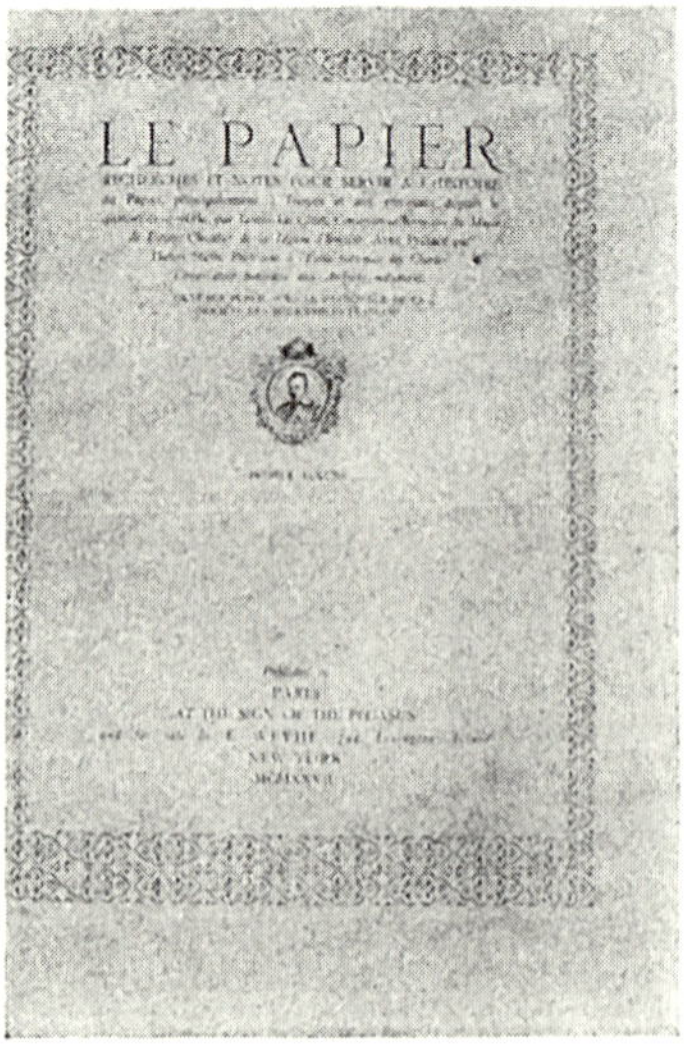

LE PAPIER

PARIS

13 紙史研究 L・ルクレル著、一九二七年刊 六七五部限定版

三十九頁參照

8

フランクホーレー氏蒐集

和紙關係文獻目錄

一、紙及和紙一般

一 萬金産業袋　三宅也來撰 享保十七年刊　半六册

早水秉山序、自跋。刊記「享保十七年子三月吉日」書林　武陽小川彦九郎」浪花　瀬戸物屋傳兵衞」京師　著屋傳兵衞」。表紙淺黃色無地、題簽「世寳大成萬金産業袋一之卷」。卷一に「紙類一色」の條があつて「此條下には諸國の紙の品、幷に帖の小數等、一〻のしるし、荷の固のしるし等を委曲にす」と注してある。初印本。

二 萬金産業袋　享保十七年刊　半合三册

後刷本。初印本の卷末刊記を改めて「書林　大阪心齋橋ばくろ町筋角　群玉堂河內屋茂兵衞」としてある。丹表紙三册。題簽は初印本に同じ。

三 萬金産業袋　享保十七年刊　半合三册

後刷本、赤茶色表紙三册。卷末に「大阪心齋橋筋博勞町角　河內屋茂兵衞」以下三都書林の合刊記。

四 紙譜　木村青竹編 安永六年刊　横一册

觀亥生序。刊記「安永六年丁酉二月發行」江戸山崎金兵衞」大坂柏原屋嘉助」和泉屋文助」京都額田正三郎」菱屋次兵衞」。表紙青磁色無地、題簽なし。版心「紙譜」とあり。諸國産出の紙類の名目、およびその竪横の寸法、一束の枚數を記し、末に諸國御藏物印附を載せて居る。本書、第六十六葉裏の匡郭の線に缺損がないから、恐らく初印本であろう。綴じ目四ッ穴。

五 紙譜　安永六年刊　横一册

前出初印本の刊記の內「和泉屋文助」を「藤屋彌兵衞」に改刻。表紙、青磁色紗綾形空押。題簽「新撰紙鑑　全」。第六十六葉裏の匡郭に缺損があるから再印本であろう。以下の諸本、凡て綴じ目三ッ穴とす。

六 紙譜　安永六年刊　横一册

前出再印本の刊記「藤屋彌兵衞」を「藤屋禹三郎」に改刻。表紙、青磁色紗綾形空押。墨書外題「紙譜　全」とある。六十六葉裏の匡郭の缺損が多くなつて居るから、第三次の印本であろう。印記「鵤鷄文庫」。

七 紙譜　安永六年刊　横一册

表紙、淺黃色布目空押、題簽附。再印本。

八 紙譜　安永六年刊　横一册

表紙、淺黃色無地。題簽なし。再印本。

9

九 紙譜　安永六年刊　横一冊

表紙、紺色布目空押、題簽附。再印本。「杉浦丘園」の印あり。以上三點、いづれも再印本ながら、表紙が皆別である。

一〇 紙譜　新寫　小杉榲村舊藏　大一冊

木村青竹撰「紙譜」の抜書。但し卷末に追考を載せ、「後漢書蔡倫始テ造紙トアレ共前漢ニ紙アリ」云々と見ゆ。筆者明ならず。印記「杉園藏」「福田文庫」あり。

一一 紙譜　安永六年版複製本　横一冊

明治頃の複製本。卷末刊記の五書肆名の中、第三番目を「藤屋禹三郎」とする。即ち第三版に基いて居る。

一二 紙譜　安永六年版複製本　横一冊

おなじく第三版の複製だが、裏表紙見返に「昭和八年初冬、辻川昭山」の印刷識語あり。題簽「新撰紙譜」。

一三 七書集　屋代弘賢自筆稿本　大一冊

十萬弓、御謠初、硯龍考、落紙考、酒令推譚、修學院、享保馴象記の七種の考證を集めたもの。中に、落紙とは美濃の十文字紙をいう由を記す。印記「不忍文庫」。

一四 畫傳幼學 繪具分量考　桓齋先生著　天保頃刊　中一冊

內題に「繪具彩色獨稽古」東都繪師　桓齋先生著」とある。鹿田孝清の序あり。中に料紙の品目を擧げて居る。

一五 廣益國產考　大藏永常著　安政六年刊　半八冊

卷末に「天保十五甲辰初春」濱松藩　大藏永常時年七十七撰」。刊記は「安政六己未年九月發兌」として、「大阪河內屋茂兵衞」外三都書肆連名。卷一見返には「攝陽四書樓梓行」。其の卷五に楮および紙の記事を載す。朱色空押模樣の原表紙、原題簽附。

一六 天朝墨談　五十嵐篤好著　安政六年刊　大五冊

書道文具に就きての考證。自序、最上久成序、高田祐久跋あり。刊記「安政六年己未九月」東都書林須原屋伊八梓」。卷四に紙の記事を載せて居る。

一七 天朝墨談　寫、學問所御改本　大五冊

前出刊本の原本と思はれるもの。篤好の自筆であろう。當時出版許可を乞うために、昇平坂學問所に提出したものなることは、第一冊表紙に「學問所改」の黑印あるにて知るべし。刊本に比するに、最上久成序および高田祐久跋を缺く。「勝安芳」の印記あり。

一八 球陽　附錄　寫　半一冊

野紙に寫。尙育王十三年丁未の條に「本年許用國製之紙」の記事あり。「本國在昔有製出百田紙之類、至于中葉其製斷絕」云々。

一九 諸國紙名錄　尾崎富五郎編　明治十年刊　半一冊

錦誠堂主人序。橫濱錦誠堂藏版。題簽の書名の下に「小間紙名式、表具之用具」と脚注あり。木版和裝四十二丁。

二〇 文藝類纂　榊原芳野編　明治十一年刊　大八冊

西村茂樹序。字志、文志、學志、文具志各二卷より成る。卷七文具志上に紙の項があつて、紙論、造法概略、造紙植物圖說、古紙考證、諸國產紙等を記す。木版和裝。

二一 吾園隨筆　細川潤次郎著　明治十九年刊　半三冊

重野安繹序および自序。漢文の隨筆で、中卷に生熟紙、古搗紙法、古紙古墨等の記事がある。木版刷、吾園藏版。

二二 紙　志　新寫　一冊
池上幸二郎編、諸書よりの抜錄。細目左の如し。
（卷一）紙（蓮池畔人）紙の發生（奥村伊九良）土佐紙沿革考（福島成行）
（卷二）紙漉雜筆（中村直次郎）和紙の產地を辿りて（同上）出雲の紙（太田直行）紙頌（禿徹）
（卷三）三叉楮の問答（某）三椏培養法概略（磯部物外）三椏栽培法問答（同上）抄紙器械問答（前村俊造）抄紙法問答（某）桑紙の説（西田義顯）楮皮晒白法（山田多次）製紙用鏢木糊に梧桐根皮を補助するの説（吉井源太）

二三 鋸　屑　譚　刊　一冊
百家說林の拔刷。鋸屑譚は谷川士淸の隨筆。その三十二頁に紙屋紙の記事あり。

二四 紙　類　種　別　篇　明治四十二年刊　一冊
印刷局抄紙部講究會編「製紙講義錄」第三號の內。其の第十四章に日本紙類の項目あり。他に用水及排水篇を併錄。活版一八六頁。

二五 漢　紙　考　闕　無外著　一冊
雜誌拔刷七頁。末に「大正七年三月誌す」とあり。誌名不詳。

二六 紙　石川日出鶴丸著　大正十五年刊　一冊
紙、紙障子の矩形原理等の記事あり。京都、中外出版株式會社刊。活版九〇頁。

二七 和　紙　類　考　渡部道太郎著　昭和八年刊　一冊
和紙の名稱を、原料名類、產地名類、雜名類の三に分けて解說を附けたもの。本文一六三頁、附錄和紙類表三三頁。東京、物外莊刊。

二八 印　刷　と　紙　の　話　瀨良倭喜太著　昭和十一年刊　一冊
角書に「知つておかねばならぬ」とあり。中に日本紙の種類等の記事あり。東京、崇文堂出版部刊。活版一三九頁。

二九 紙　の　文　献　雜誌之部　稿本　一冊
東京、巖松堂書店金井金三郎稿。片面原稿紙十五枚。昭和十一年に至る雜誌論文要目。

三〇 紙についての控　稿本　一冊
金井金三郎の備忘錄。「昭和十四年三月二十日起」とある。

三一 紙　の　常　識　成田潔英著　昭和十三年刊　一冊
紙とは何か、紙の沿革等の記事あり。王子製紙株式會社販賣部刊、非賣品。活版八一頁。

三二 和　紙　風　土　記　壽岳文章著　昭和十六年刊　一冊
「日本の美と敎養三」の角書あり。新村出序・自序。和紙事始、和紙と時代、昭和の和紙の三篇を收む。京都、河原書店刊。活版三一一頁。

三三 高　野　紙　中川善敎著　昭和十六年刊　一冊
本文四六頁、圖版一〇四面、標本四葉附。京都、便利堂刊。

三四 櫃　新村　出著　昭和十六年刊　一冊
中に吉野の國栖紙、紙漉の歌等の記事あり。大阪靖文社刊。活版二八七頁、紙函付。著者署名本。

三五　東洋文化史研究　内藤虎次郎著　昭和十七年刊　一册
羽田亨序、東京弘文堂書房刊。活版三八三頁。中に、紙の話一〇頁および圖版あり。

三六　伊豫和紙の研究　増岡喜義著　昭和十八年刊　一册
松山高等商業學校商經研究會刊。活版六〇頁。

三七　和紙の美　柳宗悦著　昭和十八年刊　一册
和紙標本二十二種、本文三六頁。「工藝」編輯室刊、二百部の內。

三八　平安時代國民工藝の研究　渡邊紫舟著　昭和十八年刊　一册
東京、東京堂刊。活版五一七頁。中に、裝潢および紙筆墨の記事あり。

三九　天工開物　三枝博音解說　昭和十八年刊　一册
明和八年菅生堂版「天工開物」のオフセット複製本。卷末に「天工開物の研究」一三七頁附載。東京、十一組出版部刊。

四〇　紙漉村旅日記　壽岳文章・靜子共著　昭和十八年刊　一册
活版二七八頁。私家版特製本一百五十部の內。紙函入。

四一　紙漉村旅日記　昭和十九年刊　一册
並製本。活版四八九頁。東京、明治書房刊。

四二　紙漉村旅日記　昭和二十年刊　一册
活版四九二頁、四一の特製本。

四三　出雲民藝紙の由來　太田柿葉著　昭和二十年刊　一册
島根民藝會岩坂支部發行。和紙見本五十八葉附。活版和裝。本文十七丁、安部榮四郎君年譜九丁。限定三百部の內。

四四　日本の紙　壽岳文章著　昭和二十一年刊　一册
京都、大八洲出版株式會社刊。活版七一頁。

四五　日本の紙　壽岳文章著　昭和二十二年刊　一册
前出の後を受け雁皮、楮、三椏の紙見本を新に加えたもの。

四六　芥川賞作品　和紙　東野邊薫著　昭和二十一年刊　一册
東京築地書店刊。活版九〇頁。

四七　名鹽紙　中山琇爵著　昭和二十二年刊　一册
新村出序、壽岳文章跋。本文和裝六九頁、標本十五葉、圖版十葉を併せ收む。和紙研究會刊。攝津有馬郡名鹽村の名鹽紙の記事。紙帙入。

四八　木から紙になるまで　成田潔英著　昭和二十二年刊　一册
中に、日本の紙の歷史、和紙を漉くには、等の記事あり。活版一六〇頁、丸善出版株式會社刊。

四九　木から紙になるまで　昭和二十九年刊　一册
前出の改訂版、活版一五八頁。

五〇　紙障子　壽岳文章著　昭和二十二年刊　一册
手漉和紙を語る、和紙禮讃等の記事あり。東京、靖文社刊。活版橫本二四九頁。

五一　平日抄　壽岳文章著　昭和二十二年刊　一册

和紙の工藝性、わが國の紙漉地方等の記事あり。東京、靖文社刊。活版二四六頁。

五二 寧樂寫經　田中塊堂著　昭和二十二年刊　一册
古文化叢刊の內。京都、大八洲出版株式會社刊。活版一七六頁。中に料紙と莊嚴の一章あり。

五三 民と美　柳宗悅著　昭和二十三年刊　二册
京都靖文社刊。活版上下合四七三頁。著者署名入、特製本。

五四 手仕事の日本　柳宗悅著　昭和二十三年刊　一册
中に各地の手漉紙に關する記事あり。東京、靖文社刊。活版三五七頁。

五五 和紙つれづれ　濱田德太郎著　昭和二十三年刊　一册
足立正、信貴英藏各序。東京、靖文社刊。活版二四五頁。

五六 紙　種類と歷史　濱田德太郎著　昭和二十四年刊　一册
東京、ダヴィッド社刊。活版二六五頁。

五七 紙　濱田德太郎著　昭和二十四年刊　一册
前出の增補版。東京、生活社刊。活版三〇五頁。

五八 紙　昭和二十五年刊　一册
岩波寫眞文庫の內。寫眞版六四頁。

五九 註解 紙すきうた　濱田德太郎・成田潔英共著　昭和二十六年刊　一册
紙業叢書第一編。中島慶次序。東京、製紙記念館刊。活版二四四頁。諸國紙すき歌、および紙に關する和歌狂歌俳句川柳俚謠等を集錄、略注を附けてある。

六〇 出雲の紙　池田敏雄編　昭和二十七年刊　一册
安部君の仕事（柳宗悅）民藝紙の特色（壽岳文章）出雲民藝紙の使命（式場隆三郎）出雲の染紙（上村六郎）等の記事あり。卷頭寫眞十葉、標本十六葉附。活版一三六頁。島根民藝協會岩坂支部刊。

六一 日本紙の話　小栗捨藏著　昭和二十八年刊　一册
早稻田選書の內。早稻田大學出版部刊。活版一八〇頁。

六二 日本寫經綜鑒　田中塊堂著　昭和二十八年刊　一册
石田茂作序、自序あり。本文六二六頁。現存古寫經年表五一頁。大阪、三明社刊。

六三 天工開物の研究　藪內清編　昭和二十八年刊　一册
京都大學人文科學研究所研究報告。前編を研究篇とし、中に紙と墨（木村康一稿）の記事あり。後編に譯注および原文を載す。活版四八三頁。

六四 むらさきくさ　前田千寸著　昭和三十一年刊　一册
佐佐木信綱、窪田空穗、山岸德平各序、自序あり。中に平家納經の染紙、平安時代の染紙等の記事あり。活版三四四頁。河出書房刊。

六五 紙の强度　上野桂助著　昭和三十一年刊　一册
齋藤孝序、自序あり。活版橫組二二九頁。丸善株式會社刊。

六六 和紙　加藤晴治著　昭和三十三年刊　一册

東京、產業圖書株式會社刊。活版橫組三三六頁。

六七 みつまた紙　大藏省印刷局研究所編　昭和三十四年刊　一册

活版橫組二九四頁。手すき法に關する記事もあり。

六八 和紙の創成と發達　濱田德太郎著　一册

活版假綴一一七頁。刊年明かならず。

六九 典具帳紙　山根道一著　一册

中に一九四二年（昭和十七年）以降の記事あり。油印三五頁。

七〇 和紙ノート　一册

丸善製小形ノート、ホーレー氏の備忘錄である。「昭和六年仙臺鄉土研究誌、奥州白石の紙布に就いて」等の記事一頁あり。

七一 和紙關係書簡　十通

(1) 二月七日付、佐藤忠太郎、池上幸二郎宛　一通
(2) 昭和三十一年五月十九日付、佐藤忠太郎、フランクホーレー宛　一通
(3) 昭和三十一年七月三十一日、佐藤忠太郎、ホーレー宛　一通
(4) 昭和三十一年三月三日、佐藤忠太郎、ホーレー宛　一通
(5) 一月九日付、佐藤忠太郎、ホーレー宛　一通
(6) 五月廿三日付、遠藤忠雄、ホーレー宛　二通
(7) 昭和三十一年三月三日、佐藤忠太郎見積書並受領書　二通
(8) 佐藤忠太郎、フランクホーレー宛葉書　六枚
(9) 佐藤忠太郎、池上幸二郎宛葉書　一枚
(10) 見本紙　大小共　三枚

七二 岡敷左書簡　二通

山口縣玖珂郡本鄉村波野、村社河內神社々務所岡敷左書簡。東京市麻布區霞町二十三、田中樣內吉村樂子宛。九月廿八日付、十一月十二日付（昭和十六年消印）。

二、紙史及紙業史等

七三 心中紙屋治兵衛　竹本染太夫正本　安永七年刊　半一册

淨瑠璃院本。十行本三十四丁。藍色無地の表紙、題簽を缺く。內題下に「竹本染太夫正章」卷末に「安永七戊戌年卯月廿一日　作者近松半二　竹田文吉」。裏見返に「京寺町松原上ル西側　菱屋治兵衞」江戸大傳馬町三丁目　鱗形屋孫兵衞板行」とある。表見返に墨書の貼紙があつて「此ノ院本、紙屋仲間ノ參會ノコトニ始マリ、紙屋取引ノコト多ク見ユ。殊ニ三十丁末ニハ紙盡ノ文句あり」としてある。

七四 江戸職人歌合　文化五年刊　大二册

藤原泰周序。刊記なし。刊年は序の年記に依る。下卷十六番左に紙屋あり。卷末奥書に「右江戸職人哥合、文化二年七月十日、於淺草寺有之、磯部千貝所聞書也……石原（花押）」。石原は正明。

七五 紙料 江戸仕立帳　大二册

江戸誂の料紙包紙の仕立様式を集めたもの。上册の扉紙に「文化六年己巳三月吉日」とあり。紙肆名は「紙屋治兵衞」又は「根本松壽軒」などと記す。奉書紙袋綴二册。紙數、上七十三枚、下二十六枚。

七六 諸藏產紙御尋答書　新寫　大二册

天保十三年正月十一日、大坂西町奉行より紙屋仲間へ御尋紙一件書類。見返に「御奉行阿部遠江守樣、御掛り、御組內山彥次郎樣」とある。

七七 御藏紙俵印記 寫　半一册

表紙に「嘉永四辛亥年八月、泉屋金兵衞」とある。中國四國九州諸侯御藏紙の俵印記を集錄。新宮春三舊藏。

七八 楮祖神社之記 寫 原本　大一册

周防國岩國在本鄉村、楮祖神社の舊記。中に「嘉永六丑六月晦日認之」楮祖神葛密祖神社從往古記」林主稅祐存之」の識語がある。原本。

七九 楮祖神社之記 新寫　大一册

前出原本の新寫本。

八〇 越前國今立郡上大蟲村紙屋宮川家文書　三册十三通

(1) 紙屋仲間同意箇條書（文政六年十二月、宮川辻右衞門外二人連署）　一册
(2) 御用紙御出入奉願ロ上書（文政八年三月、橋本八十兵衞外一人、福井御坊御役所宛）　一册
(3) 紙舟並漉高覺書（辻右衞門、無年月）　一册
(4) 御用紙前金拜借證文（文政三年十一月、宮川辻右衞門、御臺所御賄方宛）　一通
(5) 拜借銀延納方奉願ロ上書（文政五年八月、宮川辻右衞門、御賄方宛）　一通
(6) 漉出候紙之內少々獻納仕度段奉願ロ上書（天保二年三月、辻右衞門外十人、御役所宛）　一通
(7) 御用紙御拂銀御直上奉願ロ上書（天保四年正月、宮川辻右衞門、吉田御殿御勘定方宛）　一通
(8) 御用紙御拂銀御直上奉願ロ上書（天保八年三月、宮川辻右衞門）　一通
(9) 元草仕入銀拜借證文（天保九年三月、辻右衞門、御買物方宛）　一通
(10) 御用紙差出覺書（天保十一年十二月、辻右衞門外二人、御役所宛）　一通
(11) 本保より美濃大垣迄運送駄賃見積覺（弘化三年五月、辻右衞門）　一通
(12) 楮皮買入銀拜借證文（弘化五年三月、辻右衞門外二人、御貸附御役所宛）　一通
(13) 御用御切手紙漉方御請一札（嘉永六年十一月、辻右衞門外二人、御役所宛）　一通
(14) 紙荷京都差出御手配方奉願覺（丑五月朔日、辻右衞門、御役所宛）　一通
(15) 福井御領分西光寺賣掛代金催促掛合方奉願ロ上書（卯九月、辻右衞門外一人、上板組大庄屋宛）　一通
(16) 村方百姓大高檀紙漉立儀御差留被下候樣奉願ロ上書（無年月）　一通

八一 紙漉舟賣渡證文　二通

弘化二年巳三月付、および明治十六年三月十日付。

八二 公用紙御役船朱印狀　一通

安政四年二月、圖書寮支配下井筒屋宗次郎宛。綸旨紙、圖書寮の印あり。この目錄卷頭の寫眞版參照。

八三 土佐國吾川郡伊野村御用紙關係文書　一帙

(1) 卯年御注文御用紙幷紙草共御算用目錄（慶應四辰七月）　一册
(2) 淸長紙上納書（安政貳卯年十二月）　一通
(3) 楮幣紙上納書（卯六月三日、開政館御銀方宛）　一通
(4) 大小半紙下渡依賴狀（亥十二月十四日、御藏紙方役人所宛）　一通
(5) 大中折本切漉立代楮に付差出書（御奉行所宛）　一通
(6) 楮草算用帳紛失に付ロ上覺（酉三月、安喜仲助宛）　一通
(7) 鴈皮漉減に付願書（申四月廿六日、御證判所宛）　一通

15

(8) 楮草請取不足に付ロ上覺　一通
(9) 御用楮臈皮算用目錄（七月三日）　一通
(10) 御用大中折等納入覺（申年）　一通
(11) 越前奉書紙等算用目錄（未年）　一通
(12) 白大中折漉立楮草拜借覺（酉十一月十八日、町田民丞宛）　一通
(13) 黄大中折等直段見積ニ付ロ上書（申正月卅日、町田民丞宛）　一通
(14) 楮草請取不足ニ付奉窺ロ上覺（萬延二酉年三月、安喜仲助宛）　一通
(15) 黄中折急用之儀ニ付覺（三月十九日、町田民丞宛）　一通
(16) 御藏上紙楮紙共漉代覺　一通
(17) 浅黄紙上納仰付覺（申六月廿四日、御用紙漉助左衞門宛、懸紙共）　一通、一枚
(18) 御國紙御藏入之儀御執成方願書（戌十月、通町莊屋仁助等宛）　一通

八四 **料紙直段付**　一册

明治五年三月、京都府へ納入の直段付三通を合綴。

八五 **土佐製紙沿革**　明治十七年刊　一册

史料通信叢書、土佐の部の拔刷。その中に「製紙沿革　十七年四月工報」と題する記事あり。七十頁より七十三頁に至る。

八六 **高知縣勸業月報**　第十、十一號　明治十七年刊　二册

高知縣勸業課編纂。第十號に楮皮晒白法、製紙用標木糊ニ梧桐根皮ヲ補助スルノ說、第十一號に桑紙ノ說を載せて居る。

八七 **土佐紙沿革考**　明治二十四年刊　一册

明治二十四年八月、東京東陽堂發行「風俗畫報」第三十一號。中に福島成行稿の土佐紙沿革考を收む。

八八 **必用便覽**　小柳幸三郎編　明治二十六年刊　一册

副題に「諸商人符帳付、普通英語譯」とあり。諸商賈の數詞符牒を記し、例へば紙商の「イコヨキ久位ホチリタ正」の如し。日用英語をも附載す。木版刷四丁。

八九 **長野縣農會報**　第二十八號拔刷　一册

刊年不明。その一四三頁より一五四頁に至る。長野縣に於ける製紙の沿革、產地及產額、製造方法、收支計算等を記す。產額表には明治三十一年度より同三十四年度までを擧げてある。

九〇 **印刷局沿革錄**　印刷局發行　明治三十六年刊　一册

活版三四〇頁。中に抄紙工場沿革の記事あり。

九一 **土州商會大意幷約件**　刊本　一册

表紙に「大津商社」とあり。中に「辰八月」と記す。明治元年戊辰か、同十三年庚辰なるべし。末に土州產物として大半紙、小半紙等を載す。本文、木版六枚。假綴。

九二 **土佐紙株式會社沿革**　大正三年刊　一册

同社刊。活版。

九三 **土佐紙業組合規約**　刊本　一册

卷末に土佐紙の沿革および統計を附す。統計は明治四十三年で終っている。本文用紙は土佐紙の見本帖を兼ねたもの。活版四十七丁あり。

九四 **土佐紙業組合規約**　刊本　一册

前出に同じ。但し第十至十七、廿一至廿三、卅一至四十四の各丁を佚した零本。

九五　土佐紙業組合規約　大正三年刊　一冊
組合規約の注記に「明治二十九年三月廿八日認可」とあり。活版六〇頁。

九六　紙業經歴苦辛談　中内丈太郎著　一冊
中内氏は土佐の紙業家で、その明治十五六年より大正三年に至る經營の苦心を記す。活版十七頁。刊年不詳。

九七　千代田製紙株式會社定款　大正七年刊　一冊
同年十一月改正。活版六頁。

九八　土佐紙業一斑　土佐紙業組合編　大正八年刊　一冊

九九　土佐紙株式會社營業報告書　二冊
第拾五期（大正六年上半期）および第拾七期（大正七年上半期）分。活版和裝。

一〇〇　静岡縣紙業一斑　大正八年刊　一冊
静岡縣工業試驗場製紙部編。表紙に「大正七年八月調」とあり。活版。

一〇一　舊岩國藩の製紙原料保護政策　吉川元光述　大正十年刊　一冊
京都帝國大學經濟學會刊「經濟論叢」第十二卷第五號および第六號の合册。中に右の論文を收む。

一〇二　沿革大要　土佐紙業株式會社編　大正十一年刊　一冊
高知縣吾川郡伊野町、土佐紙株式會社の社史。活版三二頁、附圖あり。

一〇三　土佐紙業復活策　大正十三年刊　半一冊
大正十三年十一月、土佐紙業組合本部における工學博士佐伯勝太郎氏講演筆記。活版二六頁。上表紙附帙入。帙には「和紙談」と記してある。

一〇四　淺野家の有恒社と株式會社有恒社　關彪著　大正十三年刊　一冊
洋式機械製紙の先鋒だつた有恒社の社史。私刊、活版三三頁。

一〇五　土佐紙業組合經費豫算決算書　刊本　七册
大正十年、大正十二年、大正十三年、昭和十年の各年度豫算表。大正三年、昭和四年、昭和十一年の各年度決算書。

一〇六　通俗紙業発達史　西嶋東洲編　大正十五年刊　一冊
卷頭に紙の發祥の記事あり。本文は洋紙界五十年史である。活版一二〇頁、附錄二八頁。紙業新聞社刊。

一〇七　王子製紙株式會社案内　坂部武三郎編　大正十五年刊　一冊
沿革および各工場の概況等。王子製紙株式會社刊。

一〇八　中之島製紙の沿革　中野敏雄著　昭和三年刊　一冊
下郷傳平、關彪各序及び自序あり。活版一三五頁。大阪中之島製紙株式會社の沿革史。

一〇九　防長造紙史　御薗生翁甫編　昭和四年刊　一冊
防長紙同業組合刊。活版七八頁。

一一〇　土佐紙業一班　昭和六年刊　一冊
土佐紙業組合刊。土佐紙の沿革、土佐紙業組合規約等の記事がある。本文は土佐紙見本帖を兼ねて居る。

二一　岐阜縣製紙工業試驗所業務報告　昭和七年刊　一册
活版七二頁。

二二　藤原社長歳末訓示　昭和八年刊　一册
昭和八年十二月二十九日、王子製紙株式會社本社に於ての藤原銀次郎社長の訓示。活版九頁。

二三　高知縣產業案內　昭和十年刊　一册
活版一九三頁。中に紙業狀況および其生產統計の記事あり。

二四　製紙技術官協會會報　第二號　昭和十年刊　一册
松江市、島根縣工業試驗場內、製紙技術官協會刊。油印三〇頁。三椏の有効成分測定法、全國主要和紙相場表等の記事がある。

二五　日本紙製帽蓆原料工業組合定款及諸規程　昭和十年刊　一册
活版五〇頁。昭和十年十一月商工大臣認可。總則第五條に「本組合ハ地區內ニ於テ紙撚ニ「コロジオン」塗料ヲ塗布シタル紙絲ノ製造ヲ業トスル者ヲ以テ之ヲ組織ス」とあり。

二六　紙業界五十年　濱田德太郎著　昭和十二年刊　一册
株式會社博進社創業四十周年記念出版。山本留次序。活版四九二頁。

二七　日本紙業綜覽　昭和十二年刊　一册
王子製紙株式會社販賣部調査課編。藤原銀次郎序。活版、本文九四七頁、附表一五〇頁。中に和紙製造業、朝鮮紙と臺灣紙等の記事がある。

二八　中小工業製品高級化施設實施狀況報告書　昭和十二年刊　一册
高知縣產典具帳紙の紙質向上のための設備改善實施概況、その他の報告。油印一〇頁。

二九　越前產紙考　飯田榮助編　昭和十三年刊　一册
越前產紙卸商業組合發行。和裝活版四八頁。

三〇　舊神戶製紙所沿革　關義城編　昭和十三年刊　一册
「三菱製紙株式會社前身」と角書あり。同社中川工場刊。活版三四頁。

三一　紙業提要　昭和十三年刊　一册
王子製紙株式會社編。活版橫組五九四頁。中に、和紙の種類と用途、和紙原料、和紙に關する書目等の項目あり。

三二　東京紙商同業組合史　昭和十四年刊　一册
同組合刊。卷末に濱田德太郎稿「日本紙業發達史」一七九頁あり。

三三　門田商報　昭和十三、十四年刊　二册
大阪市東區橫掘五丁目、株式會社門田商店の在庫品銘柄一覽。昭和十三年十二月號及び同十四年五月號。活版各八頁。

三四　日本紙業史　京都篇、八木吉輔編　昭和十五年刊　一册
京都紙商組合刊。活版一三〇頁。

三五　日本產業發達史の研究　小野晃嗣著　昭和十六年刊　一册
中に、中世に於ける製紙業と紙商業の論文あり。活版三九二頁。東京、至文堂刊。

三六　防長造紙史研究　御薗生翁甫著　昭和十六年刊　一册

18

黑正巖、伊藤三樹三各序及び自序。活版一〇五七頁。山口縣廳内防長紙同業組合刊。

一二七 大阪紙業沿革史 山脇登藏著 昭和十六、十七年刊 二册

西嶋東洲編。大阪紙商同業組合刊。上卷に大阪紙商の沿革、下卷に日本紙業發達史の記事がある。上六三六頁、下六五六頁。

一二八 江戸東京紙漉史考 關義城著 昭和十八年刊 一册

關彪序および自序。卷頭圖版二葉および標本四十種。活版三七二頁。富山房刊。

一二九 岐阜縣手漉紙沿革史 森義一著 昭和二十一年刊 一册

岐阜縣手漉紙製造統制組合刊。活版四四〇頁。

一三〇 重要紙業統計 昭和二十四年刊 一册

王子製紙株式會社文獻管理委員會編。本文、活版横組三二七頁、附錄あり。

一三一 最新紙業提要 成田潔英編 昭和二十八年刊 一册

東京、丸善株式會社刊。活版横組四一四頁。

一三二 土佐紙業史 濟水泉編 昭和三十一年刊 一册

高知縣和紙協同組合連合會刊。活版三六〇頁。

一三三 王子製紙社史 成田潔英編 昭和三十二年刊 一册

中島慶次序、王子製紙社史編纂所刊。第一卷、活版三一六頁。

一三四 創立五十年史 昭和三十二年刊 一册

京都紙文具互信會編。明治四十年八月創立の同會の五十年史。中に「紙文具紙製品の變遷」と題する記事あり。紙函入。

一三五 最新紙業提要 成田潔英編 昭和三十三年刊 一册

東京、丸善株式會社刊。活版横組五一三頁。

三、紙漉及近代抄紙

一三六 紙漉大概 木崎攸軒著、自筆原本 天明四年成、彩色繪卷 一卷

紙高二五、五糎。全長五米三九糎。撰者が見聞した紙漉の圖說。卷首に「紙漉大概」と題し、末に「如斯は書たれ共、常に見馴聞馴ざる事故に、相違あらん事は必定せり。鍛練の人は一笑たるへし。是は唯予か老耨の徒然を晴さんとのみ。他見の譏を顧ず、わが家の小童兒女にあたへて翫とするの外、全餘義なし。總て是斗に限らす、某書綴所の圖書、皆以同様也。後人是を思へ。天明四年甲辰七月朔日、肥前國唐津城内隱士、木崎攸軒入道盛標、行年七十三」として朱印記。自筆原本、桐箱入。按に、帝國圖書館に本書の轉寫本と思はるるものありという。外に製本匠池上幸二郎製するところの模寫二三部あり。ティンダル著の The Handmade Paper of Japan に彩色版として模刻して居るものは、その模寫本による。

著者木崎攸軒には、別に漁撈圖卷（安永二年成）馬渡島駒捕一件繪卷（安永三年成）諸職圖卷（天明年中成）等の著述がある。

一三七 紙漉大概 繪卷模本 一卷

前記原本の模寫。但し、原本の字體を通用體に改めた所が多い。卷末に「昭和十六年十月四日、石川深淵寫」とある。

一三八 雲箋小譜 萬幸著 寛政七年成、新寫 横一册

巻首に「予わかかりし時、雲箋を染なすに、人の需しは〳〵にて、いつとなく成法有にいたれり。是れ戯といへと創意にして、開物のひとつなれは、湮滅にしのひす、記して傳と言。寛政七年乙卯孟冬　萬幸記」とある。雲紙即ち打曇紙の製法を記。墨付八枚。

一三九 紙漉重寶記　國東治兵衞撰　寛政十年刊　半一册

靖中菴桃溪挿畫。自序あり。刊記「寛政十戌午四月吉旦」浪華書林大野木市兵衞　海部屋勘兵衞」。表紙、浅黄色無地。題簽「紙漉重寶記全」とある。
紙漉の始終を圖說した唯一の刊本として著名のもの。複製本あり。西歐に於ても模製がある。（いづれも後出）

一四〇 紙漉重寶記　寛政十年刊　半一册

右に同じ。浅黄色表紙、題簽附。

一四一 紙漉重寶記　文政七年刊再印本　半一册

寛政十年刊本の刊記の次に、裏見返があつて「文政七甲申年二月補刻」江都日本橋南壹丁目　須原屋茂兵衞」大坂心齋橋通安堂寺町　秋田屋太右衞門」と刻。同版後刷本。

一四二 紙漉重寶記　大正十四年刊　一册

王子製紙株式會社都島工場内、製紙印刷研鑽會による複製本で、國東治兵衞翁の略傳等を添えて居る。

一四三 紙漉重寶記　昭和十七年刊　一册

前出の大正十四年刊本を更に重印したもの。

一四四 紙漉重寶記　一九二五年刊、ライプチッヒ版　一册

寛政十年刊本後刷本の影印本。寛政十年刊記の次、裏見返に「大日本國郡全圖　全二册」の廣告あり。なお巻末に《Nachwort》と題し、末に《Leipzig, im September 1925. Prof. Dr. Albert Schramm》と記せる印刷奥附あり。即ち大正十四年ライプチヒ刊複製本。

一四五 紙漉重寶記　一九四八年刊、カリフォルニヤ大學版　一册

加州大學に依る複製。《A Handy Guide to Papermaking, with a Translation by Charles E. Hamilton. The Book Arts Club, University of California, Berkeley》とある。七八頁。

一四六 平安十詠　天保十五年刊　小一册

青木栄山題詩、河北眞彦詠歌、上田俊照序、平安十名家畫圖。平安の風物を詠じたもの。中に洞院紙の條があつて、紙漉の圖を載せて居る。

一四七 楮井三俣製紙漉方之記　新寫　大一册

圖說十八枚あり。原本は江戸時代のもの。

一四八 紙漉方祕法　寫　大一册

墨付七枚。明治初年頃の寫。

一四九 造紙說　帝國圖書館藏本寫　大二册

上册には岐阜縣下造紙之說、越前紙漉圖說。下册には四國産諸紙之說、岐阜縣下根尾紙之事、新川縣下紙製方の五篇を收む。何れも明治五年、有司への上書で多くの圖を入れた有用な記錄である。

一五〇 美濃紙抄製圖說　帝國圖書館藏本寫　大一册

原本は岐阜縣勸業課編輯の寫本で、明治十三年十月の編者序あり。繪圖入り。

一五一 美濃紙抄製圖說　寫本　大一册

同じ寫本の別本。

一五二 藁紙製法新書　安藤才次郎著　明治十九年刊　一册
柴田郊平、渡邊順各序。自序あり。銅版三十七頁。名古屋、回生堂藏版。

一五三 製紙巡回教師 吉井源太講話筆記　明治二十年刊　一册
鳥取縣農商課編纂、鳥取縣勸業月報號外。活版袋綴二十四丁、附圖三枚あり。

一五四 起業百般 實地製法大全　福井　淳著　明治二十年刊　一册
大坂府平民、大辻増五郎刊。活版一三五頁。中に、磨り紙、文彩紙、萬年紙、藁紙等の製法、および藻、海豹の臓腑、桑樹皮等より紙を製する法等の記事あり。

一五五 經濟祕法 廢物利用　近藤賢三著　明治二十年刊　一册
副題「すたれ物用ゐ方」とあり。巖本善治校閲。東京、經濟雜誌社刊。活版一〇七頁。中に、藻を以て紙を製する事、魚類にて紙を製する事、紙を製すべき料に種々ある事等の記事あり。

一五六 製紙改良實檢全書　國乘瀧五郎著　明治二十四年刊　一册
山本節序、著者私刊。活版袋綴二十八丁。

一五七 日本製紙論　吉井源太口述　明治三十一年刊　一册
平山晴海編輯。細川潤次郎、前田正名各序、澤村眞跋。活版一三八頁。東京、有隣堂發兌。

一五八 日本工業史　横井時冬著　明治三十一年刊　一册
製紙の發達、印刷紙印刷術の進歩等の記事あり。東京、吉川半七藏版。活版三六〇頁。

一五九 化學應用 日本製紙新法　沼井利隆著　明治四十年刊　一册
副題「附歐米式及支那式製紙法」とあり。中に手漉法の記事がある。活版二一一頁。東京、畫報社發行。

一六〇 製紙の巻　石井研堂著　一册
少年工藝文庫第十篇。活版一一四頁。奥附を缺き、刊年が明らかでない。

一六一 和紙製造大綱　大正二年刊　一册
西村重一講演。岐阜縣武儀郡西武教育會刊。活版七六頁。

一六二 竹紙料製造試驗報告　大正二年以後刊　一册
工業試驗所報告の拔刷で、九十九頁より百三十三頁に至る。技手森嘉吉述、刊年不明。統計は明治四十一年から大正二年度までを擧ぐ。なほ同人述の「紙ノばるかにぜーしよんニ關スル報告」三頁を合綴。

一六三 土佐紙業組合製紙試驗場 業務工程報告書　九册
大正六、九、十三、十四の各年度、および昭和元年乃至同五年の各年度分。なほ外に複本として、大正九年度および昭和五年度各一部、大正十三年度分二部、計四册あり。

一六四 製紙の學理及實際　今岡　顯著　大正六年刊　一册
丸澤常哉校補並に序。活版横組五五〇頁。東京、富山房刊。

一六五 和洋紙加工製作法　佐瀬文哉著　大正九年刊　一册
角書「有利簡易、家庭副業」とあり。和洋製紙法、各種紙加工品製造法等の記事あり。活版二六〇頁。東京、廣文堂書店刊。

21

一六六 和紙製造論 西健男著 昭和三年刊 一冊

八木林作序、自序。自家刊行、活版三五九頁。著者は當時、島根縣工業試驗場技師。

一六七 繪入工藝風俗 昭和三年刊 一冊

東京國史講習會發行「中央史壇」新年特別號。卷頭圖版中に「紙漉と賽磨り」の圖あり。また料紙（武岡博三）の記事あり。

一六八 手漉部試驗傳達帖 一冊

昭和四年四月以降、同七年三月までの各種製紙原料による煮熟水洗、叩解水撰、漂白配合等の試驗報告書の原本。土佐紙業組合製紙試驗場による。

一六九 紙になる迄 昭和五年刊 一冊

紙漉重寳記による紙漉圖解。紙商相馬屋源四郎商店刊。

一七〇 叩解機の研究 高知縣内務部編 昭和五年刊 一冊

工業研究資料第十二輯。附載の高知縣紙業統計は昭和二年度より同四年度までを載せてある。活版三五頁。

一七一 英和製紙辭典 關彪、片倉健四郎共編 昭和六年刊 一冊

佐伯勝太郎序及び自序。東京、中村芳文堂刊。活版横組三九五頁。

一七二 本邦製紙業管見 佐伯勝太郎著 昭和十一年刊 一冊

明治三十七年十月自序。昭和十一年、靜岡縣特種製紙株式會社復刊。關彪跋あり。活版七四頁。

一七三 手漉和紙 大西虎俊著 昭和十一年刊 一冊

內題に「製紙講習錄」とあり。主として和紙の製紙工程を記す。栃木茨城製紙改良同業組合發行。活版六六頁。

一七四 縮寫美濃紙抄製圖說 昭和十二年刊 一冊

岐阜縣勸業課編の同書を、轉寫本によつて縮寫印行したもの。昭和十二年、奥本正人の跋あり。京都、澄心堂發行。

一七五 美濃紙抄製圖說 昭和十七年刊 一冊

關義城藏の寫本により、その十二圖をコロタイプ刷とし、圖說を活版印刷にしたもの。成田潔英編。王子製紙株式會社刊行。

一七六 越前紙漉圖說 昭和十三年刊 一冊

帝國圖書館所藏の稿本「造紙說」の上册所收のもののオフセット複製本。扉に「敦賀縣管轄越前今立郡岩本村、小林忠藏調」とあり、末に「明治五年壬申九月」の年記がある。牧野信之助解說、越前產紙卸商組合刊行。限定版三百部の內。

一七七 洋紙製造概要 成田潔英編 昭和十五年刊 一冊

王子製紙株式會社刊、活版四九頁。

一七八 紙及加工紙 村井操著 昭和十八年刊 一冊

東京、工業圖書株式會社刊。活版横組四三一頁。中に手漉紙抄造方法の記事がある。

一七九 一壺亭茶話と紙漉重寳記 昭和十八年刊 一冊

西嶋東洲編。大阪、紙業出版社刊。「紙漉重寳記」大正十四年複製本の重印に、明治五年刊、近藤楮作述「一壺亭茶話」の飜印を加えてある。

一八〇 手漉和紙考 王子製紙紙業史料室編 昭和十九年刊 一冊

日本製紙論（吉井源太）美濃紙抄製圖說（岐阜縣勸業課）紙の床

(牧瀬三郎) 紙の腰 (牧瀬三郎) パークスの日本紙調査報告 (成田潔英譯) 明治中葉期に於ける和紙の產地と品種 (大藏省記錄局) 奥州白石產紙布織 (片倉信光) 紙漉の言葉 (遠藤忠雄) の諸篇を收む。活版二九三頁。丸善株式會社刊。

一八一 最新和紙手漉法　中島今吉著　昭和二十一年刊　一册
關彪序、自序あり。丸善出版株式會社刊。活版三八五頁。

一八二 楮と白石和紙　昭和二十九年刊　一册
白石市役所刊。楮の栽培法 (遠藤忠雄) および白石の和紙 (菅野新一) を收む。活版二七頁。

一八三 本高熊抄紙傳聞　岡村吉右衛門著　昭和三十年刊　一册
越中八尾町本高熊の紙漉工程を版畫で圖說したもの。自家版限定百部の內。

一八四 座右三寶之頌　岡村吉右衛門著　昭和三十一年刊　三册
天は筆匠、地は硯匠、人は墨匠。それらの各工程を版畫で圖說したもの。限定版百部の內。

一八五 會津熱鹽紙示現　岡村吉右衛門著　昭和三十一年刊　一册
會津熱鹽の紙漉工程を版畫で圖說したもの。限定版百部の內。

一八六 東西紙漉圖繪　製紙博物館編　昭和三十一年刊　一册
製紙叢書第三編。活版横本六〇頁。紙帙入、五百部限定版。

一八七 紙すき四十年　安部榮四郎著　昭和三十一年刊　一册
昭和三十一年、著者が黃綬褒章を受けたるを記念して刊行した「出雲民藝紙譜」の一部分の別刷。私家版五〇部の內。活版一八頁。和裝、紙帙付。

一八八 美濃紙漉五十村　岡村吉右衛門著　昭和三十三年刊　一帙
版畫六葉を收む。限定百部の內。

一八九 古今紙漉圖集　關義城編　昭和三十四年刊　一册
日本、支那朝鮮、歐米各國に亘つて百三十七種の紙漉圖を集成したもの。和紙標本百種を添えて居る。本文活版横組一五八頁。

一九〇 高野紙紀州下古澤　岡村吉右衛門著　昭和三十三年刊　一帙
版畫六葉を收む。限定百部の內。

一九一 紙漉平三郎手記　製紙博物館編　昭和三十五年刊　一册
成田潔英序。活版二五〇頁。卷末に標本紙二十二種附收。

一九二 江戸及東京の紙漉　關義城著　抜刷　一册
なお「雁皮紙に就て」の記事あり。雜誌抜刷なるも、誌名は明らかでない。活版六頁。

一九三 紙料處理改良方法　稿本　一册
和野紙墨書六枚。著者不明。

一九四 紙料處理改良方法　稿本　一册
前出と同じであるが、是は野紙四枚に記してある。假表紙附。

四、紙料栽培等

一九五 紙楮仕立方記錄　寫、原本　大一册
外題に「記錄」とのみあり、右の書名は、假に帙の題簽による。

23

墨付三十七枚。蠶、桑、紙楮、茶、桐、砂糖等の仕立方を記し、末に「文化十四年十二月　衞藤彌三兵衞（花押）不破敬次郎殿」とある。紙楮に付ての記事は一枚半あり。

一九六 蠶《かひこ》茶《ちや》楮《かみのき》書　竹川綠鷹著 慶應二年刊　大一册

内題には「蠶茶并紙木植方書」巻末跋の末に「慶應二年の秋　明善館のあるし記」とあり。跋に依るに、伊勢人竹川綠鷹の作と云う。木版刷九丁、改表紙、原題簽つき。

一九七 世上有益 一壷亭茶話　近藤楮作著 明治五年刊　一册

石田和助刊。中に楮草栽培發端と題する記事あり。楮作はじめ喜西と稱し、大阪府下に大阪楮作會社を創立した次第を記す。木版袋綴三十二丁。

一九八 福草考　宇井可通自筆稿本　半一册

可通は紀州の國學者。大八洲雜誌百三十九號に掲載したものの原稿。古今集假名序に見ゆる「さきくさ」は三椏なるべしとの説を載す。なお別に萬葉集略解の説についての異論二章がある。

一九九 三椏培養新説　梅原寛重著 明治十四年刊　一册

萩原正平序。東京有隣堂發兌。木版刷。

二〇〇 雁皮栽培錄　楳原寛重著 明治十五年刊　一册

自序。東京有隣堂發兌。木版刷。

二〇一 楮樹栽培實況　明治十五年刊　一册

農商務省農務局藏版。報告課戸崎孝編。活版二六八頁、附圖一五頁。

二〇二 三椏栽培錄　瀧正古著 明治二十一年刊　一册

静岡縣庵原郡役所藏版。活版五四頁。

二〇三 三椏栽培錄　瀧正古著 明治二十二年刊　一册

角書「增補挿圖」とあり。活版六九頁。

二〇四 楮園改良新書　飛松忠四郎著 明治二十三年刊　一册

長谷川里曉序。東京、農書肆有隣堂刊。活版二九頁。

二〇五 續雁皮栽培錄　楳原寛重著 明治二十六年刊　一册

巻頭に明治二十三年第三回内國勸業博覽會褒賞證の寫しあり。本文、木版十六丁。東京、有隣堂發兌。

二〇六 三椏の栽培と造林　岐阜縣編 大正二年刊　一册

活版二六頁。

二〇七 特用作物調査書（後篇）　大正四年刊　一册

廣島縣内務部農務課編。蒟蒻、三椏、楮、薄荷、百合等五種の特用作物に關する調査資料。活版九〇頁。

二〇八 海草纖維試驗報告　大正七年刊　一册

東京工業試驗所報告第十三回第五號。「薄質和紙ニれじんさいず施工試驗成績」附載。技師小澤武報告。活版三三頁。

二〇九 製紙原料木材パルプ　農商務省山林局編 大正八年刊　一册

大正八年三月、山林公報臨時增刊。活版二〇一頁。

二一〇 三椏ニ關スル調査　農商務省山林局編 大正九年刊　一册

活版六〇頁。

二一 和紙洋紙パルプニ關スル調査　鐵道省運輸局編 大正十五年刊　一册
重要貨物情況第十五編。中に和紙の生產地狀況の記事、和紙主要產地分布圖等がある。

二二 手漉製紙ニ關スル調査　農林省農務局編 昭和二年刊　一册
副業參考資料第三十一。油印本一二〇頁。

二三 製紙に於ける楮纖維の結節防止試驗　昭和三年刊　一册
朝鮮總督府中央試驗所報告第十回の內。技手妹尾光太郎報告。

二四 岐阜縣製紙工業試驗場概覽　昭和三年刊　一舖
岐阜縣製紙工業試驗場編。

二五 本邦ニ於ケル木材「パルプ」生產狀況　農林省山林局編 昭和四年刊　一册
活版三六頁。

二六 雁皮聚錄　關彪編 昭和十五年刊　一册
雁皮考（關彪）雁皮付斐（大澤忍）雁皮調查報告（今井久男、石川福次郎）雁皮と其人工栽培資料（日下部兼道、北西敏二）雁皮栽培錄（椋原寬重）續雁皮栽培錄（椋原寬重）雁皮栽培法（江夏利兵衞）の七篇を收む。活版一二四頁。丸善株式會社刊。

二七 楮及び楮紙考　王子製紙株式會社編 昭和十五年刊　一册
楮文學一名楮考（關彪）楮の栽培と楮皮の生產（矢澤賴忠）楮皮及三椏皮（佐伯勝太郎）楮（吉井源太）紙漉必用（大藏永常）大藏永常「紙漉必用」に就て（濱田德太郎）及び Kaadsi, the Paper-Tree (Engelbert Kaempfer) の諸篇を蒐錄。活版一三〇頁。

二八 三椏及三椏紙考　王子製紙株式會社編 昭和十五年刊　一册
三椏考（關彪）三椏及三椏紙に就て（片倉健四郎）三椏及楮の地理的分布（同上）三椏栽培錄（瀧正古）結香培養新說（椋原寬重）三椏皮の化學的考查（內閣印刷局研究所）日本の紙（J・S・ライン）ライン博士と「日本の紙」に就て（濱田德太郎）三椏を畠地に植て益ある事（大藏永常）三椏文獻目錄（關義城）の諸篇を收む。活版三三八頁。

二九 楮及楮紙考　王子製紙株式會社編 昭和十六年刊　一册
前出の增訂再版。前掲諸篇の中、ケンペルの英文記事を除き、新に、楮（宮崎安貞）楮園並製紙試驗錄（有田均）ケンペルの「日本人の製紙法」（壽岳文章譯）楮文獻目錄（關義城）の四篇を加えたもの。活版一九五頁。

三〇 印刷局納入ジケ三椏ニ就テ　昭和十四年刊　一册
製紙原料參考資料第一輯。高知縣製紙原料納入組合聯合會編。活版二九頁。

三一 三椏及楮　プリント版　一册
油印五七頁。農林省山林局林務課の印記があるから、恐らくその編に係るものであろう。卷頭挿入圖版に、昭和十五年五月の日付がある。

三二 楮の話と栽培法　遠藤忠雄・佐藤忠太郎共著　一册
奥州白石鄉土研究所刊。昭和二十年三月、片倉信光序。油印本、和裝八丁。

五、紙譜及和紙標本集類

三三 聚玉紙集　榛原直次郎編 昭和八年刊　一册

25

手漉紙一百種の標本集。榛原商店刊。編者の自序あり。

二二四 紙　　帖　昭和十二年刊　一册

雑誌「書窓」紙の輯別册。和紙、中國紙、朝鮮紙等の見本帖四十葉。

二二五 日本固有草木染色譜　山崎　斌著　昭和十三年刊　一册

島崎藤村、岡田三郎助各序。色糸標本五十九種および色紙標本五種を添える。草木屋出版部刊。紙函入。

二二六 華　紙　類　選　安藤更生、實藤恵秀共編　昭和十四年刊　一册

現行の唐紙六十種を燕京に於て蒐集した見本帖。限定三十四部之内の第九號、帙入。

二二七 古　染　紙　之　譜　上村六郎編　昭和十六年刊　一册

六一頁。巻末に古染紙標本十八種を添える。私家版。

二二八 昭和千代紙撰集　宮尾しげを編　昭和十七年刊　一册

東京愛玩會刊。東京神田伊勢辰藏版の千代紙三十一種を集む。巻頭に「伊勢辰廣瀬辰五郎氏に聞く千代紙の話」(宮尾しげを稿)の記事七頁がある。

二二九 紙　　譜　　帖　後藤清吉郎著　昭和十九年刊　一册

壽岳文章序。駿河半紙手漉工程の版畫三十七葉と、手漉紙見本四十七種。美術出版社刊。和装、紙帙入。

二三〇 和　染　和　紙　及川全三著　昭和二十三年刊　一册

工藝編輯室刊、柳宗悦序。染紙見本九十二種、本文八三頁。

二三一 古　紙　百　態　成田潔英編　昭和二十四年刊　二册

編者は王子製紙記念館々長。私家版。古紙七十種の標本集一册、解説一册。刊行二十四部の内、特製本三部、これはその特製本の一。著者自筆題簽付。

二三二 古　今　和　紙　譜　關　義城編　昭和二十九年刊　二册

藤原銀次郎序、自序あり。上下二册に古今の和紙標本を貼付。下巻附錄として、日本紙の發達、その他の記事あり。私家版限定一百部の內。帙入、紙函付。

二三三 越　中　產　紙　手　鑑　上村六郎、吉田桂介共著　昭和二十九年刊　一册

京都、和紙研究會刊。標本六〇枚付。限定二百五十部の內。和装帙入。

二三四 出　雲　民　藝　紙　譜　安部榮四郎編　昭和三十一年刊　一册

紙譜八十二種。巻末に編者の「紙すき四十年」十八頁を附載。出雲民藝紙業協同組合刊。和装帙入。

二三五 出　雲　民　藝　紙　譜　昭和三十一年刊　一册

前出に同じ。但し洋装紙函入。

二三六 古　今　東　亞　紙　譜　關　義城編　昭和三十二年刊　二册

藤原銀次郎序並に自序。支那紙、朝鮮紙、ビルマ紙、和唐紙、和製畫仙紙の紙譜。附錄一册に支那紙、朝鮮紙に關する日本支那朝鮮の文獻の抄出と紙譜追補とを收む。刊行一百部の內。

二三七 越　前　鳥　の　子　紙　譜　一册

越前產鳥子紙の見本帖。扉紙に書名を墨書し「書痴紙魚大掾題」としたのは、齋藤昌三氏の筆。

二三八 土佐紙業組合見本帖　明治三十六年刊　横一册

巻頭に土佐紙の沿革、紙類産額表、標本紙類の説明等を載す。産額表は明治二十九年度より三十五年度まである。

二三九　土佐紙業組合試験標本　大正三年刊　横一冊
同組合製紙試験場編。見本帖。

二四〇　帝國々産和紙標本　土佐紙業新聞社編　昭和二年刊　横一冊
見本帖、初刊は大正十四年という。

二四一　土佐紙見本帖　土佐紙業組合編　昭和十一年刊　横一冊
巻末に「土佐紙の沿革」その他を附載。

二四二　土佐紙アルバム　一冊
見本十二枚あり。添付説明書に「高知民藝」と記してある。箱入。

二四三　小川和紙見本　横一冊
埼玉縣小川和紙工業組合の和紙十八種の見本帖。巻頭に小川和紙の沿革と題する記事がある。

二四四　岐阜紙みやげ畫譜　一帖
薄葉美濃紙に刷つた大判版畫五枚。各葉に「岐阜縣上有知」および「須田合名會社」の朱印。

二四五　島根民藝　出雲和紙　横一冊
出雲和紙五十二種の見本帖。

二四六　和紙の標本　百七十五種　二帙
臺紙貼付のもの。紙帙に收む。

二四七　紙の標本　一帙
和紙標本百二十八種。臺紙貼込、ファイル入。

二四八　錦正堂畫牋紙見本帖　横一冊
畫牋紙五種綴込。巻末に「浪花心齋ばし通三ッ寺筋西へ入、錦正堂富士屋政助」の印刻あり。

二四九　雁皮紙目錄　五枚
東京日本橋聚玉堂榛原直次郎一枚、東京横山町合章堂今井熊藏一枚、江戸日本橋金花堂須原屋佐助三枚。各料紙の販賣目錄。半紙木版刷。

二五〇　雁皮紙目錄　一枚
東京日本橋通壹丁目聚玉堂榛原直次郎の料紙販賣目錄。木版刷、前出のものとは異版。

二五一　日本産紙見本帖　横一冊
東京榛原商店の和紙十五種の見本帖。

二五二　改集　越前産紙見本集　横一冊
京都市合名會社象太（高木）商店の見本帖。七十三種を收む。

二五三　美術印刷用紙見本鑑　横一冊
京都市合名會社高木商店（象太）の和紙七十五種の見本帖。

二五四　越前産紙　優越紙集　第二次抄造品　一冊
東京、相馬屋源四郎商店の見本帖。和紙十六枚。

二五五　はてい印　和紙見本集　横一冊

京都市和紙問屋森田商店の見本帖。

二五六 和紙（Japanese Paper） 橫一册

京都市下京區東洞院佛光寺上ル、株式會社森田和紙店の和紙見本帖。新村出題字、上村六郎和文序、壽岳文章英文序。限定七百部の內。外函付。

二五七 千代紙見本帖 橫一册

東京神田須田町一丁目、日本一千代紙版元、伊勢辰の見本帖。標本七十六種。

二五八 鳥の子御襖張見本 一册

襖紙見本帖、二十七種貼込。

二五九 襖紙見本帖 橫一册

五十種を收む。

二六〇 洋紙見本帳 橫一册

乾製紙株式會社の見本帖。

二六一 古紙一束 三十四枚

六、和紙關係地誌・傳記

二六二 愛媛面影 半井梧菴撰 明治五年刊 五册

平野季榮、本塚主水序、自序。今治碧梧菴藏版。卷第四末に大洲半紙の記事あり。木版刷。

二六三 伊野讀本 昭和十一年刊 一册

高知縣吾川郡伊野尋常高等小學校鄕土研究會編。伊野町製紙の起原、紙の話、製紙と伊野町、吉井源太翁等の記事あり。和裝一一八頁。

二六四 安田村發展史 矢富熊一郎著 昭和十六、十七年刊 二册

島根縣美濃郡安田村圖書館刊。上下各九一四頁。上卷に石見半紙と國東治兵衞、石見半紙と紙漉重寶記等の記事あり。

二六五 島根文化年表 島根縣敎育廳文化課編 昭和二十六年刊 一册

永享年間、柳原にて粗紙を製す等の記事あり。活版一一五頁。

二六六 益田町史 矢富熊一郎著 昭和二十七年刊 三册

島根縣美濃郡益田町益田公民館刊。本篇活版九五四頁、中に石見半紙の製法を奬勵したと傳えられる柿本人麻呂および舊高津町內柿本神社に關する記事あり。

二六七 岡本村史 小葉田淳編 昭和三十一年刊 二册

福井縣今立郡岡本村の村史。その第三編に近世製紙業の發達について記してある。また史料篇に御紙屋三田村家傳來の古文書を集錄。特製布裝本。

二六八 岡本村史 小葉田淳編 昭和三十一年刊 二册

前出に同じ。並製本。

二六九 贈從五位安藝三郎左衞門 土佐紙業組合編 大正九年刊 一册

土佐紙製法の祖という安藝三郎左衞門の小傳。活版四丁あり。

二七〇 二見昇君の略傳 關彪編 昭和二年刊 一册

28

傍題として「附舊神戸製紙所の起源及沿革」とあり。日本に於ける洋紙抄造の陳呉たる神戸製紙所の支配人であつた二見氏の略傳。活版四〇頁。

二七一 **田村文四郎翁** 關魚川編 昭和七年刊 一册
北越製紙株式會社田村文四郎翁の傳記、および同翁の紙に關する談話を載す。中に長岡の紙商、藁から板紙製造等の記事あり。活版一七一頁。

二七二 **吉井源太翁記念碑建立趣意書** 昭和十二年刊 一册
高知縣吾川郡伊野町青年團編。同町の紙業家吉井翁の建碑趣意書。活版九頁。

二七三 **國東治兵衞翁の治蹟** 矢富熊一郎著 昭和十五年刊 一册
島根縣美濃郡安田村圖書館刊。治兵衞と石見半紙等の記事あり。活版八〇頁。

二七四 **洋紙業を築いた人々** 成田潔英著 昭和二十七年刊 一册
高島菊次郎序。財團法人製紙記念館刊。紙業叢書第二編。活版三七三頁。

二七五 **石見の疊表** 野上庄一著 昭和九年刊 一册
石見藺莚同業組合刊。活版六一頁。中に國東治兵衞翁の傳の記事がある。

七、圖譜・版畫及び寫眞等

二七六 **日本山海名物圖繪** 平瀬徹齋編 寶暦四年刊 五册
半時庵淡々序、平瀬兎望跋、挿畫長谷川光信。寶暦四年初夏刊、寬政九年初春求板本。その卷三に越前奉書の、卷四に仙臺紙子の圖説がある。

二七七 **婦人紙漉の圖** 玉蘭齋貞秀畫 彩色刷 一枚
「風流職人盡」と題した組み物の内の一枚で、「紙漉」と題。稀品。額入り。

二七八 **蕨の製法并用法之圖** 版畫 一鋪
錦繪二枚貼込。曜齋國輝畫。蕨の用途に、傘をはる糊として、又油紙、桐油の糊として用いる由を説いて居る。

二七九 **をしへぐさ** 明治五—九年刊 一帖
稻米、砂糖、養蠶等殖産の法を見開の版畫三十一枚を以て圖説したもの。「博物局」の印記があるから、恐らくは其監修に係るものか。其第廿三に「製紙一覽」があり、圖説の末に「明治六年山本秀夫遺稿、山本正夫增補、明治九年一月、服部雪齋圖畫、田中芳男校閲」とある。帙入。

二八〇 **富士製紙會社工場圖** 石版畫 一枚
靜岡縣富士郡鷹岡村入山瀬所在。

二八一 **五畿內產物圖會** 如水亭東野畫 大正十年刊 橫一帖
木版畫集。大阪だるまや書店發行。浪華屈江鬼瓦漁人序。中に國栖紙の畫あり。折帖帙入。

二八二 **名紙譜** 屋代弘賢輯 昭和十四年刊 一册
谷文晁、大田直次郎、其他名家の自署を集めたもの。三村清三郎氏舊藏本により、林若樹翁小祥忌追善に、同翁嗣子林欣二氏が刊行した。コロタイプ版十五頁。

二六三 **藏王東の木ぼこ版畫と解説** 菅野新一編 昭和十七年刊 一帙

奥州白石郷土工藝研究所刊。版畫十二枚と解説和裝一六六頁一冊とを收む。解説卷末に片倉信光稿「白石紙のこと」八頁、遠藤忠雄稿「紙漉きの言葉」一頁を附載。

二六四 記錄 **紙漉帖** 前川千帆著 昭和二十二年刊 一帖

版畫帖。表紙に「閑中閑本第三册」と題し、扉に「限外家藏本 前川千帆」と自署。卷頭に「昭和廿二年晩秋 美作山ノ城山荘に於いて」と記した前川氏自序がある。別に複本一部、未製本のもの一部あり。

二六五 **柿本神社關係記念品** 一括

(1) 柿本神社繪葉書 二組
(2) 柿本人麿朝臣御ゆかりの御筆草 二包
(3) 觀光の益田（パンフレット） 二通
(4) 筆（歌ごころ、人丸公） 二本
(5) 柿本神社御福箸
(6) 柿本神社御守 九體
(7) 和紙短册 十枚
(8) 石見大形半紙 十二枚
(9) 同上 四十五枚

二六六 **和紙關係寫眞** 五十八枚

紙漉實況および和紙文獻の寫眞。臺紙附。

二六七 **岩波スライド(3)和紙** 一罐

小罐入、説明書一册共。

八、紙子・紙布・紙製品

二六八 **紙衣** 大道弘雄著 昭和三十年刊 一册

活版二三四頁、實物裂見本二十種を添える。二重の外函附。大阪リーチ書店刊。

二六九 **紙衣實物** 一着

紙手拭二枚共、一包。文化文政頃のものなるべき由、ホーレー氏の自筆添書つき。

二七〇 **紙子見本帖** 横三册

紙子の見本帖。各册卷尾に「明治廿四年辛卯金田錦花堂」の墨書がある。其一は「華賞園」と題して百葉。其二は「華の園」と題して十二葉。其三は「仁記」と題して七十七葉。

二七一 奥州 **仙臺紙子御札入** 一個

奥州白石郷土工藝研究所製紙加工。説明書付、箱入。

二七二 白石名產 **奥州仙臺紙子標本** 昭和三十年刊 大一鋪

奥州白石郷土工藝研究所、佐藤忠太郎染色拓本。江戸時代初期の型板による標本十二枚貼付。解説一枚附。

二七三 **紙子見本帖** 横一册

紙子二百九十種の見本を貼付。

二七四 **紙衣見本** 七枚

紙衣見本七枚。四月十六日付佐藤忠太郎のホーレー氏宛書簡一通を添う。楮皮共一括。

二九五 奥州 白石産紙布織　昭和十六年刊　一册
奥州白石郷土工藝研究所編刊、初版。紙布織見本附。袋綴活版四〇頁。

二九六 奥州 白石産紙布織　昭和十七年刊　一册
同上の改訂再版。活版四二頁。

二九七 白石産紙布織標本　一册
奥州白石郷土工藝研究所編、昭和二十五年作製。製作工程七例、舊藩商標一例、紙布見本十二種を貼付したもの。

二九八 和紙印傳　後藤清吉郎著 昭和三十二年刊　一册
壽岳文章、成田潔英各序。和紙印傳の工程の版畫による圖説と、その標本二十七種を載す。美術出版社刊。紙帙入。

二九九 内國製帶紙説明書　明治十三年刊　一枚
諸器械に使用する外國製帶革の代用品として、發明に成功した和紙製調革の説明書。

三〇〇 穀物貯藏用 紙袋發賣稟告　明治二十六年刊　一册
發明人、兵庫縣津名郡志筑町、西田茂八郎。明治廿六年六月五日第一九五四號專賣特許の稟告。活版二二頁の册子。

三〇一 寶扇庵扇譜　宮脇新兵衛著 大正六年刊　一册
著者は京都市美也古扇本鋪、寶扇庵主。京都芸艸堂刊。活版和装一二五頁。扇の創製と沿革、製造と材料等の記事あり。

三〇二 藩札（原物）　十枚

三〇三 藩札圖録　佐野英山編 大正十年刊　五册
本篇四册、附錄一册。明治政府、各府縣、旗下等發行の古札を載す。石版和裝、帙入。

三〇四 紙切手　五枚
藩札に似て、墨書のもの。萬延二年、明治三十年等の墨記あり。

三〇五 日本和傘寶鑑　高津太三郎編 昭和五年刊　一册
大阪市、日本和傘寶鑑發行所刊。活版二九二頁。中に傘、提燈、製紙等の沿革等を記せる記事あり。

三〇六 袋物屋宮川長次郎懸紙　一枚
首に「御鼻紙袋、御多葉粉入　品々」とあり、末に「小あみ町壹丁目角照降町　宮川長次郎」。木版一枚刷、臺紙附。年代不明。

三〇七 紙名盡壽語六　昭和三年刊　一枚
「昭和三初春　伊勢辰版」とあり。

九、中國及滿洲・朝鮮・印度紙

三〇八 臺灣蓪《ツウ》草《ソウ》　明治四十年刊　一册
臺灣總督府民政部殖産局編刊。中に蓪草紙の製法、蓪草紙價格等の記事がある。活版三〇頁。

三〇九 朝鮮滿洲支那本土紙況調査書　河東田經濟著 明治四十四年刊　一册

活版一九五頁。帙入。

三一〇 南満洲ニ於ケル紙類 小田關太郎編 大正五年刊 一册

關東都督府民政部庶務課刊。活版一三四頁。中に満洲土産紙及加工紙の記事がある。

三一一 満洲に於ける紙の需給と製紙工業 昭和四年刊 一册

南満洲鐵道株式會社庶務部調査課編。満鐵調査資料第百十一編。活版四七三頁。中に各地に於ける舊式製紙工業の記事あり。

三一二 支那製紙業 關彪編 昭和九年刊 一册

清國製紙取調巡回日記（楢原陳政）清國に於ける製紙法（內山彌左衞門）清國製紙業視察錄（眞室幸教）支那の竹紙業に就て（重松義則）宣紙及榜皮に就て（關彪）の五篇を收む。東京、誠心堂刊。活版一一八頁。

三一三 満洲に於ける紙 永田平八郎著 昭和十一年刊 一册

大連市、満洲輸入組合聯合會調査第三輯。稿者は、同會商業研究部員。中に満洲に於ける洋紙和紙支那紙の消費事情に關する記事あり。活版一九八頁。

三一四 製紙工業報告書 昭和十五年刊 一册

中支建設資料整備委員會編、編譯彙報第二十三編。活版一八四頁。

三一五 製紙工場創立計劃案 昭和十五年刊 一册

上海、興亜院華中連絡部內、中支建設資料整備委員會編刊。國民政府全國經濟委員會江西辦事處が、民國二十四年に出版した「創設製紙工廠計劃」の全譯。活版一一頁。

三一六 唐史叢鈔 石田幹之助著 昭和二十三年刊 一册

中に、唐代の紙に就いての記事あり。著者署名本。活版三八六頁。東京、要書房刊。

三一七 書物同好會會報 京城書物同好會編 昭和十三乃至十五年刊 合本一册

自第一號至第十號合綴。第二號中に紙反古（藤田亮策）造紙署の事ども（田川孝三）朝鮮紙に就て（安田邦馨）帋品辯證說（李圭景）等の記事あり。

三一八 朝鮮紙 奈良勇著 昭和十九年刊 一册

平壤商工會議所刊。調査資料第二十四輯。活版和裝一二六頁。帙入。

三一九 多羅葉略記 新寫 大一册

多羅葉略說（文政四年、行智記）銷夏隨筆（大槻茂質）銷夏隨筆箇辨（行智）を集錄。多羅葉に關する行智、茂質の問答である。

三二〇 印度紙葉考證 寫 大一册

圓明院行智記。自序および天保三年自跋あり。嘉永六年梅之房敎覺の識語ある本の再寫。墨付十六枚。

十、新聞雜誌及び展觀目錄

三二一 土佐紙業時報 第一號、大正九年刊 一册

大正九年三月二十日號。安藝三郎左衞門贈位記念式狀況その他の記事がある。活版二四頁。

三二二 紙業新聞 第十二卷十一號 一册

昭和七年十一月、大阪の紙業新聞社發行。「朝鮮號」と題し、中に朝鮮紙界瞥見、慶尚北道の製紙等の記事がある。活版四十二頁。

三三三 **工藝** 廿八號 昭和八年刊 一册
聚樂社刊。和紙特輯號。和紙の美（柳宗悅）和紙復興（壽岳文章）和紙の二三（中村直勝）紙のはなし（内藤虎次郎）等の記事。島根の和紙（實物十八種）製紙工程（寫眞九枚）支那の紙（寫眞五枚）を附收。

三三四 **工藝** 百十四號 昭和十八年刊 一册
日本民藝協會刊。和紙年表（池田秀男）和紙史考（同上）朝鮮の紙（濱口良光）和紙の敎へ（柳宗悅）等の記事。朝鮮紙十三種の標本を附收。別に複本二部あり。

三三五 **工藝** 百十五號 昭和二十一年刊 一册
靖文社刊。中に、染紙のこと（三代澤本壽）三代澤君のこと（柳宗悅）等の記事がある。三代澤本壽作の染色和紙標本十種を附收。

三三六 **古本之友** 第一號 昭和九年刊 一册
紙に關する書目號。佐藤喜代治編。東京、古本之友社刊。和裝活版三〇頁。紙及製紙に關する書目、杉原紙文獻考、岐阜縣下造紙之說（飜刻）等の記事。

三三七 **仙臺鄉土研究** 昭和十一年一月號 一册
仙臺鄉土研究會發行。中に奧州白石名產紙布に就いて（佐藤忠太郎）の記事二一頁がある。

三三八 **書窓** 第四卷第五號 紙の研究輯 一册
昭和十二年七月、アオイ書房刊。和紙の產地を辿りて（中村直次郎）紙を抄く村（寫眞版、山崎斌解說）紙に關する文獻（關義城）等、和紙に關する記事が多い。

三三九 **和紙談叢** 第一册、昭和十二年刊 一册
京都、和紙研究會刊。卷頭に美濃產紙標本十八種あり。活版一〇〇頁。

三四〇 **和紙研究** 自第一號至第拾五號 十五册
京都、和紙研究會刊。第一號より第十三號までは半紙判、第十四號、第十五號は大判。昭和十四年一月より同二十六年十二月に至る。他に第八、九、十二、十四號の複本各一册あり。

三四一 **和紙研究會會員名簿** 一册
昭和十五年四月發行。和紙研究第五號附錄。

三四二 **文藝春秋** 昭和十九年三月號 一册
小說「和紙」（芥川賞、東野邊薰作）二八頁を掲載。

三四三 **紙及パルプ** 第一卷第一號 大一册
昭和二十五年五月、東京、紙パルプ連合會發行。活版横組五八頁。中に、日本紙の發達（關義城）の記事。

三四四 **暮しの手帖** 第九號 昭和二十五年刊 一册
暮しの手帖社刊。中に「日本の紙」（及川全三）の記事がある。圖版および染紙見本附。

三四五 **人民中國** 一九五四年七月號 一册
北京外文出版社刊。日本語版。中に劉國鈞「紙と印刷術の發明」の記事三頁。

二三六 **書　道**　第四號　昭和三十年刊　一册

平安書道會編。中に水田紀久稿「篠崎小竹序、高芙蓉篆、文房四友印記」の記事あり。文房四友とは墨筆紙硯をいう。

二三七 **百　萬　塔**　自創刊號至第十一號　十一册

東京、財團法人製紙博物館編刊。昭和三十年三月より同三十五年十月に至る。各號に和紙に關する記事多し。第十一號には全國手漉紙ベテラン座談會記錄あり。

二三八 **紙　業　新　報**　一枚

昭和三十年八月二十五日發行、第二百七十一號。日本橋三越にて開催の紙の文化展に關する記事。

二三九 **學　鐙**　昭和三十四年五月號　一册

東京、丸善株式會社刊。中に壽岳文章著「日本の手漉紙」(Paper-Making by Hand in Japan. 1959. 75P. Tokyo) の書評（上村六郎）三頁あり。

二四〇 **紙　業　シ　リ　ー　ズ**　昭和三十四、三十五年刊　財團法人製紙博物館編　三册

第一輯和紙が國さ（成田潔英）第二輯國產新聞用紙が生まれるまで(同上)、第三輯明治初年の和紙及び原料の產量について（山川隆平）の各編、何れも活版假綴。

二四一 **南葵文庫創立記念會陳列目錄**　大正五年刊　一册

中に製紙に關する書籍、紙料植物及其纖維、抄紙器具竝繪畫、本邦紙標本類、古代紙見本類、支那紙標本類、諸紙標本、紙製品類等の項目がある。活版五五頁。

二四二 年代順 **日本古紙展觀目錄**　昭和六年刊　一册

金澤市書香會編。京都某篤志家の秘藏紙三百七十六點の展觀目錄。卷末に宮田三郎稿「日本の料紙について」六頁附載。別に複本一部あり。

二四三 **昔の和紙展觀目錄**　第一回　第二回　二册

和紙研究會主催。第一回は昭和十四年四月二十九、三十日、第二回は昭和十五年四月十三日、共に龍谷大學圖書館に於て展觀。第二回目錄卷頭に「西本願寺大谷家に傳はれる繪奉書千代紙類に就て」（禿氏祐祥）の記事がある。

二四四 **紙の文獻目錄**　昭和十四年刊　一册

巖松堂書店古典部編。活版一八頁。

二四五 **紙　の　文　獻**　金子勝男著　昭和十七年刊　一册

「古書に現れた文獻蒐錄」と角書あり。東京市本鄉區、粹古堂刊。油印本。近世の隨筆から抄出した紙に關する記事四二頁、および明治十年刊、尾崎富五郎編「諸國紙名錄」の飜刻を收む。

二四六 **パルプ及紙文獻展覽會目錄**　昭和二十三年刊　一册

パルプ及紙技術協會創立一周年記念。昭和二十三年四月二十七、八日、日本製紙聯合會に於て開催。油印四枚。

二四七 **和紙と文獻展目錄**　昭和二十八年刊　大一册

財團法人製紙記念館編。創立三周年記念として同館主催、昭和二十八年四月六日より十一日まで、於日本橋丸善新館開催。活版二〇頁。

二四八 **正　倉　院　展　目　錄**　奈良國立博物館編　昭和二十八年刊　一册

中に、繪紙二張、吹繪紙二張、色麻紙一卷等の出品がある。同年十一月一日より十四日まで展觀。

十一、中國文献

三二九　米南宮評紙帖　宋紙宋墨・明拓精本　一帖

帖末に羅振玉の識語と印記あり。なほ巻首に乙丑仲冬田中乾（文求堂主田中乾郎）敬贈の署がある。

三三〇　米元章十紙説　臨寫　一册

米元章評紙帖法帖によるもの。昭和十五年九月戸川濱男氏臨書。

三三一　蜀牋譜　新寫　一册

蜀牋譜（費著）米元章評紙帖、紙墨筆硯箋（東海屠隆）燕閒淸賞箋（高濂）金粟箋説（張燕昌）の五を集録。

三三二　松皮紙之記　新寫　一册

漢籍よりの抄録二枚半。松皮紙および呼扇爲攝の二條を載せて居る。

三三三　蕉窗九録　項元汴撰　刊本　大二册

文彭籌序、吳昌碩跋。項元汴字は子京、明萬暦頃の文人。窓邊に芭蕉を植え、枚乘七發に倣つて是著あり。紙墨筆硯書帖畫琴香の文房九友に關する考證。版心に「西冷印社活字本」とあり。上下二册、板帙附。

三三四　枕山樓茶略　刊本　大三册一鋪

三册は何れも明版で、茶略（陳昌其）茶疏（許次紓）岕茶牋（馮可賓）煎茶水記（張又新）文房四友除授集（劉克莊）を一册に合し、他に缾華譜（張謙德）煮泉小品（子藝田）を各一册とする。

他に南宗茶具名牋（文久元年刊、島孟克纂輯）を附す。文房四友の一に紙あり。富岡鐵齋舊藏、その識語と印記。

三三五　麗藻　鄧志謨撰　安永七年刊　大四册

天地および人事の百般に就いて詞藻を列らねたものの和刻。明の鄧志謨撰。原版には鄧士龍序および萬暦三十一年自序あり。新たに安永三年由儀序を加えて覆刊。刊記「安永七年戊戌九月穀旦」京都烏丸通高辻上ル町　河南儀兵衞」とあり。なほ巻末に配本印記があつて、中に「紙用中葉異肆之本也」とある。書中、文具の項に紙の記事あり。

三三六　裝潢志　寫　大一册

昭代叢書巻四十四の抄録。新安張潮山來輯、江寧胡其毅靜夫校。自序自跋を附く。巻頭に「桑名」「樂亭文庫」「立敎館圖書印」の印記あり。墨付十八枚。

三三七　古今祕苑　許之鳳撰　刊本　小四册

初集二集があつて、各四巻に分る。序末に「壬戌孟秋上浣」梧崗許之鳳鳴陽氏識」とあるが、刊年明かならず。日常百般の秘法を列記する。二集巻二に風紙法、造硃砂箋法、造紅朱箋法、造金箋法等を載せて居る。

三三八　古今祕苑　刊本　小二册

前出のものに同じ。合綴して二册とする。

三三九　文房肆攷圖説　唐衡銓撰　乾隆四十三年刊　大八册

沈雲柟、汪少山各序。古硯および筆墨書畫等の考證で、巻の三に紙墨筆攷あり。封面に「是書原板、竹暎山莊雕」とある。「研雲山房」の藏印記あり。

35

三六〇 前塵夢影錄 徐子晉撰 光緒二十三年刊 半一册

書畫書籍および文房具に關する考證で二卷。上卷に蜀川箋紙、金花五色箋等の記事あり。元和江、楊峴、李芝綬の各序および自序あり。

三六一 天工開物 宋應星撰 民國十七年刊 大三册

崇禎丁丑の自序あり。本書は明和八年刊江田益英校訂本を、前田氏尊經閣藏宋氏原刻本に依つて再訂した飜印本。挿繪は原刻本の舊に依り、明和刊本所載の都賀庭鐘後序及び刊記をも附載する。なお卷頭に「重印天工開物緣起」卷末に「奉新宋長庚先生傳」及び民國十七年丁文江跋あり。

三六二 天工開物 民國十九年刊 大九册

明和刊本の影印本。崇禎十年の序。卷末に「備前江田益英校訂」とあるが、江田校刻本につけた都賀庭鐘の序は省いてある。挿繪は明和刊本に依つて載せ、宋氏原刻本に比すると粗畫である。刊記「中華民國十九年六月初版」と見ゆ。

三六三 浙江之紙業 浙江省政府設計會編 中華民國十九年刊 一册

活版、本文七二四頁。中國手工造紙之沿革、日本之製紙工業等の記事がある。

三六四 竹類造紙學 豫章羅濟著 民國二十四年刊 一册

私刊本。經售處、上海作者書社。活版袋綴一三二頁。

三六五 紙的發明故事 方詩銘著 一九五三年刊 一册

愛國主義通俗歷史故事小叢書の內。上海大中國圖書局出版。活版二一頁。

三六六 中國造紙用植物纖維圖譜 一九五五年刊 一册

喩誠鴻、李澐編著。北京、科學出版社刊。活版横組三七頁、圖版三五頁。

三六七 中國造紙用植物纖維圖譜 一九五五年刊 一册

前出に同じ。

三六八 中國書的故事 劉國鈞著 一九五五年刊 中一册

北京中國靑年出版社刊。中國書籍の發生およびその發展を記述し、中に「紙的發明及其傳布」の一節あり。活版九九頁。

三六九 中國民間剪紙 一九五五年刊 一册

北京、人民美術出版社編。中國における切紙細工百十六點の圖集、アート紙刷。

三七〇 文房四譜 和紙研究會編 昭和十六年刊 二册

和紙研究會編。活版和裝二册。宋蘇易簡撰「文房四譜」五卷（徐鉉序、雍熙三年自序）の飜刻の外に、附錄として次の四書を併收する。帙入。

蜀牋譜 一卷 宋 費著撰
紙牋譜 一卷 元 鮮于樞撰
紙說 一卷 清 胡韞玉撰
幼學指南鈔 卷十五 文部（筆紙硯墨）

12. 歐　文　文　獻

371 **ABE** (Eishiro) ENVELOPES & LETTER-PAPERS, Izumo Hand-made Papers. With 18 envelopes and 20 letter-papers. Cr. 4to., Board.

372 ……: HAND-MADE PAPER OF IZUMO (Izumo Mingeishi). 1956. In Japanese letter.

373 (ANONYM), "OUR NEIGHBOURHOOD" or Sketches in the Suburbs of Yedo. By T.A.P. Yokohama, 1874. Sm. 8vo., With wood-cuts.

374 AN OUTLINE HISTORY OF JAPANESE EDUCATION; Prepared for the Philadelphia International Exhibition, 1867. By the Japanese Department of Education. N.Y. (D. Appleton & Co.) 1876. Cr. 8vo.

375 **BLUM** (André) ON THE ORIGIN OF PAPER. Translated from the French by H.M. Lydenberg. N.Y. (R.R. Bowker Co.), 1934. Roy. 8vo., 77 pp.

376 **BURGERSTEIN** (Dr. A.) MATERIELLE UNTERSUCHUNG der von den Chinesen vor der Erfindung des Papiers als Beschreibstoff benützten Holztäfelchen. Wien 1912. 6 pp., Roy. 8vo.

377 **CANEPARIO** (Petro Maria) DE ATRAMENTIS Cujuscunque Generis. Opus sanè novum, Hactenus à nemine promulgatum. In sex Descriptiones digestum. Londini 1660. Old rebinding, Half green morocco.

378 **CHRIFT** (Cim) MODERN METHODS IN MARBLING PAPER. Winchester, Mass. (The Lucky Dog Press), 1945. Cr. 8vo., 38 pp., Limited to 225 copies. With specimens.

379 **CLAPPERTON**(R.H.) PAPER, AN HISTORICAL ACCOUNT OF ITS MAKING BY HAND FROM THE EARLIEST TIMES DOWN TO THE PRESENT DAY. Oxford (At the Shakespeare Head Press), 1934. Roy. 4to., Limited to 250 copies, This is No. 119. With numerous wood-cuts and plates. Half morocco.

380 **DAVIS** (A.M.) CERTAIN OLD CHINESE NOTES. & ANCIENT CHINESE PAPER MONEY AS DESCRIBED IN A CHINESE WORK ON NUMISMATICS. (In: Proceedings of the American Academy of Arts and Science, Vol. L/11 & LⅢ/7.) Bound in one volume.

381 **DAY** (Clarence Burton) CHINESE PEASANT CULTS, Being a Study of Chinese Paper Gods. Shanghai (Kelly & Walsh), 1940. With numerous coloured illustrations.

382 **GOTO** (Seikichiro) JAPANESE HAND-MADE PAPER, Japanese Paper and Paper-Making. Vol. Ⅰ: NORTHEASTERN JAPAN. Published by Bijutsushuppan-sha, Printed in Japan, 1958. Limitd to 200 copies. Folio. With numerous wood-cuts and specimens.

383 **GOTO** (Seikichiro) Ditto...... Vol. II : NORTHWESTERN JAPAN. 1960.

384 **GRANT** (Julius) BOOKS & DOCUMENTS, Dating, Permanence and Preservation. London (Grafton & Co.), 1937

385 **HAGEN** (Victor Wolfgang von) THE AZTEC AND MAYA PAPERMAKERS. With an Introduction by D. Hunter. N.Y. (J.J. Augustin Publisher), 1944. Roy. 8vo., With numerous illustrations.

386 **HERRING** (Richard) PAPER & PAPER MAKING, Ancient and Modern. With an introduction, by the Rev. George Croly. London 1855. With illustrations and specimens at end.

387 HOLLINGWORTH PAPERS, A Book of Samples showing a range of these beautiful papers in several weights and finishes applied to various processes of Printing and Reproduction. Kent, Eng., N.d., With illustrations. Broadsheet. Roy. 4to.

388 **HOSIE** (Sir Alexander) SZECHWAN, Its Products, Industries and Resources. Shanghai (Kelly & Walsh), 1922. Roy. 8vo., With 2 folding maps.

389 **HUNTER** (Dard) THE LITERATURE OF PAPERMAKING, 1390-1800. Chillicothe, Ohio (At the Mountain House Press), 1927. Limited to 190 copies. This is No. 46. With numerous coloured woodcuts and plates. Folio.

390 ......: PRIMITIVE PAPERMAKING, An Account of a Mexican Sojourn and of a Voyage to the Pacific Islands in Search of Information, Implements, and Specimens Relating to the Making & Decorating of Bark-Paper. Chillicothe, Ohio (At the Mountain House Press), 1927. Limited edition to 200 copies. This is No. 143. With numerous illustrations and wood-cuts. Folio.

391 ......: PAPERMAKING THROUGH EIGHTEEN CENTURIES. N.Y, (William Edwin Rudge), 1930. With facsimiles and other illustrations.

392 ......: A PAPERMAKING PILGRIMAGE TO JAPAN, KOREA AND CHINA. N.Y. (Pynson Printers), 1936. Med. 4to., Limited to 370 copies, Signed by the author, of which is No. 293. With specimens at end.

393 ......: PAPERMAKING IN SOUTHERN SIAM, Chillicothe, Ohio (At the Mountain House Press), 1936. Limited to 115 copies. This is No. 56. Signed by the authour. With specimens at end.

394 ......: PAPERMAKING BY HAND IN INDIA. N. Y. (Pynson Printers), 1939. With numerous description of illustrations and specimens at end. Med. 4to., Hf. leathers. Limited to 370 copies, signed by the author, of which this is No. 253.

395 ......: PAPERMAKING, The History and Technique of an Ancient Craft. First Edition. N.Y. (Alfred A. Knopf), 1943. With numerous illustrations.

396 ......: Ditto......2nd ed., revised and enlarged. N. Y. (Alfred A. Knopf),

1947. With numerous illustrations.

397 JAPANESE PAPER AND KAMIKO, SHIFU FABRIC. A Sheet. (2 sheets)

398 **JOSHI** (K. B.) PAPER MAKING (as a cottage industry). With Appendixe "Migration of Paper from China to India" A.D. 105 to 1500, by P.K. Gode. Maganvadi (Wardha), 1944. With illustrations.

399 **JUGAKU** (Bunsho) PAPER-MAKING BY HAND IN JAPAN. Tokyo (Meiji-Shobo), 1959. Med. 4to., With photographs, illustration & specimens at end.

400 **KAEMPFERO** (Engelberto) AMOENITATUM EXOTICARUM POLITICO-PHYSICOMEDICARUM FASCICULI V, Quibus continentur Variae Relationes, Observationes & Descriptiones Rerum Persicarum & Ulterioris Asiae. Lemgoviae, 1712. Cr. 4to., Old calf. With numerous folding plates.

401 **KOOPS** (Matthias) HISTORICAL ACCOUNT OF THE SUBSTANCES, Which have been used to Describe Events, and to Convey Ideas, from the Earliest Date to the Invention of Paper. 2nd ed., Printed on paper manufactured solely from straw. London 1801. Sm. 8vo., Back calf.

402 **KUNISAKI** (Jihei) KAMISUKI CHOHOKI, A Handy Guide to Papermaking. After the Japanese edition of 1798, With a translation by Ch. E. Hamilton. California Univ., 1948

403 **LABARRE** (E. L.) A DICTIONARY OF PAPER AND PAPER-MAKING TERMS, With equivalents in French, German, Dutch and Italian. An Experiment in Technical Lexicography with a historical study on Paper and an Introduction by the Author. Amsterdam (N.V. Swets & Zeitlinger), 1937. With illustrations & specimens at end.

404 **LE CLERT** (Louis) LE PAPIER, RECHERCHES ET NOTES POUR SERVIR A L'HISTOIRE du Papier, Principalemen à Troyes et aux environs depuis le quatorzième siècle. Avec Préface par Henri Stein. Ouvrage publiè sous le Patronage de la Société des Bibliophiles Francois. Paris (At the Sign of the Pegasus), 1926–27. Limited edition to 675 copies. This is No. 313. With a coloured frontispiece and many illustrations. Folio. Half vellum.

405 MAYUMIYA'S HAND-MADE LETTER-PAPER AND ENVELOPS, Good for Both Hand-Writing and Type-Writings. 2 vols. Paper bound. With specimens.

406 MECHANICS MAGAZINE, December 12, 1829. Russian Imperial Paper Manufactory.

407 **MURDOCK** (H.R.) HIGH-YIELD PULPING PROCESSES IN JAPAN. (Natural Resources Section Report No. 123. Nov. 1949). Wrapper.

408 ......: NEWSPRINT IN JAPAN. (Natural Resources Section Report No. 124. Dec. 1949). Wrapper.

409 **NARITA** (Kiyofusa) JAPANESE PAPER-MAKING. Tokyo(Hokuseido Press)

1954. Cr. 8vo., 60 pp. Illustrations.

410 ORIGINAL REAM STAMP OF J. WHATMAN IN 1770. Designed and printed by the H.B. Studio. So. Rainsford Way. Romford, Essex 1931. 4 engravings are etched and printed from the original copper plates and illustrations are engraved in wood. Imp. 8vo.

411 **PERKINS** (P.D.) THE PAPER INDUSTRY AND PRINTING IN JAPAN. N.Y., 1940. 16 mo., 22 pp., Wrapper.

412 **REGAMEY** (Félix) JAPAN IN ART AND INDUSTRY, With a Glance at Japanese Manners and Customs. N.Y. & London (G.P. Putnam's Sons), 1893. Sm. 8vo., With illustrations.

413 **REIN** (J.J.) THE INDUSTRIES OF JAPAN, Together with an Account of its Agriculture, Forestry, Arts, and Commerce. London (Dodder & Stoughton), 1889. Cr. 4 to., With 44 illustrations and Three maps, Paper's specimens sticked at pages.

414 **ROYLE** (J. Forbes) THE FIBROUS PLANTS OF INDIA, Fitted for Cordage, Clothing, and Paper. With an account of the Cultivation and Preparation of Flax, Hemp, and their Substitutes. London 1855.

415 **SCHRAMM** (Dr. Albert) TASCHENBUCH FÜR BÜCHERSAMMLER 1927. Zweiter Jahrgang des Taschenbuchs für Bücherfreunde. München 1927. Cr. 8vo.

416 **SINDALL** (R.W.) BAMBOO FOR PAPERMAKING. London 1909. Sm. 8vo., 60 pp., Board.

417 **STEVENS** (Richard Tracy) THE ART OF PAPER MAKING IN JAPAN. N.Y., (Privately Printed), 1909. 9 pp., Cr. 4to., Illustrations.

418 ……: Ditto……Paper bound.

419 **TSCHICHOLD** (Jan) CHINESE COLOR PRINTS OF TODAY. With Sixteen Facsimiles in the Size of Originals. N. Y. (The Beechhurst Press), 1953. Roy. 4to.

420 **TINDALE** (H.R. & T.K.) THE HAND MADE PAPERS OF JAPAN. Tokyo (Ch. E. Tuttle & Co.), 1952. 4 vols. & 5 envelopes. Placed in a case.

421 **VAN NIEUWENHUYSE** (L.) LE JAPON MATERIEL, Géographie, Produits, Commerce & Industrie. Bruxelles 1890.

422 **ZYUGAKU** (Bunsyo) HAND-MADE PAPER OF JAPAN. (Tourist Library No. 39). 1942. Paper bound. Cr. 8vo.

昭和三十六年六月二十日　印刷
昭和三十六年六月二十五日　發行

和紙關係文献目録

編者　東京都文京區本郷西片町十　反町茂雄
發行者　反町茂雄
印刷者　戸根木印刷株式会社

500部印行
非賣品

發行所　東京都文京區本郷西片町十
有限會社　弘文荘
電話（921）三七〇三番

東京・本郷

弘文莊印行

関連資料03（巌松堂　評価目録）

請求書

一金壹千九百拾九圓八拾錢也

内譯別紙明細書之通リ

右ハ英國人「フランク、ホーレー」ヨリ買收セルモノニ付貴會社

庶務管理係ニ於テ御支拂ヒ賜ハリ度ク此段御請求申上候也

東京市神田區神保町二丁目二番地

株式會社　巖松堂書店

代表取締役　波多野　一

三井信託株式會社　御中

株式會社巖松堂書店

明細書

書名	數量	金額	
物品目錄	二	貳八	〇〇
神農像	一	四五	〇〇
紙切手	五	壹〇	〇〇
經濟要錄	七	四	五〇
日本物產索引	一	貳	〇〇
熱海之圖	一	參	〇〇
持用作物調査書	一	壹	五〇
好古日記	二	貳	八〇

式會社巖松堂書店

諺集	一	壹貳
塔影	一	貳〇〇
福井實地製法大全	一	貳五〇
經濟秘法廢刑法用	一	參五〇
明治理科書	一	貳〇〇
必用便覽	一	貳〇〇
蜀牌譜	一	參八〇
年中被下物竝獻上物恒例	一	壹〇〇〇
繪本絕言蒐	一	壹八六〇
女大學寶箱	一	貳〇〇

株式會社[illegible]林堂書店

養生抄	一	壹五	〇〇
古今要覽稿草	六	壹八	〇〇
象志	一	壹八	〇〇
藥類考	一	壹〇	〇〇
屠蘇の記	一	壹〇	〇〇
食品本艸	一	壹〇	〇〇
十藥新書	一	壹〇	〇〇
シーボルト關係書翰集	一	五	〇〇
假面譜・造樂考・蘭齒摩敬飾描解	三	五〇	〇〇
東洋畫論集成	二	壹五	〇〇

株式會社[illegible]書店

和名抄	一	壹	七〇
手繰源氏	一		八〇
無盡方	一	八	〇〇
倭淵梨	三	参八	〇〇
本邦古代性の研究	一	壹〇	〇〇
情[illegible]録	三	七	〇〇
和蘭醫話	二	参五	〇〇
本朝通鑑	一	壹貳	〇〇
薄用色圖	一	壹八	〇〇
巌谷小波日本童話	六	壹	八〇

製紙改良實驗全書	一	壹參〇〇
三栁猪養新説	一	七〇〇
覲齊雜攷	二	六五〇
萬葉集全校	一	參八五〇
神話會説大系	一八	五五〇〇
日本和傘寶鑑	一	六〇〇
荒樞	一	貳五〇
俳説仁王經	一	壹〇〇〇
舍審開宗	二一	參〇〇〇
有竹齊玉譜	二	八五〇〇

株式會社巖松堂書店

画工便覧	六	壹貳	〇〇
大日本農會報	一		參〇
財政經濟時報	一		參〇
濫啟齊護赤	一	壹	〇〇
南葵論典沿革史	二	參	五〇
帝國二藝	一		五〇
物館研究	一		四〇
經濟論叢	二		八〇
大日本佛教全書	一五	六〇〇	〇〇
藏書印譜	二	壹五	〇〇

341

竹類造紙學	一	六	五〇
日本靈異記	三	七	〇〇
徳川時代の傘榷考	一	壹	貳〇
南海號	一	貳	〇〇
和紙洋紙パルプに關する調査	一	貳	〇〇
嘉納先生傳	一	參	八〇
能樂盛衰記	二	九	五〇
圖書刊行會出版目錄附			
日本刻世書史	一	五	〇〇
天朝墨談	五	參〇	〇〇

株式會社巖松堂書店

株式會社巖松堂書店

332

曲謠軒端之舟	一	壹五	〇〇
紙漉重寳記	一		七五
日本工業史	一	参	五〇
文學 昭和六年ー一三年	一	貳五	〇〇
製紙改良同業組合定款	一	四	〇〇
合義解校合書入本	三	八	〇〇
藁紙製法新書	一	貳〇	〇〇
紙楮仕立方記錄	一	七	〇〇
千代田製紙株式會社定款	一	貳	〇〇
曲 舞	一	貳〇	〇〇

山水竝に地形圖			
重要樹苗說明			
歷木圖草木說			
香椒圖說			
紫疏園攷傳	以上五點	九八	〇〇
張以府志			
菊の湯山			
西行聞中留志			
西行登集	以上四點	參四	〇〇
蕪村印譜			

九日新誌第一輯	以上二點	參五	○○
楮祖神社之記			
六物新誌			
花彙			
本草綱目深疏	以上三點	七五	○○
泥棗慶草木異			
本草索要			
百世草			
本草要正	以上四點	壹參五	○○
日本山海名物圖繪			

株式會社巖松堂書店

山海名産圖繪　以上二點　五〇　〇〇

救荒新論

農家補荒錄

救荒有毒植物圖説

二物考

救荒提要

藷くさ

鄭繪餘意

饑年要錄

補饑方書

式會社巌松堂書店

救荒孫三杖

麥飯おもし草

五穀無盡藏

救荒野藥圖說

救荒圖譜

二物考

救荒野譜記歩

救荒本草拔萃

救荒圖錄

社會觀喩并附錄

株式會社巖松堂書店

社會私議　以上二二點　壹參五　〇〇
萬病同春名物考
支干考
十二月私名考
鶴鳳考
本草治龍考
屠蘇考
福草考
酒古名考
納豆考

木瓜考
西仙二柱考
楓考
白牛酪考
花の川三考
薇御考
駱駝考
加佐伎考
傘閉名實考　以上十八點　貳八〇〇〇
本草經尼種錄

株式會社巖松堂書店

神遺考			
古方薬説			
三法方典			
増廣太旬和剤局方			
廣恵済急方			
蘭薬原	〃〃		
古法薬議	以上八點	壹五〇	〇〇
飲膳摘要		一 參	八〇
狩生水輪見覺書		一 參	〇〇
かてもの		一 貳	〇〇

頭山滿翁寫眞傳帳	一	壹貳	〇〇
本草指南	六	貳八	〇〇
異國草木會目錄	一	參六	五〇
老莚小片實	一	貳〇	〇〇
日新會寫生刻本	一	八八	〇〇
328 本草集要	四	四貳五	〇〇
327 本草通串	一	五〇	〇〇
かてもの	一	五	〇〇
日本産業發達史の研究	一	四	〇〇
本草綱目指南	一	貳〇	〇〇

株式會社[illegible]書店

相思學	一	壹七	六〇
成形圖說	三〇	六七	壹〇
懐中王國銘鑑	二六	參	參〇
五葉版壹風影	一	壹五〇	〇〇
疏球談	一	七	〇〇
赫鞭余錄	一	貳八	〇〇
本草通串	一	壹壹〇〇	〇〇
備荒宗錄			
秋野七草　一册本			
仝			

書名	點數	價格
木草秘事		
春の七草		
本草異名記		
書灰書		
衣裏珍玉		
養蠶家傳書		
穀草雌雄辨	以上十點	參五〇〇
帝大紀要		
はなのかたみ		
櫻花百絕	以上三點	四八〇〇

株式會社巖松堂書店

五葉亘カミスク女	一	壹壹五	〇〇
五葉亘立姿女	一	七〇	〇〇
仝　坐スル女	一	八五	〇〇
好色一代女	六	壹貳	〇〇
室町時代小説論	一	四	八〇
能樂	揃	壹貳〇	〇〇
謠與鑄散語	一	貳	五〇
加茂眞淵傳	一	六	參〇
韻鏡考	一	貳〇	〇〇
國語法調査報告書	二	參五	〇〇

女草學論致	一	參	參七
倭律	八	參〇	〇〇
濟象新論	五	參〇	〇〇
日本銅版畫志	一	壹六	〇〇
蘭病薬解	一	貳八	〇〇
本草修蒙名疏	八	貳八	〇〇
胡椒考	三一	壹壹〇	〇〇
山樂志人撰集	一	貳五	參〇
蘭山像	一	參七	四〇
本草余纂	一二	六四九	〇〇

株式會社蘭林堂書店

草物會文會抄	一	貳八	〇〇
345 火浣布略說	一	參貳	〇〇
大同歌家方	二三	壹〇〇	〇〇
衛勝本草	一	四五	〇〇
怡顔齊蘭事	二	貳五	〇〇
夢醒新論	一	八〇	〇〇
321 花傳留	四	壹五〇	〇〇
疏球小話	一	壹	貳〇
病多集	一	貳〇	〇〇
320 花傳書	一	四五〇	〇〇

本草古義	一	壹貳〇〇	〇〇
琉球大觀	六	參五〇	〇〇
新撰五十瓶圖	二	六	〇〇
室町時代物語集	二	壹四	〇〇
竹田翁尺	一	壹參	〇〇
仁和寺諸院家記	四	參〇	〇〇
製茶圖解	一	六	〇〇
支那碑碣形式の變遷	一	壹五	〇〇
瓶花圖彙	二	貳〇	〇〇
飛鳥時代寺院跡の研究	一	六五	〇〇

株式會社巖松堂書店

332　454

救荒本草	一	
救荒本草	二	八〇〇〇
藝苑名書稿本	一	六〇〇〇
庶物款纂竹	三	壹五〇〇〇
皇朝竹譜	一	五〇〇〇
紙漉重寶記	一	六参〇〇
天工開物	三	貳四〇〇
永樂大典	一	貳〇〇〇
壷亭茶話	一	参五〇〇
琉球版御教條	一	参五〇〇

琉球歌謡	一		五〇
琉球雑誌	一	貳五	〇〇
中山世譜	一	貳	五〇
球物	三	參參	〇〇
講談社の繪本	一		五〇
當野採藥記	四	五五	〇〇
寛永卯月謡曲百番	二〇	五〇	〇〇
本草綱目	二	參五	〇〇
石綿論	一	參五	〇〇
琉歌集	一	貳八	〇〇

株式會社巖松堂書店

豆州熱海誌	一	貳〇〇
明治改正京都名勝一覧目錄	一	參五〇
直段付	一	八〇〇
錦正堂畫	一	參五〇
長野圖書記	一	貳八〇〇
まゝのことぶき	一	參五〇
心中紙屋治眞	一	貳〇〇〇
赤土ヤ乃和坐	一	壹八〇〇
內國製革紙	一	四五〇
鷹皮紙目錄	一	四〇〇

株式會社巖松堂書店

繪具分量考	一	五	〇〇
工藝化學雜誌	一	壹	貳〇
浮世繪史	二	壹五	〇〇
工工面 下卷	一	壹貳	〇〇
浮世繪師略傳	一	七	〇〇
讀書實物產會品目	一	壹貳	〇〇
浮世繪師付	一	壹貳	〇〇
製紙法	一	參	〇〇
東洋文庫展覽書目	二	五	〇〇
日本俚諺集成	一	四	〇〇

521	天覽圖書目錄	一	四〇〇
264	紀藩士著述目錄	一	貳〇〇
	鹿射香唐茶種取引證文	一	壹五〇〇
532	正倉院御物棚品目錄	一	壹〇〇
	法律語彙	一	貳〇〇〇
	本草序例	一	參五〇
	かてもの	一	貳五〇
	華彙	八	六〇〇〇
	一月軒權民天德地福傳	二	七五〇
	漸江三紙業	一	壹五〇〇

株式會社巖松堂書店

塔影（正倉院御物集）	一	貳	〇〇
和紙製造大綱	一	八	五〇
紙漉美人	一	參五	〇〇
浮世信内火	二	參〇	〇〇
洋紙製造工程圖解	一	貳	〇〇
紙漉之圖	一	貳	〇〇
新撰紙鑑	一	貳〇	〇〇
日本書籍考	一	八	〇〇
新撰紙	一	壹九	〇〇
救荒本草記聞	二		

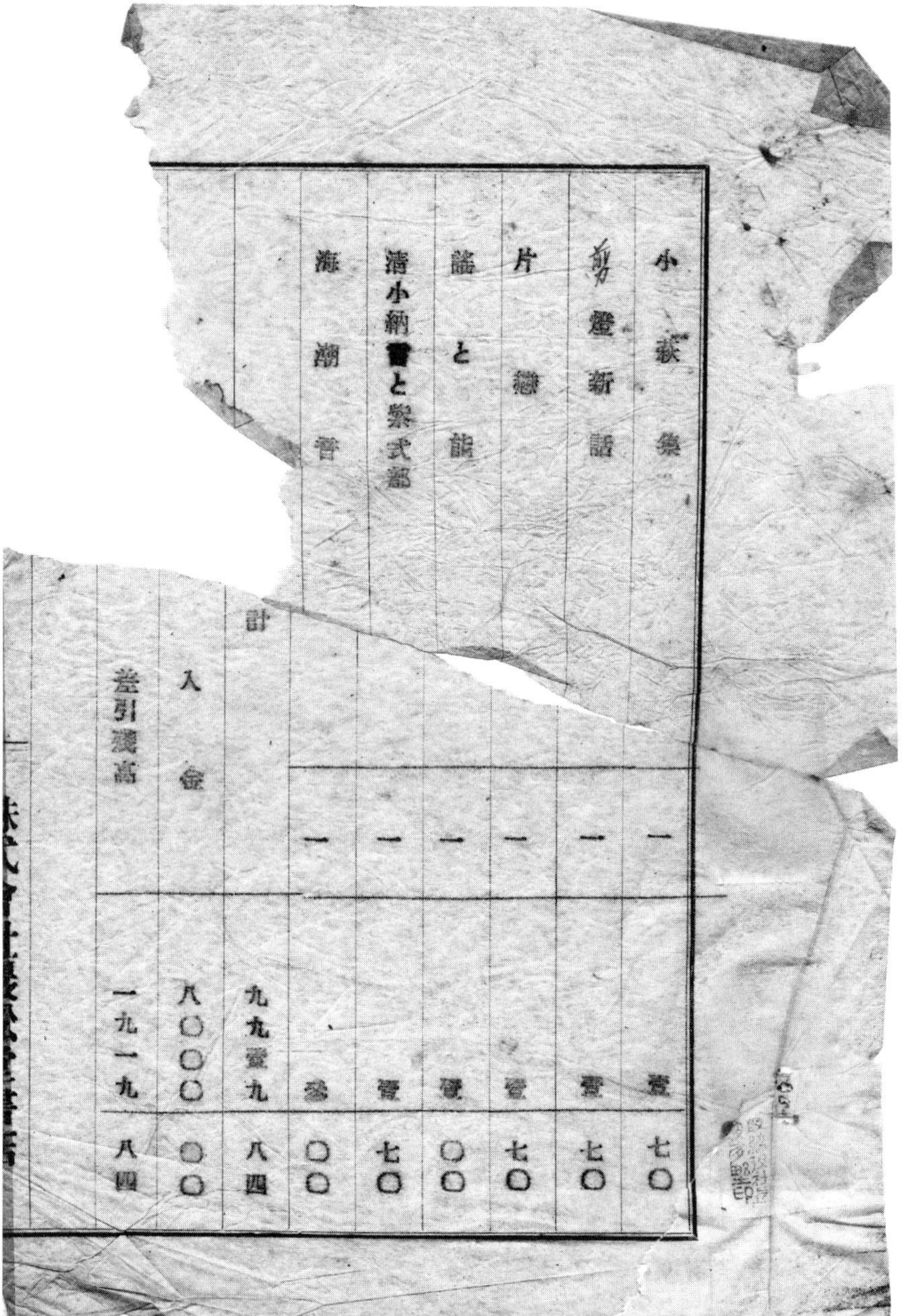

書名	数量	金額
小萩集	一	壹七〇
剪燈新話	一	壹七〇
片戀	一	壹七〇
謡と能	一	壹〇〇
清小納言と紫式部	一	壹七〇
海潮音	一	參〇〇
計		九九壹九八四
入金		八〇〇〇〇〇
差引殘高		一九一九八四

143

関連資料04「美野田琢磨文庫図書目録」（漢字・欧文）

関連資料 04「美野田琢磨文庫図書目録」（漢字・欧文）

美野田琢磨文庫

圖書目錄

和、漢、滿、蒙、其他西方諸域文書

美野田琢磨文庫圖書目錄

和漢滿蒙其他西方諸域語之部

昭和十九年四月

番號	書名	著者	帙	冊	發行所	發行年	備考
1	皕宋樓藏書志	歸安陸心源剛甫	三	二四	北平	光緒八	
2	筆叢	胡應麟	二	一六	安定吳勉學	萬曆三四	
3	欽定天祿琳琅書目	長沙王氏	二	一〇	北京	光緒甲申	
4	正字通	廖百子	四	四〇	弘文書院	康熙庚戌	
5	說文解字	金壇段玉裁注	二	一六	蘇州保息局	同治六	
6	瀋陽縣志	王樹幹	一	六	奉天省	民國六	
7	大越史記全書	范公	一	一〇	(日本)埴山堂	明治一七	
8	本經疏證	鄒潤安	一	一三	紫桁長安醫局		本草學
9	滄海叢書	東莞張伯楨	一	四	北平文楷齋	民國二三	
10	淡水廳誌	陳培桂	一	八		同治一〇	
11	藏書十約		一	二	長沙葉氏觀古堂	光緒庚子	

番號	書名	著者	帙	冊	發行所	發行年	備考
24	文獻通考	鄱陽馬端臨貴與	四	二四	唐本	乾隆戊辰	漢文
25	古今秘苑	棒尚 許之	一	四	唐本	壬戌	同
26	廿一史約篇	鄭元慶	一	一三	唐本	庚辛	同
27	景祐天竺字源	惟淨	一	四	日本	景祐二	漢、天竺字
28	清漢六部成語		一	六	唐本		(50)參照
29	清文啓蒙		一	四	三槐堂		滿・漢文
30	清文典要	秋芳堂主人	一	四	文淵堂	光緒四	
31	成語對待		一	四	雲林堂		滿、漢文
32	清文鑑		六	三四		乾隆三六	(111)同參照
33	清文虛字指南	蒙古萬福厚田	三	六	京都(北京)隆福寺聚珍堂	光緒甲午	同一書名
34	三國演義		二	二三	北京蒙文書社		蒙文

- 1 -

11	藏書十約		一	二	長沙 葉氏觀古堂	光緒庚子	
12	國學叢編	國學叢刊編輯部	一	六	北京 中國大學	民國二〇	
13	清開國史料考	謝國楨	一	二	國立北京圖書館	辛未元月	
14	陔餘叢考	吳錫麒	一	八（一-八）		乾隆五六	
15	同	同	一	八（九-一六）		同	
16	日本書目志	南海 康有為	一	八	上海 大同譯書局		
17	明治字典	佐野中行外五人	四	一六	日本 大成館	明治二〇	日文
18	華夷通商考	長崎 西川求林齋	一	五	日本 洛陽書林	寶永五	日文
19	支那文典	大槻文彦	一	二	小林新兵衛	明治一〇	日文
20	白虎通	扶風班固孟堅	一	四	日本	寛文壬寅	訓読付漢文
21	古今注	晋 崔豹	一	一	平安 山田三郎兵衛	寛延二	漢文
22	神皇本艸經贊	漢陽 葉志詵	一	四	唐本	道光三〇	同
23	大學章句 中庸 孟子	新安 朱熹	一	六	商務印書館	淳熙己酉	同

34	三國演義		二	二三	[illegible]書社		蒙文
35	欽定万金 玉匣記		一	二	聚珍堂	光緒二一	
36	清漢文海	[illegible] 巴尼琿 [illegible]	二	二〇		道光元	
37	欽定清漢對音字式		二	二		乾隆三七 道光一六	同一書部
38	清文說字		七 一	一 一	京都三槐堂	同 光緒一四	
39	清字小學 附孝經		一	五			滿（漢）文
40							
41	周易		一	四			滿漢文
42	孫子・吳子		一	三	京都 天繪閣		滿文
43	古玉圖攷	吳大澂	一	二	上海同文書局	光緒一五	
44	清語摘鈔 衙署名目		一	四	京都三槐堂	同	滿漢文
	官銜名目 公文成語						
	摺奏成語						
	同		一	四	同	同	同
	同		一	三	聚珍堂	同	同

45	音韻逢源	容齋 裕恩	二	四	聚珍堂	道光庚子	滿漢文
46	御製繙譯書經		一	四	京都文盛堂		同
47	孟子集註		一	七	唐本		同
48	滿漢合璧四書集註 大學・中庸・論語		一	六	京都炳蔚堂		同
49	稽察殖業銀行章程		一	一			同
50	六部成語 吏戸禮兵刑工部		一	六	京都文盛堂	嘉慶二一	同
51	滿漢六部成語		一	六	文英堂	道光二二	同
52	同		一	六	小酉堂	道光二五	同
53	聖救度佛母十一種禮讃經		一	一	チベット版		同
54	清漢對音十二字頭		一	二			同
55	古文左傳		二	一六			同
56	御製增訂清文鑑		1	一			滿文 (112) 一七 [illegible] 同
57	滿漢合璧字法舉一歌	沃田徐	1	二	鏡古堂		滿漢文
70	繙譯合璧聊齋志異		六	二四	京都[illegible]堂		滿漢文
71	清文廣彙全書	劉顧亞亭	一	五	聽松樓		同
72	清文彙書		二	一二	京都三槐堂		同
	同		一	三	同		同
73	清文補遺	宗室宜興序	一	八	同	乾隆五一	同
	同	同	一	八	同	同	同
	同	同	一	四	同	同	同
	同	同	一	四	同	同	同
74	蒙漢字典	江春昌	一	二	北京蒙文書社		蒙漢文
75	蒙文晰義	鑲紅旗[illegible]	一	四		道光二八	同
76	南華眞經	郭象	一	五	日本[illegible]漢[illegible]		漢文
77	古逸叢書		三	二五	遵義黎	光緒一〇	同
78	歷朝印識	馮承輝	一	二	文學山房	道光一七	同
79	三字孝經・武[illegible]・初學[illegible]		一	三	八旗官學	光緒四	滿漢文
80	滿譯六事箴言		一	四			同
81	滿漢合璧西廂記		一	二			同

－2－

57	滿合璧蒙字漢學歌	沃田徐	1	二	鏡古堂		滿漢文
58	單令四十則		1	一		道光一三	同
59	蒙文馬太福音書		1	一	上海英國聖書公會	一九三三	蒙文
60	曆書	欽天鑑（天文台）	1	一	欽天鑑	光緒三〇	滿文
61	易書		四	一八			滿文
62	清文彙書		一	一二	京都中和堂	乾隆一六	滿漢文（[illegible]）
63	對音輯字		一	二	繙譯總學	光緒庚寅	同
64	欽定清漢對音字式		一	一	京都聚珍堂	光緒一六	滿漢文
	同		1	一	同	同	同
65	翻譯醒世要言		一	四			同
66	音漢清文鑑	董佳氏	一	四	京都宏文閣	雍正乙卯	同
67	三合名賢集		一	二	京都文盛堂		滿蒙漢文
68	三合便覽		四	一二			同
	同		四	一二	雙峯閣	乾隆壬子	同
69	三合語錄	福錄大學士富	一	四	京瑠璃廠五雲堂	道光一〇	同
81	滿漢合璧西廂記		一	二			同
82	四體合璧文鑑		一	五			同
83	心經		一	一			同
84	文鑑總綱		一	六			同
85	讀史論略	潤齋興德	一	二	三槐堂		同
86	大清全書	遼東沈弘照	三	一四	京都宛羽齋李伯龍	康熙癸亥	同
87	滿文聖諭廣訓		一	一			同（[illegible]）
	同		1	一	聚珍堂	光緒一六	同
88	庸言知旨	謙園[illegible]	一	二			同
89	三合聖諭廣訓		一	四		同治一三	滿蒙漢文（[illegible]）
90	御製清文四書（大學）		一	五			滿文
91	十八老誌		一	一			滿蒙[illegible]
92	滿漢語賞		一	一			滿漢文[illegible]
93	御製勸善要言	傳以漸序	二	一			滿漢文

94	吏治輯要	通瑞	一	二		一九〇六	滿漢文
	同		一	二	三槐堂	道光二四	同
95	蒙漢滿文三合 上		一	六	北京蒙文書社	中華民國三	同
	同 下		一	六	同	同	同
96	合璧小學	孟保	一	六		咸豐元	同
97	滿漢合璧 十二字頭		一	一	北京文殿閣		同
98	初學必讀		一	六	聚珍堂	光緒一六	[illegible]
99	蒙漢合璧 四方元書	喀喇沁右旗 貝子海山	一	一	同	中華民國六	蒙漢文
100	書經講義		五	一五		康熙一九	滿文
101	御製本		四	八		康熙五六	滿〃
102	古文淵鑑		三二	六四			同
103	曆書	欽天鑑	一	一	欽天鑑	光緒三六	同
104	欽定蒙文彙書	理藩院	四	一七		光緒一七	蒙漢文
105	江氏白詩綜	江浙文達等			十二石故齋	大正六	漢文十六葉
119	喇嘛教經典	一	一	三	(23.5cm 蠟黃色)		西藏文
120	同		一	一	(46.5 金襴)		蒙文
121	同		一	一	(54.5 深青色)		西及蒙文
122	同 明海 至自		一	一	(57 同)		西及蒙文
123	同 壽 一本及二本		一	一	(51.5 青空色)		藏文
124	同 人事 上		一	一	(51.5 紅色)		西及藏文
125	同 釋迦牟尼 佛源流經 自頭本至二十四本		一	一	(62 青空色)		蒙文
126	同		一	一	(61.5 紅色)		蒙文
127	御纂性理精義 自卷一至卷十二	翰林院	一	六		康熙五六	漢文
128	紫陽院題解		一	一	文英堂藏本		同
129	巖下放言	宋石林公	一	一	石林齋	甲辰	同
130	應元書院志略	王凱泰	一	一		同治九	同
131	六書分類		一	一	聽松閣	己酉	同

－3－

105	江氏白詩綜	江浙天遊	1		[illegible]	大正六	漢文 十六葉
106	唐書	歐陽修	1	八三	[illegible] 校訂	寛延元	本紀 列傳 其他
107	欽定金史語解 自卷一至卷十二		1	二	江蘇書局	光緒戊寅	滿漢文
108	欽定元史語解 自卷一至卷二十四		1	四	同	同	同
109	皇帝家訓 上下		1	二			滿蒙[illegible]
110	欽定遼史語解 自卷一至卷十		1	二	江蘇書局	光緒戊寅	滿漢文
111	御製清文鑑補 自卷一至卷四		1	四			[illegible]
112	御製增訂清文鑑 元亨利貞 天下太平		1	八		乾隆三六	滿語辭典
113	四書講義		1	一		康熙一三	滿文
114	清文鑑補		1	九			滿蒙々
115	滿洲綴字全書	手書草稿 沈蕙印	1	一	日本		日滿文
116	滿文書目録 北平故宮博物院圖書館	李德啓	1	一	國立北平圖書館	民國二二	滿漢文
117	喇嘛教經典		1	一	[illegible]		西藏文
118	同		1	一	[illegible]		西藏[illegible]

131	六書分類		1	一	聽松閣	己酉	同
132	藝海珠塵壬集	吳省蘭	1	一	聽彝堂		同
133	曝書紀餘 自卷一至卷十二	秦湘	1	四		民國一八	同
134	說文解字	段玉裁注	1	一	蘇州保息局	同治六	同（巾）一函
135	校經書院志略	張享嘉	1	一	[illegible]	光緒辛卯	同
136	樂亭新建遵道書院記	陳滋培	1	一		光緒二	同
137	經傳釋詞補	孫經世	1	二	心矩齋校本	光緒戊子	同
138	古今圖書集成 様本				中華書局	民國二三	同
139	古今偽書考	姚際恒	1	二		光緒二	同
140	國學叢編 第二期第一第二冊	[illegible]	1	二	北平中國大學	民國二一・二	同
141	石林燕語	汪聖鐸 其他	1	一			同
142	石林遺書 [刪定]	葉德輝	1	一	葉氏觀古堂	宣統三	同
143	禮記解 卷一・四	宋葉夢得撰	1	二	觀古堂	宣統元	同
144	竹譜叢林	（宋）[illegible]	1	一		民國五	同

144·145	石林先生建康集 巻一下巻八	(孫)徳輝	一	二	觀古堂	宣統三	漢文
146	石林遺事	同	一	二	同	宣統辛亥	同
147	石林詩話	同	一	一	同	光緒戊申	同
148	石林避暑錄話	(孫)徳炯	一	二	同	宣統己酉	同
149	石林燕語考異	宋葉夢得	一	一	葉氏郋園	光緒三三	同
150	石林詞	徳輝	一	一	觀古堂	宣統辛亥	同
151	石林老子解	同	一	一	同	宣統元	同
152	河干問答	陳定彝著 錢僖吉撰	一	一	[illegible]	民国二四	同
153	亀甲文字概論	陳晋	一	一	上海中華書局	民国二二	同
154	儀顧續跋 巻一～一六	陸心源	一	四		光緒三八	同
155	清代殿板書目 外		一	一		民国一六	同
156	内府寫本書目		一	二		道光二〇	同
157	閔板 外二種書目		一	一		壬申	同
158	醫學書目		一	一	商務印書館	一四	同

172	[illegible]	[illegible]	十二	[illegible]	寫本		[illegible]
173	[illegible]	[illegible]	一	二	東京 石田孝介	大正三	和文
174	日本畫名家繪年史 巻一～五	同	一	六	同	同	同
175	[illegible]		一	一	寫本		同
176	猿楽考		一	一	同		同
177	本朝畫史	[illegible]	一	五		元禄六	訓點付漢文
178	泰曲秘説 (地拍子鈔)		一	一	寫本		和文
179	結髮録	松岡[illegible]	一	三	浪華五車堂	寳暦乙卯	同
180	假面譜	喜多古能	一	一		寛政九	同
181	同 寫本		一	一	宮子	嘉永元	同
[illegible]	[illegible] 寫本		一	一			同(動植物部)
182	[illegible]和名 巻中	[illegible]	一	一	寫本	明治一〇	同(罫紙)
183	和蘭醫話	伏屋素狄	一	二	[illegible]	文化二	和文
184	本草紀聞 寫本	[illegible]	一	一五	[illegible]	[illegible]	同

－4－

158	舊學書目		一		商務印書館	一四	同
159	道藏學要目錄		一		同		同
160	四部叢刊（正編）		一	三	同	庚申 民國二三	同
161	文奎堂書目		一	二	北平 文奎堂	民國二三	同
162	四庫全書珍本初集目錄		一	一	商務印書館	民國二三	同
163	中國書店書目		一	二	北平 中國書店	丙寅 民國一四	同
164	蟫隱廬書目		一	三	上海 蟫隱廬	丁卯	同
165	[illegible]道藏目錄詳註		一	八		[illegible]	同 [illegible]
166	[illegible]記	[illegible]	一	二	[illegible]	民國四	漢文
167	四庫全書書目 [illegible]		一	四	上海 大東書局	民國一九	同
168	[illegible]大同類聚方	[illegible]	一	二	[illegible]	[illegible]	和文
169	同（手寫本）		一	一七			同
170	令解集 [illegible]	[illegible]	一	三	[illegible]	明治四刊	漢文
171	書[illegible]（創刊號）		一	一七	書[illegible]社	昭和二[illegible]	[illegible]
184	本草紀聞	本[illegible]	一	一五	[illegible]	[illegible]	同
185	本草餘[illegible]	小[illegible]	一	一二	[illegible]	文化己巳	
186	能の秘書						小形折本
187	入譜（一）琉客談記	赤崎[illegible]	一	一	手書	寛政丁巳	卷物
188	入譜（二）肥前[illegible]馬牧並駒捕記		一	一	同		同
	入譜（三）肥前唐津小兒の[illegible]	紋々軒	一	一	同		同
	入譜（四）江[illegible]		一	一	同		同
	入譜（五）布曝		一	一	同		同
189	東京帝國大學理科大學紀要		一	一	東京帝國大學	[illegible]	獨文
190	蟫の研究	加藤正世	一	一	三省堂	昭和二	
191	[illegible]解說		一	一	[illegible]	昭和五	
192	[illegible]問題	（[illegible]）Johnson? Ferguson	一	一	大公報	民國一九八	英華合文
193	[illegible]教科書	物集高見	一	一	六合館	明治二六	

194	メリー・イングランド	福原麟太郎	1	一	文敎閣	昭和九	
195	日本魚類図説	岡田彌一郎 外二名	1	一	三省堂	昭和一〇	
196	日本蟹類図説	酒井恒	1	一	同	昭和一一	
197	大日本	エチオピヤ外相ヘルイ	1	一	英文法通論発行所	昭和九	和文譯
198	明治大正文学	高山樗牛・[illegible] 樋口一葉	1	一	春陽堂	昭和三	
199	倭漢三才図会	寺島良安	1	一	吉川弘文堂	明治三九	
200	言海	大槻文彦	1	一	六合館	昭和二	
201	蒙和字典	韓穆	1	一	印文堂	昭和四	
202	詳解漢和字典	服部宇之吉	1	一	冨山房	昭和六	
203	故事熟語大辞典	池田四郎次郎	1	一	宝文館	大正二	
204	字源	簡野道明	1	一	北辰館	大正一二	
205	新文典	橋本進吉	1	一	冨山房	昭和一一	
206	文法集成	芳賀矢一	1	一	同	昭和一一	
207	ルイス・フロイス 日本書翰	木下杢太郎訳	1	一	第一書房	昭和六	
208	平家物語評釈	内海弘蔵	1	一	明治書院	大正一五	

221	泉鏡花集	泉鏡太郎	1	一	改造社	昭和三	
222	大佛次郎集	大佛	1	一	同	昭和五	
223	吉田絃二郎集 藤森成吉集	吉田 藤森	1	一	同	昭和四	
224	武者小路実篤集	武者小路	1	一	同	昭和二	
225	徳富蘆花集	徳富健次郎	1	一	同	昭和二	
226	二葉亭四迷集 嵯峨の屋御室集	長谷川辰之助 矢崎鎮四郎	1	一	同	昭和三	
227	三宅雪嶺集	三宅	1	一	同	昭和六	
228	日本民謡辞典	小寺融吉	1	一	壬生書院	昭和一〇	
229	上代歌謡の研究	[illegible]	1	二	中文館	昭和六	
230	[illegible]	林江漢	1	一	玉清園	昭和八	
231	八拍子	洛陽 [illegible]	一	三	江島伊兵衛	明治二五	
232	日本印章考 支那篆史学	中根幽治	一	一三	写本	明治三三	一帙合四冊
233	故事成語大辞典	簡野道明	1	一	明治書院	昭和三	
234	読史備要	東京帝国大学史料編纂所	1	一	内外書籍	昭和八	

－5－

207	プロイス日本書[illegible]	[illegible]	1	一	[illegible]	[illegible]
208	平家物語評釋	内海弘藏	1	一	明治書院	大正一五
209	金澤文庫書目錄	關靖	1	一	巖松堂	昭和一四
210	十六世紀日歐交通史の研究	岡本良知	1	一	六甲書房	昭和一七
211	日歐交渉文化	武藤長藏	1	一	武俠社	昭和八（四版）
212	蒙古寇記	長村鑒作	1	一	元寇[illegible]記念會	昭和八
213	蒙古民族の慣習法	興安局	1	一	興安[illegible]	康徳五
214	日本語と蒙古語	[illegible]太郎	1	一	滿洲日日新聞社	大正九
215	外來語學序說	荒川惣兵衛	1	一	荒川惣兵衛	昭和七
216	日本研究と生命論	[illegible]	1	一	博文館	大正一二
217	日本古刊書目	吉澤義則	1	一	帝都出版社	昭和八
218	地理及戸口	高久肇	1	一	[illegible]	大正一〇
219	江戸地誌解說稿	長澤規矩也	1	一	[illegible]	昭和七
220	幸田露伴集	幸田露伴	1	一	改造社	昭和[illegible]

234	讀史備要	東京帝國大學史料編纂所	1	一	[illegible]	昭和八	
235	辭苑	新村出	1	一	博文館	昭和一〇	
236	漢英對照いろは辭典	高橋五郎	1	一	東京 小林家	明治二一	
237	大字典	上田萬年	1	一	啓成社	大正八	
238	漢和大字典	[illegible]	1	一	三省堂	明治三六	
239	性と文明	[illegible]	1	一	ウオリ社	昭和六	
240	支那に於ける[illegible]	[illegible]	1	一	京都市 京都法學會	明治四四	
241	組織學	伊澤好[illegible]	1	一	吐鳳堂	昭和三	
242	開化滿洲三代の古銅研究	高田[illegible]次郎	1	二	東方文化學院京都研究所	昭和一二	謄寫本
243	肥後に於ける裝飾ある古墳及横穴	濱田耕作 梅原末治	1	一	京都帝國大學考古學研究報告（第1冊）	大正六	圖入
	河内國府石器時代遺跡發掘報告等	濱田耕作	1	一	同（第2冊）	大正七	同

245	九州に於ける装飾ある古墳	濱田耕作 外二人	｜	一	京都帝國大學文學部考古學研究報告（第3冊）	大正八九	購入
246	河内國府石器時代遺跡	濱田耕作 長谷部言人 其他	｜	一	同（第4冊）	大正八九	同
247-8	備中國淺口郡大島村 肥後國宇土郡轟村貝塚發掘	島田貞彦 濱田耕作 其他	｜	一	同（第5冊）	大正九	同
249	薩摩國出水及指宿貝塚	長谷部言人 濱田耕作 其他	｜	一	同（第6冊）	大正一〇九	同
250	攝津高槻在東氏所藏其他吉利支丹遺物等	新村出 濱田耕作 其他	｜	二	同（第7冊）	大正一二	同（同一書房）
251	近江國高島郡水尾村古墳及日本發見金製耳飾、刀劍其他	濱田耕作 梅原末治	｜	一	同（第8冊）	大正一二	同
[illegible]	豐後磨崖石佛	濱田耕作	｜	二	同（第9冊）	大正一三	同
[illegible]	出雲上代玉作遺物	同	｜	二	同（第10冊）	大正一四 昭和二	購入（同一書房）
252	筑前須玖史前遺跡	同	｜	二	同（第11冊）	昭和五	同
254	讃岐高松石清尾山石塚	同	｜	二	同（第12冊）	昭和八	同（同）
255	新羅古瓦	同	｜	二	同（第13冊）	昭和八九	同（同）

267	琉球漫錄	渡邊重綱	一	一	弘全社	明治一二	
268	琉球史料叢書 第三	伊波普猷	｜	一	名取書店	昭和一七	
269	ペリー提督琉球訪問記	神田精輝		一	神田精輝	大正一五	
270	琉球共産村落之研究	田村浩		一	岡書院	昭和二	
271	八重山語彙	宮良當壯		一	東洋文庫	昭和五	
272	南嶋方言資料	東條操		一	刀江書院	昭和五	
273	支那民俗誌	永尾龍造		一	支那民俗誌刊行會	昭和一七	
274	南島叢考	宮良當壯		一	一誠社	昭和九	
275	寫經より見たる奈良朝佛教の研究	石田茂作		一	東洋文庫	昭和五	
276	大日本記勳錄	森清人 高橋芳次郎		二	日本精神協會	昭和九	民族社會及道德叢書
277	大日本地誌	山崎直方 佐藤傳藏		一	博文館	大正四	卷一
278	我觀南國	山本實彥		一	東京堂	大正一五	
279	滑稽談片	菅原文雄		一	魁眞樓	明治三五	
280	東京外國語學校沿革	其校		一	其校	昭和七	

-66-

255	新羅古瓦	同	一	二	同（第13冊）	昭和八、九	同（同）
256	大和島庄石舞台 巨石古墳	同	一	二	同（第14冊）	昭和一三	
257	筑前國嘉穂郡 王塚装飾古墳	梅原末治	一	一	同（第15冊）	昭和一四	購入
258	民族學	第一巻第一號 第三巻第三號	一	三	民族學會	昭和四、五、六	
259	志しやのわざ		一	一	[illegible] Press	一八八三	聖書使徒行傳
260	使徒行傳		一	一	[illegible]	明治七	同
261	長崎地名考	香月薫平	一	二	安中書店	明治二五	
262	方丈之記	寫本	一	一			十八
263	後漢通志與	謄寫版	一	一	ベルンハルト	一八七五	（名）御誓[illegible]所之[illegible]
264	紀藩士志録目録	齋藤[illegible]見考二	一	一	南葵文庫	明治四一	
265	琉球王代文献集	尻良朝珠	一	三	琉球史料研究會	昭和一一	
266	琉球神道記	鴻口豹造	一	二	明治聖徳記念學會	昭和一一	
280	東京外國語學校沿革	其校		一	其校	昭和七	
281	西洛田租考 島津氏元寇討伐擧 朝鮮軍記 薩摩誌		一	五	島津家編輯所	明治三九年より大正八年まで	
282	女今川 其他	藤谷鴎澤	一	一	勝泉堂	慶應元	
283	満洲地之略沿革記 満文研究録	小山愛司	一	二	信濃史源考編纂所	昭和七	謄寫版
284	明治大公益會 玉篇大全	木村甚太郎	一	三	博文館	明治三六	
285	清俗紀聞	林衡	一	六	瀛思館	寛政己未	第一巻より第一三巻
286	庭訓往来	永井如瓶子	一	一	榮久堂	嘉永四	464 469 參照
287	海防彙議秘録	阿波人其他 談話	一	五	寫本	嘉永五	阿波國緑養、源參物語 其他
288	中世日本漁業 貿易の研究	小葉田淳		一	刀江書院	昭和一六	

289	西南文運史論	武藤長平	一	一	岡書院	大正一五	
290	書目集	正宗敦夫	一	三	日本古典全集刊行會	昭和六	上、中、下
291	五山詩僧傳	上村観光	一	一	民友社	明治四五	
292	山海經圖譜		一	一		寛永	奈良繪本（妖怪）
293	故實叢書 輿車圖考	今泉定助	一	一	吉川半七	明治三三	
294	亀の尾の記	石川縣圖書館協會	一	一	同協會	昭和七	
295	雜攷 第八輯	鮎貝房之進	一	一	著者	昭和一二	
296	高楠氏發見 切支丹文書	[illegible] 解説	一	一	巖松堂古典部		新ドンス 島原版 250参照 説明書附
297	外務省公表集	外務省	一	一	同省	昭和一二	第十六輯
298	[illegible]	[illegible]	一	一	[illegible]	大正九	
299	[illegible]	比屋根安定	一	一	警醒社	大正一五	第二編
300	（明）原城紀事	同	一	二	同	昭和二	上六巻 下十一巻
301	日本基督教史	同	一	五	教文館	昭和一六	第一巻 [illegible]
302	切支丹史の研究	海老沢有道	一	一	畝傍書房	昭和一七	
303	[illegible]	[illegible]			[illegible]	[illegible]	
313	續南蠻廣記	新村出	一	一	岩波書店	大正一四	
314	聖教理證		一	一		一八七六	謄寫版
315	異本今昔物語抄	鈴鹿三七	一	一	編者	大正九	
316	懐徳堂考	西村時彦	一	一	懐徳堂紀念會	大正一四	
317	[illegible]遊帖	屋形武	一	一	屋形雲山堂	昭和八	謄寫版
318	[illegible]古随想	田中敬	一	一	書物展望社	昭和八	
319	五音抄 巻四	[illegible] 等			弘文社	昭和一七 [illegible]	巻四（[illegible]） 謄寫版
320	室町 花傳書		一	一			手寫
321	花傳書		一	四	カロヤ カヅマ	昭和一二複 元和四年刊本	木版 巻一より八まで
322	和漢朗詠集	[illegible]	一	一	文化學院	昭和四	謄寫版
323	三[illegible]集	紀貫之外四人	一	一			謄寫版（歌集）
324							
325	南總里見八犬傳		一	四	金港堂	明治四二	巻一より五三（大尾）まで
326	漢書藝文志より本草衍義に至る本草書目の考察	中尾万三	一	一	[illegible]	昭和三	

—7—

302	切支丹史の研究	海老沢有道	1	一	畝傍書房	昭和一七	
303	切支丹伝承	三田元鍾	1	一	宝文館	昭和一六	
304	島原天草日記	比屋根安定	1	一	警醒社	昭和二	
305	日本吉利支丹文化史	新村出	1	一	地人書館	昭和一六	
306	耶蘇会士日本通信	村上直次郎	1	二	帝国教育会	昭和二	
307	豊後切支丹史料	伊太利人 マリオ マレガ	1	一	サレジオ会	昭和一七	
308	吉利丹に関する小冊子	土井忠生	八冊一函	八	[illegible]	昭和八ヨリ同一二マデ	一号ヨリ八号マデ
	同 講演速記	数氏		二	キリシタン文化研究所	昭和一五・一六	九、十号
	カトリック研究別冊	同		四		昭和一五ヨリ同一七マデ	二十一号ヨリ二十四号マデ
309	大村藩吉利支丹研究資料	山口完助	1	一	カトリック中央書院	昭和一二	
310	初期耶蘇会教徒編日本語学研究	J.A.ブレタス 岡本良知訳	1	一	日葡協会	昭和四	
311	キリシタン研究 第[illegible]輯		1	一	キリシタン文化研究所	昭和一七	
312	南蛮記	新村出	1	一	東亜堂書房	大正四	
326	漢書芸文志より本草衍義に至る本草書目の考察	中尾万三	1	一	京都薬学専門学校薬窓会	昭和三	
327	本草通串	前田利保	二三	五六			
328	本草集要	[illegible]	一	四		弘治一三	[illegible]
329	大観証類本草	望三英	五	二五	仲望先生	安永四	木版
330	北越卉牒 手写	源伴存	一	二			[illegible]
331	和紙類考	渡辺道太郎	1	一	物外荘	昭和八	
332	紙漉重宝記	国東治兵衛	二	二	須原屋茂兵衛	文政七及大正一四	木版（同一書）二部
333	手漉製紙ニ関スル調査	農林省山林局	一	一	其局	昭和三	
334	岐阜県製紙工業試験場概覧	其場	1	一	其場	昭和三	
335	十三世紀東西交渉史序説	岩村忍	1	一	三省堂	昭和一四	
336	計画経済の理論	国弘員人		一	日本評論社	昭和一四	
	黄河流域に於ける農業形態	江[illegible]		一	日本文化中央連盟		

337	楮祖神社之記	林主税	一	一		嘉永六	手寫
338	高野紙	中川善教	一	一	便利堂	昭和一六	
339	美濃紙抄製圖説	岐阜縣勧業課	一	一		(原)明治一三 (寫)昭和一六	繪入手寫本
340	和紙研究		一	二八	和紙研究會	昭和一四より昭和一七まで	第一、第二號一袂入り 第三號より第二十號まで 欠號參照
341	和紙洋紙パルプニ關スル調査	鐵道省運輸局	一	一	其局	大正一五	
342	造紙説 上下	帝國圖書館藏本寫	一	二		(原)明治五 (寫)昭和一六	和紙ニ手寫並ニ繪入岐阜縣前其他ノ造紙ニ就テ
343	古染紙之譜	上村六郎	一	一	晃鐘巷	昭和一五	
344	橿	新村出	一	一	靖文社	昭和一六	
345	火浣布略説	鳩溪平賀國倫	一	一	松籟館	明和二	
346	石綿論	黒田玄鶴	一	一	慶松園	文政壬午	
347	狂言集成	野村戒三 安藤常次郎	一	一	春陽堂	昭和六	
348	口語法	國語調査會	一	一	文部省	大正五	
349	口語法別記	同	一	二	同	大正六	同書二部
350	[illegible]				[illegible]		
363	日本類語大辭典	志田義秀	一	一	晴光館	明治四二	
364	圖書解題	佐村八郎	一	二	六合館	昭和六	
365	佛教辭林	藤井宣正	一	一	明治書院	大正元	
366	大言海	大槻文彦	一	四	冨山房	(原)大正八 (復)昭和七	
367	大辭典		一	二三	平凡社	昭和九	ア↓ミシン
368	大百科事典		一	一七	同	昭和六より昭和八まで	アートヒヤ (巻一六ー一九欠)
369	動物學辭典	谷津直秀 岡田彌一郎		一	岩波書店	昭和一〇	
370	草露貫珠		コハ木	二三	松雲齋	元禄九	本箱入
371	藝海珠塵(全)	呉省蘭泉之	コハ木	六三	聽彝堂		一木版一 木集六冊 石集一〇 土集五(巻二〇欠) 革集一〇 金集八 匏集八 竹集八 絲集八 (以上木箱入)
372	理禮[illegible]	小林義則	一	二	蘆濱漁舍	明治八	(370)ノ箱ニ
373	覆刻舊宋秘本書目坿考證	段命郎	一	一	葉氏郎園	光緒三四	(370)ノ木版ノ箱ニ

— 8 —

349	口語法別記	同	｜	二	同	大正六	同書二部
350	洋紙見本帳		｜	一	乾製紙株式會社		クロース製本
351	寡典全集	谷川東伍	｜	一	早稲田大學出版部	大正六	
352	日本原始文化	三森定男	｜	一	四海書房	昭和一六	
353	間宮林蔵の黒龍江探険	満鉄弘報課	｜	一	満洲日報社	康徳七（昭和一五）	
354	足利學校見聞記	高瀬建	｜	一	上海中華書房	大正一二	漢文
355	足利學校遺蹟考	足利學校遺蹟圖書館	｜	一	其館	昭和一一	
356	心臓生理學概論	内山孝一	｜	一	綜合科學出版協會	昭和七	
357	片玉本艸	高田玄柳	｜	一	玉洪堂	天和三	湯液藥性論（極小形ノ本）
358							
359	支那唐代の服飾	原田淑人	｜	一	東大文學部（紀要）	大正一〇	圖入
360	福島縣凶荒誌	福島縣	｜	二	其縣	明治四三	附録共
361	朝鮮支那文化の研究	京城帝大文學會	｜	一	刀江書院	昭和四	
362	救荒誌	福島藩	｜	一	其藩	明治三六	

373	復刻唐宋秘本書目坿考證	殺俞部	｜	一	葉氏郎園	光緒三四	（370）ノ木版ノ補收
374	東方學報	東方文化學院東京研究所京都研究所	｜	二〇	其所	昭和六年三月ヨリ一三年三月マデ	
387←375							
388	竹取物語抄	小山伯鳳注	｜	二		天明癸卯	木版上下
389	橘窓茶話	雨森東伯陽 蘭芳洲	｜	三	京都 齋藤庄兵衛	天明六	漢文
390	繪入狂言記		｜	五	八尾五兵衛	元禄一三	
391							
392	明治聖徳紀念學會紀要	其學會	｜	一九	其學會	大正六ヨリ昭和七マデ	第八巻ヨリ三七巻マデ（會員ヘ交本）
393	日本放送協會用語調査報告	其協會	｜	二	其協會	昭和一二	
394	圓朝全集	鈴木行三	｜	七	春陽堂	大正一五	巻三欠
395	為家本大和物語（本冨）	[illegible]		一		定本弘長二 昭和一一年八	（437）参照

番号	書名	解説等	単位	数	発行・所蔵	年	備考
396	類聚名義抄	山田孝雄解説	｜	三	貴重圖書複製會	昭和二	塗本箱入
397	豊太閤三國處置太早計		巻	一	前田家育德財團	(原)天正二〇 (複)昭和三	冩と裏版
398	明治大正古書價之研究	水谷弓彦	｜	一	駿南社	昭和八	
399	稀書複製會刊行 稀書	山田清作編輯	｜	四二	東京 米山堂	大正八ヨリ 昭和一三マデ	解説二冊附 文藝書
400	能楽古面大観	金剛巌	｜	一	明治書房	昭和一六	原色版五〇葉添附
401	撰新宗達派畫集(解説付)		輯七	六〇枚	聚楽社	昭和四 同一六マデ	キ八 第二輯ハ二部 51.5×38cm
402	馬醫繪巻		巻	一	大和繪同好會		
403	口語法分布圖		巻	一			
404	音韻分布圖		巻	一			
405	奈良帝室博物館			五			

集期	本文 部数	本文 冊数	解説 冊数
1	37	37	1
2	25	61	1
3	27	27	1
4	32	40	1
5	26	43	1
6	25	40	1
7	34	39	2
8	27	52	1
9	21	33	1
10	15	39	1
計	269	411	11

番号	書名	解説等	単位	数	発行・所蔵	年	備考
413	舊鈔本古文孝經	永山近彰解説	一	一	前田家育德財團	昭和一〇	
414	古事記	解説附	一	三	同右(金澤學校本)	(原)慶長五 (複)昭和一三	
415	今鏡第四巻	池田亀鑑解説	｜	一	同右	昭和一四	キ八
416	吉田兼好筆自撰家集	解説附	｜	一	同右	昭和五	キ八
417	前田本中務集	同	｜	一	同右	昭和一四	キ八
418	古鈔本節用集	橋本進吉解説	｜	一	同右	昭和一二	キ八
419	前田本方丈記	解説附	｜	一	同右	昭和一三	キ八 262参照
420	定家本土佐日記	同	｜	一	同右	昭和三	キ八
421	天狗草紙第三巻		〃	一	同右(尊經閣叢刊)	(原)永仁四 (複)昭和八	キ八
422	仁和寺御室御物實録		〃	一	同右(同右)	(原)天暦四 (複)昭和七	キ八
423	達磨大師肖像畫	作者不明	｜	一		一	額入
424	本居宣長書		枚	二			
425	(宗因)飛鳥川	小宮豊隆解説	｜	一	審美院	昭和八	キ八

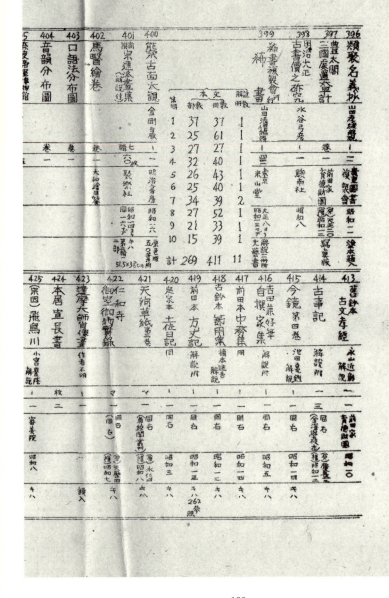

405	奈良帝室博物館 歴史圖録	其館	1	揃五	其館	第一輯	
406	歴代輿地沿革險要圖	楊守敬 饒敦秩	一	一		光緒五	
407	新浮世繪	五葉	枚	一〇			
		深水	枚	四			
		作者不明	枚	一			
	肖像畫	華山	枚	一		(京)天保二	木版複製
408	國寶類聚歌合 内裏 上一巻	田山信郎 解說	マ	二		昭和一二	キ八
	同 經平大貳家歌合 一巻						
409	法隆寺壁畫	法隆寺	枚	三三	其寺	昭和一五	キ八、畫面 40×33cm.
410	能樂名物類聚	齋藤香村 編		六	能樂書院	昭和四	
411	歐陽世家文物圖像冊	西泠印社	1	一	其社	民國二六	
412	エルネスト サトウ 手翰(へ鏑入)	サトウ	1	一			塙忠韶宛
425	(宋因)飛鳥川	小宮豊隆 解說	1	一	審美院	昭和八	キ八
426	間宮林蔵 東韃紀行	滿鐵大連圖書館	1	一	其館	昭和一三	キ八
427	尼崎本萬葉集	澤瀉久孝 解說	1	一	貴重圖書影本刊行會	昭和七	キ八
428	源實俊書 法華經單字	解說附	1	一	同右	(京)保延二 昭和八	キ八
429	伊達家本 古今和歌集	山岸德平 解說	1	一	同右	昭和一三	キ八
430	寶篋印陀羅尼經	鈴鹿三七 解說	マ	一	同右	昭和七	キ八
431	影本類聚歌合	堀部正二 解說	マ	一	同右	(京)永承五 昭和一五	キ八
432	鎌倉 華嚴經音義私記 上	岡田希雄 解說	マ	二	同右	昭和一四	キ八
433	藤原宗忠 作文大體	山岸德平 解說	マ	一	同右	昭和九	キ八
434	丹波守撰 香字抄	新見寛 解說	マ	一	同右	(京)永暦二 昭和一二	キ八(香に關する說)
435	承德本古謡集	佐々木信綱 解說	マ	一	同右	(京)承德二 昭和五	キ八
436	成賢 香字抄	岡井慎吾 解說	マ	一	同右(京都 猪熊信男藏)	(京)文永六	黒帙入
437	傳爲氏筆 大和物語 上下	池田亀鑑 解說	1	二	古文學秘籍複製會	昭和八	キ八 395參照

438	國寶北山抄紙背 草假名消息	出雲路通次郎解説	マ	一	京都便利堂（三條公爵家藏）	昆長保元	キ八
439	成唯識論 巻第十	三藏法師玄奘奉詔譯	マ	一			キ八
440	能惠法師繪詞	梅津次郎解説	マ	一	美術研究所（愛隆寺藏）	昭和一六	キ八
441	繪巻 古土佐筆 西行記		マ	一	蜂須賀家	昭和九	キ八
442	荒歳飢民救恤之圖	増田嘿重	マ	一	群馬縣前橋 高畠者	（自天保七 至同九）明治三二	キ八
443	秘府略 第八百六十八	山田孝雄解説	マ	一	古典保存會	昭和四	キ八
444	佛説十王經		マ	一			キ八
445	紫式部日記繪詞	繪入	マ	一	蜂須賀家	（原）鎌倉初期 昭和九	キ八（三重）
446	仁治本古文孝經	林秀一解説	マ	一	影本刊行會	昭和一四	キ八
447	江談抄	藤原實兼	マ	一	育徳財團	昭和一三	キ八 大江匡房談
448	華山目黒詣圖		マ	一		昆虫	キ八
449	大般若波羅蜜多經	三藏法師詔譯	マ	一			キ八春日版 鎌倉時代
450	吉田松蔭手翰		括	一	審美書院	（原）安政六 昭和一四	後附 修道志

459	古代邦人文子 三人像		入額	一			
460	女壽蓬莱臺	随鷗主人		四	十軒店 永樂屋	天保一三	繪入
461	日本書紀神代巻 上下		1	二	岡田屋嘉七		下御靈社 木版
462	浪華百人一首 忘貝		1	一	此村庄助	明治二四	繪入木版
463	女大學寶箱	貝原益軒	1	二	須原屋茂兵衛	文化二 文久三	同右 同一書二部
464	女庭訓御所文庫		1	一	四書堂		繪入木版 286参照
465	藻塩百人一首 千尋海	臨時老人撰	1	一	林[illegible]兵衛	寛政四	繪入木版
466	假名文字遣 附定家假名遣		1	一	守田喜助	元禄二	木版
467	三國通覧略説	林子平	1	一	天明版	天明五	繪入木版
468	西國立志編	佐橋富三郎	1	二	北畠茂兵衛	明治五	繪入木版
469	女庭訓往來		1	一	河内屋平七		286同参照
470	西京雜記	丹陽葛洪	1	二	須原屋	元禄三	木版
471	新撰姓氏録表	萬多親王	1	三	上田卯兵衛	弘仁六	同

451	紙の文献				金井氏手記		
452	謡本於裳 附装束今昔	三上進	一	二	審美書院	昭和七 同 一二	限定五十部
453	珍書大観 金平本全集	水谷不倒解説	函	三	大阪毎日新聞	大正一五	キ八（浄瑠璃本）
454	岡村桂園藏書	崇學社舍主人解説	函	二〇	未發行稿本		皇朝竹譜其他キ八
455	図譜 神皇本草		函	六	同右		キ八
456	西鶴本 絵入好色五人女		一	五	愛鶴書院	昭和四	
	同 好色二代男		一	八		大正一五	
	同 好色一代女		一	六		昭和三	
	解説		一	一			
457	岡村桂園藏書	岡村遜齋録		五	未發行稿本		
	本草古義		函一	一			キ八
	恩考			一			キ八
	藝苑名言			一			キ八
	本草家之考			一			キ八
	本草經			一			キ八
458	(1) 繪入紙漉大概	木崎攸軒	マ	一	石川深淵草盧	（発）天明四	
	(2) 同	同	マ	一	影寫本	昭和一六	

471	新撰姓氏録表	萬多親王	一	三	上田卯兵衛	弘仁六	同
472	助字詳解	皆川愿伯	一	三	菱屋孫兵衛	弘化四	同
473	一本堂藥選	香川修徳	一	四	一本堂	享保己酉	同
474	絶音論 諸國盆踊唱歌	不明	一	一	秋田刊秋書房	明治一六	
475							
476	歴代官制沿革圖補叙	魯漢恭	一	一	廣文堂	寶暦甲申	木版
477	古池連五松會百回集	坪川勝次郎	一	一		大正五	（石版）俳句集
478	十島圖譜	鹿児島縣十島村役場	一	一	草美社	昭和八	
479	廣島縣佛教傳 正續	手島益雄	一	二	東京藝備社	大正一四	
480	千字文綱目		一	一	水玉堂	寶暦六	木版
481	羇旅漫録	曲亭馬琴	一	三	與三堂	明治一八	同
482	てにをはしづのをだまき		一	一	易簡齋	文政己卯	同
483	追遠會誌	大槻修二	一	一	著者	明治一〇	

484	三十六歌選	比田井小琴書	｜	一	書学院後援会	昭和六	キ八
485	こんちりさん之略	日本司教ベルナルド	｜	一		明治	キリスタン書
486	漂客談奇	吉田文次	｜	一	華写	嘉永五	土佐の漁夫實見談
487	爾雅	溪河龍先彦	｜	一	河内堂	寛政六	508参照
488	言語遊戯考	綿谷雪	｜	一	発藻堂	昭和二	
489	三體千字文	三洲長荧 秋史書	｜	一		明治二六	
490	かなづかひ教科書	物集高見	｜	一	六合館	明治二八	
491	｜						
492	文献に顕はれたる祇園会関する目録	田中俊次	｜	一	京都有楽会	昭和三	
493	南瞻部洲萬國掌菓之圖	浪華子	｜	一	永田調兵衛	寶永庚寅	
494	てにをは係辞辨	萩原先生	｜	一	出石居社		
495	錦葉百人一首女寶大全		｜	一	永楽屋	増入 462参照	
496	日本語法	大宮兵馬	｜	一	吉川半七	明治二九	
497	春の七くさ	安田静	｜	一		庚申	
512	巻懐食鏡	牛山香月	｜	一	柳枝軒	明和三	
513	静岡縣紙業一般	県紙業試験場 高杉治太郎	｜	一	其場	大正七	
514	古今方彙	甲賀通元	｜	一	[illegible]	享保癸丑	薬方
515	配色総鑑 解説付	和田三造	一	六	博美社	昭和八	色彩の辞典
516	お伊勢詣資料目録	田中俊次	｜	一	有楽会	昭和四	
517	｜						
518	｜						
519	解剖摘要圖	高木玄真	｜	一	敬虔堂	明治九	
520	女大學教草	貝原篤信	｜	一	〃	安政	463参照
521	天覧圖書目録	貞松修蔵	｜	一	静岡県立葵文庫	昭和五	
522	濃民靈覺桂川筆記 佐久間修理以上書寫	佐久間修理	｜	一	津寫	天保一三	
523	榮花物語 目録欠	赤染衛門	｜	一九	林和泉掾	明暦丙申	第十五冊欠
524	きつひむだ枕 春の目覚	西谷潔	｜	一	茂林脩竹山房	昭和三年	限定百部
525	妙薬集	吉田威徳	｜	一	伊勢屋	明治三	
526	萬手奇圖寫	樋口甲八	｜	一	大阪泉本	明治一四	

－１－

497	春の七くさ	安田静	一	一		庚申	
498	五十音辨	南洋伊東潮顯	一	一	筆寫	二五三四	
499	笠懸禮法	持長	一	一	同	弘治二	
	笠懸日記	細川澄元	一	一	同	永正三	
	射御持長記	持長	一	一	同	文明一〇	
500	秋風集	尾崎宍夫	一	一	野呂瀬久延	明治三七	私歌
501	卜養狂歌集		一	一	民友社	大正八	限定五百部
	卜養狂謌		一	一	同	同	
502	大東京展圖錄	島田築波	一	一	小田原書房	昭和七	名書古典
503	御文書		一	一			假名交り 作教訓
504	新撰五十瓶圖	渚鋼三左衛門	一	二			池之坊立華
505	孫過庭書譜	吉岡鳥綾	一	三	赤城出版社	昭和一二 一三	
506	心經	尾上八郎	一	一	泰東書道院	昭和一三	
507	文徵明千字文	徵明	一	一		嘉靖辛亥	烏負版
508	和爾雅	貝原好古	一	九	上島瀬平	元祿戊辰	487 511 參照
525	女[illegible]		一	一			
526	萬年吉圖嶌	樋口伊八	一	一	大久保幸七	明治一四	
527	元三大師御鬮判斷鈔		一	一	丁子屋		
528	いろは節用集	安田昭常	一	一	三輪書店	明治四四	
529	さいけん	楊斎 十返舎一九	一	二	小泉忠五郎 玉屋山三郎	天保一〇 嘉永三	吉原の記
530	近世名家華押譜	蓬莱山白居士	一	一	山田茂助	明治三〇	
531	音訓新聞字引	萩原乙彦	一	一	東生亀治郎	明治八	
532	正倉院御物目錄 棚別	帝室博物館	一	一	其館	大正一四	
533	古今方彙	望三英	一	一		文化五	醫藥法
534	棋謝譜	小峯逸人	一	一		戊寅	
535	一						
536	謡曲の本	寶生九郎	一	三四	檜屋	大正七	
537	和漢日用方物略	草露斎 小野先生	一	一	須原屋	嘉永三	藥方
538	袖珍鑑 表裏		一	四	德花園		同書三類目 本草綱目

T. Minoda's Library

of books in foreign languages.

(European)

at Setagaya Tsurumachō.

August, 1904.

LIST OF BOOKS IN T. MINODA'S LIBRARY

SUBJECTS AND THEIR MARKS

A. Administration (Ad); Anthology (Ay); Arts (At); Archaeology (Ar); Anthropology (Ap); Archive (Av).

B. Bibliographies (Bb); Botany (Bo); Buddism (Bu); Bulletin (Bn); Bibliophile (Bl).

C. Calligraphy (Cal); Culture (Cl); Custom (Cu).

D. In Deutsch (D); Dictionaries (Dc); Diplomatic (Dp); Directories (Dr); in Dutch (H).

E. Education (Ed); Essays (Es); Ethics (Et); Ethnography (Ey).

F. Fables (Fa); Finance (Fi); Folk-lore (Fl); Foreign Relations (Dp); in French (F).

G. Geography (Gy); in German (D); Grammar (Gr).

H. History (Hy); in Hollandisch (H).

I. In Italian (I).

J. Japanology (Jy); Journals (Jr); Jurisdiction (La).

K. Kokusai Bunka Shinkokai (K.B.S.)

L. Linguistic (Lg); Laws & Jurisdiction (La); Legend (Le); Letters (Lt); Life (Cu); Literature (Li); in Latin (L).

M. Maps (Mp); Medical(Ml); Memoir (Mr); Miscellaneous (Ms); Mythology (Mi); Moral (Mo).

N. Novels (Nv); Natural history (Nh).

P. Painting (Pa); Paper-making(Pap); Periodicals(Pl); Philosophy (Ps); Poetries & Songs (Po); Political (Pt); in Portuguese (P); Printing (Pri).

R. Religion (Rn); Report (Rp); Researches (Rs); in Russian (R).

S. Science (Sc); Sculpture (Sp); Sinology (Si); Society (So); Social problems (So); Scripture (Sct).

T. Tales (Ta); Teachings (Te); Trades (Td); Travels (Tr).

- 1 -

SUBJECT MARKS FOR BOOK-NUMBERS

(D) in German; (F) in French; (H) in Dutch;
(I) in Italian; (L) in Latin; (R) in Russian;
(P) in Portuguese.

A. Ad:79-83; Ap:138(D); Ar:144; At:80-84-85-87-93-170; Av:145(D)-146(L)-169(F); Ay:132.

B. Bb:55-144; Bl:130(F); Bn:46-54-101-113-114; Bo:180-181; Bu:96.

C. Cal:89-135; Cl:38-48(F)-92-110-134-166; Cu:66-67-74-86-100(D)-148-152(F).

D. Dc:1-2-3-4-5-7-8-9-12(F)-13-16-17-18(D)-19(D)-22-23-27-31(H)-32-33-34-35-36-37(R)-39-57(F)-95-99-141(F)-180; Dp:78-94-133; Dr:60.

E. Ed:41-76-77; Es:40-65-71-72(F)-83-104-117-118-120-137-157-168; Et:171-173-174(F)-175(F)-176(F)-177(F); Ey: 147(I).

F. Fa:119; Fi:45(F)-109; Fl:152(F).

G. Gr:10-11-15-21-25(F)-26-30-40(F)-58-64(F); Gy:17-98-105-123(F)-129-139(D)-140(H)-143.

H. Hy:17-28-50-68-69-73-79-92-111(D)-122(D)-123(F)-134-139(D)-143-166-168-169-172(D).

J. Jr:49-51-52-53-190; Jy:48-78-90-108-145(D)-146(L)-148.

L. La:133-149; Le:84-86; Lg:4-5-6-14-20(D)-24(F)-28-29-32-41-42-43(F)-44(F)-56-59-61(F)-62-95-99-191; Li:47-55-63-75(F)-121-159; Lt:167.

M. Mi:111; Ml:97(F)-142(D); Mo:157; Mp:183(D)(R)-186-188-189; Mr:65-88-102(F)-104; Ms:136.

N. Nh:151; Nv:82-115-116-150-153-154(D)-155-156-158-160-161-162-163-164-165.

P. Pa:80-85-185; Pap:178-179; Pl:46(F)-49-51-52-53-54-101(F)-113-114; Po:47(F)-91; Pri:103; Ps:30-112(F); Pt:70-73-182.

R. R:187(R); Rn:91-96(R)-110; Rp:88; Rs:131(D).

S. Sc:27-151; Sct:184; Si:92; So:81; Sp:170.

T. Ta:74-98-; Td:94; Te:171-173-174(F)-175(F)-176(F)-177(F); Tr:66-105-106-107-108-124(F)-125(P)-126(P)-127(P)-128(P).

LIST OF BOOKS IN T. MINODA'S LIBRARY

1. Dc E. M. Satow - English-Japanese dictionary of the spoken language, Sanseido, 4th edition.

2. Dc -,,- - -,,-, -,,-, -,,-

3. Dc M. Alderton Pink - A dictionary of correct English.

4. Lg Dc Michael West - New method of English dictionary, Longmans, Green & Co., London, 1936.

5. Lg Dc -,,- - -,,-, -,,-, 1940.

6. Lg Lyell - Slang, phrase and idiom in English.

7. Dc F. Brinkley - An unabridged Japanese-English dictionary.

8. Dc Okakura - Kenkyusha's New English-Japanese dictionary.

9. Dc Takenobu - New Japanese-English dictionary (新和英大辭典), Kenkyusha.

10. Gr Sanson - Historical grammar of Japanese, The Clarendon Press, Oxford, 1928.

11. Gr Jespersen - Modern English grammar.

12. Dc(F) Jam Lemaréchal - Dictionnaire Japonais-Français.

13. Dc Gubbins - A dictionary, Chinese-Japanese words, Maruya & Co., Tokyo, 1908.

14. Lg Y, Matsumiya - Exercises in Japanese conversation, Tokyo.

15. Gr Garfield Mcilroy - Chamberlain's Japanese grammar.

16. Dc Davidson-Houston - Modern military dictionary - Chinese and English.

17. Dc Hy Gy E. Papinot - Dictionary of history and geography of Japan.

18. Dc 札幌教區宣教師團-獨和辭典,光明社

19. Dc(D) Cassel's German dictionary (German-English & English-German).

20. Lg(D) Meissner - Japanische Umgangssprache.

21. Gr Sloman - A Latin grammar.

22. Dc Lewis - A Latin dictionary for schools.

23. Dc Vigario Apostologio Japoniae- Lexicon Latino-Iaponicum.

24. Lg(F) Meillet - Histoire des Grecque et Latine.

25. Gr(F) Deny - Grammaire de la langue Turque.

26. Gr Jächke - Tibetan grammar.

27. Dc Sc A vocabulary of chemical terms (化學語彙).

28. Hy Lg Vendryes - A linguistic introduction to history.

29. Lg Rogets - Thésaurus of English words and phrases.

30. Ps Gr Jespersen - Philosophy of grammar.

31. Dc(H) G. Schlegel - Nederlandisch-Chineesch Woordenboek (荷華文語類参), J. B. Brill, Leiden, 1886-1890.

32. Lg Dc A. De Smedt & c. - Le dialecte Monguor, dictionnaire Monguor-Français, L'université Catholique, Peiping, 1933.

33. Dc(F) Kowalewski - Dictionnaire Mongol-Russe-Français, French Book Store, Peiping, 1933, 3 vols.

34. Dc H. C. Wyld - The universal English dictionary.

35. Dc -,,- - -,,-

36. Dc Sarat Chandra Das - Tibetan-English dictionery.

37. Dc(R) A. Alexandrow - Russian-English dictionary.

38. Cl Conrad Nielsen - Instituttet for Sammenlignende Kultur-forskning. (Serie B: Skrifter), Oslo, 1932.

39. Dc Ram Narain Lal - The student's practical dictionary of Hindustani-Urdu-English (Persia), 1940.

40. Es Gr(F) Robert Gaunthiot - Essai de grammaire Sogdienne, Paul Geuthner, Paris, 1914-1923, 2 vols.

41. Lg Ed The Institute for Research in English Teaching - A commemorative volume - 10th annual conference of English teachers -1933.

42. Lg Linguistic Society of America, vol IV, 1928.

43. Lg(F) Ernest Renan - De l'origin du Language, Paris, 1925.

44. Lg(F) Actes du premier congrès international de linguistes à la Haye du 10-15 avril 1928, Lyden, 1930.

45. Fi(F) K. Matsuoka - L'étalon de change or en Extrème-Orient.

46. Bn Pl(F) Bulletin de la Maison Franco-Japonaise, Mitsukoshi Book dpt, Tokyo, No. 4 - 1938.

47. Li Po(F) G. Bonneau - Rythmes Japonais, Paul Geuthner, Paris, 1933-34.

48. Jy Cl(F) Henri Bernard - Les premiers rapports de la culture européenne avec la civilisation Japonaise.

49. Jr Pl Journal of North China Branch of R. A. S. - 1860, 1868 (2 vols); 1874-5 (2 vols); 1878-9 (2 vols); 1881-3 (3 vols); 1889-1910 (16 vols); 1912-38 (28 vols including index), Total 53 vols.

50. Hy Current history, No. 2 (1932), No. 6 (1932), 2 vols.

51. Jr Pl Harper's monthly magazine, No 1022 (1935), No. 1023 (1935), No. 1030 (1936), 2 vols.

52. Jr Pl Atlantic monthly, No. 5 (1932), No. 3 (1934), No. 4 (1935), 3 vols.

53. Jr Pl Journal of American Oriental Society (J. A. O. S.) from 45 (4 vols), 1925 to 58 (1-4), 1938 & 59 (1), 1939, Total 57 vols.

54. Bn Pl Bulletin de l'ecole française d'extrême-orient, Tome I (1901) - Tome IX (1909), Hanoi, Total 9 vols.

55. Bb Li G. Bonneau - Bibliographie de la littérature japonaise contempraine, Maison Franco-Japonaise, 1938.

56. Lg K. Ojima - National language readers of Japan, Vol I & supplement, Vol. IV-VIII, Sankosha, Tokyo, 1929-39, Total 7 vols.

57. Do(F) Jules Guirand - Dictionnaire Anglais-Français, 1926.

58. Gr Hoffmann - Japanese grammar, A. W. Sythoff, Leiden, 1868.

59. Lg Rudolf Lange - A text book of colloquial Japanese, revised English edition by C. Noss, Kyobunkan.

60. Dr The Japan Year Book Office - The Japan year book (1926).

61. Lg(F) Meillet et Marcel Cohen - Les langues du monde.

62. Lg O. Jespersen - Language, its nature, development and origin.

63. Li Kyoson Tsuchida - Contemporary thought of Japan and China, Williams & Norgate, London, 1929.

64. Gr(F) H. Gavel - Grammaire Basque, Tome I, Imprimérie du "Courrier", Bayonne, 1929.

65. Es Mr Sophia University - Monumenta Nipponica, Vol V, semi-annual No. 1 (1942).

66. Tr Cu Sammal Purchas - Purchas, his pilgrim in Japan.

67. Cu Shway Yoe - The Burman, his life & nations, Macmillan, London, 1910.

68. Hy Peter Pratt - History of Japan, 1822.

- 3 -

69. Hy F. O. Adams - The history of Japan (1853-1872), 2 vols.

70. Pt C. M. Salwey - The island dependencies of Japan, Eugène L. Morice, London, 1913.

71. Es J. A. B. Scherer - Japan, whither ?

72. Es(F) Kikou Yamada - Japan, dernière heure.

73. Hy Pt A. May Knapp - Feudal & modern Japan, Duckworth, London, 1898, 2 vols.

74. Cu Ts Naomi Tamura - The Japanese bride, Harper & Brothers, N.Y., 1893.

75. Li(F) W. G. Aston - Littérature japonaise.

76. Ed Japanese Department of Education - Japanese education, Philadelphia International Exhibition (1876).

77. Ed Lombard - Pre-Meiji education in Japan, Kyobunkan, Tokio, Tokyo, 1914.

78. Jy Dp Nitobé - Japanese traits & foreign influences, Kegan Paul, London, 1927.

79. Hy Ad J. E. de Becker - Feudal Kamakura from A.D. 1186-1333.

80. At Pa Fritz Rumpf - Sharaku (寫樂).

81. So S. M. Shirokogoroff - Social organization of the Manchus (Royal Asiatic Society), Shanghai, 1924.

82. Nv Kenzo Kai - Sakura no Kaori (war novel), Kenkyusha, 1933.

83. Ed Ad Louis Wertheimber - Muramasa blade, a story of feudalism in old Japan, Ticker & co., Boston, 1887.

84. At Le H. L. Joly - Legend in Japanese art, John Lane, London, 1908.

85. At Pa Katsuki Takahashi - Wall paintings of Hôryuji temple.

86. Cu Le C. Pfoundes - Fu-so Mimi Bukuro (扶桑耳袋), a budget of Japanese notes, Japan Mail, Yokohama, 1875.

87. At Nasu - The fundaments of Japanese archery, 2 vols.

88. Rp Mr Kyoto prefecture - Summary of the grand ceremonies of the Imperial Enthronement (Shôwa 3 y.)

89. Cal Chamberlain - The study of Japanese writing, Crosby Loskwood, London, 1905.

90. Jy Koop & Inada - Japanese names & how to read them (銘字便覽), Bernard Quaritch, London, 1923.

91. Rn Po A. von Staël-Holsten - Sanskrit hymn translated with Chinese characters.

92. Hy Si Cl Cho-Yüan-Tan (譚卓垣) - The development of Chinese libraries under the Ching dynasty, 1644-1911 (清代圖書館發達史), The Commercial Press, Shanghai, 1935.

93. At Noritake Tsuda - Hand-book of Japanese art, Sanseido, Tokyo, 1938.

94. Td Dp Oskar Nachod - Die Beziehungen der Niederländischen Ostindischen Kompagnie zu Japan in Siebzehn Jahrhundert, Rob. Fries, Leipzig, 1897.

95. Dc Lg W. Radloff - Versuch einer wörterbuches der Türk-Dialecte, St. Petersburg, 4 vols.

96. Bu Rn(R) G. C. Cybikov - Buddist Palomnik u svyatyn' Tibeta,1919.

97. Ml(F) V. Madsen et V. Thomen - Anatomie Mandchoue, Bibliotheque Royal, Copenhagen, 1919.

98. Ta Gy Stein - Innermost Asia, The Clarendon Press, Oxford, 1928, 4 vols.

99. Dc Lg Meninski - Thesaurus Ling. Orientalium, Turcicae, Arabicae, Persicae, 4 vols.

100. Cu(D) C. Netto - Papier-Schmetteringe aus Japan (日本紙蝶々), Weigel, Leipzig, 1888.

101. Bn Pl(F) - La Société Académique Indo-Chinoise - Bulletin, Au siège de la Société, Paris, 1878-1890, 6 vols.

102. Mr(F) L'Académie des Sciences de l'Urss, 1928-30 (classe des humanités), 2 vols.

103. Pri The Times - Printing in 20th Century, London, 1929.

104. Es Mr Monumenta Serica - Journal of Oriental Studies of the Catholic University of Peking, Henri Vetch, Peiping, 1935-38, 3 vols.

105. Tr Gy Terry's - Guide to the Japanese Empire including Japan, Korea & Formose, Houghton Mifflin, Boston, 1933.

106. Tr G. Caiger - From Japan to Japan.

107. Tr Sadler - Saka's diary of a pilgrim to Ise (伊勢大神宮参詣記), Meiji Japan Society, Tokyo, 1940.

108. Jy Tr Grenon - Verdant Simple's views of Japan, 1890.

109. Fi Munro - Coins of Japan, Yokohama, 1904.

110. Rn Cl Holton - The national faith of Japan, Kegan Paul, London, 1938.

111. Mi Hy(D) Karl Florenz - Japanische Mythologie (Nihongi, "Zeitalter der Götter")(日本紀), Hobunsha, Tokyo, 1901.

112. Ps(F) Sakurazawa - Philosophie d'extrème orient, Libraire Philosophique, Paris, 1931.

113. Bn Pl Royal Asiatic Society, North China Branch, XXIII (1888) & XXIII (1889), Vol. 25 (1890-91), Kelly & Walsh, Shanghai, Total 3 vols.

114. Bn Pl Royal Asiatic Society of Great Britain & Ireland, London, 1932 (2 vols), 1921.(1 vol.), Total 3 vols.

115. Nv P. C. Wodehouse - A century of Humour.

116. Nv Sidney Horles - Hunters of death.

117. Es Floyd Dell - Love in the machine age (Psychological), George Routledge, London, 1929.

118. Es Scherer - America, pageants & personalities.

119. Fa AEsop's fable with illustrations, Hokuseido.

120. Es Th. H. Huxley - Selected essays (of).

121. Li Brandt - Introduction to literary Chinese, Henri Vetch, Peking, 1936.

122. Hy(D) I. J. Schmidt - Geschichte der Ost-Mongolien.

123. Hy Gy(F) H. Cordier - Mélange d'histoire et de geographie orientales, Jean Maisonneuve, Paris, 1914-23, 4 vols.

124. Tr(F) François Bernier - Voyages à Grand Mogol, Tome I (1709), Tome II (1710), Amsterdam, Total 2 vols.

125. Tr(P) Da Asia de Diogo de Couto, Decada Duodecima, Parte Primeira, Parte Segunda, Parte Ultima, Lisboa, 1788, 3 vols.

126. Tr(P) Vida de João de Barros, Indice geral das quatro Decada da Sua Asia, Lisboa, 1778.

127. Tr(P) -,,- Decada un decima da Asia, Lisboa, 1778.

128. Tr(P) -,,- Indice geral des Decados de Couto, Lisboa, 1778.

129. Gy Ml. Kenelly - Richard's comprehensive geography of the Chinese Empire (中國坤輿詳誌), T'Usewel Press, Shanghai, 1908.

130. Bl(F) Rouveyre - Connaissances nécessaires à un bibliophile, Paris, I-X, Total 5 vols.

131. Rs(D) Bruno Schindler & c.- Asia Major, Verlag der Asia Major, Lipsiae, 1924-7, 4 vols.

132. Ay J. Rose - The origin of the Chinese people, Oliphants, London, 1916.

133. La Dp M. J. Pergament - The diplomatic quater in Peking, China Booksellers, Peking, 1927.

134. Hy Cl Buxton - The people of Asia, Kegan Paul, London, 1932.

135. Cal W. A. Mason - A history of the art of writing, Macmillan, N. Y., 1928.

136. Ms The Queen's Book of the Red Cross, Hodder & Stoughton, London, 1939.

137. Rs Robert Briffault - The mothers, a study of the origin of sentiments and institutions, George Allen & Unwin, London, 1927, 3 vols.

138. Ap(D) F. F. v. Reitzenstein - Das Weib, anthropologischen studien, 3 vols.

139. Hy Gy(D) Leopold v. Schrenek - Die Völker des Amur Landes.

140. Gy(H) Nicholaas Witsen - Noord en oost Tartaryen, Gewesten, Azien en Europa, Amsterdam, 1785, 2 vols.

141. Dc(F) F. S. Couvreur - Dictionnaire classique de la langue Chinoise, Mission Catholique, Ho Kien Fou, 1911.

142. Ml(D) Fr. Hübotter - Die Chinesische Medizin (中華醫學), Bruno Scuindler, Leipzig, 1929.

143. Gy Hy John F. Baddeley - Russia, Mongolia & China, Macmillan & co., 1919, 2 vols.

144. Ar Bb Kern Institute - Annual bibliography of Indian archaeology, Leiden, 1928.

145. Jy Av(D) Siebold - Nippon, Archiv zur Beschreibung, Heft 1, 5, 11-12, 13-14, 17-20, Leiden, 1832, Total 5 vols.

146. Jy Av(L) Siebold - Catalogus librorum et manuscriptorum Japonicorum, Lugduni-Batavorum, 1845.

147. Ey(I) Gino Bottiglioni - Atlante linguistico etnografico italiano della Corsica, Pisa, 1932.

148. Jy Cu Fortune vol XIV, No. 3 - The Japanese Empire, 1936.

149. La A. P. Herbert - Misleading cases in the common law, Methuen, London, 1931.

150. Nv P. G. Wodehouse - A gentleman of leisure.

151. Sc Nh Dewar - Difficulties of the evolution theory, Edward Arnold, London, 1931.

152. Fl Cu(F) M. Marcel Granet - Fêtes et chansons anciennes de la Chine, Librairie Ernest, Paris, 1929.

153. Nv Wodehouse - Carry on, Jeeves, New York, 1927.

154. Nv(D) Vicki Baum - Helene Willfüer.

155. Nv Aldous Huxley - Crome Yellow, London, 1929.

156. Nv May Edginton - Life isn't so bad, London.

157. Es Mo Freda Kirchwey - Our changing morality, a symposium, Albert & Charles Boni, N. Y., 1930.

158. Nv Remy de Gourmont - Histoires magiques, Paris, 1924.

159. Li H. F. Wood - A collection of British authors, "The passenger from Scotland Yard", Leipzig, 1888.

160. Nv A. Trollope - Barcherter Towers, London, 1938.

161. Nv R. H. Mottram - Europa's beast, London, 1930.

162. Nv R. A. Freeman - The puzzle look, N.Y., 1926.

163. Nv Wodehouse - Mr. Mulliner speaking, N. Y., 1930.

164. Nv John Galsworthy - A modern comedy, London, 1939.

165. Nv Alexandre Dumas - The Countess Dubarry, Collins Clear-Type Press, London.

166. Hy Cl Fox - The threshold of the Pacific, Kegan Paul, London, 1932.

167. Lt Kazuo Koizumi - Letters from B. H. Chamberlain to Lafcadio Hearn, Hokuseido, Tokyo, 1936, 1937, 2 vols.

168. Es Hy Sir Henry Yule - Cathay and the way thither, being a collection of medieval notice of China, London, 1915, 5 vols.

169. Hy Av(F) Léon de Rosny - Le livre canonique (書紀) de l'antique japonaise, Paris, 1887, 2 vols.

170. At Sp W. Anderson - Japanese wood engravings.

171. Et Te R. C. Armstrong - Light from the East, studies in Japanese Confucianism, University of Toronto, 1914.

172. Hy(D) I. J. Korostovetz - Von Ginggis Khan zur Sowjetrepublik, Geschichte der Mongolei, Leipzig, 1926.

173. Et Te James Legge - The Four Books (英華四書), The Chinese Books Co., Shanghai, 1930.

174. Et Te(F) F. S. Couvreur - Les Quatre Livres (四書), Mission Catholique, Sien Hsien, 1934.

175. St Te(F) F. S. Couvreur - Li Ki (禮記), Mission Catholique, Ho Kien Fou, 1913, 2 vols.

176. Et Te(F) -,,- - Cérémonial (儀禮), Sien Hsien, 1928.

177. Et Te(F) -,,- - Chou King (書經), Sien Hsien, 1935, 2 vols.

178. Pap Dard Hunter - A Paper-Making pilgrimage to Japan, Korea & China, Pynson Printers, N.Y., 1936.

179. Pap -,,- - Paper-making tyrough 18th centuries, W.E. Rudge, N. Y., 1930.

180. Dc Bo Gerth Van Wijk - Dictionary of plant-names, Martinno Nijhoff, The Hague, 1911.

181. Bo R. Hawkes - Pioneers of plant study, The Sheldon Press, London, 1928.

182. Pt Th. F. Carter - The invention of printing in China and its spread westward, Columbia University Press, N. Y., 1931.

183. Mp(D) W. Radoloff - Atlas der Alterthümer der Mongolie, 1892. (Size, 51 x 35,5 x 4.5 cm.)

184. Sct The Tibetan, Mongolian & Manchurian Buddhist scriptures, 6 vols.

185. Pa The thousand Buddhas (Paintings recoversd by A. Stoin & with essey by L. Binyon) - Ancient paintings from the cave-temples of Tun-Huang (敦煌), Bernard Quaritch, London, 1921. (Contained in a box). Collection by the Orchou-Expedition.

186. Mp Kokusai Bunka Shinkokai - Map of Japan and Adjecent regions, Tokyo, 1937.

187. Dc(R) В.В. Вельяминовъ-Зерновъ - Словарь Джагатайско-Турецкий (チャガタイ語トルコ語辞典)
V.V. Velyaminov-Zernov - Slovar Dzagataisko-Turetskij, St. Petersburg, 1868.

188. Mp Rand-Mc Nally - Handy atlas of the world, 1922.

189. Mp Alexis Everett Frye - New geography book, Ginn & Co, 1920.

190. Jr Transaction of the Asiatic Society of Japan, Tokyo, odd Volumes (unbound), 1872-1912, 57 vols (3 packages).

191. Lg Rose-Innes(A) - English-Japanese conversation dictionary
Japanese phrase-book for beginners and tourist, Yoshikawa, Yokohama, 1935, 2 vols.

192. Bo(D) Japanische Bergkirschen, ihre Wildformen und Kulturrassen, Imperial University of Tokyo, 1916. (With illustrations).

193. Pp(D) Mittheilungen der Deutschen Gesellschaft für Natur- und Völqkerkunde ostasiens :-

1) G. Hütt-ott - Das Japanische ..ert
2) Freiherr von Zedtwitz - Japanische Musikstücke
3) P. Meyet - Ein Besuch in Corea

194. Jr Fortune- special number for Japan, Sept., 1936.

195. Jr Samuel Couling - The New China review, No. 1, 1919; No. 4 & No. 5, 1920, Kelly & Walsh, Shanghai, 3 vols.

196. Dc(F) G. Cesselin - Dictionaire Japonais-Francais, Maruzen Co Ltd., Tokyo, 1939.

197. Lg F. Brinkley - New guide to English self-taught, Sanseido, Tokyo, 1909 (明42).

198. Cu The Eisho Shuppan Sha (英書出版社) - Marriage customs in Japan, with descriptions of the Imperial Wedding, Tokyo, 1904 (明37).

199. Tr Charington (A.J.H.) - Le livre de Marco Polo, Albert Nachbaur, Pékin, 1924, '26, '28, 3 vols.

200. Rs Van Gulik (R. H.) - Hayagriva - The mantrayānic aspect of horse - Cult in China nad Japan. (With 14 illustrations), E.J. Brill, Leiden, 1935.

201. Jr Mencken (H.L.) - The American Mercury - 107 (Nov. 1932) - 124 (Apr. 1934) - 145 (Jan. 1936), New York, 19 vols.

Nieder-
202. Gr(D) Raveket (Hendk),- Grematica of Nederdentsce Spraakkunst (低地ドイツ語文典前編), Leyden, 1822.

Nieder-
203. Gr(D) -,,- - Syntaxis of Nederdeutsche Woordvoecing (低地ドイツ語文典後編), Leyden 1810.

203. Rp Rs The Japanese Sericultural Association - The sericultural industry in Japan, Tokyo, 1910.

204. Tr(F) Antoine Charignon et Melle Medard - A Propos des voyage aventureux de Ferdinand Mendez Pinto, in chitsu (帙), Imperimerie de la Politique de Pekin, 1934.

205. Rn Alekcie Pojatniev - About Jesus Christ in Kamik language, Translated from Greek, St. Petersburg, 1887.

206. Hy(Siamese) The list of Chau Phaya in Patana Kosintra, Bamrung Nukulkit, 2461 (Tai Era), 1918, A.D.

207. Jr Красный Библиотекарь
Krasnij Bibliotekar (Red Library), issued Sept., Oct., Nov., Dec. 1931. 4 vols.

関連資料05

（坂巻駿三「琉球コレクション」書抜）

KYOTO STATION HOTEL
KYOTO JAPAN
TEL.KYOTO

持参

1 南浦文集(3)冊

2 路加《ベテルハ仏》伝福音書(1)

3. 庖膳本草

4. 仝　上

5. 沖縄風俗之図

6. 南浦文集(3)

7. 大島筆記(2)

8. 仝上　(3)

9. 仝上　(4)

10 南浦文集(3)

11. ~~路~~
約翰伝及聖差言行録(2)

12. 古文献集

13. 薩州見聞書

14. 大島筆記(1)

以上二十七冊

①

√23冊

KYOTO STATION HOTEL
KYOTO JAPAN
TEL.SHIMO ⑤ 8891

1、路加伝福音書（全1）

2、琉球一件 10冊

3、南浦文集 3冊

4、閑校伊預書扣（1冊）

5、千金方（2冊）

6 √通園貌客著外（2冊）

7、全上（2冊）

8、日清風方記（1）

9、琉館筆談（1）

②

10、琉球劳う会(1)

KYOTO STATION HOTEL
KYOTO JAPAN
TEL.SHIMO ⑧ 8891

✓ 507

11、薩琉軍記(3)、

12、薩州分口隆達記(1)

13、琉球征伐記(2)、

14、仝　上　(2)

15、仝　上　(7)、

16　琉球討薩軍異(2)

17、琉薩軍記(1)

18、鎮西琉球記(5)

19、琉球攻サツマ軍記(1)、

20　島津琉球軍精記(4)

21、仝　上　(27冊)、
(二帙)

22、古実方絵(1)

③

23 盧白集(3) 65

KYOTO STATION HOTEL
KYOTO JAPAN
TEL.SHIMO ⑤ 8 8 9 7

34 紅鮮錢好從事論(2)

35 弓張月(写本/2)

36 仝 上 (10)

37 仝 上 (10)

38 仝 上 (20)

39. 活字本仝上(上.1)

40. 仝 ~~海南紀~~上(1)

41. 海南紀事(2)

42. 琉球奇譚(1)

43. 琉客談記(1)

44. 仝 上 (1)

45. 仝 上 (1)

(4)

46 仝 上 (1)　'26
47 仝 上 (1)
48

KYOTO STATION HOTEL
KYOTO JAPAN
TEL.SHIMO ⑧ 8891

ベッテルハイム 聖書 (2)
49 仝 上 (漢訳 1)
50 南浦文集 (3)
51 仝 上 (3)
52 大島筆記 (1)
53 仝 (2)
54 仝 上 (3)
55 仝 上 (4)
56 大島雑話 (1)
57 琉球状 (1)
58 琉球雑話 (1)
59 仝 上 (1)
60 ~~琉球~~状 (1)

61、琉球状(1)、 '32 ⑤

62、沖縄名器(1)

63、沖縄志(1)、

64 仝 上 (1)、

65 仝 上 (5)

66 仝 上 (5)

67 仝 上 (3)

68 仝 上 (3)

69 琉球年代記(1)

70、東韓事略 (2)

71、南島記事(5)

72、南島雜話(2)

73、〃 雜記(2)

⑥

74 南島雑話(2)

35、

KYOTO STATION HOTEL
KYOTO JAPAN
TEL.SHIMO ⑥ 8891

36冊

75 南島志(2)

76 仝 上 (1)

76 仝 上 (1)

77 火蘭枯紫(2)

78 琉球入学見聞録(4)

79 〃 〃 輿中国(1)

80 仝 上 (8)

81 沖縄集(1)

82 仝 上 (2)

83 仝 上 (2)

84 仝 上 (1)

85 仝 上 (1)

86 日本行記(7)

87 琉球小誌(1)

⑦

88 仝　上(2)　　37

KYOTO STATION HOTEL
KYOTO JAPAN
TEL.SHIMO ⑤ 8891

89、袁紅堤異了(1)
90、琉城周覧録(8)
91、琉〃百韻(1)
92、杜天使冊封琉球真紀(1)
93、莫鵞湖志(3)
94、雪堂燕遊草(1)
95 仝　上　(1)
96 琉球静瀾(1)
97 仝 〃 〃〃 記(1)
98 内治要伝(1)
99 琉球王代之献集(3)
100 使臣琉球雑録(1) 王楫
101 使琉球記(6) 三楫
102 琉球国志略(6)

⑧

103 続琉球国志略(4)

30'

104 東遊草(3)
105 琉球游草(1)
106 仝　上(1)
107 海東諸国紀(1)
108 五子書(2)
109 仝　上　(2)　190英
110 唐和録(17)
111 佇足復題(1)
112 琉球人詩歌集(1)
113 周太鏡抄方琉歌集(1)
114 狂歌いろは歌集(1)
115 琉球の史的瞥見(1)
116 八重山島農業論(1)
117 琉球俗謡集(3)

⑨

118 琉球属和録(7)

KYOTO STATION HOTEL
KYOTO JAPAN
TEL.SHIMO ⑥ 8891

'26

119 仝上(8)

120 琉球詩課(1)

121 〃 詩録(1)

122 琉球[illegible]詩(1)

123 琉球集(1)

124 古今琉歌集(1)

125 仝 上(1)

126 琉球詩稿(1)

127 宮古島の歌(1)

128 琉球歌集(1)

129 ふしぐみ 琉歌集(1)

130 琉歌集(1)

121

(10

131 仝上(1)

KYOTO STATION HOTEL
KYOTO JAPAN
TEL.SHIMO ⑤ 8891

17

132 仝上(1)

133 古琉球吟(2)

134 琉球詩課(1)

135 仝上 (1)

136 琉球使録(2)

137 琉〃女流歌選集(1)

138 琉球浄瑠璃(1)

139 琉〃踊狂言(1)

140 御膳本草(1)

141 琉球藩史(1)

142 仝 上 (2)

143 仝 上 (2)

134

144 仝 上 (2) (11)

KYOTO STATION HOTEL
KYOTO JAPAN
TEL.SHIMO ⑤ 8891

'17

◎145 日書往来(1)

146 沖縄県山林仕立願(1)

147 琉球史の趨勢(1)

148 南島史考(1)

149 尚巴志王統甲冑(1)

150 琉球日予書(1)

151 琉球論(1)

152 沖縄考(1)

153 沖縄対話(2)

154 ひるぎの一葉(1)

155 流虬百花譜(1)

156 琉球草木写生(2)

157 薩州美帝扁(1) ? 奥

⑫

158 琉球俗語(2)

KYOTO STATION HOTEL
KYOTO JAPAN
TEL.SHIMO ⑥ 8891

開　23

159 質本草(5)
160 仝上(5)
161 六諭(1)
162 御教条(1)
163 身持物語(1)
164 琉球假市~~教条~~(1)
165 仝上(1)
166 琉球激草(1)
167 古琉球吟(2)
168 経典補記(1)
169 琉文言集(1)
170 家宝教訓歌(1)

161

(13)

171 家内物語(1) '28

KYOTO STATION HOTEL
KYOTO JAPAN
TEL.SHIMO ⑤ 8891

172 中山家之巾掛物(2)

173 琉球年代記(1)

174 中山紀略(1)

175 琉球記事(1)

176 中山沿革志(2)

177 琉球国志略(6)

178 〃〃〃外交録(1)

179 〃〃国事略(1)

180 〃〃沿革志(2)

181 使者記録(1)

182 南山俗語考(6)

183 使琉球録(1)

184 琉球聘使記(1)

〃〃〃使略(1)

176

⑭

185 琉球人行列記(1)

KYOTO STATION HOTEL
KYOTO JAPAN
TEL.SHIMO ⑤ 8891

23
(24?)

186 仝　上(1)

187 琉球来聘人名簿(1)

188 〃　来聘記(1)

189 〃 〃 〃 〃 図四張(1)

190 琉球往来(2)

191 〃 〃 入貢紀略(1)

192 〃 〃 聘使記(1)

193 〃 〃 入貢紀略(1)

194 仝　上(1)

195 〃 〃 人大行列図(1)

196 琉球人来聘記(3)

197 仝　上(2)

198 琉球人行列記(3)

199 琉球人来聘記(2)

200 琉球年代記(1)

201 仝　上(1)

⑮

202. 琉球譜(上・下) 2,　'27

203 〃 〃人来朝之式(1)

KYOTO STATION HOTEL
KYOTO JAPAN
TEL ... 8191

〃 〃人参府行列写(1)

204. 琉球聘使記(1)

205 琉球人来聘使日記(1)

206 琉球人来朝記(1)

207 〃 〃 来聘(1)　200頁

208 〃 〃 来府(1)

209 〃 〃 参府記(1)

210 六諭衍義(2)

211. 琉球人方市長持(1)

212. 口上書その他 (1)

213 古琉球型紙(1)

214 朝鮮地圖(1)

215 琉球織物留集(7)

216 古琉球紅型(1)

---

217 琉球人図(一巾物) 琉

218 下馬碑拓本

219 宇田川榕庵ラン図(1)

212

⑯

220 琉客談記(写本?)

KYOTO STATION HOTEL
KYOTO JAPAN
SHIMO ⑧ 889

13

221 汪楫 絶句

222 (趙文楷の巻物(1)
楊文鳳との対唱

223 行列図

224 琉球所見(彩絵)(二巻対)

225 中山花木図(巻物)

226 万国輿地図(全6図)

227 琉球説貝図譜(S8)

228 南陵帖
(林鴻年) ? 琉

229 琉球人登城行列二巻
三国図覧図説(

230 琉球人(全副王子)登城
行列図、

224

⑰

231、琉球王花奔書画冊(一箱)

232 琉球門之図(地図)

KYOTO STATION HOTEL

KYOTO JAPAN

TEL.SHIMO ⑥ 8891

233 鏡中美談、? 21

234、琉球の音楽(1)

235 古言今言(6)

236 琉球風物版画集(1)

237 島津弾正書状

238 伯徳令拓本

返

239 沖縄諸島概説(1)

240 琉球諸島図、(1)

241 琉球国絵図(1).

242 琉球年代記(1)

243 沖縄県農林概説(1)

244、奄美大島方言ト対照(1)

245 〃 〃 〃 〃 〃 〃 ト士絵(1)

246 琉球経済再建ノ方針(1)

24

18

249 琉球通宝泉貨図 (1)

KYOTO STATION HOTEL
KYOTO JAPAN
TEL.SHIMO ⑧ 8891

250 林政八書 (1), ✓19

251 連官史 (2)

252 琉球教育史 (1)

253 琉球唱曲 (1)

254 骨董録 (1)

255 異船届書 (1)

256 南島通貨志の研究 (2)

257 琉球新法 (2)

258 仝　上原図 (2) ?

259 琉球諸島図 (1)

260. 日本古図 (1)

261. 新貨条令 (1)

262 日本経済史 (2)

25

⑲

263 琉球地理志(1)

264 中頭郡地誌畧(1)

KYOTO STATION HOTEL
KYOTO JAPAN
TEL SHIMO(6) 8 ...

265 南島談話(1) 35

266 沖縄人名考 (1)

267 シマの話 (1)

268 孤島苦の琉球 (1)

269 十島図譜 (1)

270 風土記日本

---

271 李朝実録(27)

計263点

Nantō fudoki Higaonna

Tennen kinenbutsu chōsa hōkoku kokutan no bu dai isshu

Dai-Nihon chishi 巻十

KYOTO STATION HOTEL
KYOTO JAPAN
TEL.KYOTO

南嶋研究・南嶋談話 全

Nantō hōgen shiryō Tōjō Misao

Okinawa-ken tochi seiri kiyō

Ryukyu no min'yō 金井喜久子

Naha chikkō shi

Nisshi gaikō rokujū nen shi dai一巻

島 2 vols

琉球教育 vol I－10〇－(12 vols)

Amami shuzen bunka 2 vols

Chiho jichi 7-shu nen kinenshi Okinawa shichōson shokei kan

Ryukyu samisen hōkan

Okinawa taikan

Okinawa Yaeyama

Okinawa-ken tōkei sho

Ryukyu sono go

Okinawa-ken ken-nai riteihyō

薩南硫黄權宮秘話

Avifauna of the Riu Kiu Islands Kuroda

KYOTO STATION HOTEL
KYOTO JAPAN
TEL. KYOTO

Okinawa orimono kireji no kenkyu (Tanaka)

Science Reports Tohoku Imp. U. 2nd series (Geology)
XVII (1935) Topography + geology of R. Is.

Ryukyu Kenchikutai

琉球裂 （大道）

Nankai kotoji

KYOTO STATION HOTEL
KYOTO JAPAN
TEL KYOTO

Nantō sōkō
Amami Ōshima Min'zo taikan
Ryukyu kyakuwa
Ōshima no hanashi

Okinawa kyūkan megiri naikō
Ko Ryukyu 1st ed.
Yaeyama rekishi
Miyako shi-den
Okinawa kyusai ronshū
Satsuma to Ryukyu
琉球の形附 (Serizawa Keisuke)
Nantō ikōden
Perry teitoku Nippon enseiki
Ryukyu seifu dai-ichi gokanen keikaku sho
Kokuron Okinawa go
Togyo yori mitaru Okinawa
Reimeiki no kaigai kōtsū shi
Ryukyu henkan-ron
Hompō togyo shi　　Ryukyu retto shigen

Nantō ronsō

Nippon Kirisutokyo-shi kankei wakansho mokuroku

KYOTO STATION HOTEL
KYOTO JAPAN
TEL. KYOTO

Hinshi no Ryukyu

Asamori Gisuke ō den

Wako shiseki no kenkyu

Nantō enkaku-shi ron

Nantō ikō den

Naha shi suidō shi

Ryukyu kyōsan sonraku no kenkyu

Okinawa ken ~~gent~~ rettaten ruisan 上下

Tsushima min'yo shu

Okinawa no minwa

Ryukyu bungaku

Ryukyu no kenkyu

Nippon nangoku monogatari

Okinawa bunka sosetsu

Ryukyu no bingata

Kyushoku Okinawa hakken kensei yōran

Tokyo teikoku daigaku kiyō rika vol. XII, no. 4

Shiseki meishō tennen kinen butsu chōsa hōkoku #4
Kagoshima-ken (1938)

国景 vol. X no 11 on Okinawa

Okinawa-ken shashinchō

Okinawa ken jinbutsu fukei shashinchō

Tōyō sekai VI, 6 Okinawa-go

Saikō nantō goi-kō (Miyara Tōsō)

Yaeyama goi

Ryukyu retto no shokubutsu ei

Nanpō bunka no kenkyū (Shigeno Yukio)

Nantō zatsuwa

Ryukyu-koku ō-dai ki

Ko Ryukyu 3

Taiten kinen Okinawa jinji kōshin roku

薩隅日地理纂考

Ryukyu no orimono

萬葉物語 Yanagi Soetsu

KYOTO STATION HOTEL
KYOTO JAPAN
TEL. KYOTO ⑧ 8131

Nihon-shi gaikan

Hakubutsugaku zasshi vol I

Okinawa ... Kunigami-gun-shi

- Ryukyu kenbun-roku

Nisshi koshō shiron

Nisshi kotan no kenkyu

Ryukyu no kenkyu 中 & 下 巻 (Kato)

Kotoba no koza 2

Kanrei enkaku-hyo

Bakumatsu gaikō shi no kenkyū

Nantō tanken

Nantō yawa

Chuzan sekan

Ryukyu shoben 上 下

Ryukyu showa

Basho nuno monogatari

Kumage chishi 巻 一

おきなわ The Okinawa vols 1-40 in 3 boxes)

Kichi Okinawa

Ryukyu-go benran 2 Sha

Kokuritsu Taiwan daigaku, Bunshi tetsugaku-hō dai ikki

KYOTO STATION HOTEL
KYOTO JAPAN
TEL.SHIMO ⑧ 8 8 9 1

Ryukyu shindōki 4

Okinawa jubutsu

Okinawa taifu 颱風 no kenkyu

Ryukyu ogidō kaizuka (Matsumura)

Ryukyu Iha kaizuka hakkutsu hokoku Oyama

Okinawa-ken shinkō jigyo setsumei-sho 1932. June

Amami Oshima mingyō kyōkai shi

Saikin ni okeru Okinawa kenkyu gaikan

Omoro ~~shi~~ no fushina dedokoro sakuin

Naha chikko shi

Nippon no kotoba (Miyara Toso)

Gocho o chushin to ~~suru~~ suru Ryukyu-go no kenkyu

Okinawa goten 2

Okinawa hōgen shiryo (Oiwa) 2

Ryukyu-jo to Ryukyu shiryō no kaisetsu

Ryukyu shiryo sosho 5 vols

Tojyo yori mitaru Okinawa

Kagoshima-ken shi vol II

Itai shuzoku kō

Ellery Queen The Door Between

Gutzlaff Journal of three Voyages

HOTEL
KYOTO JAPAN
TEL.SHIMO ⑥ 8 8 9 1

Letter file

Tentamen florae lutchuensis T. Ito + J. Matsumura Tokyo 1899

Okinawa keizai jijō

Nantō oboegaki (Ando)

Perry Teitoku Ryukyu hōmon-ki Kanda Seiki yaku 2 vols

Okinawa no sangyō Inaka

Onarigami no shima

Okinawa miyage Akimori

Ryukyu kokai no sugata, etc. Yamura

Kokugo-shi no hogen-teki kenkyu 二輯 Okusato 2

Okinawa-go no kenkyu Kuwae Ryoko 2

Kikai-jima hogen shu

Naha hogen gaisetsu

Nanto hogen Erabu go no kenkyu

[illegible]

Korean Advertiser Jan - June 1879

Constable's Miscel. Hall's Voyages 3 vols

Kerr Ryukyu Kingdom & Province 3 vols

Exped. of Morrison to Japan

Lewchew Bishop of Victoria

Chaillet La Resurrection catholique du Japon

Marnas La Religion de Jesus ressuscitée au Japon 2 vols

Beechey Narrative of a Voyage to the Pacific 1832

Renseignements hydrographiques sur les Iles
Formose et Lou-Tchou. 1859

Bull. of the Biogeographical Society of Japan V, 3

Journal of S. Wells Williams. 1911,

E H House The Japanese Expedition to Formosa

Hall's Voyage to Loo Choo

M Eder Das Lautwesen des Yaeyama-Dialektes 193

Modern Far Eastern Internat'l Relations MB 467

KYOTO STATION HOTEL
KYOTO JAPAN
TEL. SHIMO ⑧ 8891

Japan by the Japanese
McLeod's voyage of the Alceste
Beasley Great Britain and the Opening of Japan
Dennett Americans in Eastern Asia
Jacken The Great Loochoo
Cholmondeley History of the Bonin Islands
Dickson Gleanings from Japan
Chamberlain Grammar & dict. of the Luchuan lang
Kerr's Ryukyu no rekishi Jap. ed.
The Chrysanthemum vol. I. 1881
G. Kato Commem. vol. Meiji Japan Society 25th anniv
Beukensaki Beiträge zu einer kulturhistorischen Bibliographie der Ryukyu (Okinawa) Insel minor 1954 2 copies
Kerr Ryukyu Islands prelim checklist
Studies on the fauna of the Ryukyu Islands
Hall's voyage to Loo Choo
Alexander. Political Status of the Ryukyu Islands, 1951
Kerr Ryukyu Kingdom & Province
USCAR Important trees of the Ryukyu Islands Jan 1954

Wang Yi-t'ung, Official relations between China & Japan 1368-1549

KYOTO STATION HOTEL
KYOTO JAPAN
TEL SHIM

US Army Okinawa The Last Battle

Schwartz Commodore Perry in Okinawa 1946

Leavenworth The Ryu Loochoo Islands 1905

Bulletin Société de Géographie de Rochefort XXIX (1907), 4
"Campagne de L'Alcmene en extrême Orient"

Chrysanthemum III, 1-6 1883; II, 1882

TASJ 1872-73; XLIII, 2 (1915)

Kerr Okinawa

Jr. Marnas, La Religion de Jesus, 2 vols. 1896

Denucé Les îles Lequios

Halloran's Journal to Japan Loochoo &c

L. Leland Locke The Ancient Quipu

Alekseev Japanese gold and silver coins (Russian) 1913

de Rosny Feuilles de Momidzi

The Postal Stationery catalogue of Ryukyu

KYOTO STATION HOTEL
KYOTO JAPAN
TEL.KYOTO ③3191

・琉球人の見た古事記と万葉
・沖縄視察記
・日本復帰論
・琉球大観
・日本名勝地誌
・旧琉球藩租税法
・南島の自然と人
・黍の村
・沖縄県案内
・新版沖縄県案内
・沖縄を想う
・琉球風土記
・沖縄民族読本
・難海之栞
・シマの話
・沖縄の人形芝居
・山原の土俗
・琉球人名考
・古琉球の政治
・古琉球の政治
・八重山島民謡誌
・与那国島図誌
・南島説話
・琉球人名考
・島津斉彬言行録
・琉球法案内
・琉球と為朝
・日本渡航記
・琉球民謡集
・琉球の五偉人
・那覇市例規集
・琉球大観
・琉球
・琉球辻情話
・宮城鉄夫
・儀間真常伝
・義人花昇伝 — 謝花昇伝。
・歌集 浄命

2

KYOTO STATION HOTEL
KYOTO JAPAN
TEL. KYOTO ４８１９１

・風土と言葉
・奄美大島民族誌
・鳳来先、杜多秀歌壹訣（写真）
・琉球舞
・我歌南国
・旅の京都と
・沖縄法制史
・襷帯
・明代叢書　十六
・籌遼碩畫 他　七〇
・小方壺斎輿地叢鈔　八四
・沖縄の悲劇
・沖縄
・沖縄からの報告
・日本の書物
・琉球貿易の多引
・琉球へ
・大和民族の由来と琉球
・同
・沖縄今昔
・沖縄昔話集
・同
・硫黄島・沖縄
・運命の島々
・琉球の文化
・琉球の陶器
・柳宗悦選集 第五巻
・沖縄風土記
・移りゆく沖縄のすがた
・童景集
・童景集
・歌集 乙女峠
・琉球のローマンス
・空手道
・琉球
・沖縄島
・唐土の春風
・水攻めの沖縄
・天草ペーロン志

3

KYOTO STATION HOTEL
KYOTO JAPAN
TEL.KYOTO

工工史　三
沖縄一千年史
同
起て沖縄男子
昭和七年 [illegible]
沖永良部島 [illegible]
栄え行く農民
琉球帰属論
琉球故事抄
沖縄現代史
琉球史の趨勢
~~沖縄~~ 琉球王政時代の農政及林政
日本南方発展史
女人政治考
南国史話
西南文運史論
奄美大島史
大奄美史
日本近世英学史
日本英学史の研究
琉球と薩摩の文化展覧会目録
琉球展覧会目録
郷土史料
台湾関係史料展覧会目録
琉球と薩摩の文化展覧会目録
郷土教育紀要
沖縄郷土資料目録
郷土志料目録
沖縄郷土誌教本
沖縄研究資料　第一集
琉球文献目録稿
万国船旗図譜
琉球事件
琉球人諸事一件之控　三
琉球景況概要
嶋津殿御家系図
十島図譜
絵本異国一覧

4

みんなみの巌のはてた
巴旗の曙
護園集
琉球行列

KYOTO STATION HOTEL
KYOTO JAPAN
TEL.(010) 8131

琉球側の史料より見たるフォルカード師の動静
仕置
琉語易理哲学
毛氏先祖由来記
口上覚
琉球産物
意見書
中山世譜
中山世譜
琉球状
中山世譜　三
（年歌）
嗹吧咁第八期営業報告書
高良氏卓軒畏伏意見書
袋中上人余光
酉正月中車理方金見遣取扣簿
申七月中　〃
琉球の宗教
琉球神道記　二
琉球神道記　二
琉球神道記 写本 二
琉球神道記　二
琉球神道記　三
琉球紅型
琉球国王冊封之図

5

KYOTO STATION HOT…
KYOTO JAPAN
TEL.KYOTO 28101

(浅野明道覧) 琉球諸島図
九州明細図　四
日本地誌略図問答　八
大日本籌海全図　五
内国地図　四
琉球図
琉球（地理書）
朝鮮琉球全図
大東輿地図
稿本 和漢琉年来記
往使水路記　五
重刻 中山伝信録　六
中山伝信録 物産考
中山伝信録 台湾鄭氏記事
中山伝信録　四
中山伝信録　六
中山伝信録　六
中山伝信録 明和版　六
八丈島筆記
南方海島志
南島雑話 補遺篇
薩摩風土記　三
琉球産物見帳
宮古島旧史 附 南航日記
宮古島記事仕次
沖縄風俗図絵
史畧琉球国王代記
球陽　二

6

KYOTO STATION HOTEL
KYOTO JAPAN
TEL. KYOTO

・バジル、ホール大琉球島航海探険記
・南島叢考
・海島風趣
・続南方文化の探究
・南方文化の建設へ
・琉歌集
・定西法師琉球国渡海記
・定西琉球物語
・定西法師琉球物語（写）
校訂沖縄法制史
・南島村内法
・沖縄の人事法制史と現行人事法改正観
・工芸文化
・沖縄の地位
・天然紀念物調査報告
・琉球工芸文化展覧会解説
・小笠原島巡回略記
・沖縄県国頭郡志
・尚泰侯実録
・沖縄県治要覧
・南島 第一輯～第三輯　三
・工芸 百
・喜界島農家食事日誌
・南島探険

7

KYOTO STATION HOTEL
KYOTO JAPAN
TEL.KYOTO

- 日本の南端 紅頭嶼
- 東汀随筆
- グランド将軍との御話筆記
- 林註 租地仕置
- 天保八年モリソン号渡来の研究
- 球陽外巻 遺老説伝
- 琉球人種論
- 工芸 百七
- 沖縄県宮古島々費軽減及島政改革請願書
- 沖縄結縄考
- 琉球古来の数字と結縄及記標文字
- 大東輿地図索引
- 啓明会創立記念講演集
- 同
- 啓明会第十五回講演集
- 石垣島気候編
- 三国通覧
- 三国通覧略説
- 大日本分境図成 上
- 大日本接壌三国之全図
- 大日本海陸全図
- 沖縄県地誌略
- 沖縄県地誌略
- 琉球国全図

8

KYOTO STATION HOTEL
KYOTO JAPAN
TEL.

・南遊記
・シマの生活誌
・台湾沖縄遊記
・奄美の島々
・おもろ新釈
・通背拳法
・木片集
・九州沖縄の園芸
・沖縄考
・辻の今昔（沖縄の売春街）
・日本の島々
・島と島人
・おもろさうし選釈
・琉球と鹿児島
・沖縄文
・概説沖縄文
・海南小記
・南島情趣
・琉球古代社会の研究
・大奄美年鑑
・琉球古今記
・石垣町誌

9

KYOTO STATION HOTEL
KYOTO JAPAN
TEL.KYOTO ８１９１

沖縄県八重山島統計一覧略表
琉球伝説　五
組踊集　下
組踊
同
琉球俗謡　一、二、六　三
琉球産物凡甲同人帳
八重山童謡集
琉球記聞
琉球千草之巻
同
琉球解語
沖縄対語
工工四　上冊
工工四　下巻
中山聘使略
中山聘使略
中山国使略
琉球歌謡
琉球論
琉球人行礼の次第
琉球竹枝
大日本国細図　二
南島遊記
林政八書
沖縄旧慣地方制度
沖縄教育　六十四号　偉人伝
那覇古実集
算用帳
琉球古来の数学
琉球漆器考
沖縄県雑録
沖縄県漁業調査書
琉球糖業ト旧慣諸制度
沖縄県雑録
沖縄漁業調査書　五

関連資料05（坂巻駿三「琉球コレクション」書抜）

10

奄美史談
琉球王代文献集 第1〜4輯 四
旧記
喜安日記
南島誌
琉球の地割制度
砂糖一条書
七島問答
中山伝信録 巻一,四,五,六 四

KYOTO STATION HOTEL
KYOTO JAPAN
TEL. KYOTO 8191

11

KYOTO STATION HOTEL
KYOTO JAPAN
TEL.KYOTO 4 3 1 9 1

沖縄の海は碧い
沖縄の民 —
琉球の歴史
火の花の島
沖縄の民
沖縄の民謡
桃太郎の母
赤道祭
一椀の雪
歌姫
花扇
琉球文学
島国の唄と踊
古事記の鑑賞
琉球諸島風物詩集
朝鮮及琉球の民情
琉球昔噺集
琉球戯曲辞典
琉球戯曲集
沖縄童謡集
おきえらぶ昔話
おきえらぶ昔話
南方文化の研究
琉球音楽考
南島論攷
南の昔話
詩集 琉球
オヤケアカハチ
八重山古謡 第一輯
八重山古謡 第二輯
奄美大島民謡大観
琉球昔話
琉球の民謡と舞踊
諸国童謡大全
沖縄大島民謡集
琉球歌物語
海南余話
琉球浄瑠璃 — 浄瑠璃
琉球漫録
同

関連資料 05（坂巻駿三「琉球コレクション」書抜）

12

KYOTO STATION HOTE

KYOTO JAPAN

TEL. …

?、・中城さうし
・琉球文学研究
・牛になった花よめさん
・奄美大島と大西郷
・南島[illegible]
・古琉球
・通俗琉球史
・孤島苦の琉球史
・古代琉球の研究
・沖縄女性史
・沖縄女性史
・沖縄歴史
・沖縄歴史
・沖縄歴史
・久米島史話
・趣味の喜界島史
・沖縄歴史物語
・宮古島郷土史
・沖縄渉外史
沖縄県政五十年
・古代沖縄の姿
・おもろさうし
・沖縄植物総目録
・南島[illegible]録
・紅頭嶼土俗調査報告
・琉球軍記
・沖縄案内
・沖縄写真帳 三
・十島図譜
✓岡倉先生記念論文集
・山崎博士の演説と文章
・尚泰侯実録
✓院政貴族語と文化の南展
✓南島方言史攷
✓沖縄善行美談
・南方文化の探究
・新沖縄案内
・奄美大島歴史物語
✓[illegible]史研究

3 19

Okinawa keizai jijō

Nantō oboegaki (Sutō) 南島覚書

Perry teitoku Ryūkyū hōmon-ki Kanda Seiki yaku 2 vols.

Okinawa no sangyō Inaka 沖縄の産業

Onarigami no shima おなり神の島

Okinawa miyage Akinori 沖縄土産

Ryukyu korai no sūgaka, etc. Yamuro 琉球古来の数学と結縄ん.

Kokugo-shi no hōgen-teki kenkyū Okusato 2

Okinawa-go no kenkyū Kuwae Ryōkō 2 沖縄語の研究

Kikai-jima hōgen shū 喜界島方言集

Naha hōgen gaisetsu 那覇方言概説

Nantō hōgen Erabu go no kenkyū 南島方言えらぶ語の研究

Ryūkyū-go benran Iha 2 琉球語便覧

Kokuritsu Taiwan daigaku, Bunshi tetsugaku hō dai ikki

Ryūkyū shindō-ki 4 琉球神道記

Okinawa fūbutsu

Okinawa taifu 颱風 no kenkyū

Ryūkyū ogidō kaizuka (Matsumura) 琉球荻堂貝塚

Ryūkyū Iha kaizuka hakkutsu hōhoku Ōyama 琉球伊波貝塚發掘報告

Okinawa-ken shinkō jigyō setsumei sho 1932. June

4 20

Amami Ōshima min'yō kyoku-fu shū

Saikin ni okeru Okinawa kenkyū gaikan

Omoro no fushina dedokoro sakuin

Naha chikkō shi

Nippon no kotoba (Miyara tōsō)

Gochō o chūshin to seru Ryūkyū-go no kenkyū

Okinawa goten 2 沖縄語典

Okinawa hōgen shiryō (Owan) 2

Ryūkyū-go to Ryūkyū shiryō mokuroku

Ryūkyū shiryō sōsho 5 vols. 琉球史料叢書

Tōgyō yori mitaru Okinawa

Kagoshima-ken shi vol. II.

Itai shuzoku kō 異態習俗考

Naha-shi gaikan 那覇市概観

Hakubutsugaku zasshi vol. I

Okinawa-ken Kunigami gun-shi 沖縄県国頭郡誌

Ryūkyū kenbun-roku 琉球見聞録

Nisshi kōshō shiron 日支交渉史論

Nisshi kōtsū no kenkyū 日支交通の研究

Ryūkyū no kenkyū 中下 琉球の研究

5 21

Kotoba no kōza 2

Kanrei enkaku-hyō

Bakumatsu gaikō shi no kenkyū

Nantō tanken 南島探験

Nantō yawa 南島夜話

Chūzan sekan 中山世鑑

Ryūkyū shobun 上 下

Ryūkyū shōwa 琉球小話

Basho mino monogatari

Kumage chishi 巻一

おきなわ The Okinawa vols. 1-40 in 3 boxes

Kichi Okinawa 基地沖縄

Kyūshū Okinawa hakken kensei yōran

Tōkyō teikoku daigaku kiyō rika vol. XII, No. 4

Shiseki meishō tennen kinen butsu chōsa ~~hokoku~~ hōkoku #4

Kagoshima-ken (1938) 2

fūkei 風景 vol X No. 11 on Okinawa

Okinawa-ken shashinchō 沖縄縣写真帖

Okinawa ken jimbutsu fūkei shashin chō 沖縄縣人物風景写真大観

Tōgyō sekai VI, 6 Okinawa-go

6 22

o✓Saihō nantō goi-kō (Miyara Tōsō) 採訪南島語彙稿

6 ✓Yaeyama goi 八重山語彙

✓ Ryūkyū rettō no shokubutsu sō

o ✓Nanpō bunka no kenkyū (Shigeno Yūkō) 南方文化の研究

✓✓ Nantō zatsuwa 南島雑話

✓ Ryūkyū-koku ō-dai ki

o ✓Ko Ryūkyū 3 古琉球

✓✓ Taiten kinen Okinawa jinji kōshin roku ? 沖縄縣人事興信録

✓薩隅日地理纂考

✓ Ryūkyū no orimono

✓蒐集物語 Yanagi ~~soehi~~ Sōetsu

o ✓ Nantō ronsō 南島論叢

✓Nippon kirisutokyō-shi kankei wakan sho mokuroku

o ✓ Hinshi no Ryūkyū 瀕死の琉球

✓✓ Sasamori Gisuke ō den、笹森儀助翁伝

✓Wakō shiseki no kenkyū

o✓ Nantō enkaku-shi ron 南島沿革史論

✓✓ Nantō ikō den 南島偉功傳

✓Naha shi suidō shi

✓✓Ryūkyū kyōsan sonraku no kenkyū 琉球共産村落の研究

7 23

Okinawa ken reitatsu ruisan 上下

Tsushima min'yō shū

Okinawa no minwa

Ryūkyū bungaku

Ryūkyū no kenkyū 琉球の研究

Nippon nangoku monogatari

Okinawa bunka sōsetsu 沖縄文化叢説

Ryūkyū no bingata 琉球の紅型

Nantō sōkō 南島叢考

Amami Ōshima Min'yō taikan 奄美大島民謡大観

Ryūkyū hyakuwa 琉球百話

Shima no hanashi シマの話

Okinawa kyūkan magiri naihō

Ko Ryūkyū 1st ed. 古琉球 二

Yaeyama rekishi 八重山歴史

Miyako shiden 宮古史伝

Okinawa kyūsai ronshū 沖縄救済論集

Satsuma to Ryūkyū 薩摩と琉球

琉球の形附 (Serizawa Keisuke)

Nantō ikō den 南島偉功傳

Perry teitoku Nippon enseiki

8 24

✓ Ryukyu seifu dai-ichi gokanen keikaku-sho

✓ Kokuron Okinawa-gō

✓ Tōgyō yori mitaru Okinawa

✓ Reimeiki no kaigai kōtsū shi 黎明期の海外交通史

o ✓ Ryukyu kenbun roku 琉球見聞録

✓ Honpo tōgyō shi Ryukyu retto chizu

✓ 薩南硫黄権宮秘話

~~Bibliography of the Riu Kiu Islands Kuroda~~

✓ o Okinawa orimono kireji no kenkyū (Tanaka) 沖縄織物裂地の研究

Science Reports Tohoku Imp. U. 2nd series (geology)

XVII (1935) Topography and geology of R. Isl.

o ✓ Ryukyu Kenchiku 琉球建築

✓ 琉球裂 （大道）

o ✓ Nankai kotoji 南海古陶瓷

✓ ✓ Nantō fūdoki (Higaonna) 南島風土記

✓ Tennen kinenbutsu chōsa hōkoku kōbutsu no bu dai isshu

✓ Dai Nippon chishi 巻十

✓ 南島研究・南島談話 全

o ✓ Nantō-hōgen shiryō (Tōjō Misao) 南島方言資料

✓ ✓ Okinawa-ken tochi seiri kiyō 沖縄県土地整理紀要

✓ ✓ Ryūkyū no min'yō （金井喜久子） 琉球の民謡

9

25

Naha chikkō-shi

Nisshi gaikō rokujū-nen shi dai 一巻

Shima 島 2 vols.

琉球教育 vol. I-100 (12 vols.)

Amami shizen to bunka 2 vols. 奄美自然と文化

Chihō jichi 7-shū nen kinenshi Okinawa shichō son chō kai hen

Ryukyu samisen hō kan 琉球三味線 鑑

Okinawa taikan 沖縄大観

Okinawa Yaeyama

Okinawa-ken tōkei sho 沖縄縣統計書

Ryūkyū sono go

Okinawa-ken kan-nai ritei hyo

2t

In European Languages

Wang Yi-t'ung, Official Relations Between China and Japan 1368-1549

U. S. Army, Okinawa The Last Battle

Schwartz, Commodore Perry in Okinawa 1946

Leavenworth, The Loochoo Islands 1905

Bulletin Societe de Geographie de Rockefort XXIX (1907), 4
"Campagne de L'àlcmene en extreme Orient"

Chrysanthemum III, 1-6 1883: II, 1882

TASJ 1872-73; XLIII, 2 (1915)

Kerr, Okinawa

Fr. Marnas, La Religion de Jesus, 2 vols. 1896

Denuce, Les iles Lequios

Halloran's Journal to Japan Loochoo &c.

L. Leland Locke, The Ancient Quipu

Alekseev, Japanese Gold and Silver Coins (Russian) 1913

de Rosny, Feuilles de Momidzi

The Postal Stationary Catalogue of Ryukyu

Japan by the Japanese

M'Leod's Voyage of the Alceste, 2 vols.

Beasley, Great Britain and the Opening of Japan

Dennett, Americans in Eastern Asia

Glacken, The Great Loochoo

Cholmondeley, History of the Bonin Islands

Dickson, Gleanings from Japan

Chamberlain, Grammar and Dict. of the Luchuan Lang.

Kerr's Ryukyu no Rekishi. Jap. trl.

The Chrysanthemum Vol. I. 1881

G. Kato, Commem. vol. Meiji Japan Society 25th anniv.

Bonkenstein, Beitrage zu einen Kulturhistorischen Bibliographie
der Ryukyu (Okinawa) Inseln., mimeo 1954 2 copies

Rosny, Introduction à la langue japonaise

[illegible] Ethnologie [illegible] der [illegible]

Kerr, Ryukyu Islands Prelim. Checklist

Studies on the fauna of the Ryukyu Islands

Hall's Voyage to Loo Choo

Alexander, Political Status of the Ryukyu Islands, 1951

Kerr, Ryukyu Kingdom and Province

USCAR, Important Trees of the Ryukyu Islands. Jan. 1954

Korean Advertiser. Jan-June 1879

Constable's Misc. Hall's Voyages. 3 vols.

Kerr Ryukyu Kingdom and Province. 3 vols.

Exped. of Morrison to Japan

Lewchew Bishop of Victoria

Chaillet, La Resurrection Catholique du Japan

Marnas, La Religion de Jesus ressuscitee au Japan. 2 vols.

Beechey, Narrative of a Voyage to the Pacific. 1832

Renseignements hydrographiques sur le Iles Formose et Lou-Tschou. 1859

Bull. of the Biographical Society of Japan, V, 3

Journal of S. Wells Williams. 1911

E. H. House, The Japanese Expedition to Formosa

Hall's Voyage to Loo Choo

M. Eder, Das Lautroesen des Yaeyama-Dialektes 1938.

Modern Far Eastern Internat'l Relations, MB 467

Ellery Queen, The Door Between

Gutzlaff, Journal of Three Voyages

Letter file

Tentamen florae luchiensis. T. Ito & J. Matsumura, Tokyo 1899

Bull, Earl R. – [illegible]

Avifauna of the Liu Kiu Islands. Kuroda.

[illegible]

OKINAWA SHI
沖縄志 (5)

OKINAWA SHI
沖縄志 (5)

OKINAWA SHI
沖縄志 (3)

OKINAWA SHI
沖縄志 (3)

RYŪKYŪ NENDAI KI
琉球年代記 (1)

東韓事略 (2)

NANTŌ KIJI
南島記事 (5)

NANTŌ ZATSUWA
南島雑話 (2)

NANTŌ ZATSUKI
南島雑記 (2)

NANTŌ ZATSUWA
南島雑話 (2)

NANTŌ SHI
南島志 (2)

南島志 (1)

南島志 (1)

爛柯柴 (2)

LIU-CH'IU JU-HSÜEH CHIEN-WÊN LU
琉球入学見聞録 (4)

琉球入学見聞録 (8)

LIU-CH'IU YÜ CHUNG-KUO
琉球與中国 (1)

NIHON GYŌ-KI
日本行記 (7)

OKINAWA SHŪ
沖縄集 (1)

OKINAWA SHŪ
沖縄集 (2)

OKINAWA SHŪ
沖縄集 (2)

沖縄集 (1)

沖縄集 (1)

RYŪKYŪ
琉球小誌 (1)

琉球小誌 (2)

長虹堤異聞 (1)

殊域周咨録 (8)

琉球百韻 (1)

杜天使冊封琉球真記 (1)

莫愁湖志 (3)

SETSUDŌ YEN YU
雪堂燕遊草 (1)

雪堂燕遊草 (1)

琉球静溢 (1)

琉球静溢記 (1)

円治要伝 (1)

琉球王代文献集 (3)

No.

琉球攻薩摩軍記《Ryūkyū Kō Satsuma Gunki》(1)

島津琉球軍精記《Shimazu Ryūkyū Gunsei Ki》(4)

島津琉球軍精記 (27冊)
(二秩)

古実方答 (1)

盧白集 (3)

朝鮮銭貨沿革誌 (2)

弓張月《Yumiharizuki》(写本12)

弓張月 (10)

弓張月 (10)

弓張月 (20)

活字本弓張月 (上,1)

活字本弓張月 (1)

海南紀聞 (2)

琉球奇談《Ryūkyū Kidan》(1)

琉客談記《Ryūkyaku Danki》(1)

琉客談記《Ryūkyaku Danki》(1)

琉客談記《Ryūkyaku Danki》(1)

琉客談記《Ryūkyaku Danki》(1)

琉客談記《Ryūkyaku Danki》(1)

ベッテルハイム聖書 (2)

ベッテルハイム聖書 (復刊1)

南浦文集《Nanpo Bunshū》(3)

南浦文集《Nanpo Bunshū》(3)

大島筆記《Ōshima Hikki》(1)

大島筆記《Ōshima Hikki》(2)

大島筆記《Ōshima Hikki》(3)

大島筆記《Ōshima Hikki》(4)

大島雑誌《Ōshima Zasshi》(1)

琉球状《Ryūkyū Jō》(1)

琉球雑話《Ryūkyū Zatsuwa》(1)

琉球雑話《Ryūkyū Zatsuwa》(1)

琉球状《Ryūkyū Jō》(1)

琉球状《Ryūkyū Jō》(1)

沖縄志略《Okinawa Shi Ryaku》(1)

沖縄志《Okinawa Shi》(5)

沖縄志《Okinawa Shi》(1)

No

SHIH LIU-CH'IU TSA-LU
?○✓使琉球雑録 (1) 王楫

SHI LIU-CH'IU CHI
✓○使琉球記 (6)

LIU-CH'IU-KUO CHIH-LÜEH
✓○琉球国誌略 (6)

HSU LIU-CH'IU-KUO CHIH-LÜEH
○✓続琉球国誌略 (4)

TŌYŪSŌ
○✓東遊草 (3)

RYŪKYŪ YŪSŌ
✓○琉球游草 (1)

RYŪKYŪ YŪSŌ
✓琉球遊草 (1)

HAEDONG CHŎGUKKI
○✓海東諸国記 (1)

✓五事略 (2)

✓五事略 (2)

✓属和録 (7)

✓伊呂波歌 (1)

RYŪKYŪ-JIN SHIKA SHŪ
✓琉球人詩歌集 (1)

✓具志頭親方琉歌集 (1)

KYŌ-KA IROHA KASHŪ
✓狂歌いろは歌集 (1)

RYŪKYŪ NO SHITEKI KANKEN
✓琉球の史的管見 (1)

YAEYAMA-JIMA NŌGYŌ RON
✓八重山島農業論 (1)

RYŪKYŪ ZOKUYŌ-SHŪ
○✓琉球俗謡集 (3)

RYŪKYŪ ZOKUWA ROKU
○✓琉球属和録 (7)

✓琉球属和録 (8)

RYŪKYŪ SHIROKU
✓琉球詩録 (1)

RYŪKYŪ SHIROKU
✓琉球詩録 (2)

RYŪKYŪ SHI
○✓琉球詩 (1)

RYŪKAI SHŪ
✓琉駭集 (1)

KOKON RYŪKA SHŪ
○✓古今琉歌集 (1)

✓古今琉歌集 (1)

RYŪKYŪ SHIKA
✓琉球詩課 (1)

MIYAKO-JIMA NO UTA
✓宮古島の歌 (1)

RYŪKYŪ KASHŪ
✓琉球歌集 (1)

FUSHIGUMI RYŪKA SHŪ
✓ふしぐみ琉歌集 (1)

RYŪKA SHŪ
✓琉歌集 (1)

RYŪKA SHŪ
✓琉歌集 (1)

RYŪKA SHŪ
✓琉歌集 (1)

KO RYŪKYŪ GIN
✓古琉球吟 (2)

RYŪKYŪ SHIKA
✓琉球詩課 (1)

✓琉球詩課 (1)

No.

○琉球使録《LIU-CH'IU SHIH LU》 (2)

✓琉球女流歌謡集《RYŪKYŪ JORYŪ KAYŌ SHŪ》 (1)

○✓琉球浄瑠璃《RYŪKYŪ JŌRURI》 (1)

✓琉球踊狂言《RYŪKYŪ ODORI KYŌGEN》 (1)

✓御膳本草 (1)

○✓琉球藩史《RYŪKYŪ HAN SHI》 (1)

✓琉球藩史《RYŪKYŪ HAN SHI》 (2)

✓琉球藩史《RYŪKYŪ HAN SHI》 (2)

琉球藩史《RYŪKYŪ HAN SHI》 (2)

✓国書往来 (1)

✓沖縄県山林仕立類 (1)

✓琉球史の趨勢 (1)

○南島史考《NANTŌ SHIKŌ》 (1)

✓尚巴志王統早解り (1)

✓琉球国事略《RYŪKYŪ-KOKU JIRYAKU》 (1)

✓○✓琉球談《RYŪKYŪ DAN》 (1)

✓沖縄考《OKINAWA KŌ》 (1)

○✓沖縄対話《OKINAWA TAIWA》 (2)

✓ひる木の一葉《HIRUGI NO ICHIYŌ》 (1)

✓流虬百花譜 (1)

✓琉球草木写生 (2)

○✓薩州旦御届 (1)

✓琉球俗語《RYŪKYŪ ZOKUGO》 (2)

✓質問本草 (5)

✓質問本草 (5)

✓六諭《RIKUYU》 (1)

✓御教条 (1)

✓身持物語 (1)

✓琉球版御教条 (1)

✓琉球版御教条 (1)

✓琉球遊草《RYŪKYŪ YŪSŌ》 (1)

✓古琉球吟《KO-RYŪKYŪ GIN》 (2)

✓経典補記 (1)

✓手本文言集《TEHON BUNGEN SHŪ》 (1)

✓家宝教訓歌《KAHŌ KYŌKUN KA》 (1)

✓家内物語《KANAI MONOGATARI》 (1)

No. 1.

✓御茶実の御掛物 (2)

Ryūkyū Nendai Ki
○✓琉球年代記 (1)

Chung-Shan Chi-Lüeh
○✓中山記略 (1)

Ryūkyū Ki-Ji
✓琉球記事 (1)

Chung-Shan Yen-Ko Chih
○✓中山沿革誌 (2)

Liu-Ch'iu-Kuo Chih-Lüeh
○✓琉球国志略 (6)

Ryūkyū Koku Gaikō Roku
△✓琉球国外交録 (1)

Ryūkyū Koku Jiryaku
○✓琉球国事略 (1)

Liu-Ch'iu Yen-Ko Chih
△✓琉球沿革誌 (2)

✓慶長記録 (1)

Nanzan Zokugo Kō
△✓南山俗語考 (6)

Shih Liu-Ch'iu Lu
○使琉球録 (1)

Ryūkyū Heishi Ki
○✓琉球聘使記 (1)

Ryūkyū Heishi Ryaku
✓琉球聘使略 (1)

Ryūkyū Gyōretsu Ki
琉球行列記 (1)

Ryūkyū Gyōretsu Ki
琉球行列記 (1)

Ryūkyū Raichō-Jin Meibo
△✓琉球来朝人名簿 (1)

Ryūkyū Raichō Ki
琉球来朝記 (1)

Ryūkyū Raichō Zu
△✓琉球来朝図四張 (1)

Ryūkyū Ōrai
○✓琉球往来 (2)

Ryūkyū Nyūkō-Ki-Ryaku
○✓琉球入貢紀略 (1)

Ryūkyū Heishi Ki
○✓琉球聘使記 (1)

Ryūkyū Nyūkō-Ki-Ryaku
○✓琉球入貢紀略 (1)

Ryūkyū Nyūkō-Ki-Ryaku
○✓琉球入貢紀略 (1)

Ryūkyū-Jin Dai Gyōretsu Ki
△✓琉球人大行列図記 (1)

Ryūkyū-Jin Raichō Ki
○✓琉球人来朝記 (3)

Ryūkyū-Jin Raichō Ki
琉球人来朝記 (2)

Ryūkyū-Jin Gyōretsu Ki
○✓琉球人行列記 (3)

Ryūkyū-Jin Raichō Ki
○✓琉球人来朝記 (2)

Ryūkyū Nendai Ki
琉球年代記 (1)

Ryūkyū Nendai Ki
琉球年代記 (1)

Ryūkyū Dan
○✓琉球談 (上.下) (2)

Ryūkyū-Jin Raichō No Shiki
✓琉球人来朝之式 (1)

Ryūkyū-Jin Sanpu
✓琉球人参府御觸写 (1)

Ryūkyū Heishi Ki
○✓琉球聘使記 (1)

Ryūkyū Kokurai Heishi Nikki
✓琉球国来聘使日記 (1)

○✓琉球人来朝記《RYŪKYŪ-JIN RAICHŌ KI》 (1)

✓琉球人来聘《RYŪKYŪ-JIN RAIHEI》 (1)

✓琉球人来府《RYŪKYŪ-JIN RAIFU》 (1)

✓琉球人参府記《RYŪKYŪ-JIN SANPU KI》 (1)

○✓六諭衍義《RIKU-YUENGI》 (2)

✓琉球人方御長持《RYŪKYŪ-JIN GATA ON-NAGAMOCHI》 (1)

✓口上書《KŌJŌ SHO》その他《SONOTA》 (1)

✓古琉球《KO RYŪKYŪ》型紙《KEISHI》 (1)

✓朝鮮地図《CHŌSEN CHIZU》 (1)

✓琉球織物名品集《RYŪKYŪ ORIMONO MEIHIN SHŪ》 (7)

✓古琉球紅型《KO RYŪKYŪ BINGATA》 (1)

✓琉球人図《RYŪKYŪ JIN-ZU》 (一幅)

✓下馬碑拓本 2本

✓宇田川榕庵ラン図 (1)

○✓琉客談記《RYŪKYAKU DAN-KI》 (東本?) (1)

✓汪楫ノ絶句 (1)

✓ 趙文楷の巻物
楊文鳳との対応 (1)

No

✓行列図《GYŌRETSU ZU》 (1)

✓琉球所見《RYŪKYŪ TOKOKOMI》 (二巻対)(絵) (1)

✓中山花木図 (巻物) (1)

✓万国輿地図 (全六図) (1)

✓琉球玩具図譜《RYŪKYŪ GANGU ZUSHIN》 (58) (1)

✓南陵帖 (林鴻年) (1)

✓琉球人登城行列《RYŪKYŪ-JIN TOJŌ GYŌRETSU》 二巻 (1)

○✓三国通覧図説《SANGOKU TSŪRAN ZUSETSU》 (1)

✓琉球人《RYŪKYŪ-JIN》(金武王子)登城行列図《TOJŌ GYŌRETSU ZU》

琉球王花本書画図(一箱) (1)

✓琉球国之図《RYŪKYŪ-KOKU NO ZU》 (地図《CHIZU》) (1)

✓袋中墨蹟 (1)

✓琉球《RYŪKYŪ》の音系《NO ONKEI》 (1)

✓古言今言 (6)

✓琉球風物版画集 (1)

島津弾正書状《SHIMAZU TADAMASA SHOJŌ》 (1)

伯徳令拓本 (1)

✓沖縄群島概況 (1)

No.

- ✓琉球諸島図《RYŪKYŪ SHOTŌ ZU》 (1)
- ✓琉球風俗図《RYŪKYŪ FŪZOKU ZU》 (1)
- 琉球年代記《RYŪKYŪ NENDAI KI》 (1)
- ✓沖縄県農林概況《OKINAWA-KEN NŌRIN JYŌKYŌ》 (1)
- 奄美大島方言ト対話《AMAMI ŌSHIMA HŌGEN TO TAIWA》 (1)
- ✓○✓奄美大島方言ト土俗《AMAMI ŌSHIMA HŌGEN TO DOZOKU》 (1)
- ✓琉球経済再建ノ方針《RYŪKYŪ KEIZAI SAIKEN NO HŌSHIN》 (1)
- ✓琉球通宝泉貨図譜 (1)
- ✓林政八書《RINSEI HASSHO》 (1)
- ✓連官史《RENKAN SHI》 (2)
- ✓琉球教育史《RYŪKYŪ KYŌIKU SHI》 (1)
- ✓琉球唱曲 (1)
- ✓骨董録 (1)
- ✓異船届書《ISEN TODOKE SHŌ》 (1)
- ✓南島通貨志の研究《NANTŌ TSŪKASHI NO KENKYŪ》 (2)
- ○✓琉球新誌《RYŪKYŪ SHINSHI》 (2)
- ✓琉球新誌及図《RYŪKYŪ SHINSHI OYOBI ZU》 (2)
- ✓琉球諸島図《RYŪKYŪ SHOTŌ ZU》 (1)
- 日本古図《NIHON KOZU》 (1)
- ✓新貨条令 (1)
- ✓日本経済史《NIPPON KEIZAI SHI》 (2)
- ✓琉球地理志《RYŪKYŪ CHIRI SHI》 (1)
- 沖縄県地誌略《OKINAWA-KEN CHISHI RYAKU》 (1)
- ✓南島説話《NANTŌ SETSU WA》 (1)
- ✓沖縄人名考《OKINAWA JINMEI KŌ》 (1)
- ○✓シマの話《SHIMA NO HANASHI》 (1)
- ✓孤島苦の琉球《KOTŌKU NO KYŪKYŪ》 (1)
- ✓十島問答 (1)
- ✓風土記日本《FUDO-KI NIPPON》 (1)
- ✓李朝実録 (23)

（以上 263 冊）

No.1

Hawley Bunko list

Ryūkyū Jin no Mita Kojiki to Manyō
○✓琉球人の見た古事記と万葉

Okinawa Shisatsu Ki
△✓沖縄視察記

Nihon Fukki Ron
△✓日本復帰論

Ryūkyū Taikan
○✓琉球大観

Nihon Meishō Chishi
○✓日本名勝地誌

Kyū Ryūkyūhan Sozei Hō
△✓旧琉球藩租税法

Nantō no Shizen to Hito
△✓南島の自然と人

Ai no Mura
△✓愛の村

Okinawa Ken Annai
△✓沖縄県案内

Shinpan Okinawa Annai
○✓新版沖縄県案内

Okinawa o Omou
△✓沖縄を想う

Ryūkyū Fudoki
○✓琉球風土記

Okinawa Minzoku Tokuhon
○✓沖縄民族読本

Nankai no Shio
△✓難海之栞

Shima no Hanashi
○✓シマの話

Okinawa no Ningyō Shibai
○✓沖縄の人形芝居

Yanabaru no Dozoku
○✓山原の土俗

Ryūkyū Jinmei Kō
○✓琉球人名考

Ko Ryūkyū no Seiji
○✓古琉球の政治

○✓古琉球の政治

Yaeyama-jima Minyō Shi
○✓八重山島民謡誌

Yonaguni-jima Zushi
○✓与那国島図誌

Nantō Setsuwa
○✓南島説話

Ryūkyū Jinmei Kō
○✓琉球人名考

=✓島津斉彬言行録

Ryūkyū-go Annai
△✓琉球語案内

Ryūkyū to Tametomo
○✓琉球と為朝

Nihon Tokō Ki
○✓日本渡航記

Ryūkyū Minyō Shū
○✓琉球民謡集

Ryūkyū no Go-Ijin
○✓琉球の五偉人

△✓那覇市例規集

Ryūkyū Taikan
○✓琉球大観

Ryūkyū
△✓琉球

Ryūkyū Tsuji Jōwa
○✓琉球辻情話

Miyagusuku Tetsuo
○✓宮城鉄夫

Gima Shinjō Den
△✓儀間真常伝

GIJIN JAHANA NOBORU-DEN
○✓義人謝花昇伝

KASHŪ JŌMEI
△✓歌集浄命

FŪDO TO KOTOBA
△✓風土と言葉

AMAMI ŌSHIMA MINZOKU SHI
○✓奄美大島民族誌

/ 鳳来老、杜多歌堂頌（写真）

RYŪKYŪ MAI
琉球舞

○✓ GAKAN NANGOKU
我観南国

△✓ 旅の家郡と

✓✓ OKINAWA HŌSEI SHI
沖縄法制史

✓襟帯集 二

CHAO-TAI TS'UNG-SHU
○✓昭代叢書 十六

✓籌遼碩畫 他 七〇

HSIAO-FANG-HU-CHAI YU-TI TS'UNG-CH'AO
✓小方壷斎輿地叢鈔 八回

OKINAWA NO HIGEKI
✓沖縄の悲劇

OKINAWA
✓沖縄

OKINAWA KARA NO HŌKOKU
✓沖縄からの報告

NIHON NO KAKIMONO
✓日本の書物

RYŪKYŪ BŌEKI NO TEBIKI
✓琉球貿易の手引

RYŪKYŪ E
✓琉球へ

YAMATO-MINZOKU NO YURAI TO RYŪKYŪ
✓大和民族の由来と琉球
✓大和民族の由来と琉球

? OKINAWA KONJYAKU
✓沖縄今昔

OKINAWA MUKASHIBANASHI SHŪ
✓沖縄昔話集
✓沖縄昔話集

IŌ JIMA OKINAWA
✓硫黄島、沖縄

UNMEI NO SHIMAJIMA
✓運命の島々

✓RYŪKYŪ NO BŪNKA
琉球の文化

RYŪKYŪ NO TŌKI
✓琉球の陶器

YANAGI DAI GOKAN
○✓柳宗悦選集、第五巻

OKINAWA FŪDO KI
✓沖縄風土記

UTSURI-YUKU OKINAWA NO SUGATA
✓移り行く沖縄のすがた

DŌKEI SHŪ
✓童景集
✓童景集

KASHŪ OTOME-BOSHI
✓歌集乙女星

RYŪKYŪ NO ROMANSU
✓琉球のローマンス

KARATE-DŌ
✓空手道

No.

Ryūkyū
✓琉球

Okinawa Jima
✓沖縄島

✓居士は春風

Mizu-zeme No Okinawa
✓水攻めの沖縄

✓天草ペーロン志

Konkun Shi
✓工工史 三

Okinawa Issennen Shi
✓沖縄一千年史

✓沖縄一千年史

Tate Okinawa Danshi
✓起て沖縄男子

Shōwa Hichinendo Gyomu-kōdo Hōkoku
✓昭和七年度業務功程報告

Okinoerabu-jima Shakai No Jikaku
✓沖永良部島社会の治革

Sakae Yuku Nōmin
✓栄え行く農民

Ryūkyū Kizoku Ron
✓琉球帰属論

Ryūkyū Koji Shō
✓琉球故事抄

Okinawa Gendai Shi
✓沖縄現代史

△ Ryūkyū-shi No
✓琉球史の趨勢

Ryūkyū Ōsei Jidai No Nōsei Oyobi Rinsei
✓琉球王政時代の農政及林政

Nihon Nanpo Hattenshi
✓日本南方発展史

Nyonin Seijikō
✓女人政治考

Nangokushi-wa
✓南国史話

Seinan Bun'un Shiron
✓西南文運史論

Amami Ōshima Shi
✓奄美大島史

Dai Amami Shi
✓大奄美史

✓日本近世英学史

Nihon Eigaku-shi No Kenkyū
✓日本英学史の研究

Ryūkyū To Satsuma No Bunka Tenran-kai Mokurok
✓琉球と薩摩の文化展覧会目録

Ryūkyū Tenran-kai Mokuroku
✓琉球展覧会目録

Kyōdo Shiryō
✓郷土史料

Taiwan Kankei Shiryōtenran Mokuroku
✓台湾関係史料展覧目録

Ryakyū To Satsuma No Bunka Tenrankai Mokuroku
✓琉球と薩摩の文化展覧会目録

Kyōdo Kyōiku Yō Ki
✓郷土教育紀要

Okinawa Kyōdoshiryō Mokuroku
✓沖縄郷土資料目録

Kyōdo shiryō Mokuroku
✓郷土志料目録

Okinawa Kyōdoshi Kyōhon
✓沖縄郷土誌教本

Okinawa Kenkyū Shiryō Dai Isshū
✓沖縄研究資料 第一集

Ryūkyū Bunken Mokuroku Kō
✓琉球文献目録稿

No

✓万国船積図譜《BANKOKU SENSEKI ZUSHIN》

✓琉球事件《RYŪKYŪ JIKEN》

✓琉球人諸事一件之控《RYŪKYŪ JIN SHOJI IKKEN NO HIKAE》 三

✓琉球景況概略

✓嶋津殿御家来附

✓十島図譜

✓絵本異国一覧《EHON IKOKU ICHIRAN》

✓みんなみの巌のはてに

✓巴旗の曙《TOMOE HATA NO AKEBONO》

✓蘐園集

✓琉球行列《RYŪKYŪ GYŌRETSU》

△ ✓琉球側の史料より見たる《RYŪKYŪ GAWA NO SHIRYŌ YORI MITARU》
フォルカード師の動静

✓仕置《SHIOKI》

✓琉語易理哲学《RYŪGO EKIRI TETSUGAKU》

✓毛氏先祖由来記

✓口上覚《KŌJŌ OBOE》

✓琉球産物《RYŪKYŪ SANBUTSU》

✓意見書《IKEN SHŌ》

✓中山世譜《CHŪZAN SEKAN》

✓中山世譜

✓琉球状《RYŪKYŪ JŌ》

✓中山世譜《CHŪZAN SEKAN》 三

（無題）

✓噍吧哖第八期営業報告書

高宮氏原料買収意見書

✓袋中上人余光

✓酉正月中庫理方金員請取払簿

✓申七月中庫理方鎖清取払簿

✓琉球の宗教《RYŪKYŪ NO SHŪKYŌ》

✓琉球神道記《RYŪKYŪ SHINDŌKI》 二

✓琉球神道記《RYŪKYŪ SHINDŌKI》 二

✓琉球神道記《RYŪKYŪ SHINDŌKI》 写本二

✓琉球神道記《RYŪKYŪ SHINDŌKI》 二

✓琉球神道記《RYŪKYŪ SHINDŌKI》 三

✓琉球紅型《RYŪKYŪ BINGATA》

○✓琉球国王冊封之図

No.

Asano Akemichi Sen Ryūkyū Shotō Zu
✓(浅野明道選)琉球諸島図 四

✓九州明細図

✓日本地誌略図問答 八

✓大日本籌海全図 五

Naikoku Chizu
✓内国地図 四

Ryūkyū Zu
✓琉球図

Ryūkyū (Chiri Sho)
✓琉球 (地理書)

Chōsen Ryūkyū Zenzu
✓朝鮮琉球全図

✓大東輿地図

✓橋本和漢琉年来記

✓征使水路記 五

✓重刻中山伝信録 六

✓中山伝信録物産考

✓中山伝信録台湾鄭氏記事

Chung-Shan Ch'uan-Hsin Lu
✓中山伝信録 四 1,4,5,6

Chung-Shan Ch'uan-Hsin Lu
✓中山伝信録 六

Chung-Shan Ch'uan-Hsin Lu
✓中山伝信録 六

✓中山伝信録明和版 六

Hachijō Jima Hi'ki
✓八丈島筆記

✓南方海嶋志

Nantō Zatsuwa Hoi Hen
✓南島雑話補遺篇 another volume of

Satsuma Fūdo-ki
✓薩摩風土記 三

✓琉球産端物見帳

Miyako-jima Kyūshi
✓宮古島旧史 附南航日記

✓宮古島記事仕次

Okinawa Fūzoku Zue
✓沖縄風俗図絵

Binran Ryūkyū Kokuōdai-ki
✓便覧琉球国王代記

Kyūyō
✓球陽 三

Dai Ryūkyū Tō Kōkai Tanken Ki
✓バジル・ホール大琉球島航海探険記

Nantō Sōkō
✓南島叢考

✓海島風趣

Zoku Nanpō Bunka No Tankyū
✓続南方文化の探究

Nanpō Bunka No Kensetsu E
✓南方文化の建設へ

Ryūka Shū
○✓琉歌集

Teizai Hōshi Ryūkyūkoku Tokai Ki
✓定西法師琉球国渡海記

Teizai Ryūkyū Monogatari
✓定西琉球物語

TEIZAI HŌSHI RYŪKYŪ MONOGATARI
✓貞西法師 琉球物語 (写)

KŌTEI OKINAWA HŌSEI SHI
✓校訂沖縄法制史

NANTŌ SONNAI HŌ
✓南島村内法

OKINAWA NO JINJI HŌSEI SHI TO GENKŌ JINJIHŌ KAISEI KANKEN
✓沖縄の人事法制史と
現行人事法改正管見

✓KŌGEI BUNKA
工芸文化

OKINAWA NO CHII
✓沖縄の地位

TENZEN KINENBUTSU CHŌSA HŌKOKU
✓天然記念物調査報告

✓RYŪKYŪ KŌGEI BUNKA TENRAN-KAI KAISETSU
琉球工芸文化展覧会解説

✓OGASAWARA TŌ JUNKAI RYAKUKI
小笠原島巡回略記

✓OKINAWA-KEN KUNIGAMI-GUN SHI
沖縄県国頭郡志

SHŌ TAI KŌ JITSUROKU
✓尚泰侯実録

✓OKINAWA-KEN JIYŌRAN
沖縄県治要覧

NANTŌ
✓南島 第一輯～第三輯 二

KŌGEI
✓工芸 百

✓KIKAI-JIMA NŌKA SHOKUJI NISSHI
喜界島農家食事日誌

NANTŌ TANKEN
✓南島探険

✓日本の南端 紅頭嶼

TŌTEI ZUIHITSU
✓東汀随筆

1.グラント将軍との御対話筆記

✓KŌCHŪ HANEJI SHIOKI
校註羽地仕置

TENPŌ HACHI-NEN MORRISON GŌ TORAI NO KENKYŪ
✓天保八年モリソン号渡来の研究

KYŪYŌ GAIKAN IRŌSETSUDEN
✓球陽外巻 遺老説伝

RYŪKYŪ-JINSHU RON
✓琉球人種論

✓KŌGEI
工芸 百二

✓沖縄県宮古島々費軽減
及島政改革請願書

OKINAWA KETSUJŌ KŌ
沖縄結縄考

RYŪKYŪ KORAI NO SŪGAKU TO KETSUJŌ OYOBI KIHYŌ MOJI
✓琉球古来の数学と結縄及記標文字

✓大東輿地図索引

KEIMEI-KAI SŌRITSU KINEN KŌEN-SHŪ
✓啓明会創立記念講演集

✓啓明会創立記念講演集

✓KEIMEI-KAI DAI-JŪGOKAI KŌENSHŪ
啓明会第十五回講演集

ISHIGAKI-TŌ KIKŌ-HEN
✓石垣島気候篇

✓SANGOKU TSŪRAN
三国通覧

✓SANGOKU TSŪRAN RYAKUSETSU
三国通覧畧説

✓DAINIHON BUNKYŌ ZUSEI
大日本分境図成 上

✓DAINIHON SETSURI SANGOKU NO ZENZU
大日本接壌三国之全図

No. 1

✓大日本海陸全図《DAINIPPON KAIRIKU ZENZU》

✓沖縄県地誌略《OKINAWA-KEN CHISHI RYAKU》

✓沖縄県地誌略《OKINAWA-KEN CHISHI RYAKU》

✓琉球国全図《RYŪKYŪ KOK~~KAI~~ ZEN ZU》

✓南遊記《NANYŪ KI》

✓シマの生活誌《SHIMA NO SEIKATSU SHI》

✓台湾沖縄遊記《TAIWAN OKINAWA YŪKI》

✓奄美の島々《AMAMI NO SHIMAJIMA》

✓おもろ新釈《OMORO SHIN-YAKU》

✓通脊拳法

✓木片集

✓九州沖縄の園芸《KYŪSHŪ OKINAWA NO ENGEI》

✓沖縄考《OKINAWA KŌ》

✓辻の今昔（沖縄の歓楽郷）

✓日本の隅々《NIHON NO SUMIZUMI》

✓島と島人《SHIMA TO SHIMABITO》

✓おもろさうし選釈《OMORO-SŌSHI SEN-YAKU》

✓琉球と鹿児島《RYŪKYŪ TO KAGOSHIMA》

✓沖縄史《OKINAWA-SHI》

✓海南小記《KAINAN SHŌKI》

✓南島情趣《NANTŌ JŌSHU》

✓琉球古代社会の研究《RYŪKYŪ KODAI SHAKAI NO KENKYŪ》

✓大奄美年鑑《DAI AMAMI NENKAN》

✓琉球古今記《RYŪKYŪ KOKON KI》

✓石垣町誌《ISHIGAKICHŌ SHI》

✓沖縄県八重山島統計一覧略表《OKINAWA-KEN YAEYAMA-JIMA TŌKEI ICHIRANRYAKU HYŌ》

✓琉球伝説《RYŪKYŪ DENSETSU》 五

✓組踊集《KUMIODORI SHŪ》 下

✓組踊《KUMIODORI》 中三巻

✓組踊 中三巻

✓琉球俗謡《RYŪKYŪ ZOKUYŌ》 一、二、六、 三

✓琉球産物及甲同人帳

✓八重山童謡集《YAEYAMA DŌYŌ SHŪ》

✓琉球記聞

✓琉球千草之巻

✓琉球千草之巻

No 8

✓琉球解語《Ryūkyū Kaigo》 二

✓沖縄対語《Okinawa Tai-gō》

✓✓工工四《Kukunshi》 三冊

✓工工四《Kukunshi》 下巻

✓中山聘使略《Chūzan Heishi Ryaku》

✓中山聘使略

✓中山国使略《Chūzan Kokushi Ryaku》

✓琉球歌謡《Ryūkyū Kayō》

✓琉球論《Ryūkyū Ron》

✓琉球人御礼の次第《Ryūkyū-Jin Orei No Shidai》

✓琉球竹枝

✓大日本国細図 二

✓南島遊記《Nantō Yūki》

✓林政八書《Rinsei Hassho》

✓沖縄旧慣地方制度《Okinawa Kyūkan Chihō Seido》 全

✓沖縄教育 六十四号 偉人伝《Okinawa Kyōiku Rokujyūshi Gō Ijin Den》

✓那覇古実集

○✓算用抜《San'yō Nuki》

✓琉球古来の数学《Ryūkyū Korai No Sūgaku》

✓琉球漆器考《Ryūkyū Shikki Kō》

✓✓沖縄県雑録《Okinawa-Ken Zatsuroku》

✓沖縄県漁業調査書《Okinawa-Ken Gyogyō Chōsa Sho》

✓琉球糖業と旧慣諸制度《Ryūkyū Tōgyō To Kyūkansho Seido》

✓沖縄県雑録《Okinawa-Ken Zatsuroku》

✓沖縄漁業調査書《Okinawa Gyogyō Chōsa Sho》 五

✓奄美史談《Amami Shidan》

✓琉球王代文献集 第1〜4輯 四

✓旧記《Kyūki》

✓喜安日記《Kian Nikki》

✓南島誌《Nantō Shi》

✓琉球の地割制度《Ryūkyū No Jiwari Seido》

✓砂糖一条書《Satō Ichijyō Sho》

✓七島問答《Nanatō Mondō》

中山伝信録《Chūzan Denshin Roku》 巻一、四、五、六、 四

✓沖縄の海は碧い《Okinawa No Umi Wa Aoi》

✓沖縄の民《Okinawa No Min》

No.

Ryūkyū No Rekishi
琉球の歴史

Hi No Hana No Shima
火の花の島

Okinawa No Min
沖縄の民

Okinawa No Hanran
沖縄の反乱

Momotarō No Haha
桃太郎の母

Sekidō Sai
赤道祭

Ichiyō No Yuki
一椀の雪

Uta Hime
歌姫

Hana Ōgi
花扇

Ryūkyū Bungaku
琉球文学

Shimaguni No Uta To Odori
島国の唄と踊

Kojiki No Kanshō
古事記の鑑賞

Ryūkyū Shotō Fūbutsu Shi-Shū
琉球諸島風物詩集

Chōsen Oyobi Ryūkyū No Minyō
朝鮮及琉球の民情

琉球昔噺集

Ryūkyū Gikyoku Jiten
琉球戯曲辞典

Ryūkyū Gikyoku Shū
琉球戯曲集

Okinawa Dōyō Shū
沖縄童謡集

Okierabu Mukashibanashi
おきえらぶ昔話

おきえらぶ昔話

Nanpō Bunka No Kenkyū
南方文化の研究

Ryūkyū Ongaku Kō
琉球音楽考

Nantō Ronkō
南島論攷

Minami No Mukashi Banashi
南の昔話

Shi-Shū Ryūkyū
詩集琉球

Oyake Akahachi
オヤケ、アカハチ

Yaeyama Koyō
八重山古謡　第一輯

Yaeyama Koyō
八重山古謡　第二輯

Amami Ōshima Minyō Taikan
奄美大島民謡大観

Ryūkyū Hyakuwa
琉球百話

Ryūkyū No Minyō To Buyō
琉球の民謡と舞踊　二

Shokoku Dōyō Taizen
諸国童謡大全

Okinawa Ōshima Minyō Shū
沖縄大島民謡集

Ryūkyū Uta Monogatari
琉球歌物語

Kainan Yowa
海南余話

Ryūkyū Jōruri
琉球浄瑠璃

No. 1

Ryūkyū Manroku
✓琉球漫録

Ryūkyū Manroku
✓琉球漫録

Nakashiro Saue
? ✓仲城さうゑ

Ryūkyū Bungaku Kenkyū
✓琉球文学研究

Ushi Ni Natta Hanayome-san
✓牛になった花よめさん

Amami Ōshima To Dai Saigō
✓奄美大島と大西郷

Nanzan No Rekishi
✓南山の歴史

Ko Ryūkyū
✓古琉球

Tsūzoku Ryūkyū Shi
o ✓通俗琉球史

Kotōku No Ryūkyū Shi
o ✓孤島苦の琉球史

Kodai Sonraku No Kenkyū
✓古代村落の研究

Okinawa Jyosei Shi
o ✓沖縄女性史

✓沖縄女性史

Okinawa Rekishi
o ✓沖縄歴史

Okinawa Rekishi
✓沖縄歴史

Okinawa Rekishi
✓沖縄歴史

Kume-Jima Shiwa
o ✓久米島史話

Shumi No Kikai-Jima Shi
o ✓趣味の喜界島史

Okinawa Rekishi Monogatari
✓沖縄歴史物語

Miyako-Jima Kyōdo Shi
✓宮古島郷土史

Okinawa Shōgai Shi
✓沖縄渉外史

Okinawa-Kensei Gojū Nen
✓沖縄県政五十年

Kodai Okinawa No Sugata
✓古代沖縄の姿

Omoro Sōshi
✓おもろさうし

Okinawa Shokubutsu Sō-Mokuroku
✓沖縄植物總目録

✓南島回顧録

✓紅頭嶼土俗調査報告

Ryūkyū Hikki
✓琉球筆記

Okinawa Annai
沖縄案内

Okinawa Shashin Chō
✓沖縄写真帳 三

✓十島図譜

Okakura Sensei Kinen Ronbun-Shū
✓岡倉先生記念論文集

Yamazaki Hakushi No Enzetsu To Bunshō
山崎博士の演説と文章

Shō Tai Kō Jitsuroku
o ✓尚泰侯実録

Insei Kizoku-Go To Bunka No Hanten
o ✓院政貴族語と文化の南展

Nantō Hōgen-Shi Kō
o ✓南島方言史攷

✓沖縄善行美談《OKINAWA ZENKŌ BIDAN》

✓南方文化の探究《NANPŌ BUNKA NO TANKYŪ》

✓新沖縄案内《SHIN-OKINAWA ANNAI》

✓奄美大島正史物語《AMAMI ŌSHIMA REKISHI MONOGATARI》

✓幕末明治那蘇教史研究

（以上365点）

○✓路加伝福音書（全1）

✓琉球一件《RYŪKYŪ IKKEN》（10冊）

○✓南浦文集《MINAMIURA BUNSHŪ》（3冊）

南攸御積書扣（1冊）

○✓千金方（2冊）

✓惠国容貌書外（2冊）

惠国容貌書外（2冊）

✓日清風聞記（1）

✓琉館筆談（1）

✓琉球《RYŪKYŪ》奇談（1）

✓薩琉《SATSU-KYŪ》軍記（3）

✓薩州分国演説記（1）

○✓琉球《RYŪKYŪ》征伐記（2）

✓琉球《RYŪKYŪ》征伐記（2）

✓琉球《RYŪKYŪ》征伐記《KI》（7）

✓琉球討薩事略（2）

琉薩《RYŪ-SATSU》軍記（5）

鎮西琉球記（5）

関連資料06 （伊波普猷文庫目録）「故伊波普猷所蔵研究資料（沖縄関係ノ分）」

5 pages
Frank Hawley

故伊波普猷所蔵研究資料（沖縄関係ノ分）

仲吉本又ハ伊波本

おもろさうし　全七冊　みの紙　和綴　写本　昭和九年三月我那覇朝義
尚侯爵家原本ト校合済

第一冊　巻一、ー三、

第二冊　四、五、六、　第五冊　十三、十四、

第三冊　七、八、九　第六冊　十五、十六、十七、十八、十九、二十、

第四冊　十、十一、十二、　第七冊　二十一、二十二、

田島本

おもろさうし　全六冊　みの紙　和綴　写本　明治廿八年三月田島自筆

第一冊　巻一、二、三、四、　随々庵語学資料第六

第二冊　五、六、七、八、九、　右同　第七

第三冊　十、十一、

第四冊　十二、十三、

①

第五冊　十四、十五、十六、十七、十八、

第六冊　十九、二十、廿一、廿二、

校訂おもろさうし　菊判　三冊　伊波普猷著　大正十四年版　郷土研究社

随庵随録　みの紙　和綴　写本　田島利三郎著　明治卅年七月　語学材料第一

語学材料　右同　右同　右同　第二

宮古島の歌　上、下、二冊　右同

受叙石　みの紙写本　一冊　右同　明治廿七年九月

混効験集　みの紙写本　一冊　右同　明治廿八年五月　語学材料第十二

女官おさうし　みの紙写本　一冊　右同　明治廿九年十二月　語学材料第十三　彩色中城御殿見取図付

取調書　活字本　菊版　一冊　一木書記官著

球陽　上、中、下、　謄写版　三冊　宮里栄輝編　昭和四年

南島雑話　謄写版　菊版　一冊　永井龍一編　昭和八年

南島雑話（四ノ中）写本　みの半紙　二枚

Nakahara has a copy

南島雑話補遺篇 写本みの半紙 一冊

魚姓家譜（支流） 写本 みの紙 一冊

聞得大君加那志様御新下日記 写本 唐紙 一冊

東汀随筆 写本 みの紙 一冊

東汀随筆続篇 写本 みの紙 一冊

琉球国来聘記 みの半紙 写本 一冊 天保三年 黒川本

年中儀令 みの半紙写本 一冊

諸間切のろくもいのおもり 一冊 田島利三郎著 語学材料第十九

琉歌集 一冊 四十八枚 [illegible]印アリ

琉歌集 一冊 みの半紙 罫紙 23枚 玉山積 明治三十三年一月 琉球歌仙

琉歌集 一冊 五十四枚 小橋川

琉歌集（琉球新報の） 一冊 廿三枚 新報[illegible] 琉歌集 四十一枚 古紙

琉歌集 一冊 みの罫紙 五枚

②

琉歌集 附口説集 一冊 三十三枚（浜川）

口説集 みの紙 附琉歌集 一冊 十二枚

琉球大歌集 みの紙 一冊 三十九枚 語学材料 弐十八 田島氏写

琉古歌集 みの紙 一冊 五十四枚 房氏ヨリ借

宮古八重山の歌 ●真境名笑古編 一冊 九十二枚 安里氏

琉歌集 古紙 一冊 新川善祐篇 七十二枚

琉歌集 弁 一冊 琉歌百控乾柔節流 七十二枚

琉歌集 琉歌百控乾柔節流 みの半紙 一冊 二十七枚 罫紙

琉歌集 春の部 冬の部 みの罫紙 二冊 春 四十八枚 古紙 冬 四十五枚 みの紙

琉歌集 古紙写本 一冊 八十五枚

琉歌集 活字本 一冊 明治四十四年 那覇版

琉歌疑問録 写本 一冊 明治三十三年 玉山氏 十六枚

大島の歌集 古紙 一冊 五十五枚 盛興僖

琉歌集 琉歌編纂資料、みの紙 一冊 笑古備 破損四拾枚 計十二枚

戊申琉歌会 半紙 一冊 明治四十一年 四十五枚

疱瘡歌、唐紙 一冊 嘉慶十年 十二枚

琉球国中碑文記 みの紙 一冊 六十二枚

伊平屋島 テルクロ外五項 十七枚 みの半紙及半罫紙 一冊 玉山写 明治三十三年

琉球国由来記集 宮古島 みの紙 五十三枚 一冊 田島利三郎 明治三十一年

大島筆記 巻一、一四、みの紙 一冊 八十二枚

中山世譜 木版 一冊

南聘紀考 みの紙 上、99 中、62 下、104 三冊 鹿児府 一平 李安編

喜安日記 唐紙 一冊 嘉慶二十五年 五十一枚

琉球聘使記 みの半紙 物茂卿著 十二枚

球陽 写本みの紙 九冊 明治年間球陽原稿ヨリ使用 尚家ヨリ借

君南風由来記 唐紙 一冊 破損甚シ 外ニ関係 十七枚以上

③

南山俗語 みの半紙 一冊 写本 具川本

京太郎の歌 其他十一揃 一冊 外に巻紙 廿五枚

独物語 並扶持方定 唐紙横長 一冊 武経形式 城間恒通

念仏集 一冊 十二枚 古紙

遺老説傳 附巻 四冊 一 42 二 37 三 24 附 10

金浙兵制考 第二冊 ペン書原稿用紙 一冊 十八枚 沖縄教育会用紙

配流錦村 第一 一冊 明三十七年 田島利三郎 59枚

南苑八景 みの紙 一冊 組踊 写本 83枚

琉球漆器考 活字本 一冊 沖縄新聞 広版 明治廿二年

琉球季代記 木版本 一冊 天保三年

定西法師琉球物語 写本みの半紙 一冊 23枚

中山世鑑 みの紙 一冊 八十一枚

蔡氏具志頭親方、文若案文、古文書 一冊 唐紙 十一枚

遺老説傳 唐紙 三冊 共四の中 14F 233 160
琉球館訳語 青写 二十六枚 一冊
聞得大君御殿並御城御規式之御次第 みの紙 一冊 二十八枚 同治十八年
玉城朝薫家譜抄 一冊 笑古写 明治四十年 九枚
右 仝 一冊 罫線用紙 島袋源一郎写ベニ 廿枚
那覇由来記 みの紙形古紙 一冊 光緒五年 六枚
琉球由来記集 みの紙 一冊 田島利三郎写（宮古島ノ也）
異本毛氏由来記 古紙 一冊 廿枚
琉球国中山王府官制 みの紙 一冊 野字 27枚
使琉球録 みの紙 一冊
佐銘川大ぬし由来記 みの罫紙 一冊 十一枚
こゑにややらし みの紙 一冊 弥数 廿八枚
くゑな集 みの紙 一冊 笑古写 十八枚

④

御膳本草　みの罫紙　一冊　七十七枚

中山傳信録　木版　六冊　康熙辛丑年刊　水ビタシ本

使琉球記　活字本　菊半切　二冊　申報館版

ベテルハイム訳琉球語新約全書　菊版　割れ本有　一冊　エンピツ書

尚泰侯實録　原稿　一冊　東恩納寛惇著

採訪南島語彙考　謄写版　菊版　一冊　宮良當莊著

琉球神道記　活字本　天金菊倍版　一冊　横山重編　昭和十一年

八重山語彙　一冊　宮良當壮著　東洋文庫叢刊

琉球神道記　袋入写真複製　二冊　横山重編

宮古島旧史　四六版　一冊　明治十七年

琉球資料叢書　五冊

久米島旧記　ペン筆写　一冊　伊波自筆

琉歌百控　乾柔節流　ペン筆写　一冊　〃

琉球の形附　一冊　昭18年

沖縄一千年史　一冊　眞境名安興著　某氏寄贈本

古文書　巻紙四

口達、冊封使渡来の時の覚書、冬至当日の公事

正、五、九月弁之嶽末吉御参詣の時公事、

石嘉比工工四　一冊　写本　三味線楽譜　四十三枚　喜屋武朝蕭写本

宮古島旧記　一冊

陳侃使録　一冊　大正十四年写　表紙共三十二枚

王代記　一冊　六十枚　新写

琉球日記　一冊　廿三枚　新写（大正）

くゑな　一冊　紫色罫七枚

紅形　帙入　写真版　[illegible]色刷　[illegible]伊波先生

那覇方言概説　一冊　金城朝永著　昭和十九年版

⑤

伊波普猷著作　✓印は焼失

✓琉球人種論、　✓校註琉球戯曲集、

✓琉球史の趨勢、　琉球戯曲辞典、

✓古琉球　第一版、　✓南島史攷

琉球の五偉人、　✓琉球文学

✓沖縄女性史、　✓琉球の方言

✓古琉球の政治、　✓南島方言史攷

おもろさうし選釈、　をなり神の島

校訂おもろさうし　三冊、　日本文化の南漸

✓真宗沖縄開教前史、　沖縄考

✓孤島苦の琉球史、　増補古琉球

琉球古今記、　沖縄歴史物語

沖縄よ何処へ、

関連資料07（C・R・ボクサー書簡）

132 East 95 Street New York City U.S.A.

THE
NEW YORKER
No. 25 WEST 43RD STREET

19 February 1946.

EDITORIAL OFFICES
BRYANT 9-8200

Dear Hawley,

Many thanks for your letter of the 12th February. First & foremost, I should like to say how grateful I am to you for taking such an active interest in my library at such an early stage of the game, and secondly how sorry to hear that your books were pinched as well.

I was lucky enough to find virtually the whole of my library, (save about 15-16 books out of nearly a thousand) intact in Tokyo in the Imperial Library at Ueno, whither it had been removed in the summer of 1944 by the Mombusho from the General Staff (I don't think the Jap. F.O. ever had anything to do with it, and our own F.O. took, as you surmised, no action whatever on your letter). I had it packed up & sent round to our embassy for safe keeping as I hope to return to Japan in due course, or at any rate to the Far East. The bindings were much mildewed from damp but otherwise it was in good condition and kept altogether.

053

Regarding your own, it is most unfortunate you did not write me or Sir George in Tokyo, as we could easily have found out what has become of it. If Keio was not bombed (and I have a vague idea that it escaped) it should be OK.

I suggest you write to our embassy staff there and ask them to take the matter up right away with the Mombusho through the Americans & the Jap. Central Liaison Office, quoting either Pinto (who is still there, tho' unfortunately I missed seeing both him and Okamoto) or Iwata of the Toyo Bunko, or Father Laures & Kraus who will probably know where it was sent if transferred from Keio.

This might produce some results, tho' it is much better to be on the spot; and I doubt if I would have got my own books back had I not been on the spot & met Iwata & Koda (who tipped me off as to their whereabouts) & seen Col. Freddie Munson, Head of the Jap. Liaison Section at G.H.Q. who is an old friend of mine (& maybe of yours too; if so write him as well as our embassy, of whom MacDermott, Watts and Oscar Moreland are the best people for you to get in touch with). Hoping you have the same luck as I did, & write me again if there is any more dope that I can give you. Yours sincerely Charles Boxer

054

関連資料08（青山ホーレー邸書架　配置図）

室 畳	Book case No.	（尺寸）寸法 巾×高	数	総長	say
8	1, 2, 3, 4	4.4 × 7.5	4	17.6	18'
昭 10畳・6畳	5, 6, 7, 8, 9	〃 〃	5	22–	
和 8畳・6 〃	10, 11, 12, A	〃 〃	4	17.6	
10 〃	13, 14, 15, 16, 17	〃 〃	5	22.–	
年	18	3.3 × 7	1	3.3	
	19	4.4 × 7.4	1	4.4	
月 裏4畳	20	4.4 × 6.3	1	4.4	
	B	2.6 × 4.2	1	2.6	
	C--- [illegible]ノ戸ノ箱				
	D	4.8 × 4.8	1	4.8	
	21	5.3 × 5.5	1	5.3	
日	22	3.8 × 7.5	1	3.8	
ローカ	23	3.8 × 〃	1	3.8	
	24	3.8 × 〃	1	3.8	
裏4畳	下方	4 × 2.5	1	4–	
	上ノ押入	5.1 × 3.1	1	5.1	
				124.5 = 20.75 K	

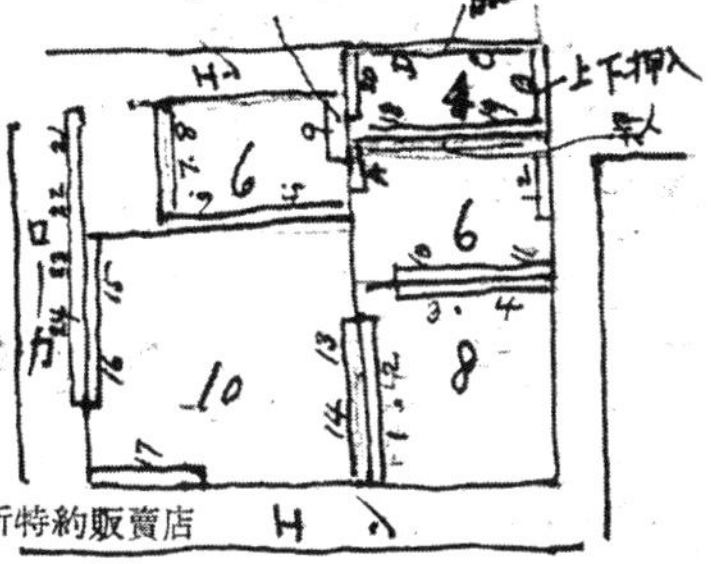

月	日號	人名	商事	金額	月	日號	人名	商事	金額

	Book case Nos	Book Nos	
	1	1 — 74	
	2	75 — 175	
	3	176 — 190	
	4	191 — 226	
	5	227 — 251	
	6	252 — 266	
	7	267 — 283	
	8	284 — 294	
	9	295 — 326	
	10	327 — 345	~~冊数 604+193=797~~ (高田分)
	11	346 — 361	
	12	362 — 509	
	13	510 — 573	
	14	574 — 603	Book No. 603 ハ case No. 4 ニアル (603迄 高田美穂子氏)
	15	604 — 637	以下 照山越子氏 整理
	16	638 — 718	
	17	719 — 797	
	18	798 — 832	
	19	833 — 877	
	20	878 — 939	
納戸	B	940 — 1,009	
〃	D	1010 — 1122	
〃	C	1123 — 1126	
ローカ	21	1127 — 1192	

関連資料08（青山ホーレー邸書架　配置図）

月	日/號	人名	商　事	金　額	月	日/號	人名	商　事	金　額

Book case Nos　Book No

22　1193 — 1202

23　1203 — 1312

戸棚　1313 — 1333

二階 (a)　1334 — 1351

(b)(箱12)　1405 — 1470 *

階下雑　1352 ～ 1404

~~冊数 1470* + 905 = 2375~~ (~~既出分~~)

1470* + 255 + 905 = 2630 冊

関連資料09（図書購入関係資料）

4666.—
3900 paid
766.— balance

No.

昭和　年　月　日

茶園栽培問答	一冊	二〇円	島本野山草	五冊	八五、一
煎茶畧説	一冊	四〇円	草木六部耕種法	十六冊	一四〇、一
✓木曽産物図譜	一冊	九〇	✓東蝦夷地諸産物凡出高中考歩		
廷尉服餝鈔	一冊	二八	役見定書	一冊	四〇、一
春日社服紀令	一冊	四五	國史醫言鈔	四冊	二三〇、一
長命衛生論	三冊	六〇	註略神遺方	一冊	一五、一
養魚経	一冊	二〇	花暦百詠	二冊	一五、一
和方凍青堂家言	一冊	四五	培養秘録	四冊	四五、一
服暇職忌便覧	一冊	二五	附十字號叢培剣		
梅花百詠	一冊	三〇	琉球聖典おもろさうし選釋	一冊	六〇、一
醫断	一冊	二〇	琉球産物凡甲見帳	二冊	五〇、一
産家やしなひ草	一冊	四〇	✓衛禁律	一冊	二〇、一
墨水遊覧誌	一冊	三五	長恨歌傳 寛永四年版	一冊	六〇、一
百花園主 春秋花庵菊塢著			明堂灸経	一冊	四八、一

balance paid

09-01（［書目］日付入り青罫線用紙　一枚一四行　二枚）

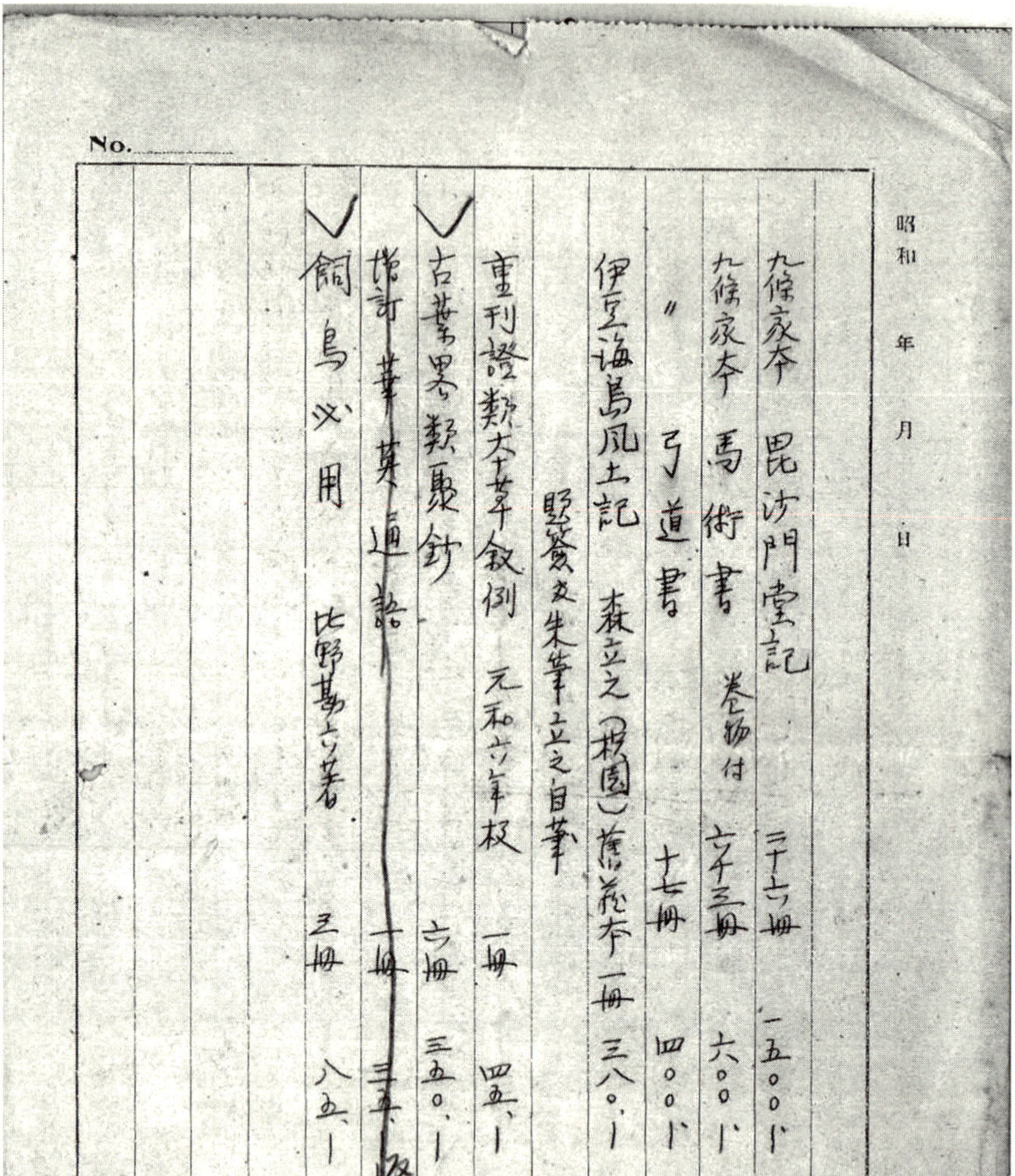

09-01（[書目] 日付入り青罫線用紙　一枚一四行　二枚）

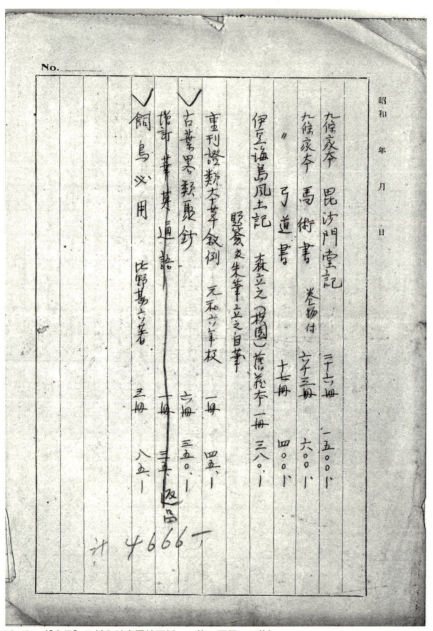

（　）

送状

塩嚢鈔	正保校　大和万法寺旧蔵	十五冊	六〇〇円
落久保物語	諸本校合本　写	三冊	七〇〇〃
伊勢物語箋注		二冊	三二〇〃
舳艫訓	岸田吟香旧蔵本	五冊	八〇〃
伊勢物語明暦聞書	伊勢物語勅講抄	一冊	二五〇〃
楽章類語鈔		四冊	二三〇〃
女官飾抄		一冊	五〇〃
職原抄音訓清濁	度会常典奥書	一冊	三〇〃
謡曲秘傳	渡辺千秋自筆奥書	一冊	一〇〇〃
姓名録鈔		一冊	四〇〃
職原假名鈔		二冊	一五〇〃
望塵後抄		四冊	一〇〇〃
近衛版　大唐六典	井上通泰旧蔵	十五冊	一五〇〃
書入本　延喜式	稲葉通邦自筆書入　奥田義根自筆書入	五十冊	八五〇〃

Paid

09-02（[書目]）赤罫線用紙　一枚一四行　二枚）

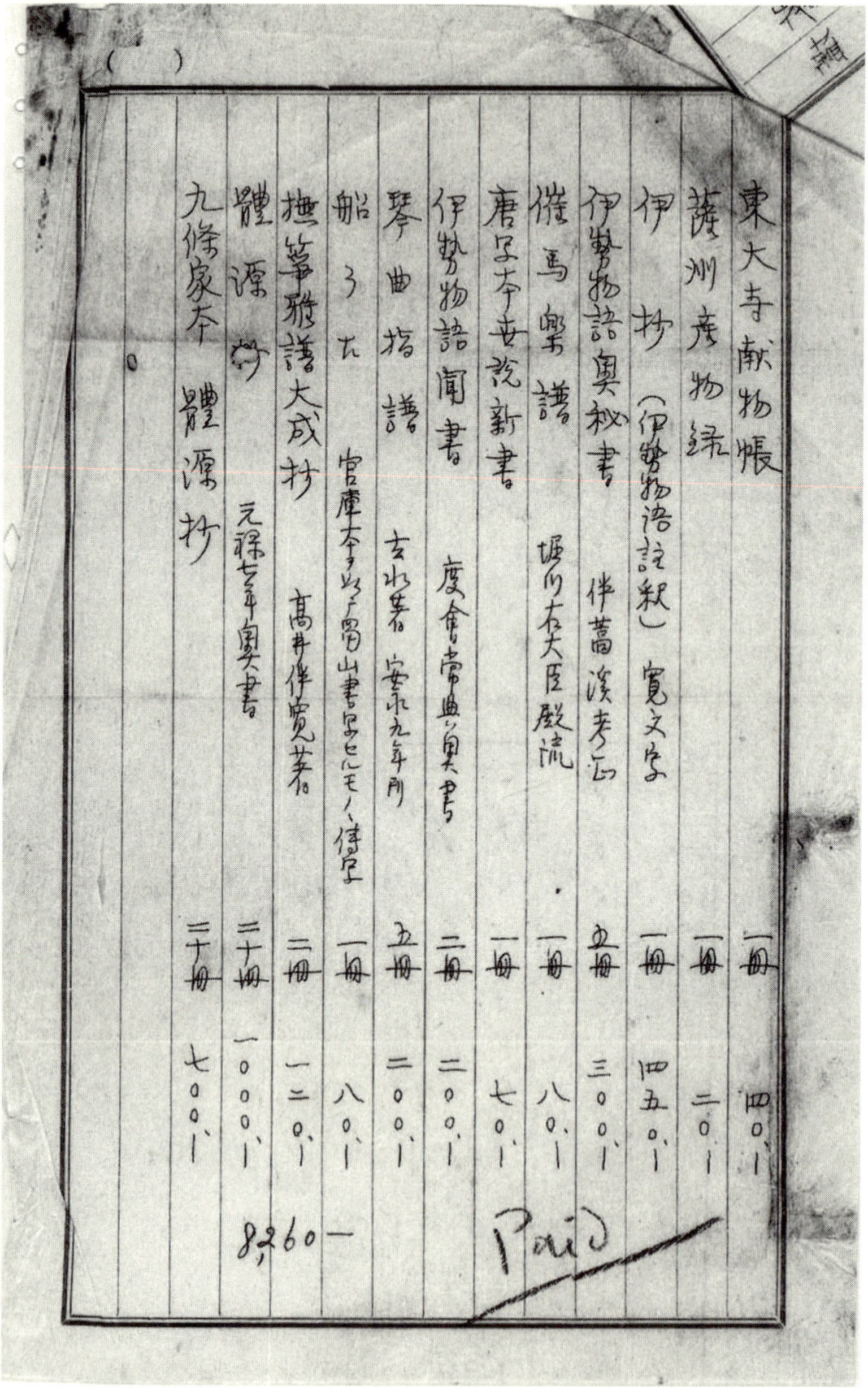
（　　）

東大寺献物帳　一冊　四〇、一
薩州産物録　一冊　二〇、一
伊抄（伊勢物語註釈）寛文写　一冊　四五〇、一
伊勢物語奥秘書　伴蒿蹊考写　五冊　三〇〇、一
催馬楽譜　堀川右大臣殿流　一冊　八〇、一
唐字本要説新書　一冊　七〇、一
伊勢物語聞書　度会常典奥書　二冊　二〇〇、一
琴曲指譜　玄水著　安永九年刊　五冊　二〇〇、一
船うた　官庫本ヲ以テ富山書写セルモノヽ傳写　一冊　八〇、一
撫箏雅譜大成抄　高井伴寛著　二冊　一二〇、一
體源抄　元禄七年奥書　二十冊　一〇〇〇、一
九條家本　體源抄　二十冊　七〇〇、一

8,260―

Paid

09-02（[書目] 赤罫線用紙　一枚一四行　二枚）

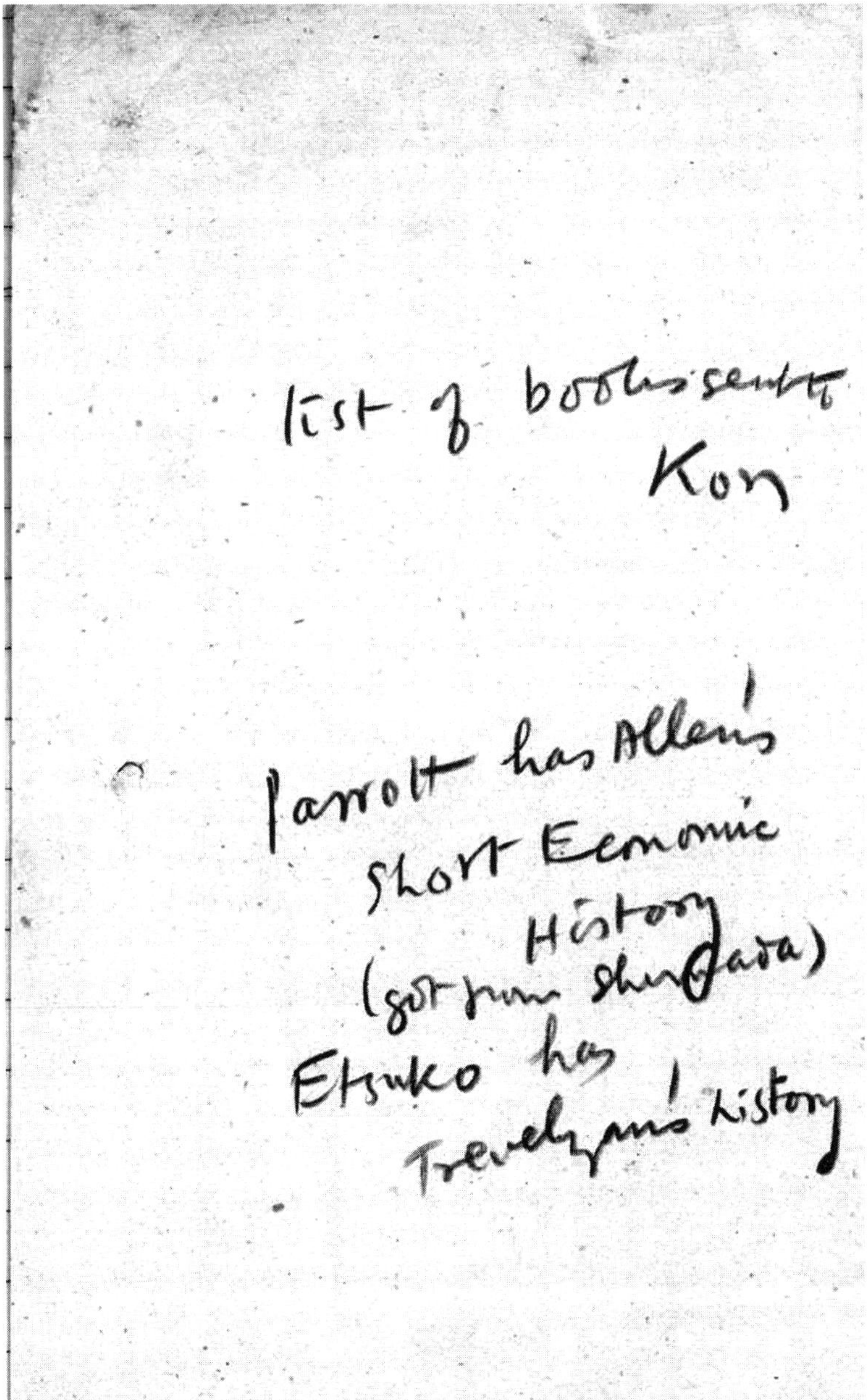
list of books sent to
Kon

Parrott has Allen's
Short Economic
History
(got from Shimada)
Etsuko has
Trevelyan's History

09-03（[ホーレーメモ] メモ一枚　青鉛筆書）

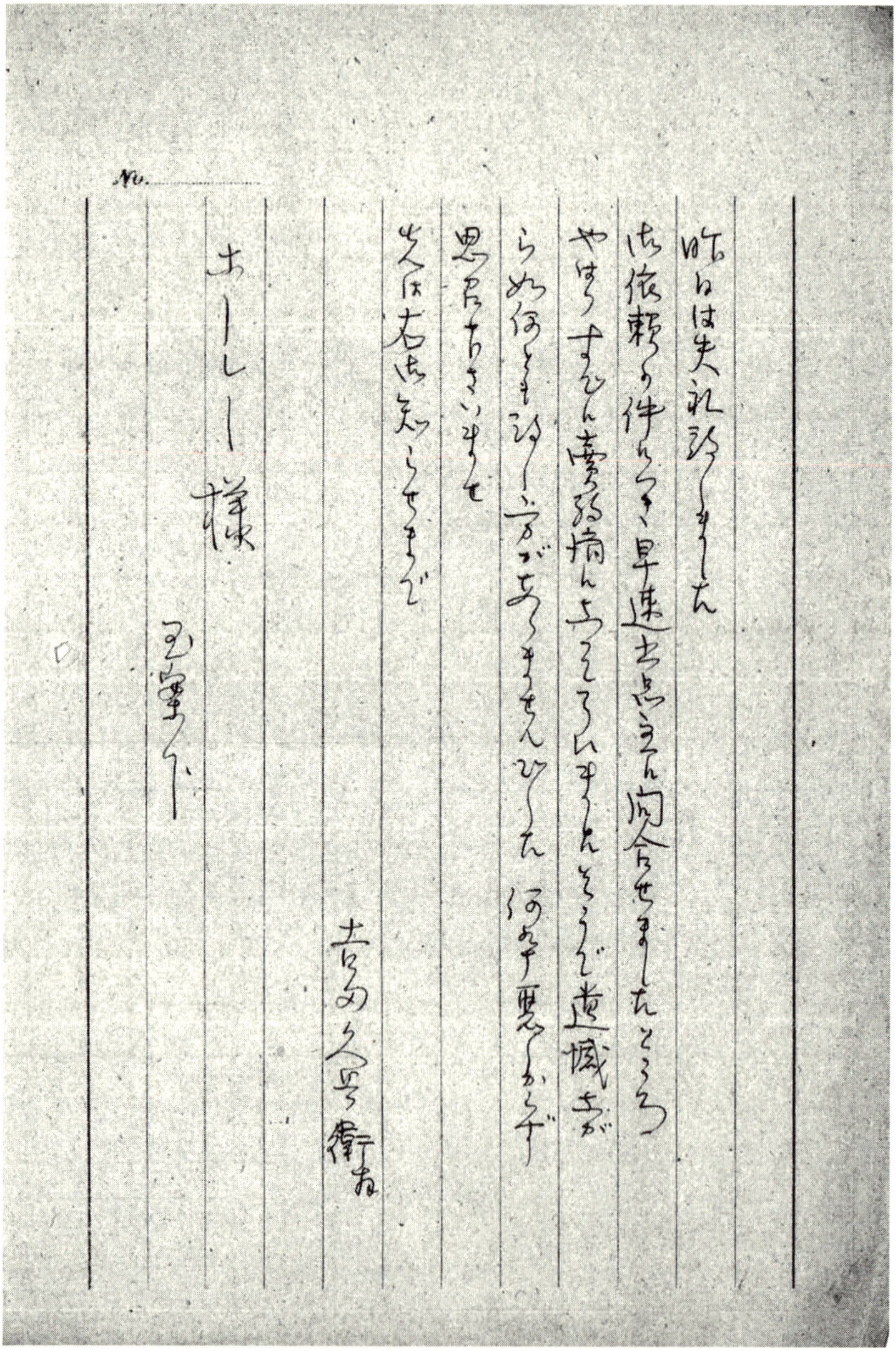

昨日は失礼致しました
御依頼の件につき早速先方へ問合せましたところ
やはりすでに売約済みとなってしまいましたそうで遺憾なが
ら何とも致し方がありませんでした　何卒悪しからず
思召下さいませ
先は右御知らせまで
吉田久兵衛拝
ホーレー様
玉案下

09-04（ホーレー宛吉田久兵衛書簡　便箋　一枚）

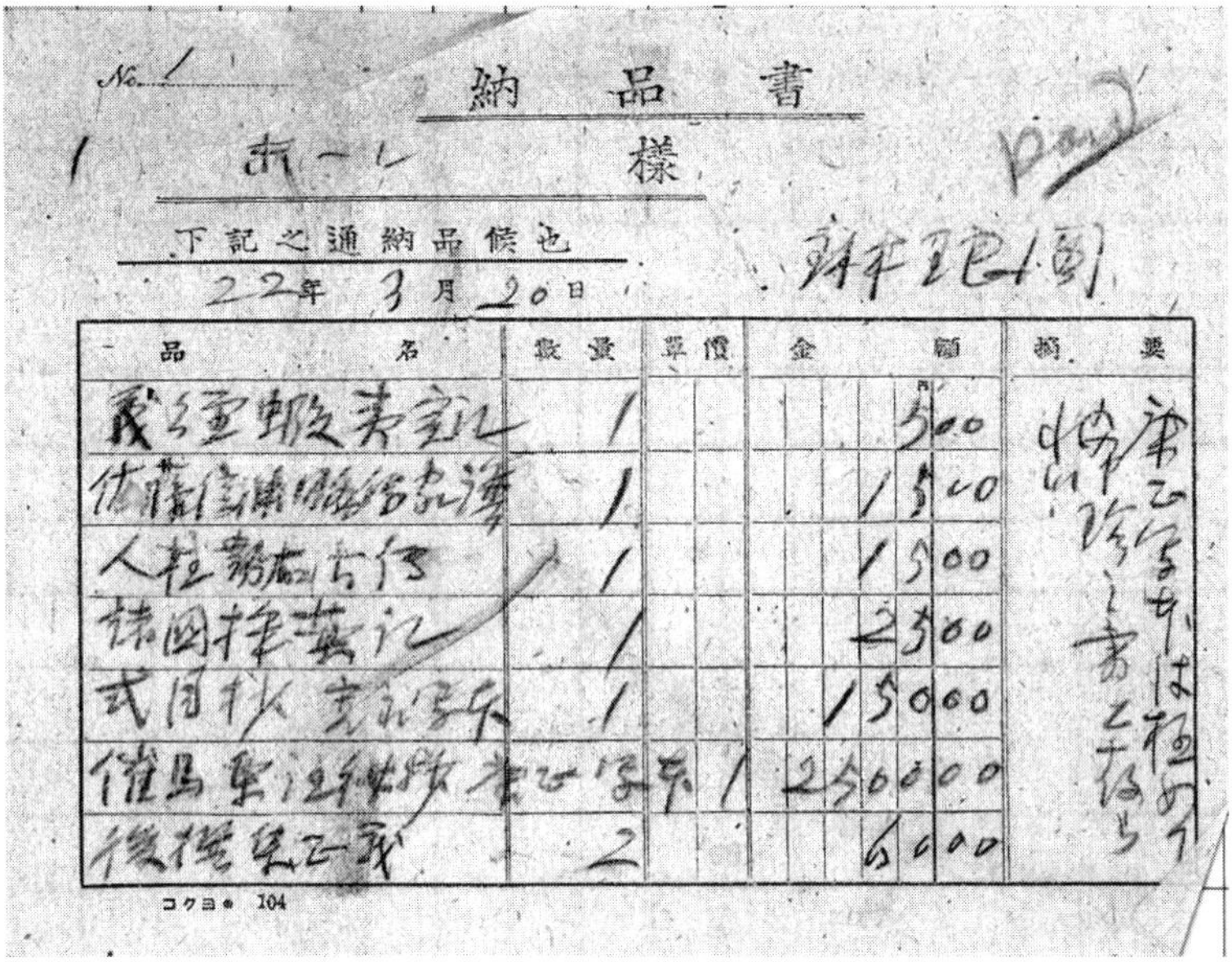

No. 1

納品書

ホール 様

下記之通納品候也

22年 3月 20日

琳琅閣

品名	數量	單價	金額	摘要
[illegible]	1		500	
[illegible]	1		1500	
[illegible]	1		1500	
[illegible]	1		2500	
[illegible]	1		15000	
[illegible]	1		250000	
[illegible]	2		6000	

コクヨ 104

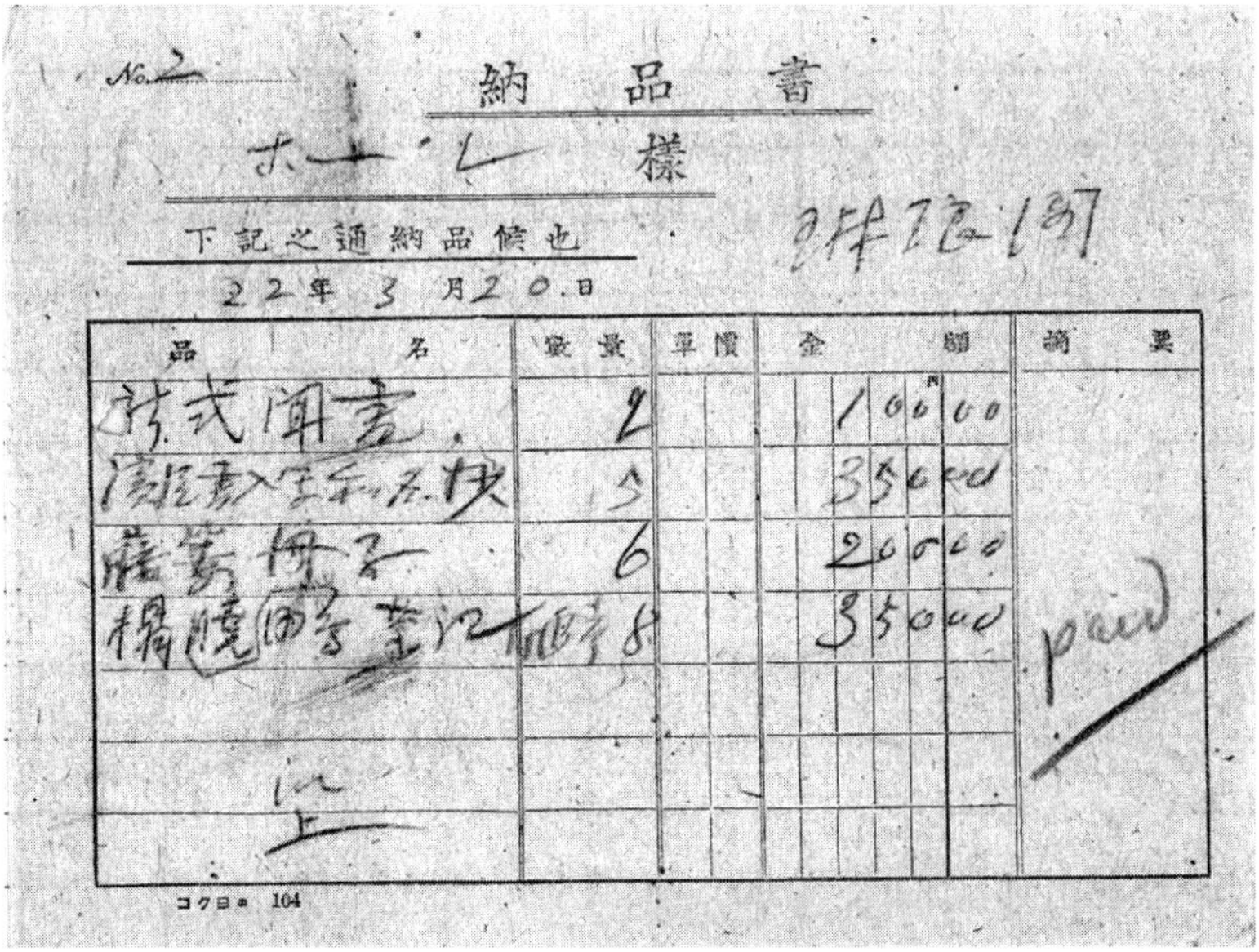

No. 2

納品書

ホール 様

下記之通納品候也

22年 3月 20日

琳琅閣

品名	數量	單價	金額	摘要
[illegible]	2		10000	
[illegible]	3		35000	
[illegible]	6		20000	
[illegible]	8		35000	
以上				

paid

コクヨ 104

09-05（琳琅閣納品書　「コクヨ 104」用紙　二枚　（昭和）二十二年三月二十日）

No. 1

東医宝鑑　古韓本　二五、　三、五〇〇、—
とりかへばや　四　九〇〇 —
惟清抄　一、　六〇〇 —
濱松中納言　四、　六五〇 —
龍田考・　一、　五〇 —
不知火考　一、　八〇 —
歌神考　一、　二〇 —
方丈記皿説　二　一八〇 —
菊花壇養種　一　六〇 —
通貫花壇抄　一　一〇〇 —
菊経　三　二五〇 —

Baron Watanabe's books (2H.)

村口書房

09-06（[書目] ホーレー宛村口四郎書簡　村口書房用箋　二枚）

No. 2

剪花翁傳前編　五　一〇〇

長崎海道記　二　八〇

中山世譜　一　六〇

浪花物語　九　一三〇

土佐日記地理辨　一　六〇

計　六八二〇

村口

ホーレー様

村口書房

09-06（[書目] ホーレー宛村口四郎書簡　村口書房用箋　二枚）

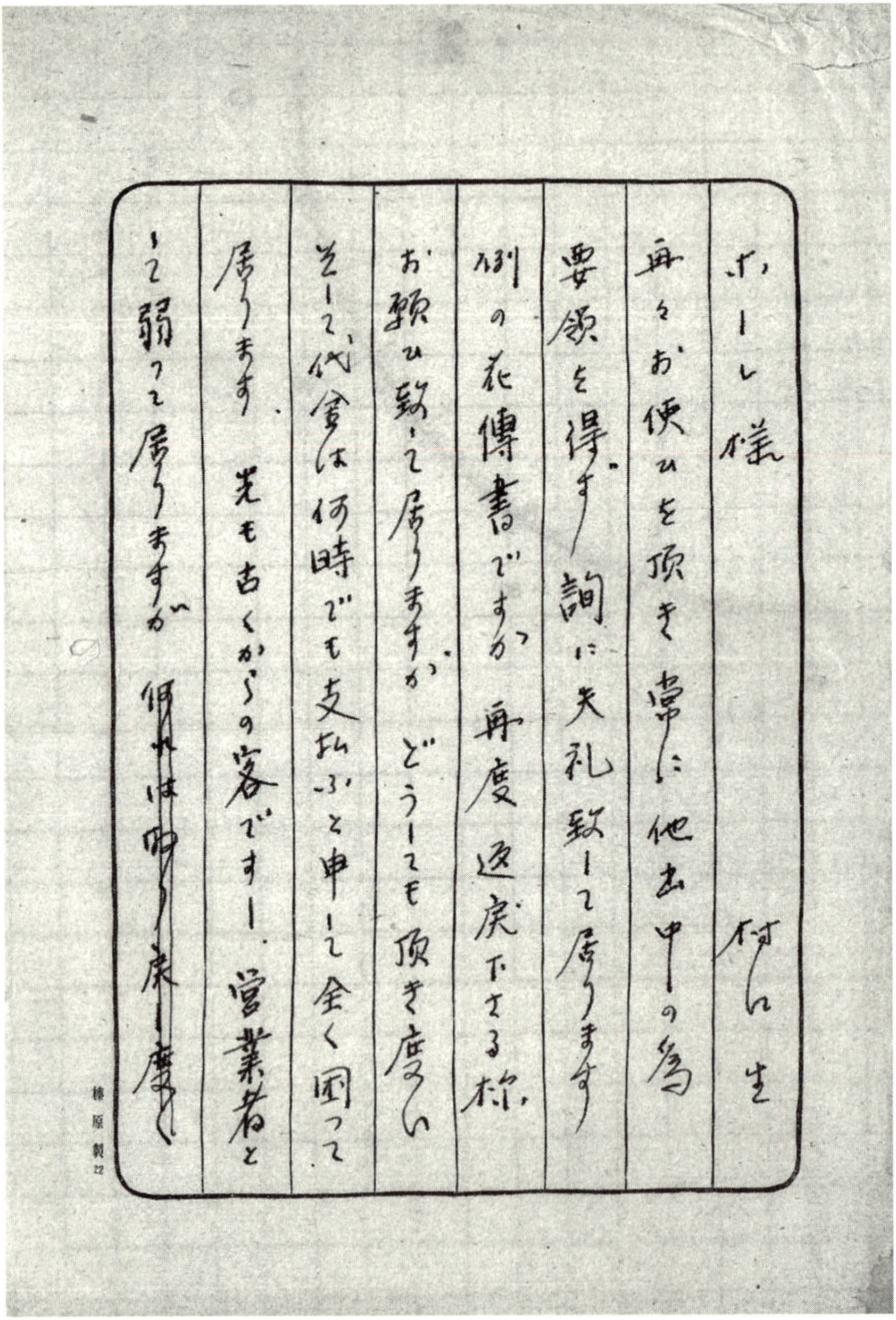
ホール様　　村口生
再々お使ひを頂き常に他出中の為
要領を得ず誠に失礼致して居ります
例の花傳書ですが　再度返戻下さる様、
お願ひ致して居りますが　どうしても頂き度い
とて、代金は何時でも支払ふと申して全く困って
居ります　先も古くからの客ですし。営業者と
して弱って居りますがい　何れは御返戻願く

09-07（「村口書簡」榛原製の用箋）

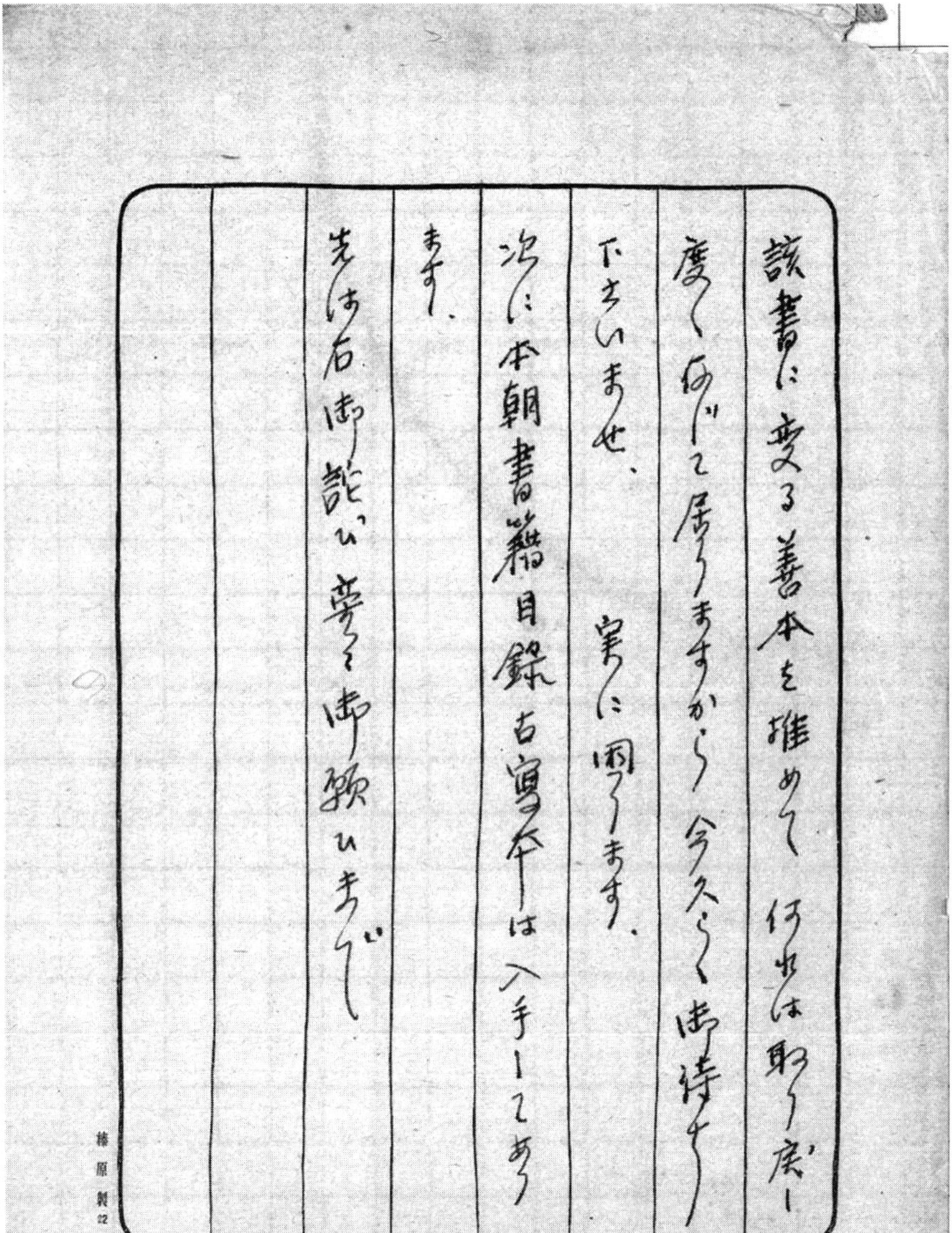

該書に変る善本を推めて何れは取り戻し度く存じて居りますから今久らく御待ち下さいませ、実に困ります、

尚ほ本朝書籍目録古写本は入手してあります、

先は右御詫び旁々御願ひまで

榛原製

09-07（「村口書簡」榛原製の用箋）

能口傳書　禅竹。　四帖　八五〇〇―

右記ハ博物館ヨリ未ダ戻リマセンノデ

戻リ次第御納メシマス。

村ん

ホーレ様

村口書房

09-08（村口書簡　村口書房の用箋）

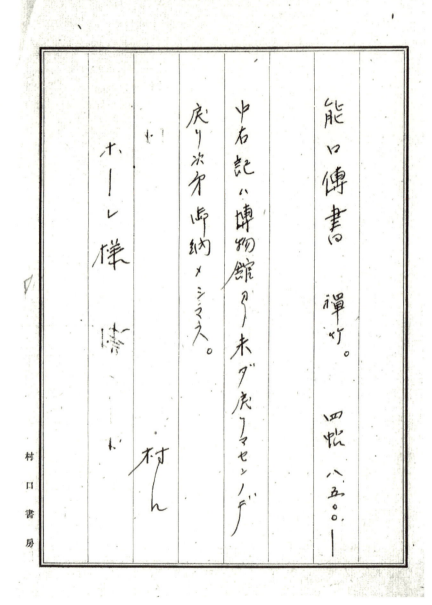

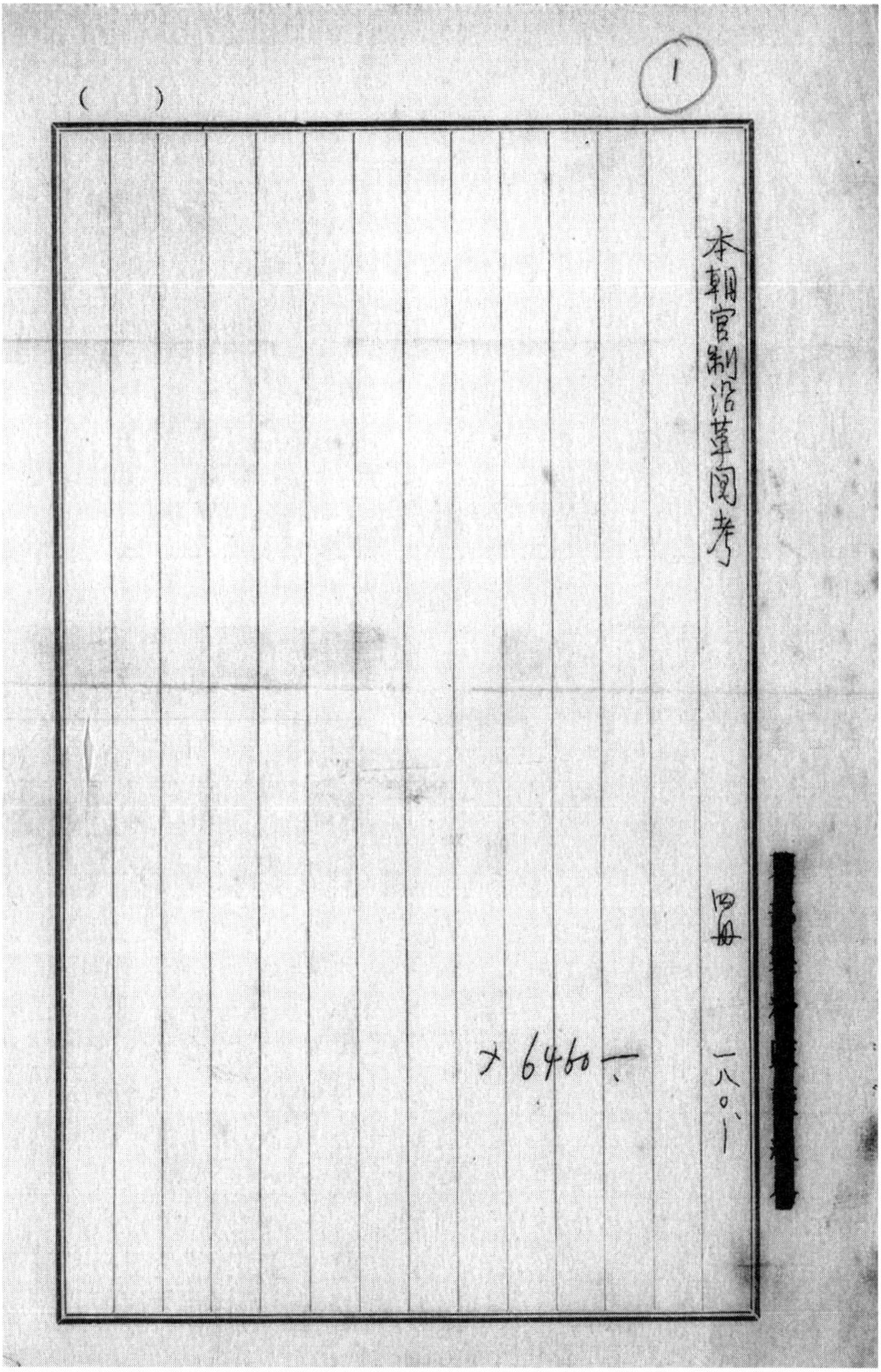

1

(　　)

本朝官制沿革図考

四冊

一八〇、一

×6460、

[redacted]

09-09（［書目］赤罫線用紙　一帖十四行）

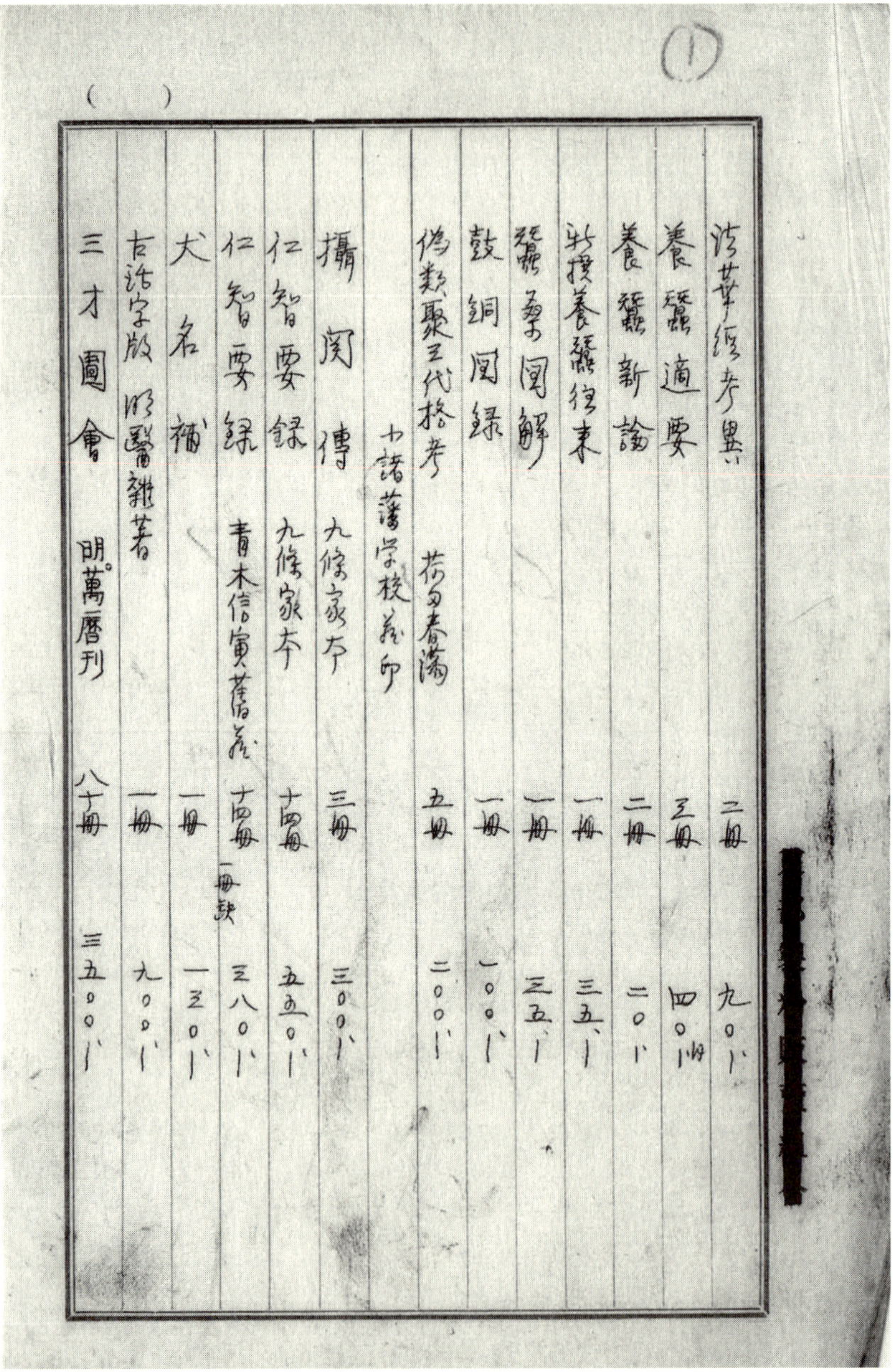

( )

①

[illegible]華經考異		二冊	九〇ド
養蠶適要		三冊	四〇ド
養蠶新論		二冊	二〇ド
新撰養蠶往来		一冊	三五ド
蠶桑圖解		一冊	三五ド
鼓銅圖録		一冊	一〇〇ド
偽数聚三代格考	荷田春満	五冊	二〇〇ド
十諸藩学校蔵印			
攝関傳	九條家本	三冊	三〇〇ド
仁智要録	九條家本	十四冊	五五〇ド
仁智要録	青木信寅舊蔵	十四冊 一冊缺	三八〇ド
犬名補		一冊	一二〇ド
古活字版 膠醫雑著		一冊	九〇〇ド
三才圖會	明萬暦刊	八十冊	三五〇〇ド

[redacted]

09-09（[書目] 赤罫線用紙　一帖十四行）

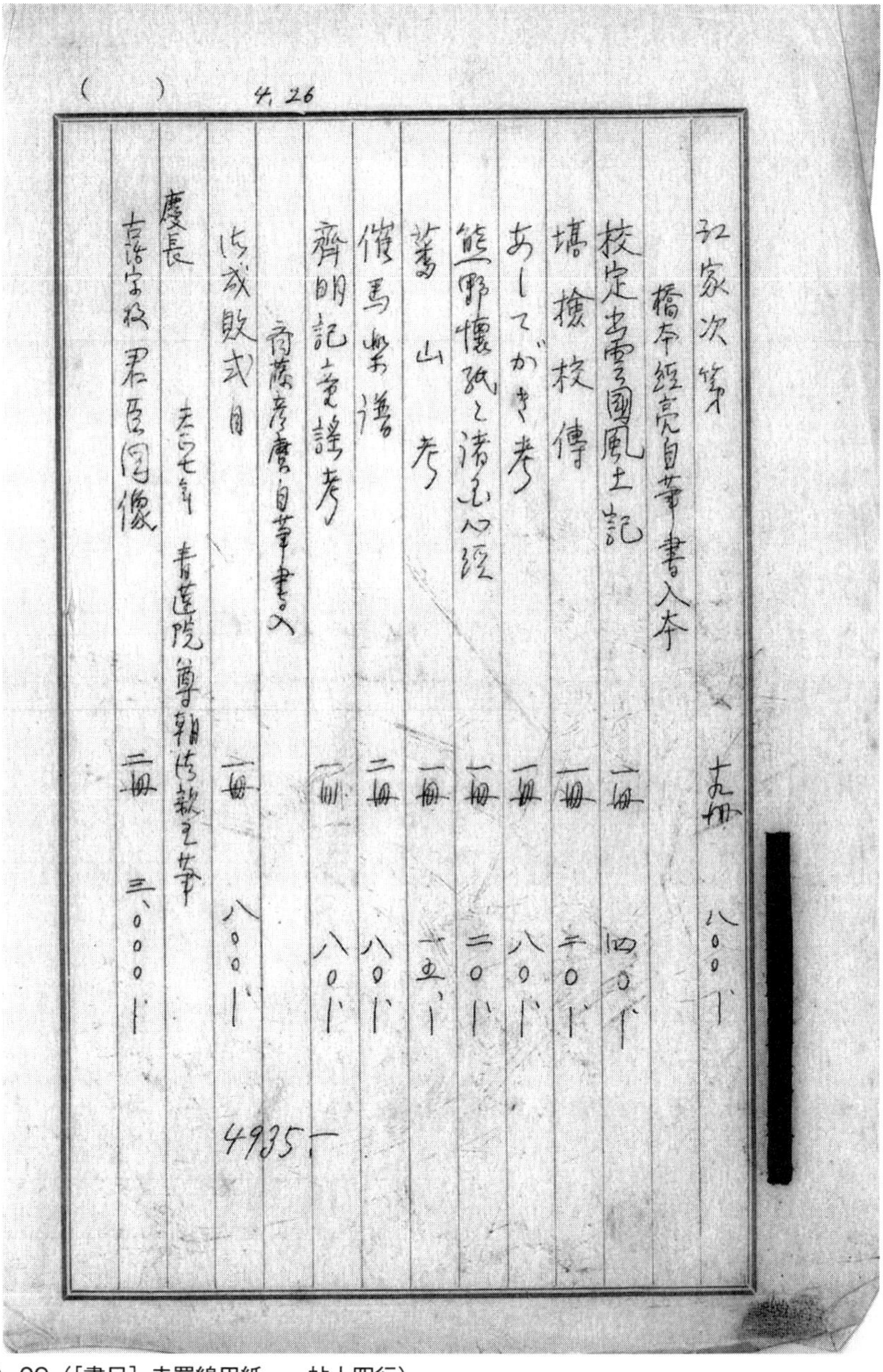

（　　）　4.26

江家次第　十九冊　八〇〇ド
橋本経亮自筆書入本
校定出雲國風土記　一冊　四〇ド
塙検校傳　一冊　二〇ド
あしてがき考　一冊　八〇ド
熊野懐紙と諸家心経　一冊　二〇ド
蕉山考　一冊　十五ド
催馬楽譜　二冊　八〇ド
齋明記竟謡考　一冊　八〇ド
齋藤彦麿自筆書入
御成敗式目　一冊　八〇〇ド
天正七年　青蓮院尊朝法親王筆
慶長古活字版　君臣図像　二冊　三、〇〇〇ド

4935.—

09-09（［書目］赤罫線用紙　一帖十四行）

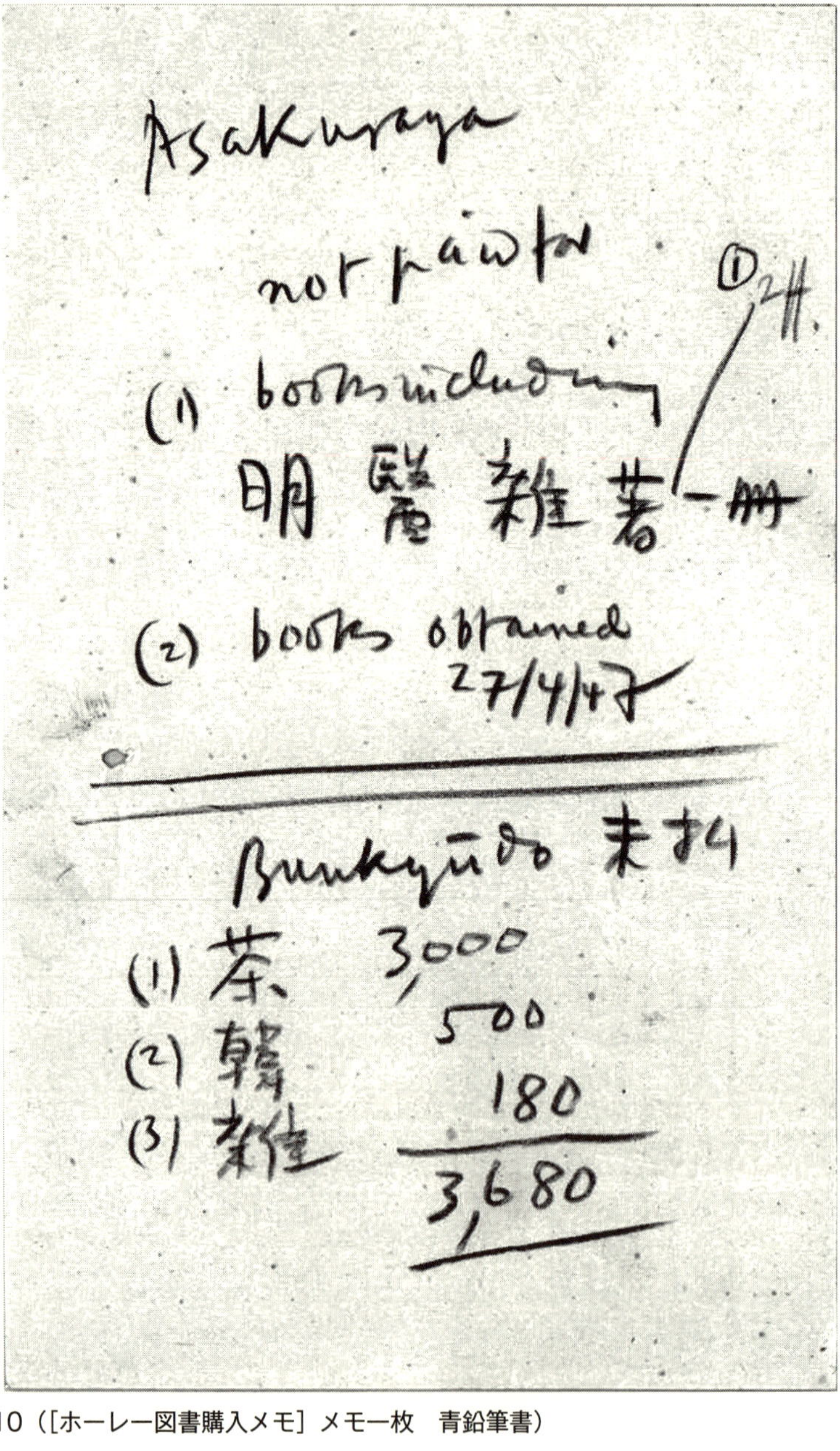
Asakuraya

not paid for

(1) books including
明醫雜著 一冊　①2冊

(2) books obtained
27/4/47

Bunkyudo 未払

(1) 茶 3,000
(2) 韓 500
(3) 雜 180
3,680

09-10（[ホーレー図書購入メモ] メモ一枚　青鉛筆書）

No.

請　求　書

昭和22年3月31日

ホーレー　様

下記之通相成候間御引合被下度候

合計金額　￥3770.00

月	日	品名	數量	單價	金額	摘要
		義経蝦夷愛記	1		4500	
		佐藤信淵略伝家譜	1		1500	
		人桂数右左衆	1		1500	
		諸国採薬記	1		2500	
		式目抄	1		15000	
		催馬楽法秘抄	1		250000	
		後撰集正義	2		6000	
		新式開書	1		10000	
		浜臣校書入和名抄	5		35000	
		藤簍冊子	6		20000	
		揖田暁鳥筆記	8		35000	
		計			3770.00	

東京都本郷區森川町七一
琳琅閣書店　齋藤兼蔵
振替東京八六八八番

コクヨ 259

09-11（[請求書] 琳琅閣斉藤兼蔵「コクヨ 259」用紙一枚）

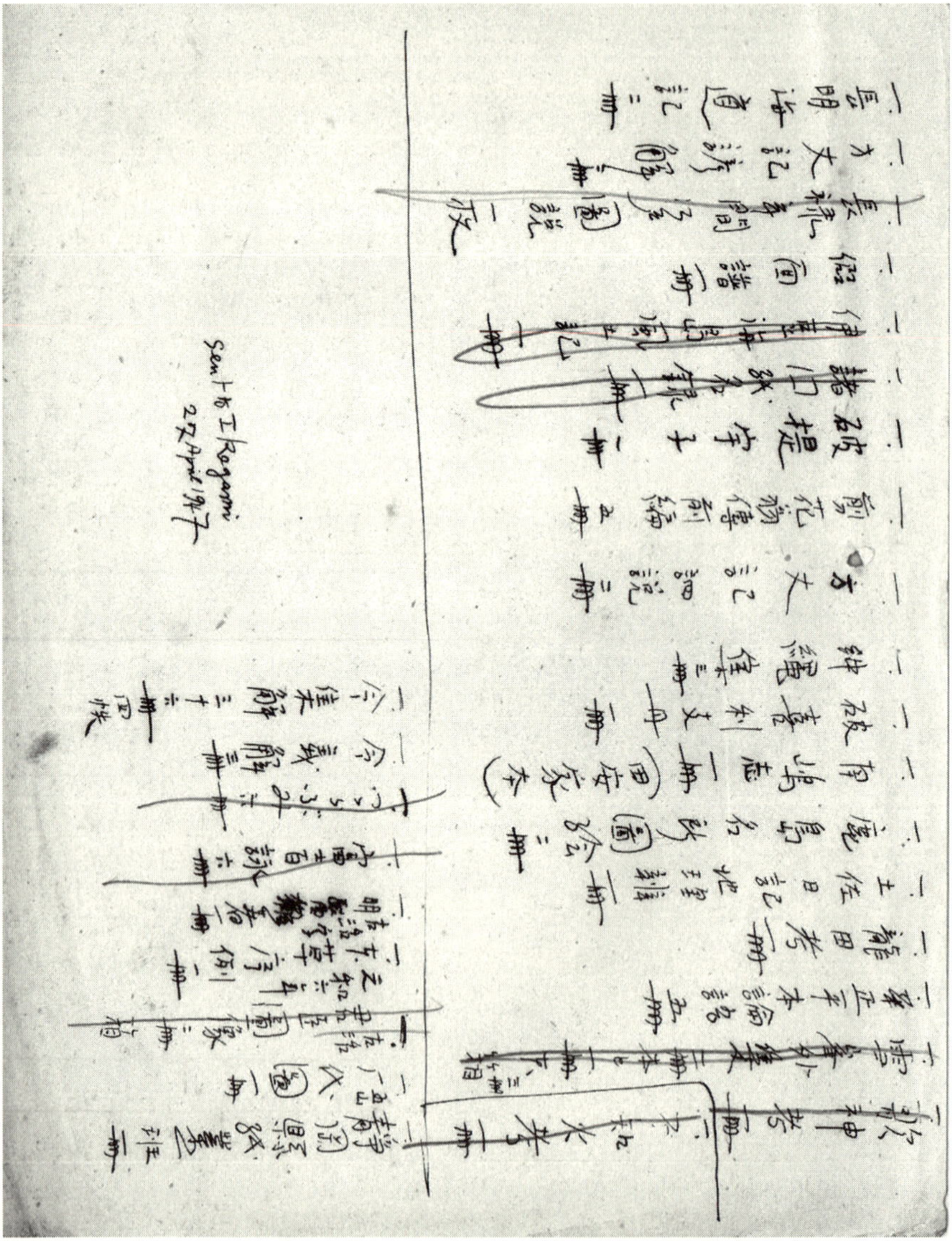

09-12（[書目] 一九四七年四月二七日に池上製本所へ託した製本依頼の書物目録）

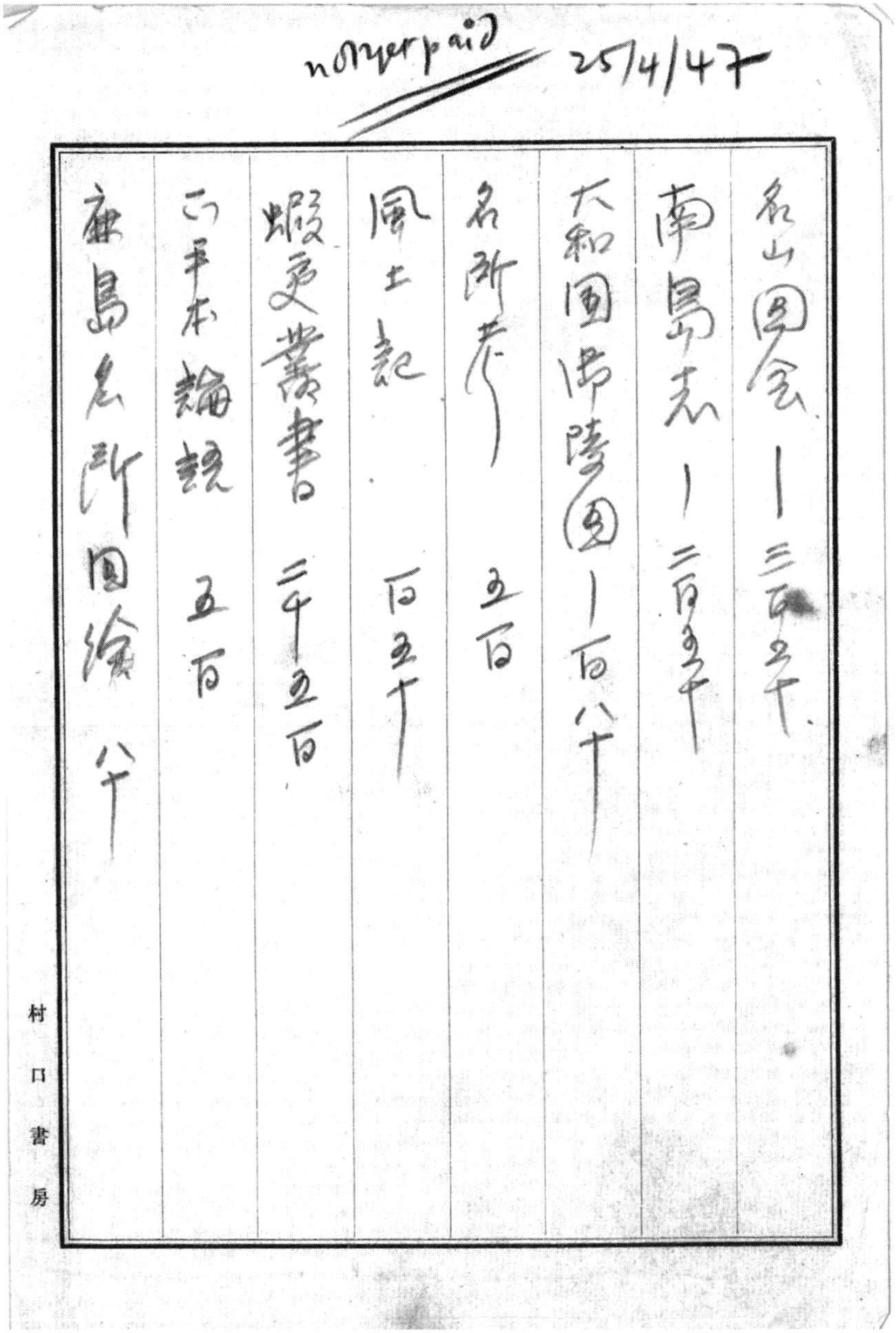

noverpaid 25/4/47

名山図会　一　三百五十
南島志　一　二百五十
大和国御陵図　一　百八十
名所花　五百
風土記　百五十
蝦夷叢書　二千五百
正平本論語　五百
鹿島名所図絵　八十

村口書房

09-13（村口書簡　村口書房の用箋　一九四七年四月二十五日付）

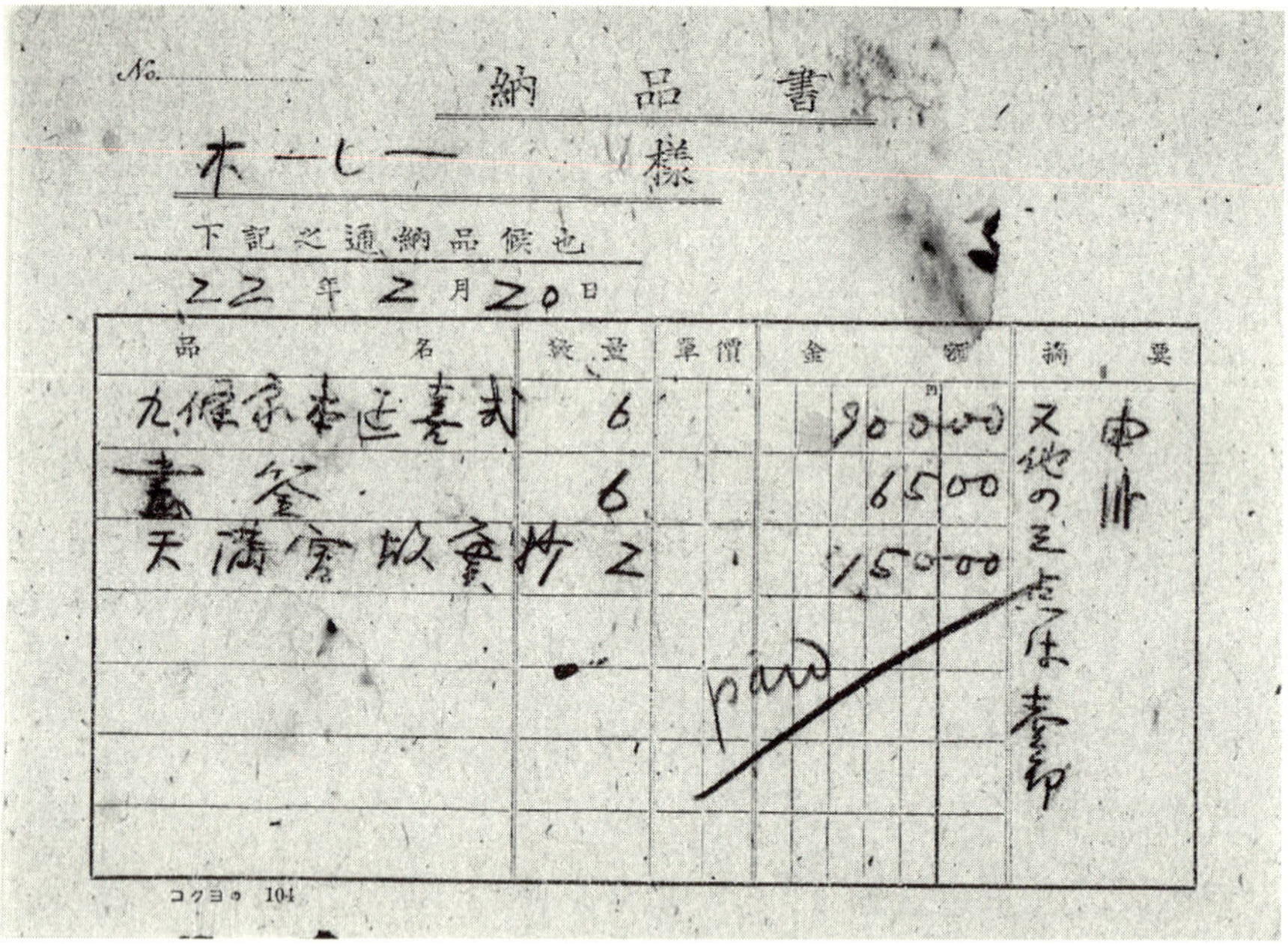

No.
納品書
ホーレー 様
下記之通納品候也
22 年 2 月 20 日

品名	数量	単価	金額	摘要
九條家本延喜式	6		900.00	又他の三点は奉納 中川
畫箋	6		65.00	
天満宮故實抄	2		150.00	

paid

コクヨ 104

09-14（琳琅閣納品書　昭和二十二年二月二十日付「コクヨ 104」用紙）

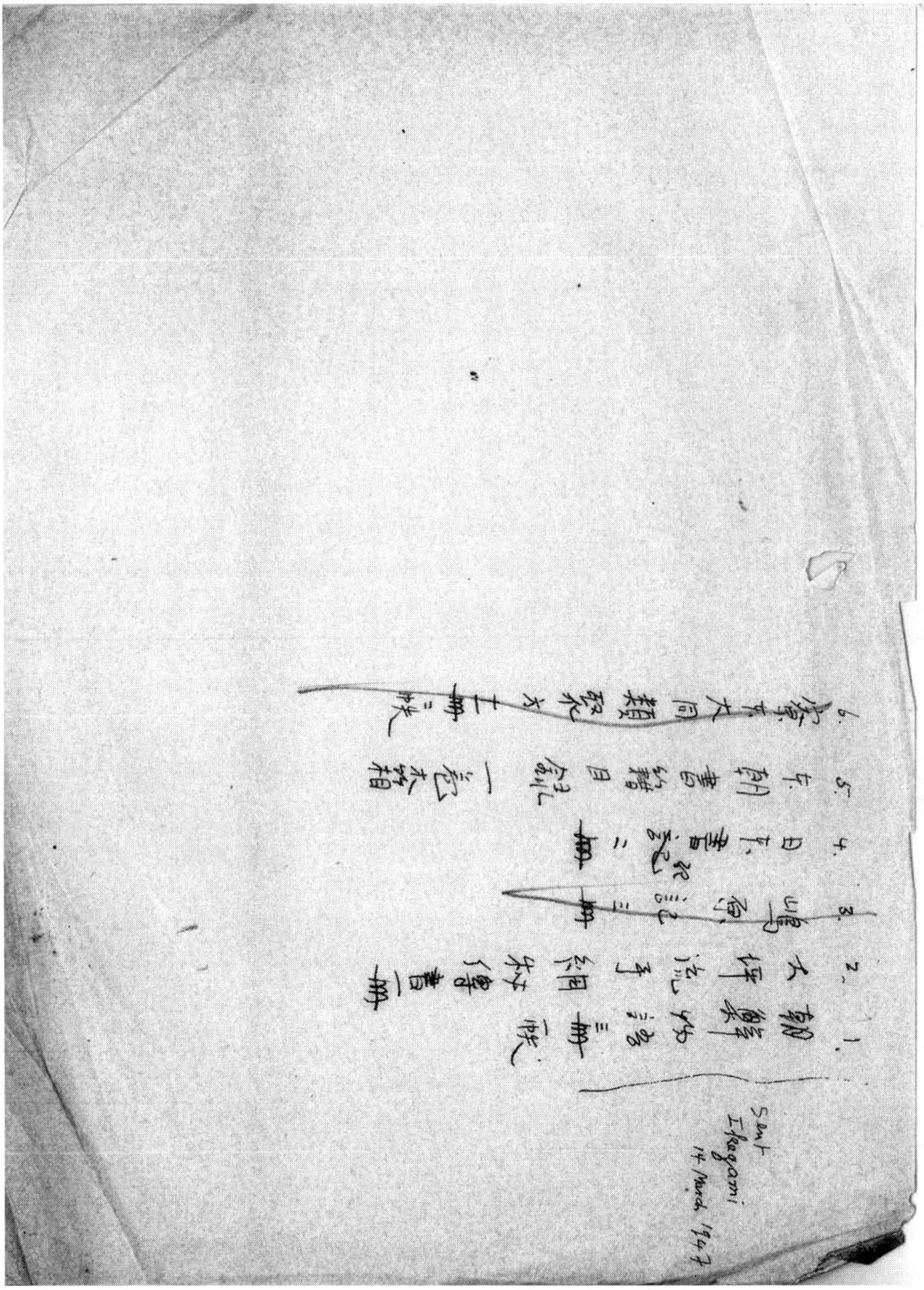

09-15（[書目] 一九四七年三月十四日に池上製本所へ託した製本依頼の書物目録）

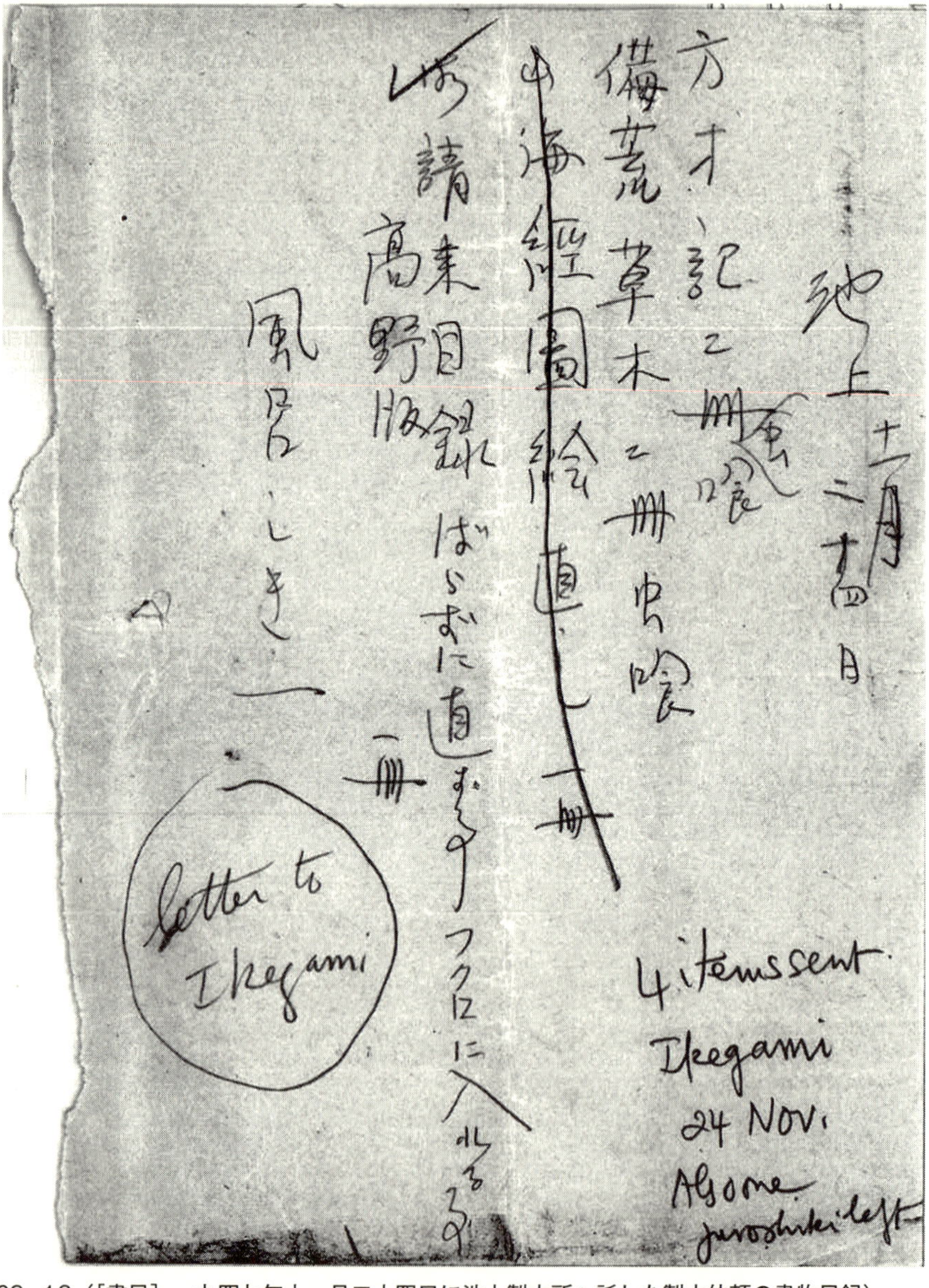

09-16（[書目] 一九四七年十一月二十四日に池上製本所へ託した製本依頼の書物目録）

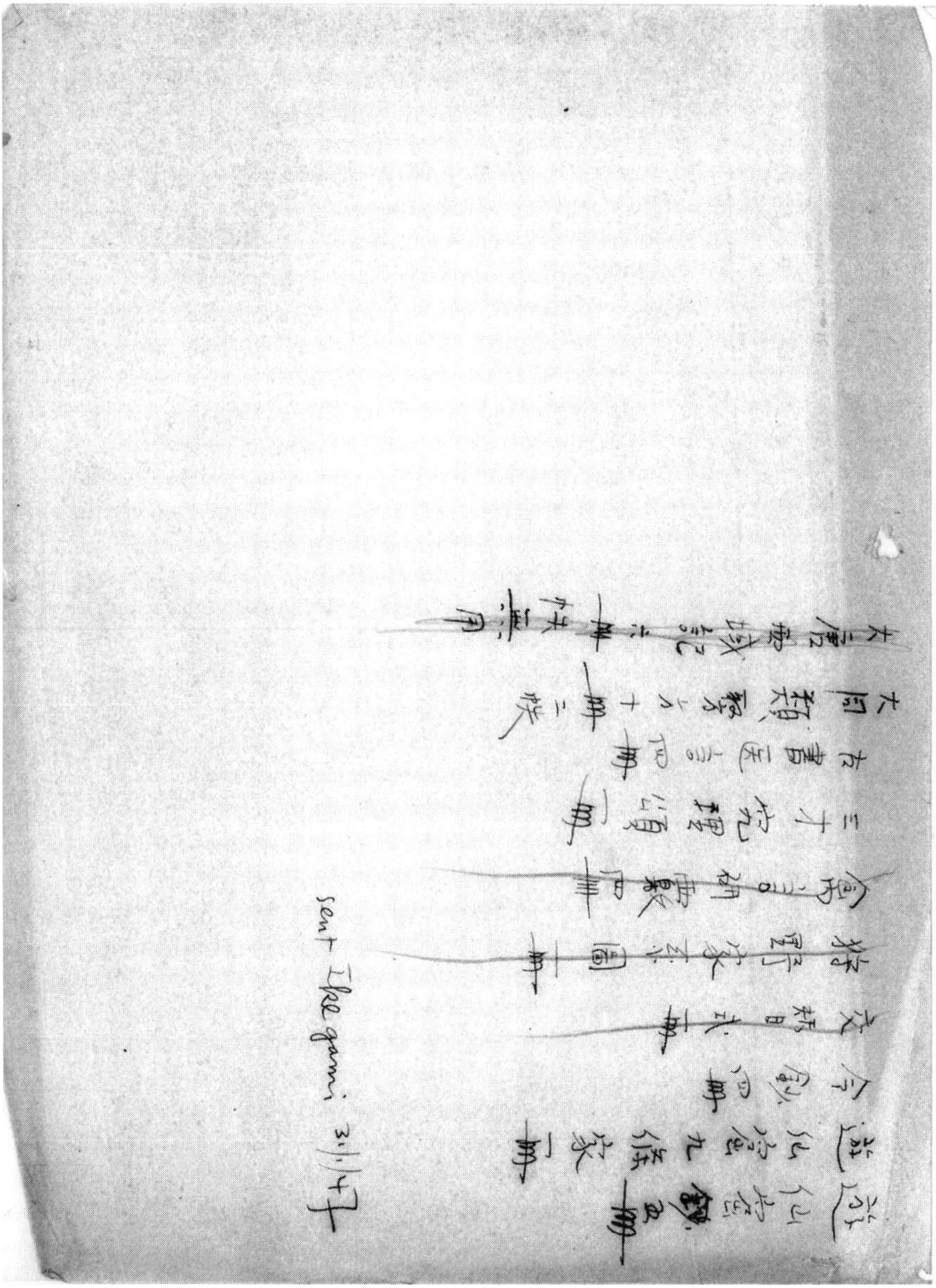
遊仙窟鈔 五冊
遊仙窟九條家 一冊
今鈔 四冊
交替式 一冊
狩野家本圖 一冊
宸言研覈 四冊
三才究理頌 一冊
古書医言 四冊
大同類聚方 十冊 二帙
大唐西域記 六冊 一帙 無用
sent Ikegami 31/1/47

09-17（[書目] 一九四七年一月三十一日に池本製本所へ託した製本依頼の書物目録）

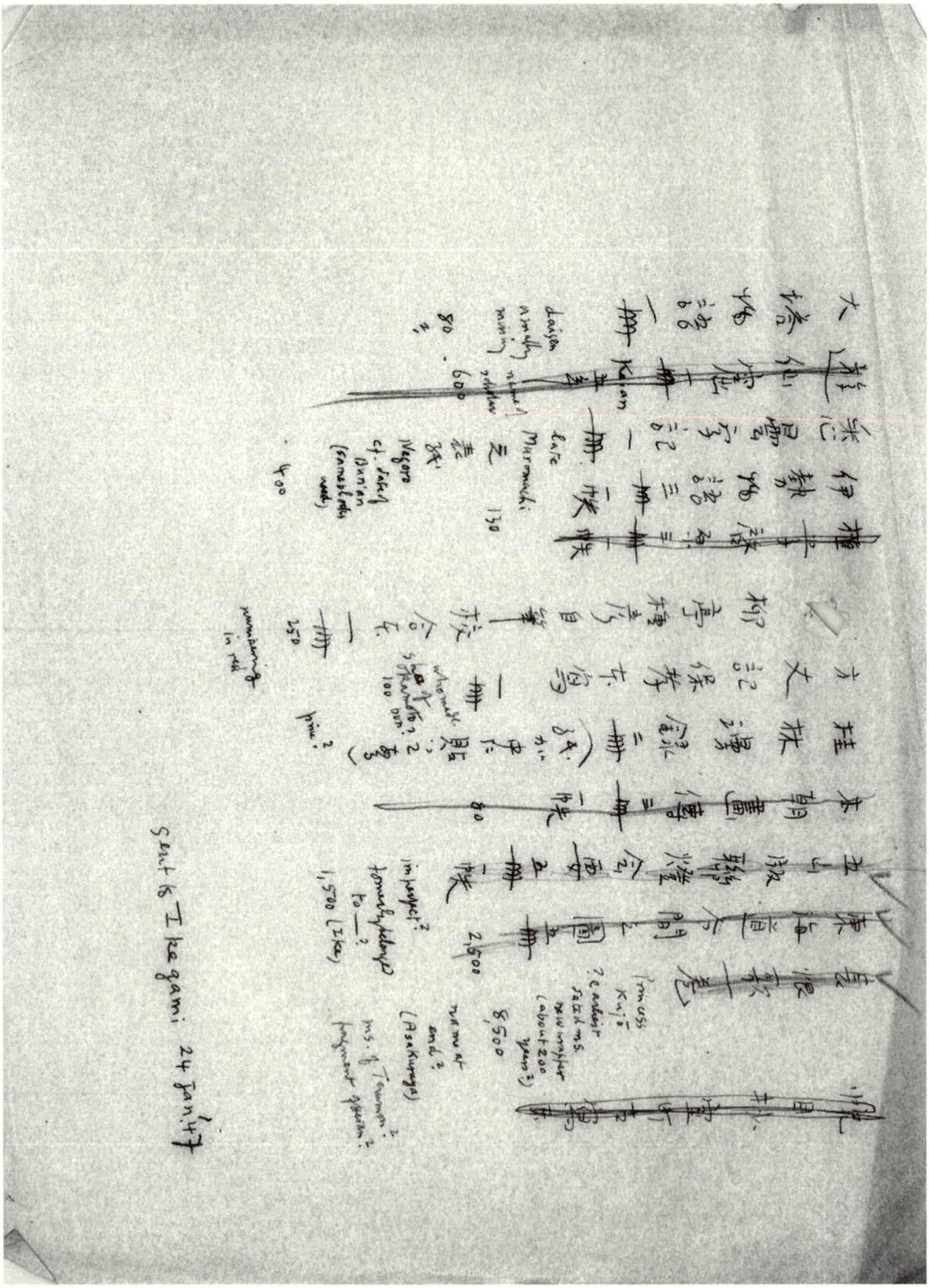

09-18（[書目] 一九四七年一月二十四日に池本製本所へ託した製本依頼の書物目録）

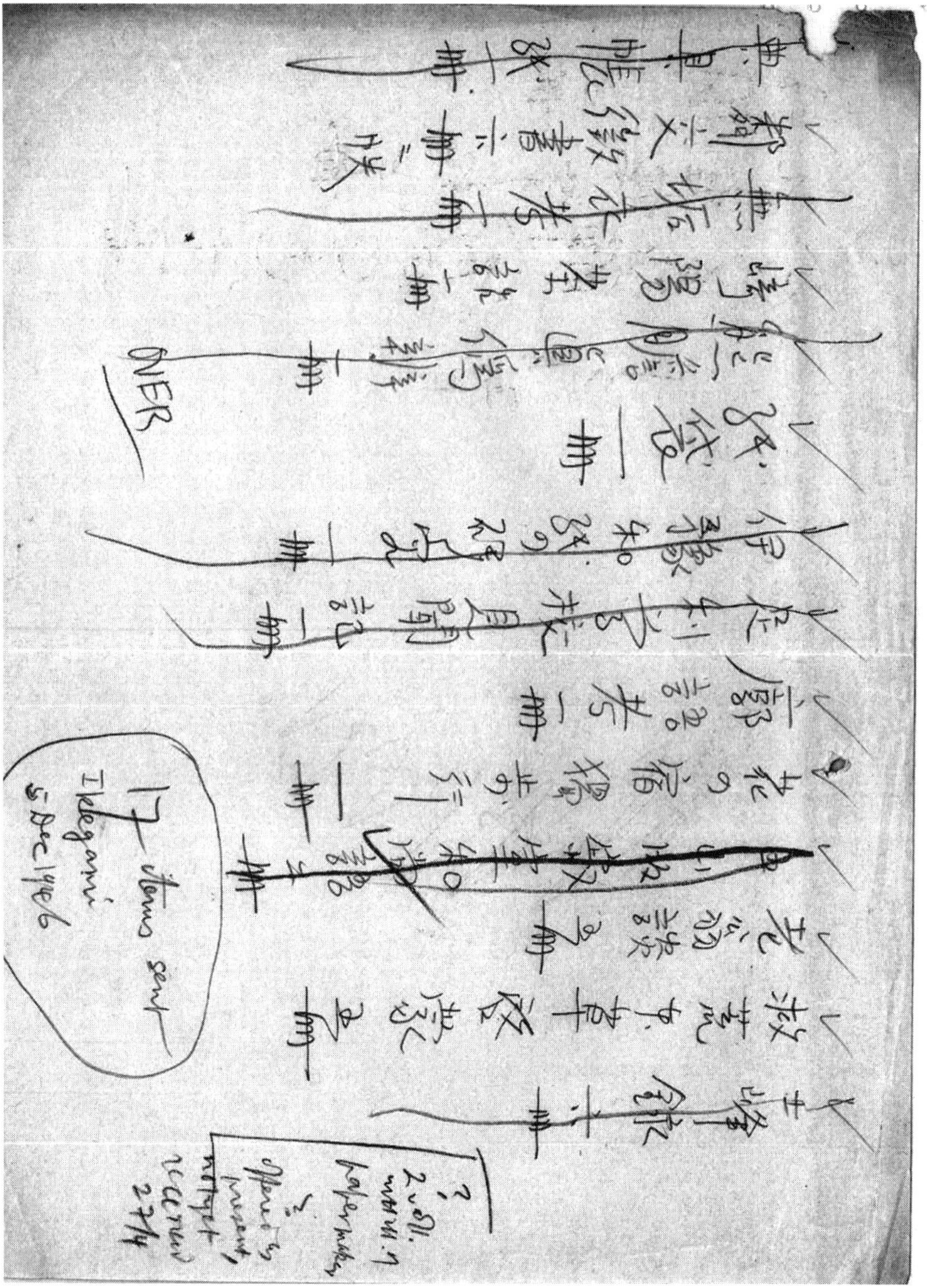

09-19（[書目] 一九四六年十二月五日に池本製本所へ託した製本依頼の書物目録）

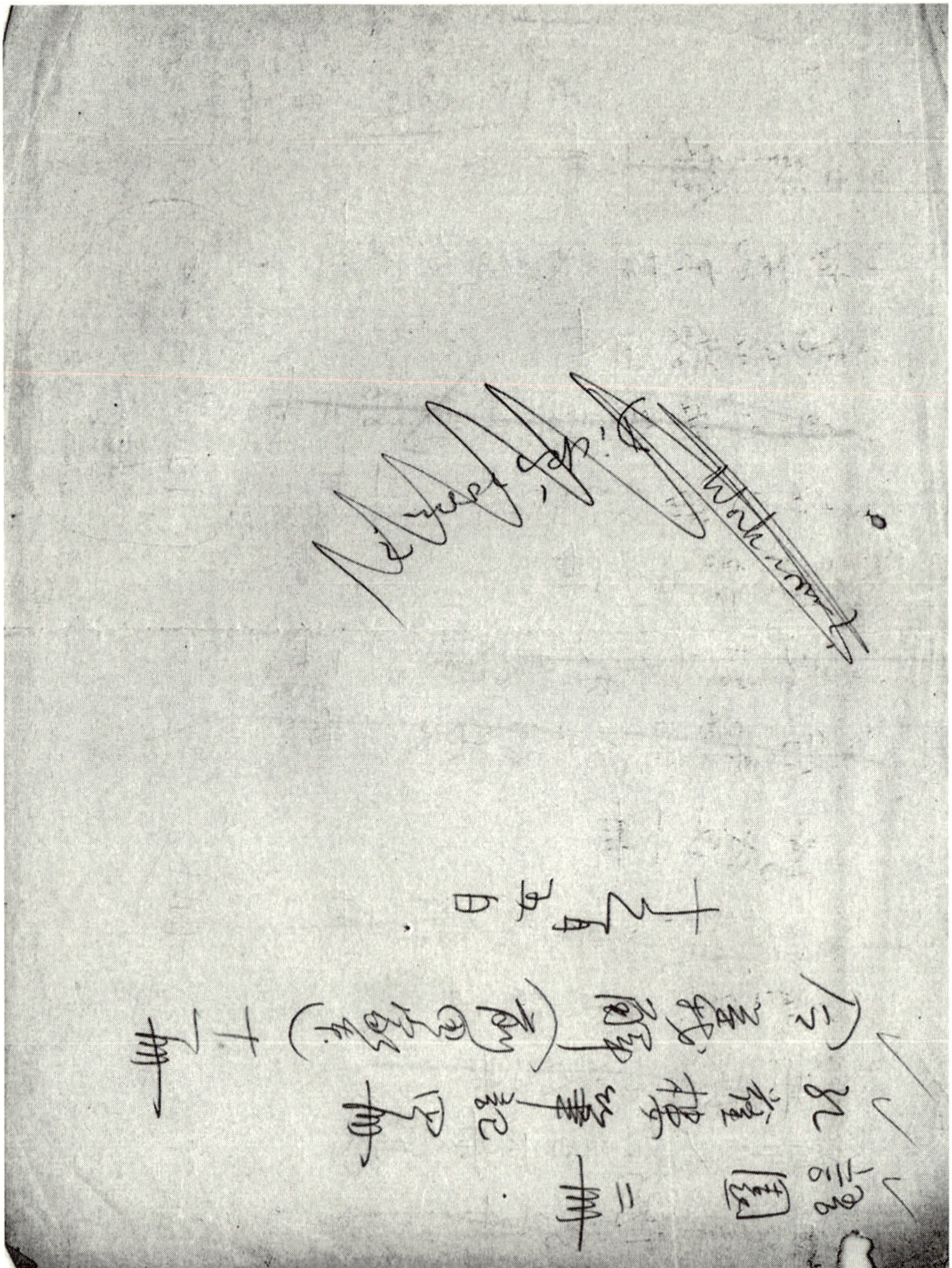

09-19（[書目] 一九四六年十二月五日に池本製本所へ託した製本依頼の書物目録）

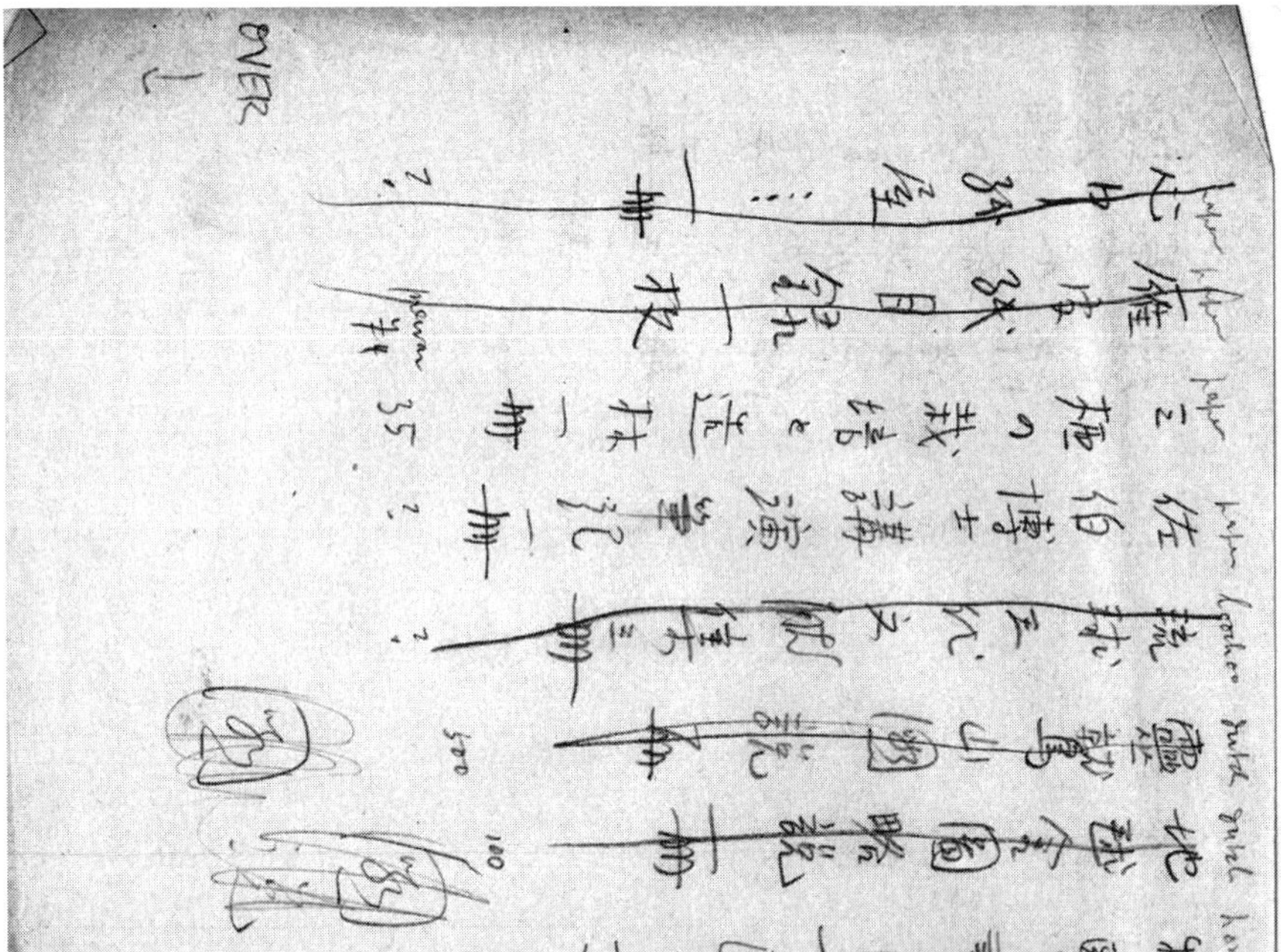

09-20（[書目] 一九四六年十二月二十六日に池本製本所へ託した製本依頼の書物目録）

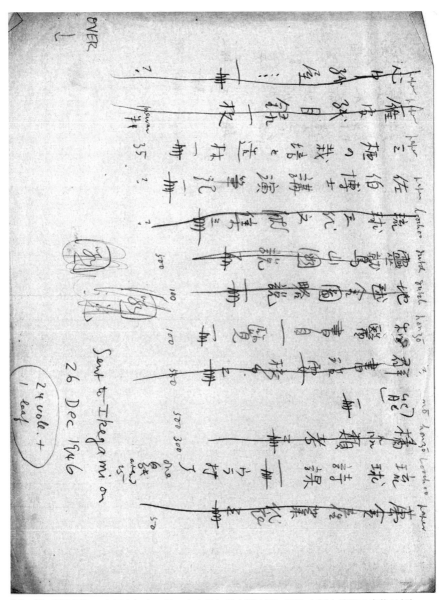

09-20（[書目] 一九四六年十二月二十六日に池本製本所へ託した製本依頼の書物目録）

Sent to Ikegami 25th Jan. 1947

09-21（[書目] 一九四七年一月二十五日に池本製本所へ託した製本依頼の書物目録）

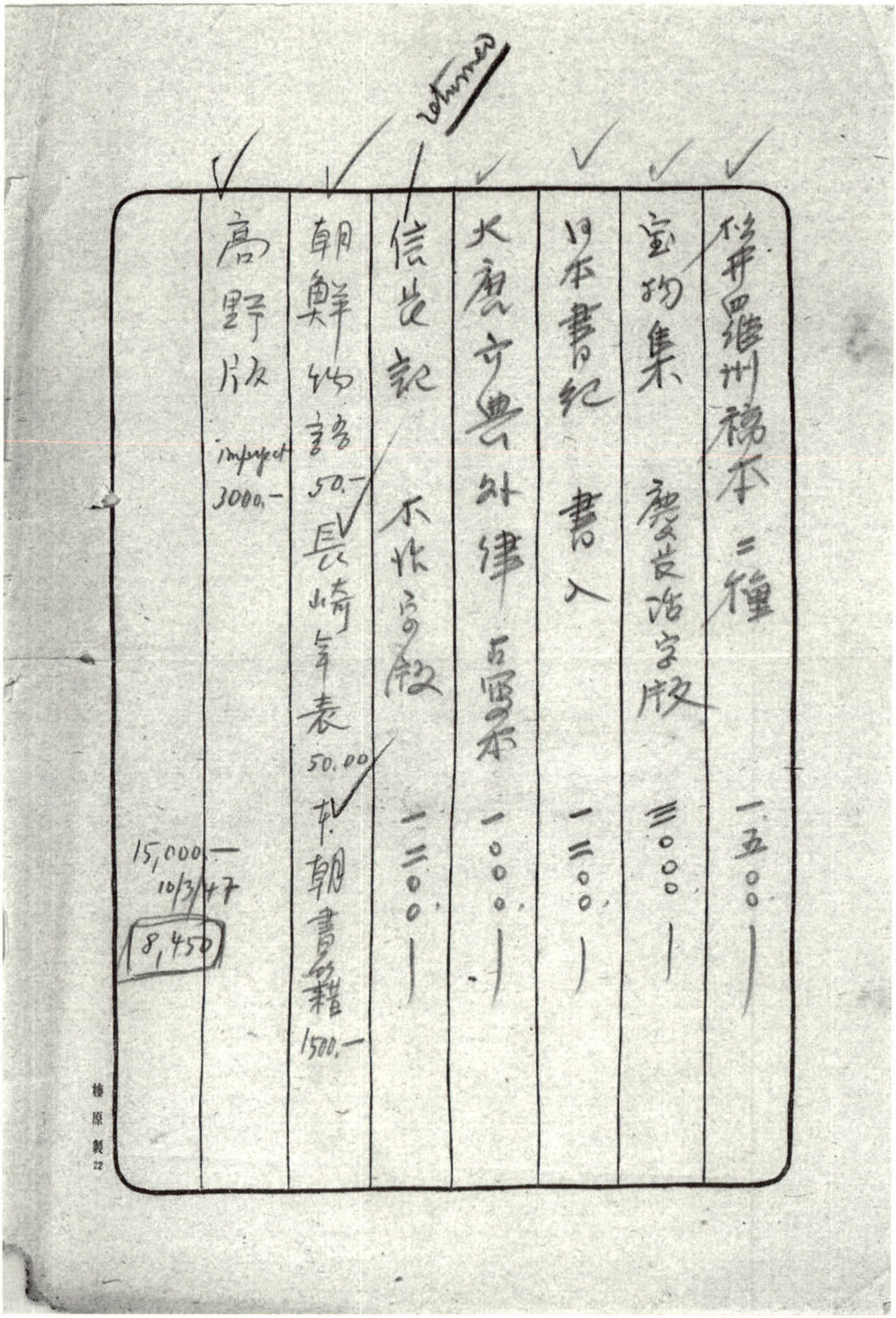
松井羅州稿本　二種　一五〇〇―
宝物集　慶長活字版　三〇〇〇―
日本書紀　書入　一二〇〇―
大唐六典外律　古写本　一〇〇〇―
信長記　木活字版　一二〇〇―
朝鮮物語 50.―　長崎年表 50.00　朴朝書籍 1500.―
高野版 imperfect 3000.―
returned
15,000.―
10/3/47
8,450
榛原製 22

09-22（村口書簡　榛原製の用箋）

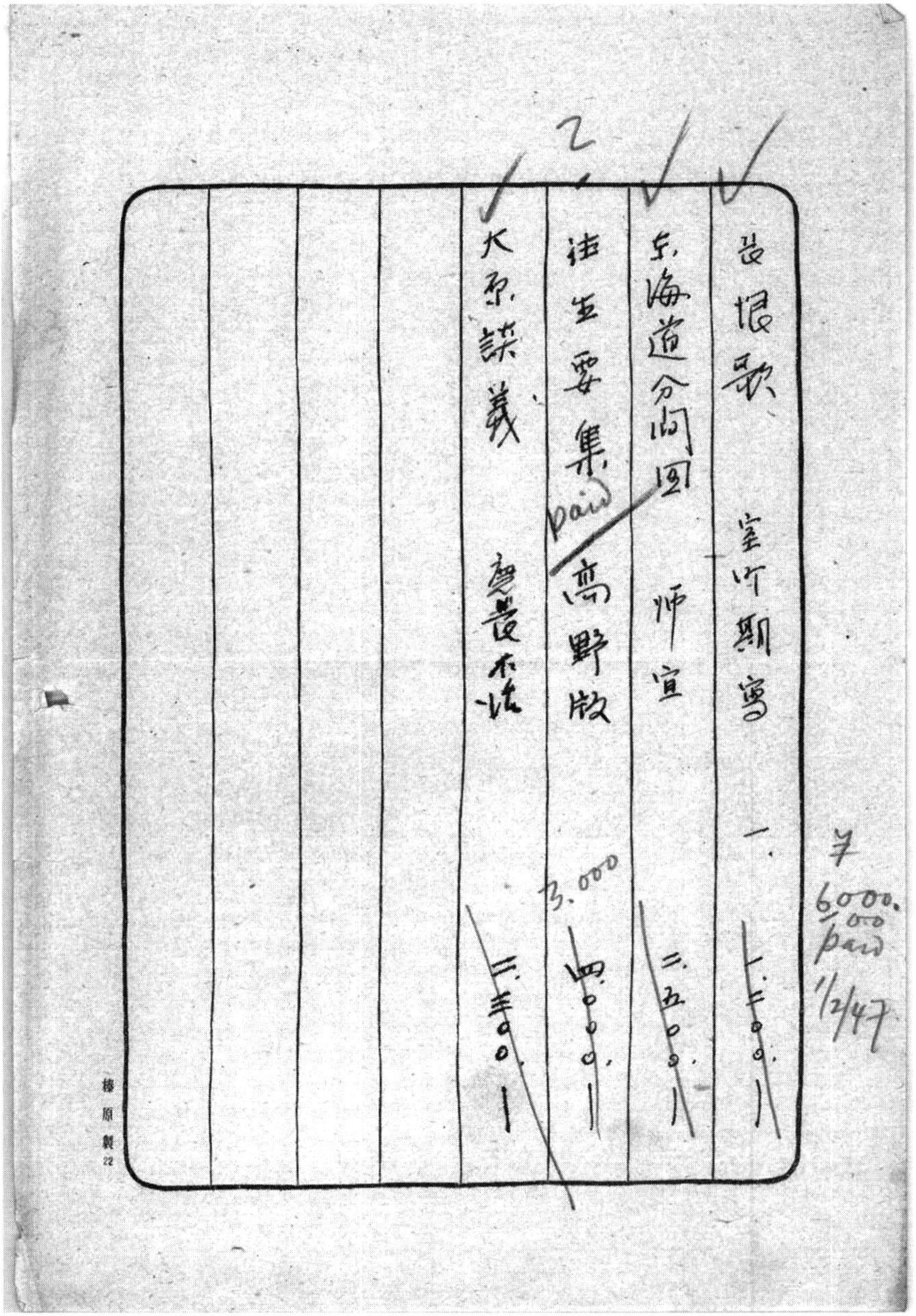

09-23（村口書簡　榛原製の用箋）

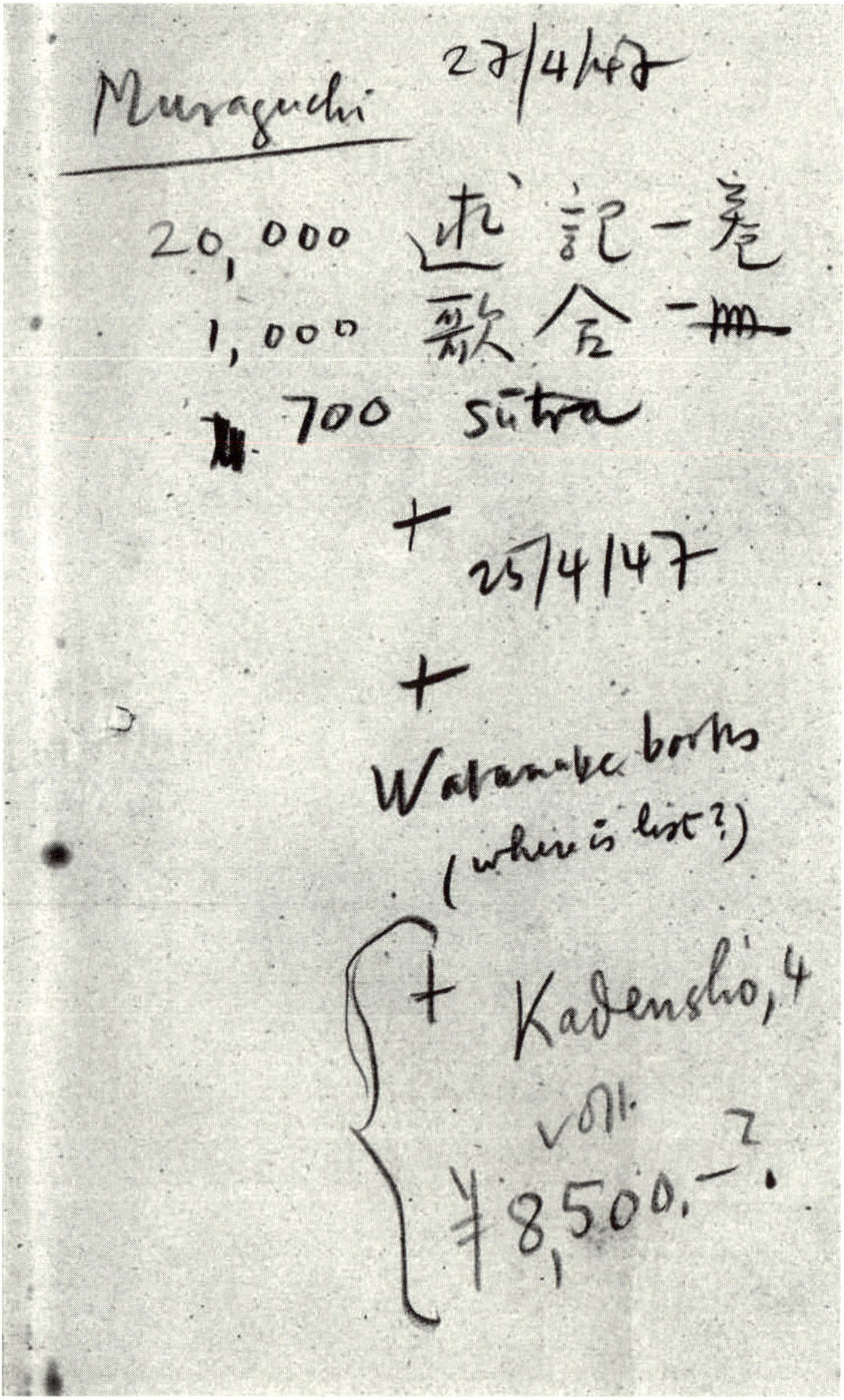
Muraguchi 27/4/47

20,000 遊記一巻
1,000 歌合一~~冊~~
700 sūtra

+ 25/4/47

+ Watanabe books
(where is list?)

+ Kadenshō, 4 vols.
¥8,500.-

09-24（[書目] 一九四七年四月二十七日　メモ）

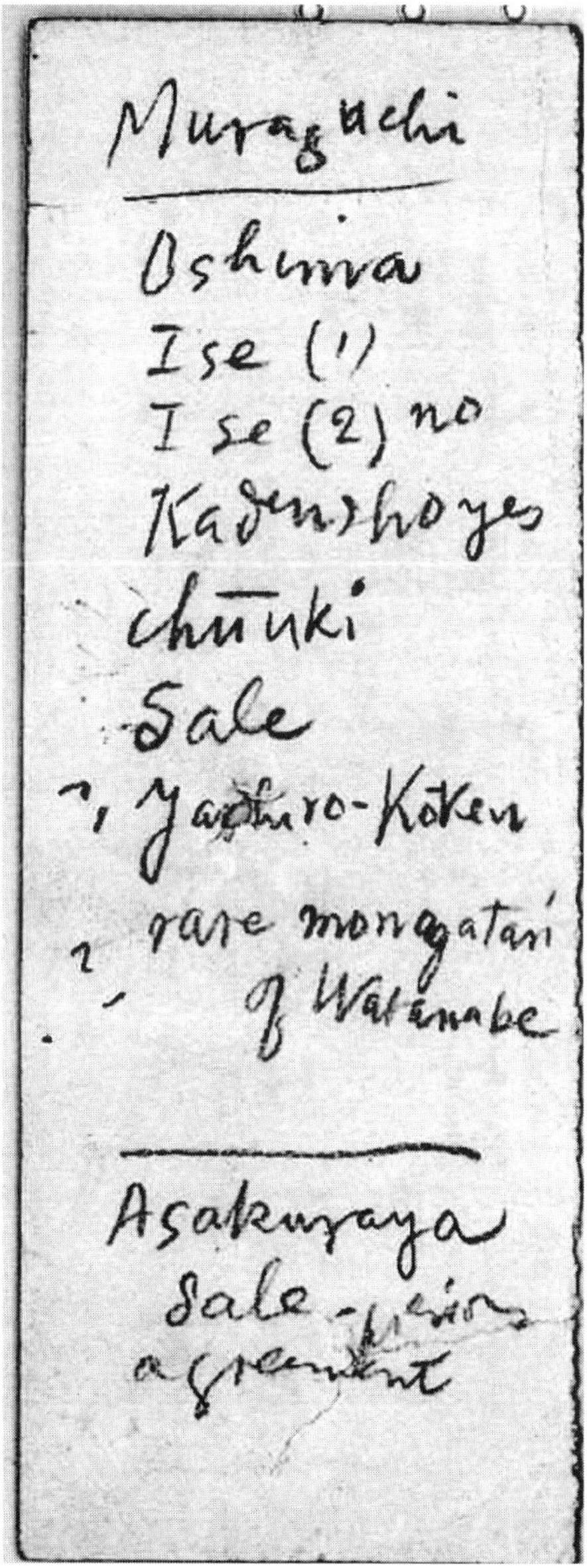

Muraguchi

Oshima
Ise (1)
Ise (2) no
Kadenshoyes
chūuki
Sale
?, Yashiro-Koken
? rare monogatari
of Watanabe

Asakuraya
Sale - prior
agreement

09-25（[書目］期日不明　メモ）

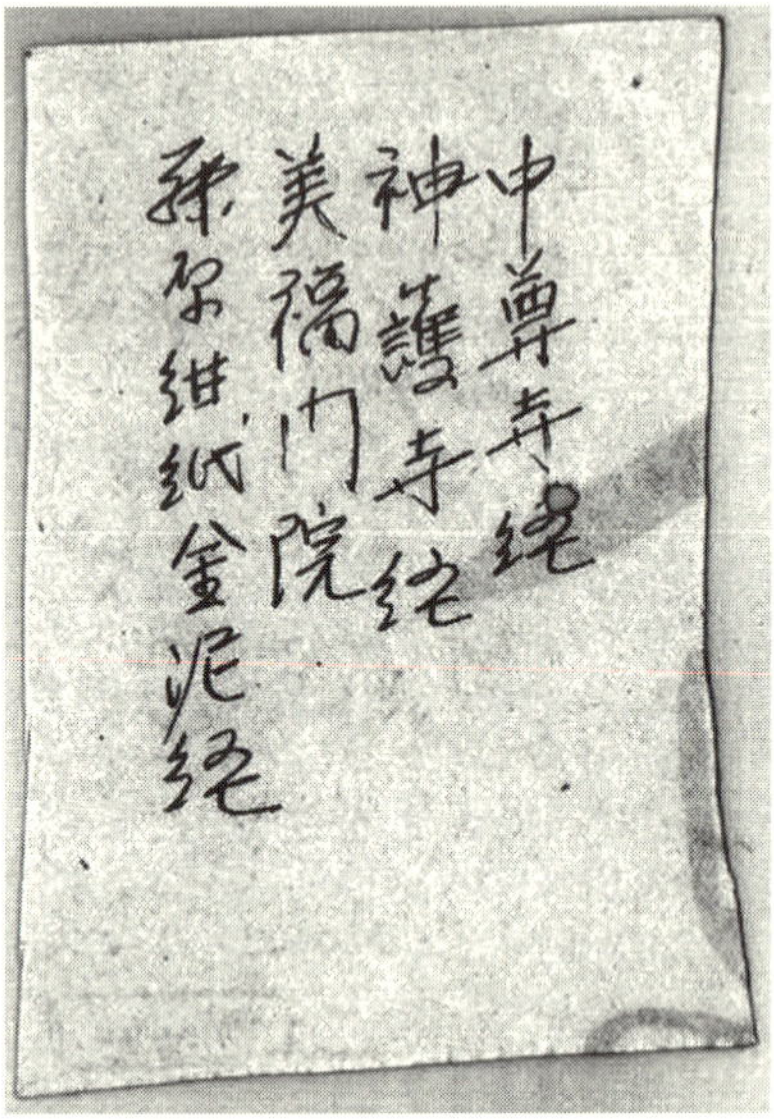

中尊寺経
神護寺経
美福門院
[illegible]紺紙金泥経

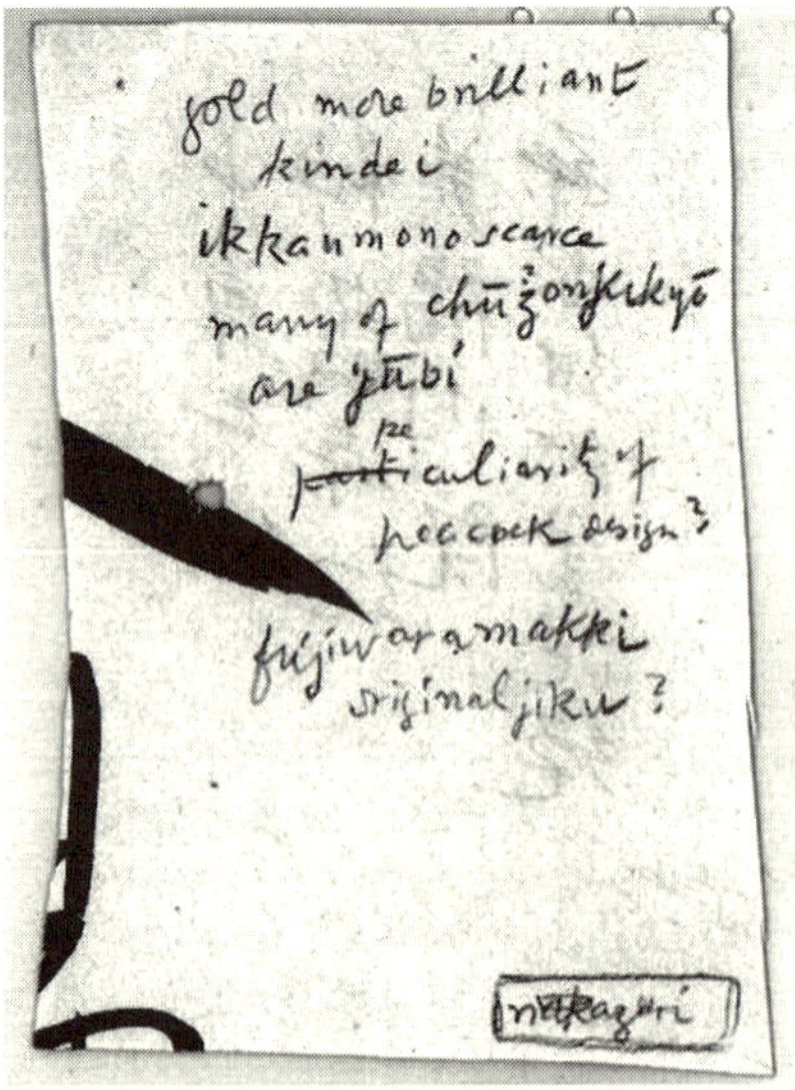

gold more brilliant
kindei
ikkanmono scarce
many of chūzonjikyō
are yūbi
particularity of
peacock design?
fujiwara makki
original jiku?

09-26（[書目] 期日不明　メモ）

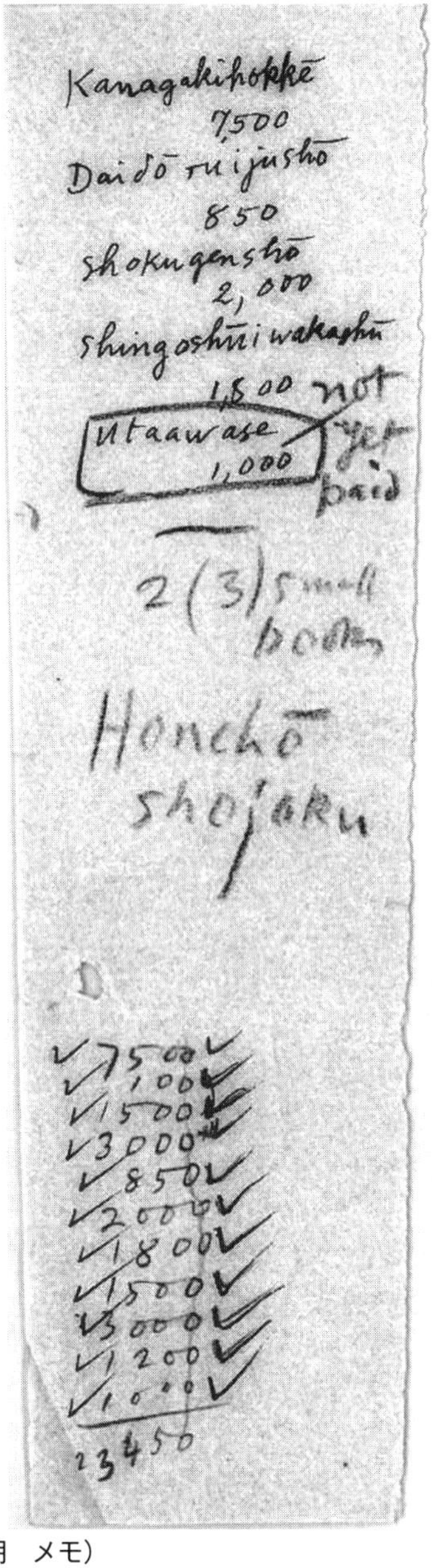
Kanagakihokke
7,500
Daidō ruijusho
850
shokugenshō
2,000
shingoshūiwakashū
1,800 not
Utaawase
1,000
yet paid

2(3) small books

Honchō shojaku

7500
1000
1500
3000
850
2000
1800
1500
3000
1200
1000
23450

09-27（[書目] 期日不明　メモ）

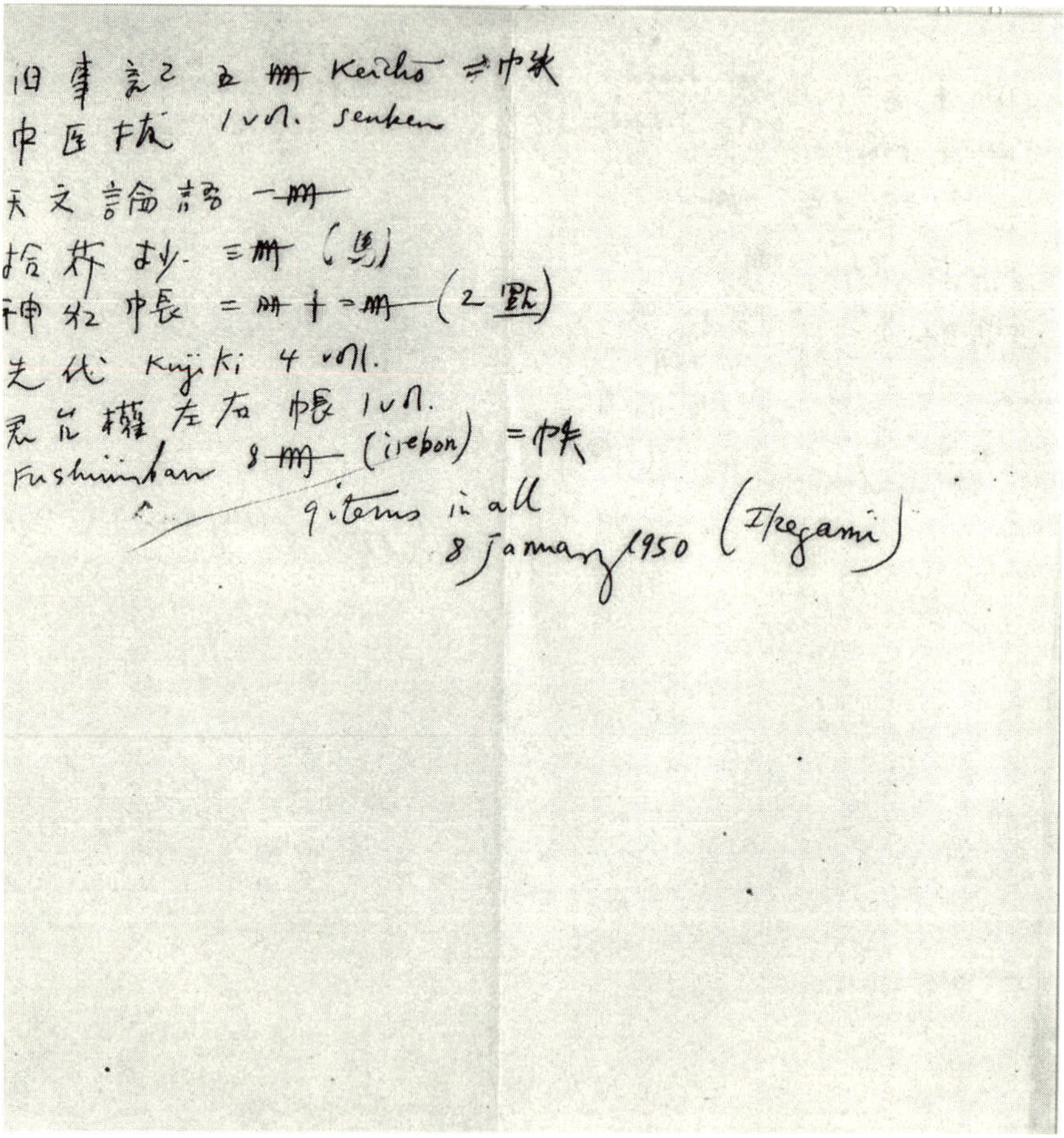
旧事記 五冊 Keicho 二帙
中臣祓 1 vol. senken
天文論語 一冊
拾芥抄 三冊 (馬)
神名帳 二冊十二冊 (2 點)
先代 Kujiki 4 vol.
君台観左右帳 1 vol.
Fushimiban 8冊 (irebon) 二帙
9 items in all
8 January 1950 (Ikegami)

09-28（[書目] 一九五〇年一月八日　池上製本所宛てメモ）

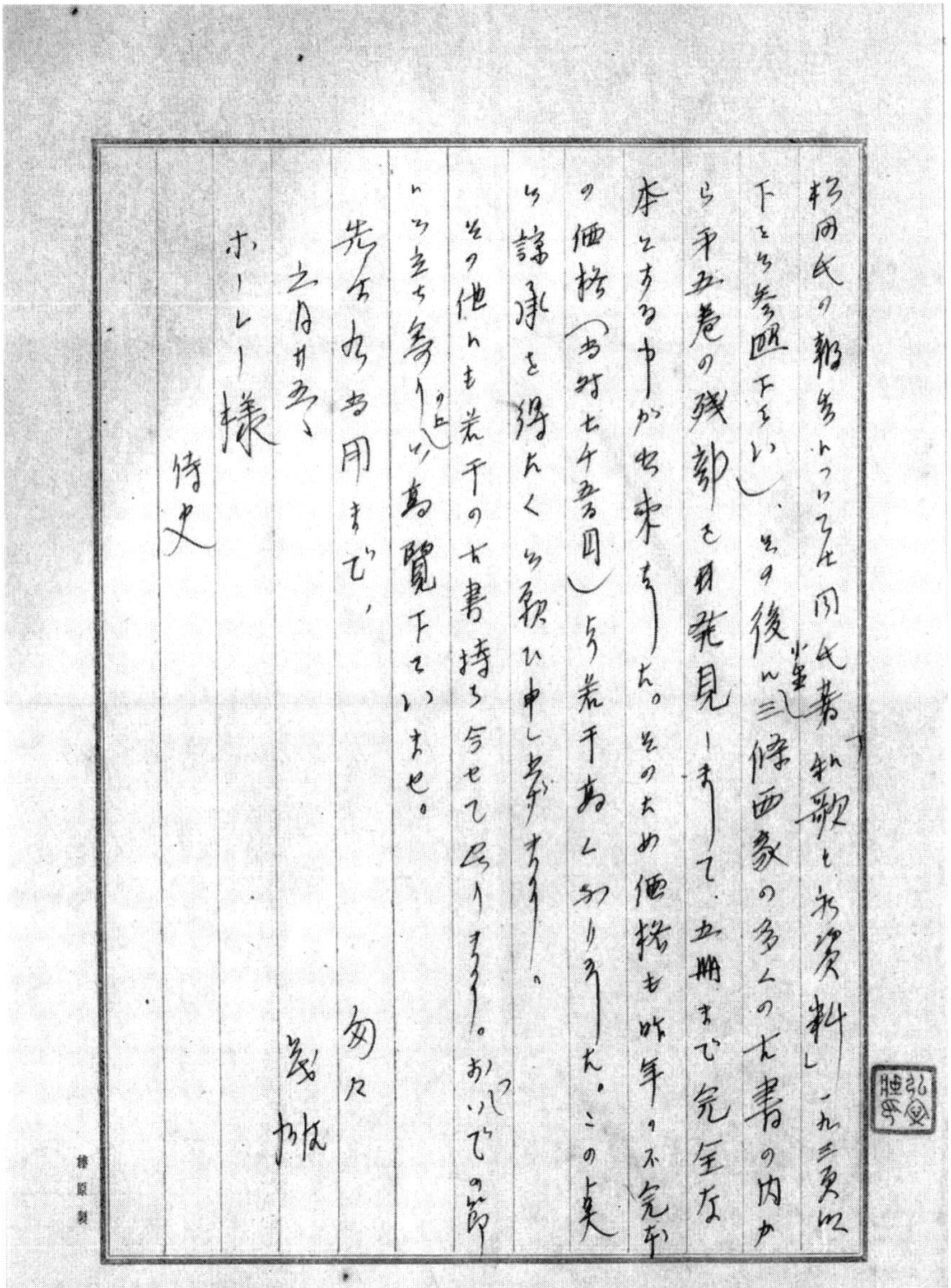
松岡氏の新著につけて同氏著「和歌と新資料」一九三頁以下を御参照下さい）、其の後小生三條西家の多くの古書の内から第五巻の残部を発見しまして五冊まで完全な本となる事が出来ました。其のため価格も昨年の不完本の価格（当時七千五百円）より若干高く承りました。この点御諒承を得たく御願ひ申し上げます。
其の他にも若干の古書持ち合せて居ります。御ついでの節にお立ち寄り御高覧下さいませ。
先は右御用まで、　匆々
六月廿五日　茂雄
ホーレー様
侍史

榛原製

09-29（[反町茂雄書翰] 六月二十五日　榛原製の用箋　一枚　「弘文荘印」（朱））

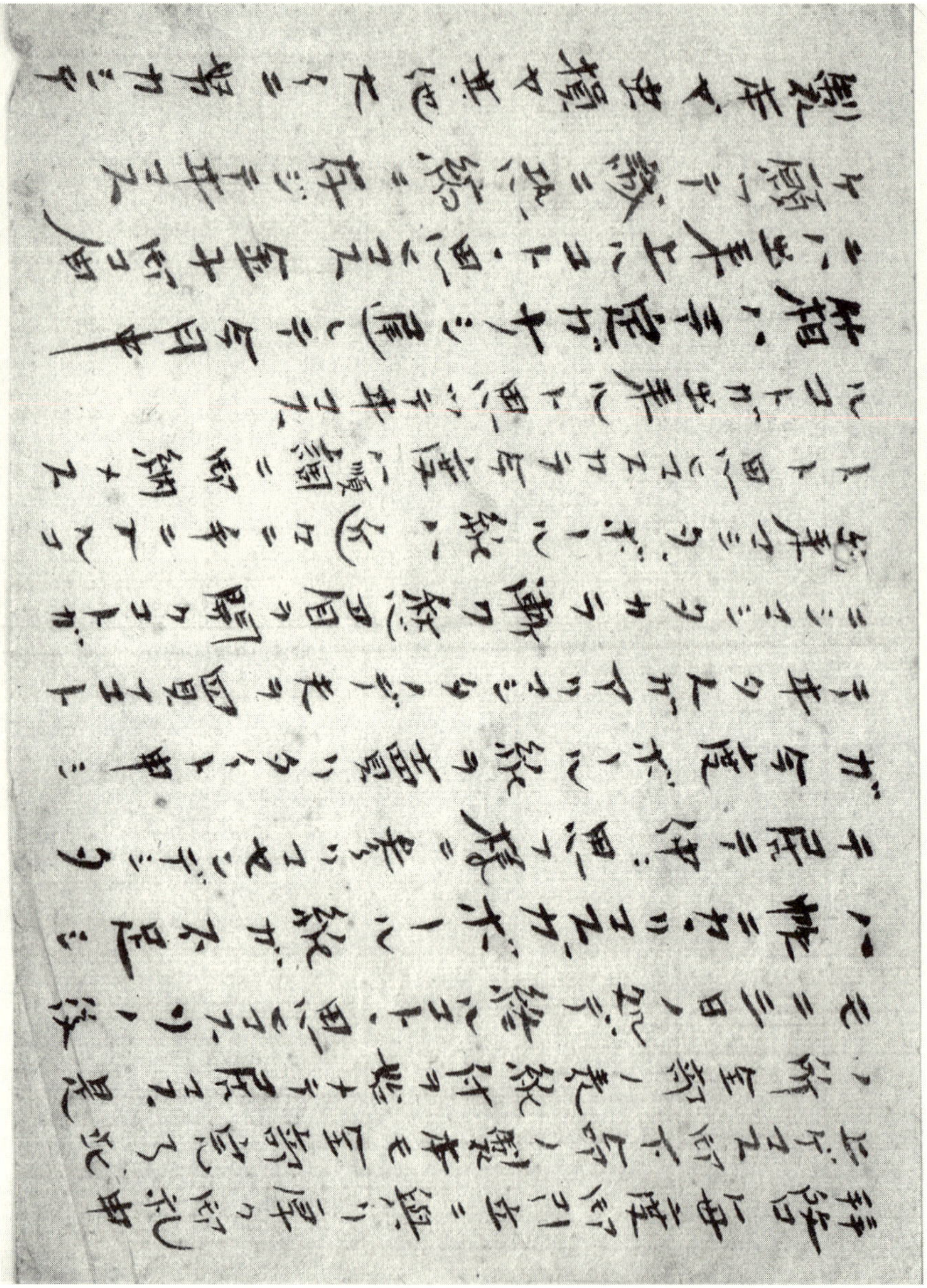

09-30（[池上幸二郎書翰] 年月不明　二十五日）

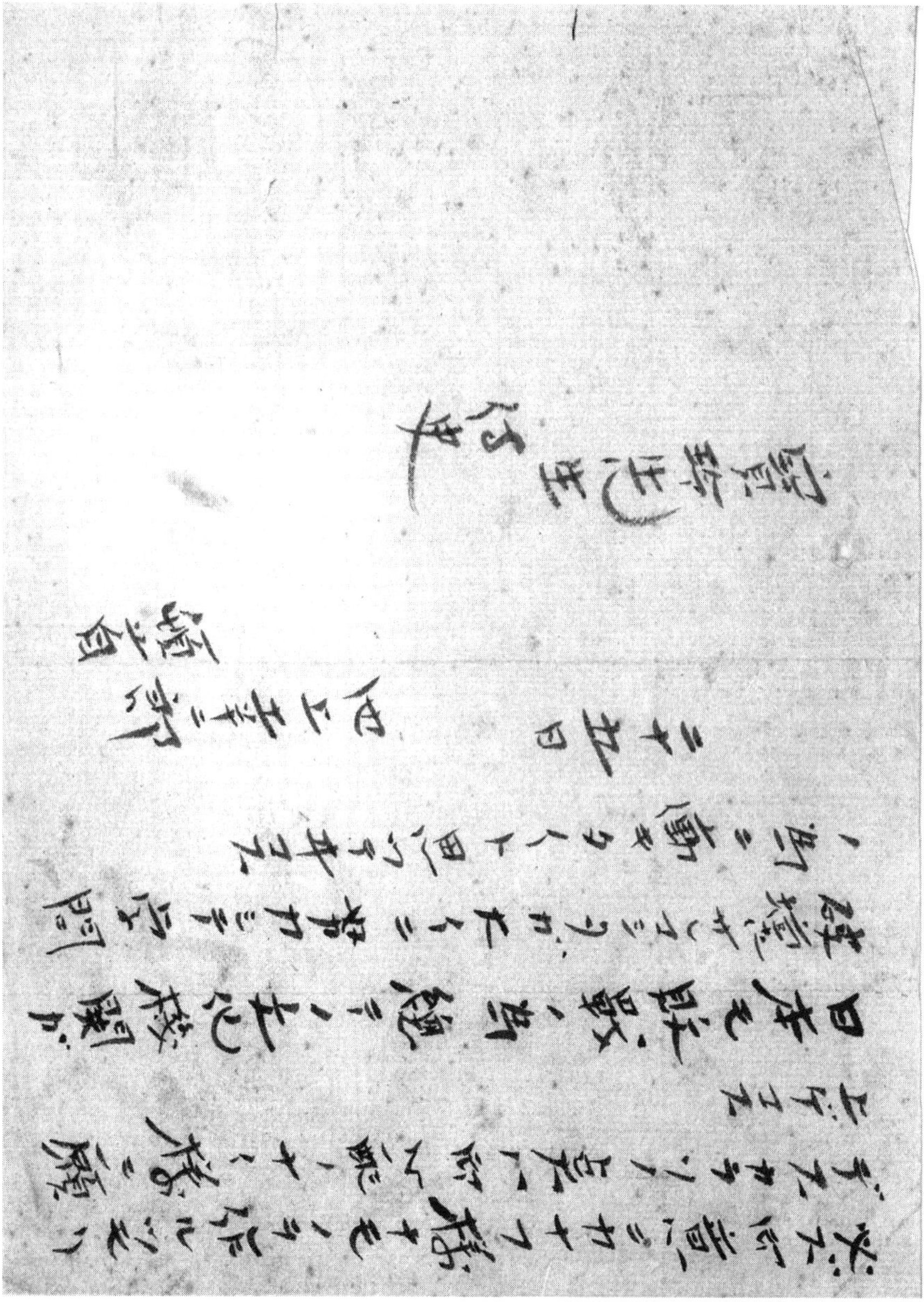

09-30（[池上幸二郎書翰] 年月不明　二十五日）

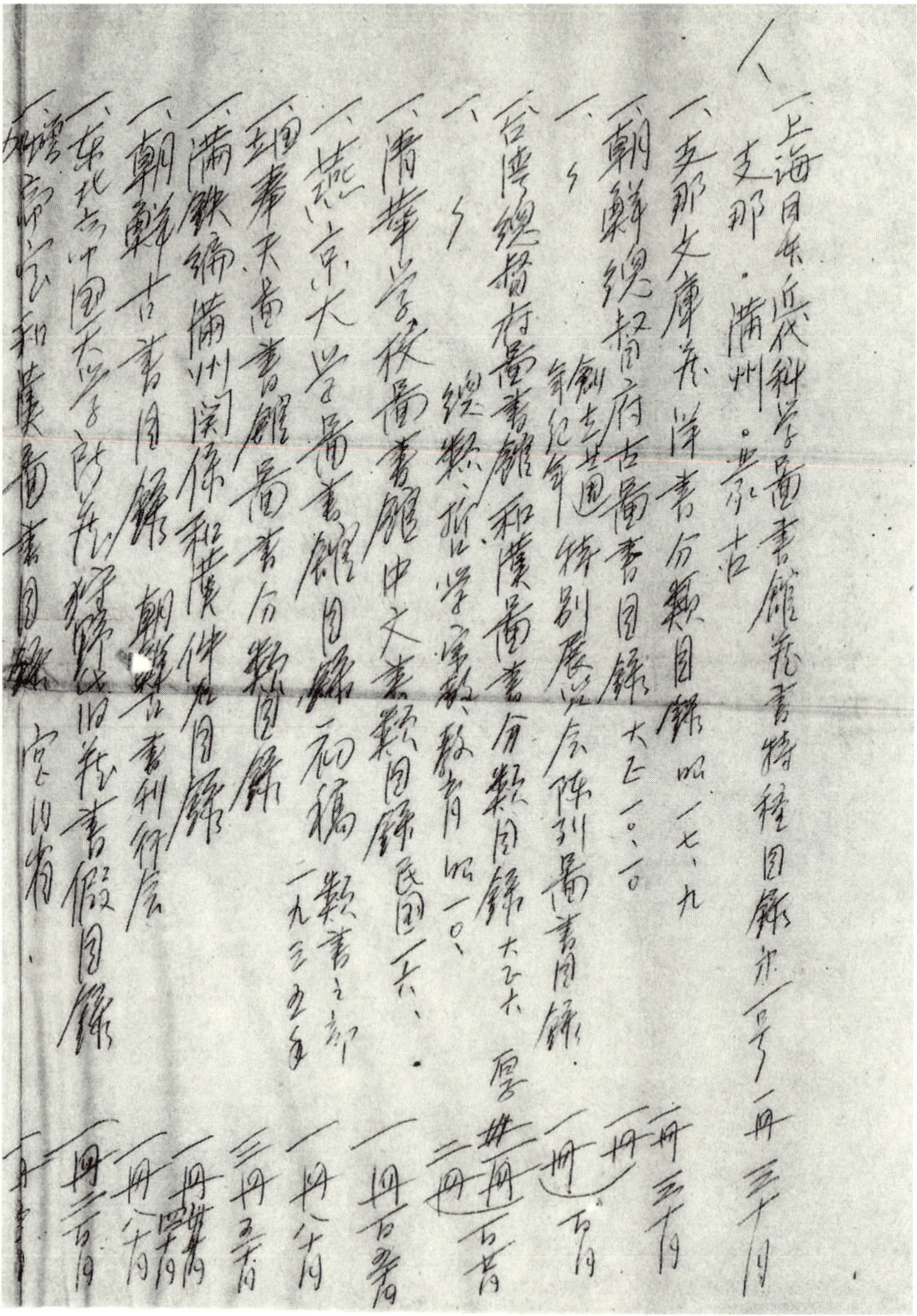
八、
一、上海日本近代科学図書館蔵書特種目録 第一号 一冊 三十円
支那・満州・蒙古
一、支那文庫蔵洋書分類目録 昭一七、九 一冊 三十円
一、朝鮮総督府古図書目録 大正一〇、一〇 一冊
一、〃 創立廿週年紀念特別展覧会陳列図書目録 一冊 百円
一、台湾総督府図書館和漢図書分類目録 大正六 厚冊 二冊 百円
一、〃 総類・哲学・宗教・教育 昭一〇 一冊
一、清華学校図書館中文書籍目録 民国十六 一冊 百円
一、燕京大学図書館目録初稿 類書之部 一九三五年 一冊 六十円
一、国立奉天図書館図書分類目録 三冊 五十円
一、満鉄編 満州関係和漢書件名目録 一冊 四十円
一、朝鮮古書目録 朝鮮古書刊行会 一冊 六十円
一、東北帝国大学法文学部 旧蔵書仮目録 一冊 二百円
一、京城帝国大学附属図書館和漢図書目録 第二号

09-31（[書目] 白紙にカーボン複写した目録　二枚）

一、加賀[illegible]和漢図書目録 定以有　一冊
一、学習院文庫図書目録　一冊 三十円
一、東洋文庫朝鮮本分類目録付安南本目録　一冊 三十円
一、大阪名家著述目録 並存古図書館　一冊 七十円
一、京都帝大和漢書別置国書目録 狩野氏蔵本　一冊 百円
一、龍谷大学図書館蔵本目録　四冊 八十円
一、碩北文庫目録 九州帝大　一冊 三十円
一、天理図書館図書分類目録 [illegible]　九冊 三百円
一、九州帝大図書目録 和漢書 五冊 洋書 六冊　十一冊
一、広島文理大和漢図書目録 追加索引共 三冊 洋書目録 追加索引 三冊　十二冊
一、大連図書館和漢図書分類目録　廿一冊
一、学習院和漢図書目録 二冊 洋書目録 一冊
計三十冊

09-31（[書目] 白紙にカーボン複写した目録　二枚）

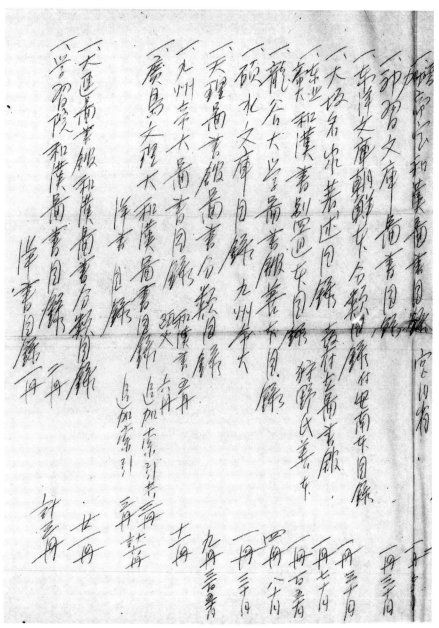

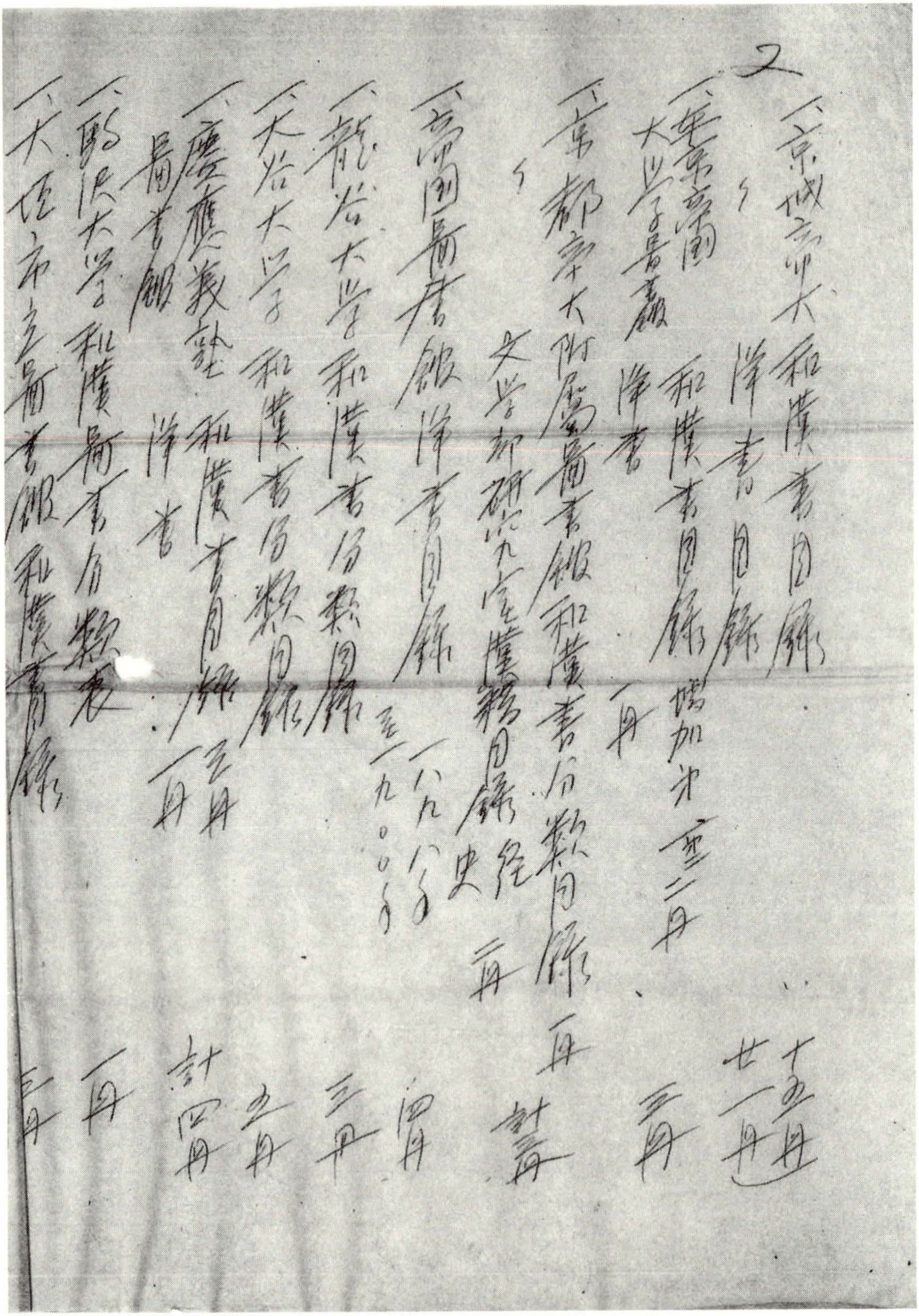
2
一、京城帝大和漢書目録　十五冊
〃　洋書目録　廿一冊　追
一、東京帝国大学書籍　和漢書目録　増加分　十二冊
　　洋書　一冊　三冊
一、京都帝大附属図書館和漢書分類目録　一冊　計十冊
〃　文学部研究室漢籍目録　経史　二冊
一、帝国図書館洋書目録　一八九八年至一九〇〇年　四冊
一、龍谷大学和漢書分類目録　三冊
一、大谷大学和漢書分類目録　五冊
一、慶應義塾和漢書目録　三冊
　　図書館　洋書　一冊　計四冊
一、駒沢大学和漢図書分類表　一冊
一、大垣市立図書館和漢書目録　三冊

09-31（[書目] 白紙にカーボン複写した目録　二枚）

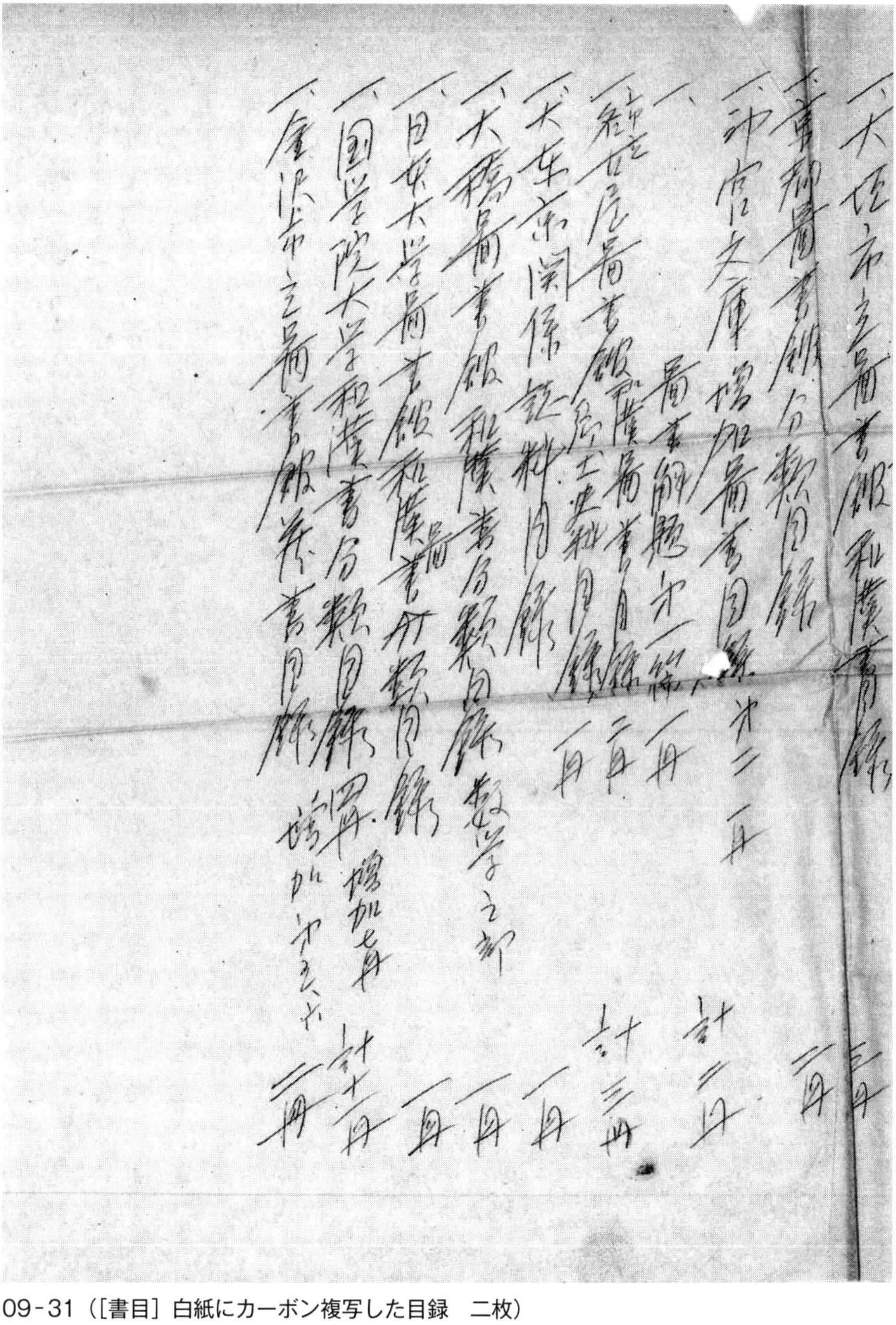

09‐31（［書目］白紙にカーボン複写した目録　二枚）

私モ大変
貧乏シテ、
竹箱迄ニ支
払フ金モ
少シ心細イ

拝啓

○子供ノ病気ノ為メ少シダケシカ出来ナクテ恐縮デス　今後ハ二十日頃迄ハイヽデモアリマシタラ長谷川サンテ迄遣シテ下サイ

○注文ノ竹箱三個、長恨歌　五山版宸室録　附請来目録ガ二十日頃ダ出来上リマス　竹箱代ハ

長恨歌　上製　百七八十円位

宸室録　並製　二百三十円位

請来目録　上製　三百二三十円位

ト云フコトデアリマスノデ約七百円バカリ

二十日頃マデニ御届ケ願ヘレバ甚ダ幸デ

09-32（［池上幸二郎書翰］年月日不明　十日）

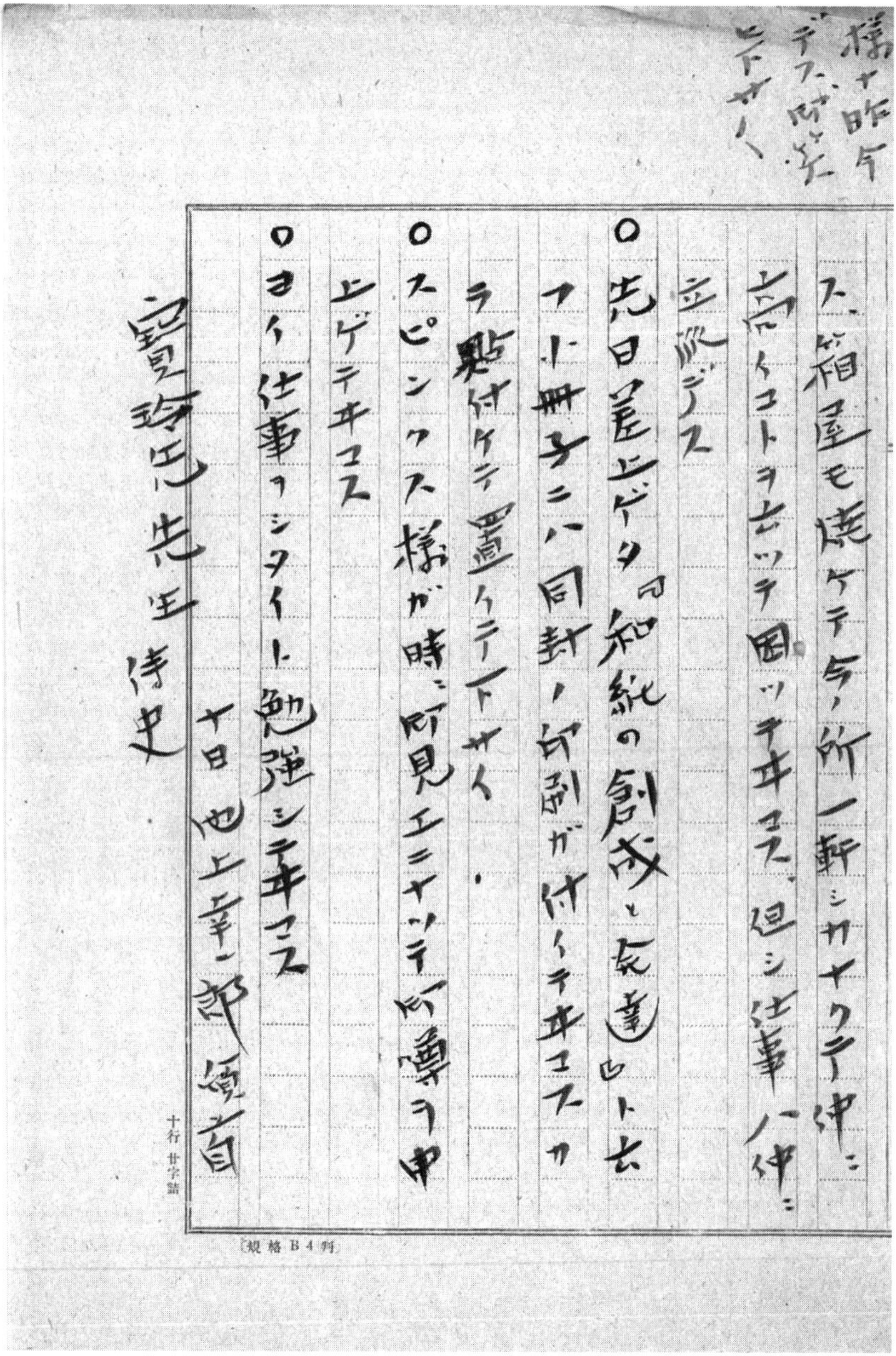
様ナ昨今
デス、呵々笑
ヒ下サイ
本箱屋モ焼ケテ今ノ所一軒シカナクテ中ニ
高イコトヲ云ッテ困ッテ井マス、但シ仕事ハ中ニ
立派デス
○先日差上ゲタ和紙の創成と衰運ト云
フ小冊子ニハ同封ノ印刷ガ付イテ井マスカ
ラ貼付ケテ置イテ下サイ。
○スピンクス様ガ時々御見エニナッテ御導ヲ申
上ゲテ井マス
○ヨイ仕事ヲシタイト勉強シテ井マス
十日　池上幸二郎　頓首
寳玲先生　侍史

十行 廿字詰
〔規格 B 4 判〕

09-32（[池上幸二郎書翰] 年月日不明　十日）

MATSUMURA & CO.

Modern and Antiquarian Booksellers

Established 1893　　Cable Address "BOOK PINE TOKYO"

7 JIMBOCHO—1, KANDA CHIYODAKU · TOKYO · JAPAN

(A) 貴方より御評価のあった分

			貴方評価	当方評価
1	Blades: Caxton	2 Vols.	¥39000.—	¥30000—
2	Commercium	1	13000.—	13000.—
○3	Registrum Librorum Eroticorum (エロティカ目録 二冊)	2.	18000	15000.—
4	Cabinet Secret du Musée de Naples	1.	18000	13000.—
5	Skoptozy	3.	20000.-	15000.—
	5.		¥10800.-	¥ 86000.-

(B) 当方の評価した分

○	Piggott: Elements of Sōsho (ピゴット草書)	1 Vol.	¥1500— 5000
	F. Rops.	1	¥2000—
	The Chinese & Japanese Repository	2.	¥10000.—
	Courant: Catalogue d. Livres Coreens	8	¥15000.—
	de Ricci: Census of Caxtons	1.	3000.
	Pollard: Fine Books	1	2500.
	Queri: Kraftbayrisch	1	2000.
	Plomer: Wynkyn de Worde	1	8000—
	Books and Printing	1	1000.
	Goodland: Bibliography of Sex Rites	1	2500.—
	Goncourt: Hokusai.	1	1000—
	Bibliographie Clerico-Galante	1	1500—
	Bibliotheca Erotica et Curiosa	1	1000—
○	Pagès: Histoire Religion chrétienne (日本キリシタン史)	2	6000.—
	Soliman: Le Divan D'Amour	1	1000—
	Closter=Documente	1	1600—

09-33（フランク・ホーレー宛松村書店書翰　年不明　九月二十六日）

MATSUMURA & CO.
Modern and Antiquarian Booksellers
Established 1893　Cable Address "BOOK PINE TOKYO"
7 JIMBOCHO—1, KANDA CHIYODAKU・TOKYO・JAPAN

	Schmidt: Kama-Sutra	1	1000.
	The Elzevier Press.	1	1000-
	Hirschfeld: Transvestiten　才2500は一冊分	2	1500-
o	Pelliot: Oeuvres Posthumes	③遺稿	2500-6.000
	Caxton Celebration	1	3000-
	Japan since 1931	1	200-
	Stekel: Der Fetischismus	1	1000.
	Regla: El Ktab	1 艶笑書	1500. 2500
o	The Harem　ハーレム4冊	1	1000.
	The Twin Pagodas of Zayton	1	1500.
	エリセエフ Eliseev: Peinture　日本現代絵画	1	500.
	Nouvel Orient	1	500.
	L'Oeuvre des Conteurs Allemands	1	500.
*	北アフリカ書目 Bibliography of Barbary States	1	500. 1500
	Bloch: Sexualleben unserer Zeit	1	500
	Weston: Playground of the Far East	1	1500-
	Bang: Köktürkischen zum Osmanischen	1	500.
	Sketches of Japanese	1	4000.
	Yule: Cathay and way thither	4	4000.
	Baumann: Japanese Mädel	1	500.
	Le Filles Publiques de Paris	2	2000.
*	Pallavicino: Opere Scelte　1673年刊　パラビチーノ　1500	2	2000.

09-33（フランク・ホーレー宛松村書店書翰　年不明　九月二十六日）

MATSUMURA & CO.
Modern and Antiquarian Booksellers
Established 1893 Cable Address "BOOK PINE TOKYO"
7 JIMBOCHO—1, KANDA CHIYODAKU・TOKYO・JAPAN

L'Alcibiade Fanciullo	1	1000.-
Les Pacéttes de Pogge	2	2500.-
		94200.-

(A)	86000.—
(B)	94200.—
合計	180200.-

拝啓 漸く涼しくなつて参りました 愈々御清
栄のこととお慶び申し上げます
さて御送附頂きました書物昨日十五点先便
でお知らせ申しました通り無事到着いたしましたので
早速評価させて頂きました処、上記の通りに
なりましたが如何でせうか伺ひ上ります
大変よい本を多く頂戴いたしまして誠に難
有存じますが、価格の方が仲々に希望の
通りに必ずしも参りませんかも知れませんが何卒
宜敷御願ひ致します 現今東京の古本業界
は餘り景気香ばからぬ状態です
なかなか思ふ様に売れません 近く現代に於て
出来るだけ勉強して評価致しました 御了承下さい
先は右取敢えず御回答迄

九月二十六日
松村
松村龍一 拝

フランク
ホーレー様

09-33（フランク・ホーレー宛松村書店書翰　年不明　九月二十六日）

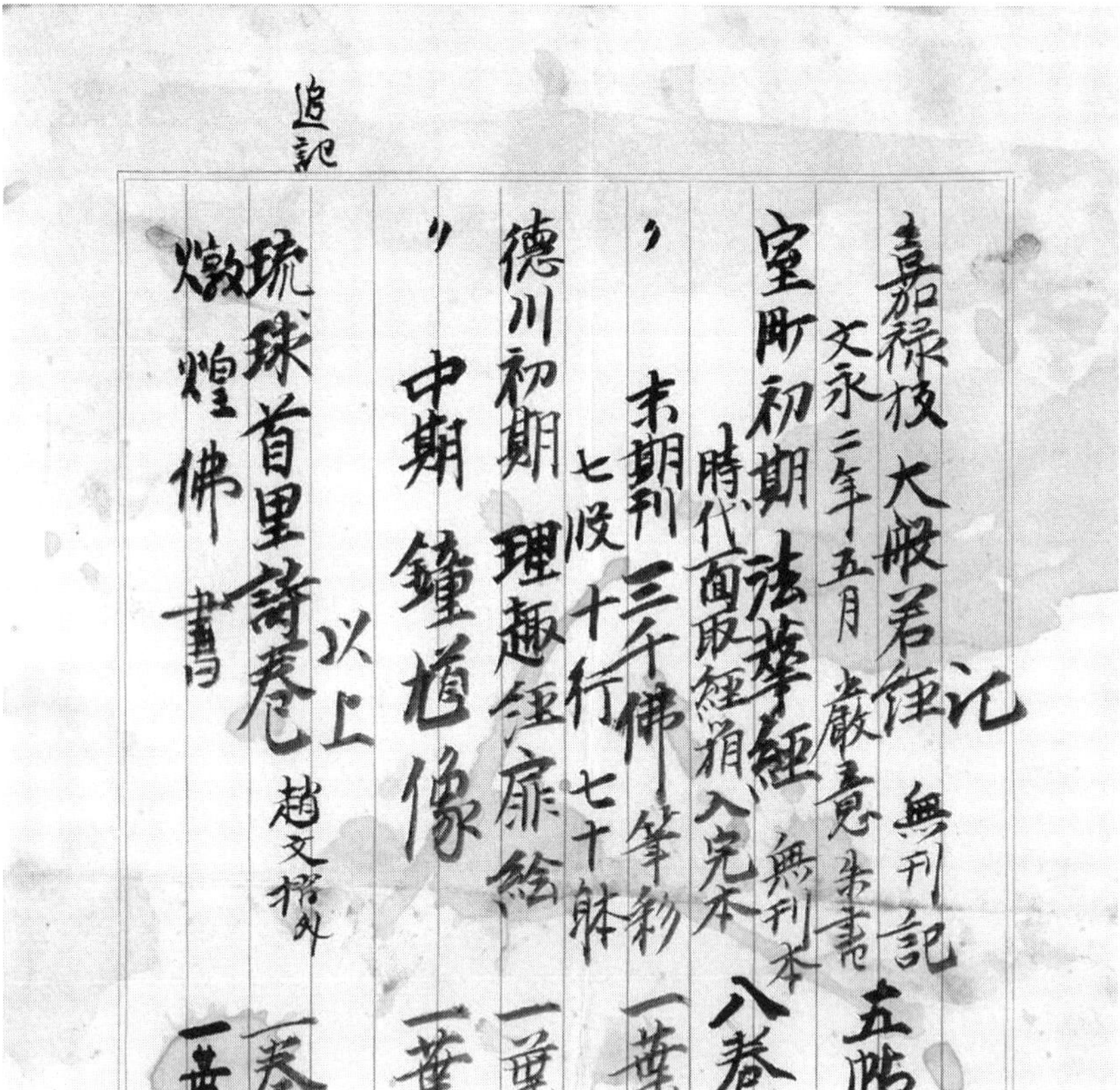

記

嘉禄板　大般若経　無刊記　五帖　七五、〇〇〇
文永二年五月　厳覚朱書

室町初期　法華経　無刊本　八巻　三五、〇〇〇
時代面取経箱入完本

〃　末期刊　三千仏　筆彩　一葉
七段十行七十躰

徳川初期　理趣経扉絵　一葉

〃　中期　鐘馗像　一葉　　四〇、〇〇〇

以上

追記

琉球首里詩巻　趙文楷外　一巻　二〇、〇〇〇

燉煌仏書　一葉　三〇、〇〇〇

09-34（〔書目〕書簡用便箋　墨書）

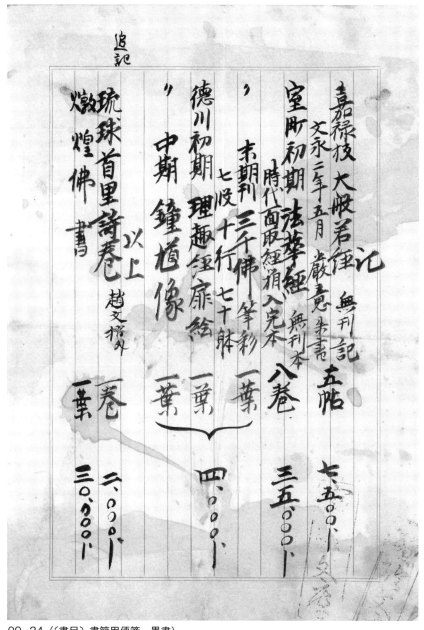

No.

宇治拾遺物語　竹屋光忠書　十六冊　八五〇〇

従来ヨリ諸書ノ傳寫本ハ総テ内閣文庫ノ

片假名本ノ古寫本ガ特ニ名アリ他ニ古寫本ノ

アルヲ聞カズ　竹屋光忠ノ傳詳カナラズ

説話集ノ代表。

義経草紙　室町中期頃（明応、文亀間）古抄本

成立年代ハ一應室町初期ヨリ中期ト判定セラレ

現存デハ不忍文庫本（室町中期頃推定）ガ

最古トセラレ貴重本トナレリ　他ニ内閣文庫

ニモ古寫本アレド零巻ナリ　新タニ発見セラ

全国古書籍商組合連合會
東京都古書籍商業協同組合
原稿用紙

様式A

09-35（〔書目〕全国古書籍商組合連合会東京都古書籍商業協同組合原稿用紙）

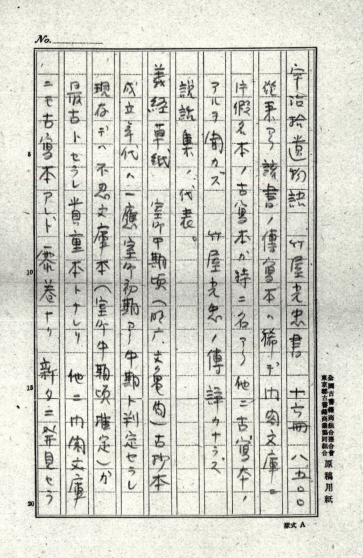

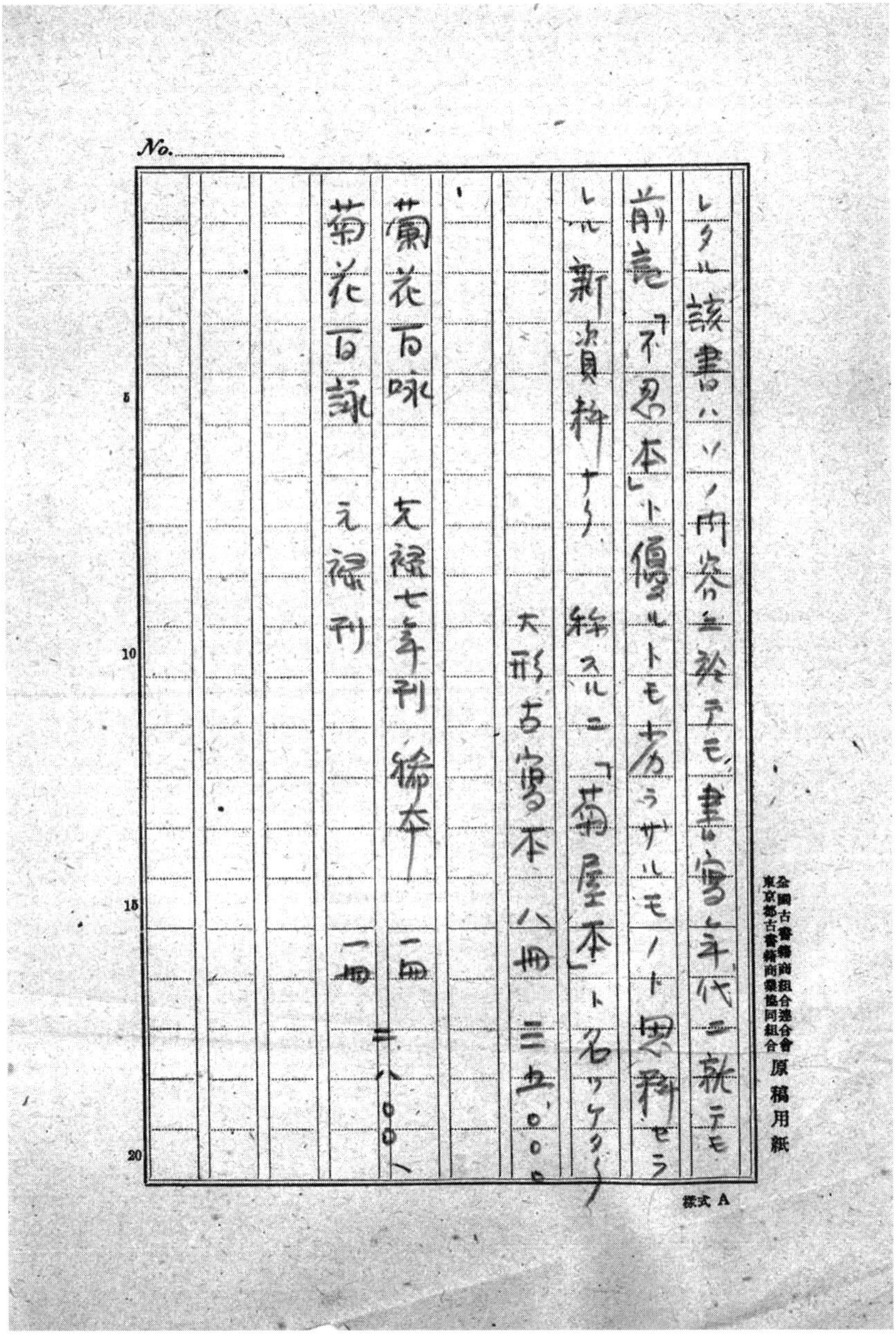
No.

レタル該書ハソノ内容ニ於テモ、書寫年代ニ就テモ
前記「不忍本」ト傳ルトモ劣ラザルモノト思料セラ
レル新資料ナリ 稱スルニ「菊屋本」ト名ヅケタシ
大形古寫本 八冊 三五,〇〇〇

蘭花百詠 元禄七年刊 稀本 一冊 二八,〇〇〇
菊花百詠 元禄刊 一冊

全國古書籍商組合連合會 東京都古書籍商業協同組合 原稿用紙
様式 A

09-35（〔書目〕全国古書籍商組合連合会東京都古書籍商業協同組合原稿用紙）

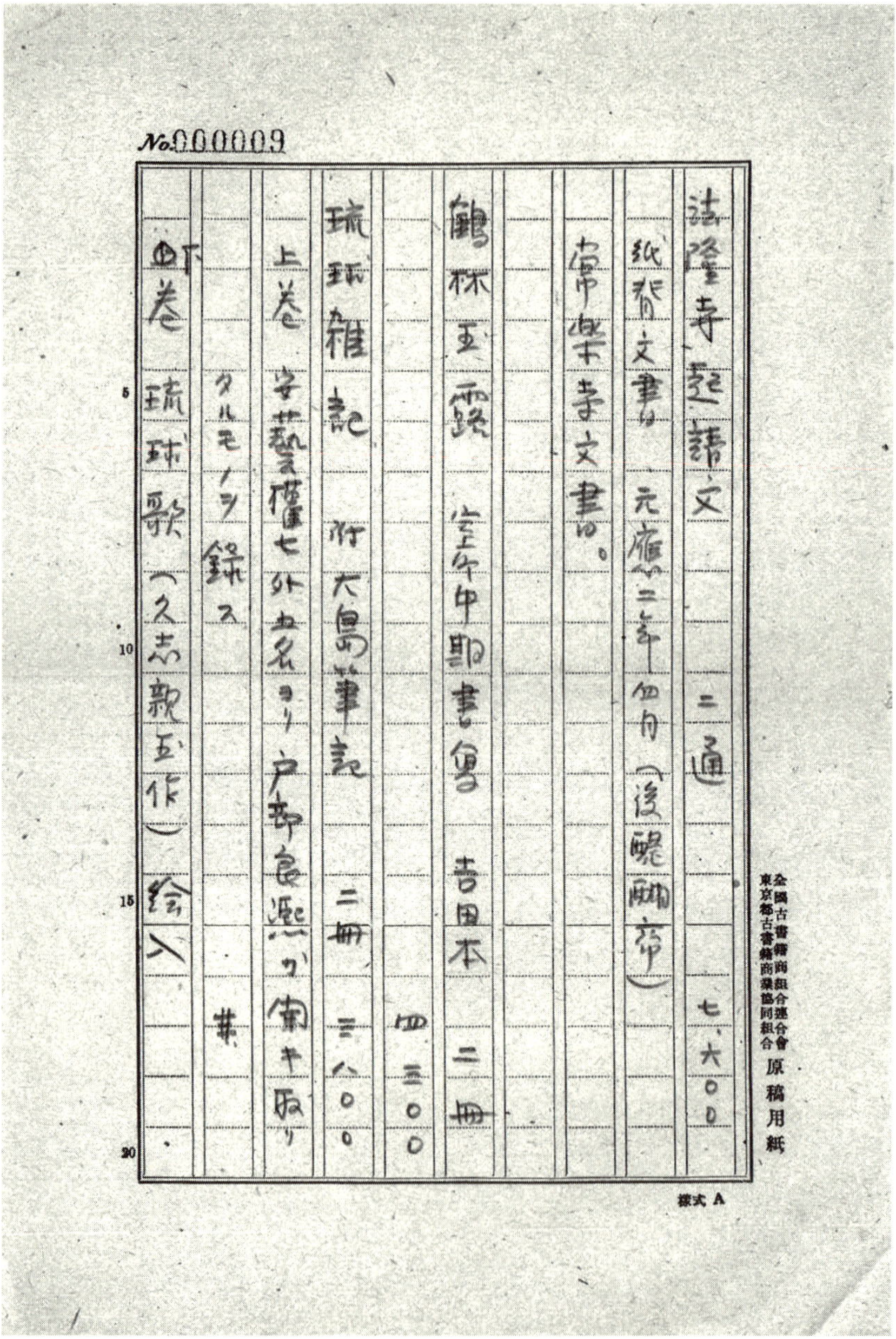

No.000009
法隆寺起請文　二通　七、六〇〇
紙背文書　元応二年四月（後醍醐帝）
常楽寺文書。
鶴林玉露　室町中期書写　吉田本　二冊
四三〇〇
琉球雑記　附　大島筆記　二冊　三八〇〇
上巻　安芸権七外五名ヨリ戸部良熙ガ聞キ取リ
タルモノヲ録ス　共
上下巻　琉球歌（久志親玉作）絵入
全國古書籍商組合連合會

原稿用紙
様式A

09-35（〔書目〕全国古書籍商組合連合会東京都古書籍商業協同組合原稿用紙）

No.

水鏡	江戸中期写	合一冊	一、八〇〇
ますかゞみ	江戸初期古写本	七冊	六、五〇〇
伊勢物語闕疑抄	江戸上期写	二冊	四、八〇〇
佛祖宗派綱要	古刊	一冊	一、八〇〇
琉球神道記	慶安刊上本	三冊	二、八〇〇
日本行記	高橋景保著	七冊	一、七〇〇

全國古書籍商組合連合會 東京都古書籍商業協同組合 原稿用紙

様式 A

09-35（〔書目〕全国古書籍商組合連合会東京都古書籍商業協同組合原稿用紙）

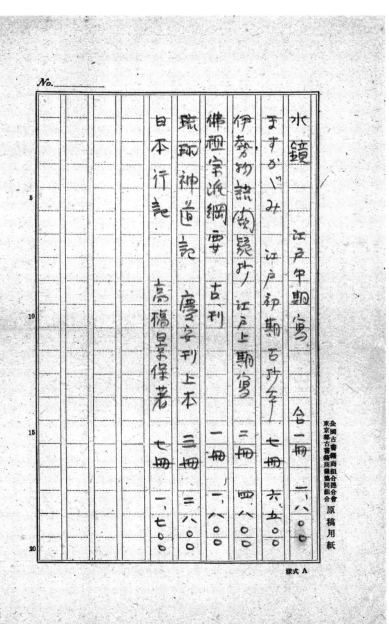

資料解題　（第1巻〜第4巻掲載資料）

資料01（ノート・辞源）第1巻　一一〜六八頁

大学ノート　ペン書　208×150ミリ。

表記：「NOTE BOOK」「第五冊」（赤インク）

裏表紙の閉じ際に「フールス5　∧48∨正味四十枚　（定価拾参銭）」

（一五頁）「No.12 Bookcase #12」

「1390　辞源　十二冊二帙　編校主任　陸爾奎　以下四十九名　発行所　上海商務印書館　中華民国十年十月七版」

（二三頁）「1431 東医宝鑑　二十五冊桐本箱入り、享保九年」

「ここから前のノートにもどってください。そして、#13から続けて下さい。番号第一四三二」

（二五頁）「#11自顧愷之至荊浩　支那山水及附図　二冊帙　伊勢専一郎　京都東方文化学院　昭九」

（五一頁）「#3」

（六五頁）「247　諸蕃志　一冊一帙　東京民友社　大正三」

この項、戦前「賀茂真淵」リストにあり。

　この目録の作成は、次のように推測できます。すなわち、書架（#12・#1・#2・#3）にあった書物を、配置された順に記入しています。その後、赤インクで連番を付し、見出し分類のための書名読みを付記しています。それぞれの書架には、「#12　1390～1431　42件」「#1　1～97　97件」「#2　98～159　62件」「#3　160～247　88件」が収められ、都合289件の書名がこのノートに記されています。一二三頁の最後の項には書名の「1431 東医宝鑑二十五冊桐本箱入り、享保九年」が記され、「ここから前のノートにもどってください。そして、**#13から続けて下さい。番号第一四三二」がペン書されている。

資料02（ノート・標注令義解）第1巻　六九～一二六頁

大学ノート　ペン書　245×177ミリ。
表記：「NOTE BOOK」「SPECIAL MADE」
（七三頁）「一　標注令義解校本　六冊（和帙六冊）」
（一一五頁）　英文書名
「Books sent to Chiyoda from Asahi 8/5」（朝日新聞社内のタイムス事務所から千代田ビル収蔵庫に移動した書物　八月五日）
　ペン書き（本書七三頁～一一四頁、但し一〇三頁から別人の筆跡）と鉛筆書き（ホーレー筆跡とは異なる。九二頁はさらに別人による緑色鉛筆、一一五頁～一二三頁は黒色鉛筆）。書名の文頭にある■の印は、目録照合の際に記入されたもの。105～108頁は水損でインクが滲んでいる。一一二頁の黒点●は、煙草による焦跡。一一五頁の冒頭には「Books

sent to Chiyoda from Asahi 8/5」と記されていることから、（年度不明）八月五日に千代田ビル内の保管場所へ朝日新聞社内のタイムズ社保管場所から移動したことを示している。一〇六頁〜一一四頁はホーレーの筆跡。一一四頁に、ホーレーのペン筆跡で「池上より十一点　鈴木大拙のもの三点　お菓子の本一冊　琉球處分三冊　井蛙抄室町古写本一冊一帙　紙漉旅日記一冊 limited edition　エレキテル譯説三冊　kamakura scroll ＊＊＊＊ Nanyodo 一巻箱入　水鬼一冊一帙　錦羅聚秀一冊一帙　本草和名攷異一冊」がある。「池上」は製本職人の池上幸二郎」を意味しており、製本もしくは補修を終えたものが届けられたことを示している。「琉球處分三冊」は、返還目録（「資料13」六一頁）には「不完全　提綱一冊無シ」と朱記している。「琉球処分提綱」が欠けていることを記している。四〇〇件。

資料03（ノート・金剛謹之介）　第1巻　一二七〜一八〇頁

大学ノート　ペン書き　264 × 209 ミリ。

表記：「Book 1」（ペン書黒インク）「GOLD EAGLE NOTE BOOK」「SPECIAL MADE FOR IN ENGLAND」

裏表紙にロゴマーク「GOLD EAGLE」「（鷲の頭）」「TRADE MARK」

（一三〇頁）冒頭「書架15」

「一七一二（一）　金剛謹之助　舞影一斑　附貫珠蔵古画　一冊一帙　飼田辰一　京都　芸草社　明治三十七年三月」

当初、目録番号は一番から二七六番が、一七一二番から二〇〇七番に訂正。

「一七五三（四二）謡本於裳佳介　三上進　東京　審美書院　昭和八年　二冊一帙」
「一七五四（四三）浮世絵史　一色忠雄　編輯　東京　審美書院　昭和五年　二冊一帙」
「二〇〇七（二七六）日本英学史の研究　豊田実　東京　岩波書店　昭和十四年　一冊」（末尾）
全二七六件。

資料04（ノート・十一月五日）　第1巻　一八一〜二四二頁

大学ノート　鉛筆・一部ペン書き　258 × 190ミリ。
表記：無し
大学ノート。「Note Book」（鉛筆、極めて薄し）　ノートの製造者名、記載なし。
（一八七頁）令義解十一冊　大学ノート
（一八五〜一八七頁）
冒頭に日記（昭和二十一年）の記事あり。当初、照山越子が業務記録として記していたノートを転用したものである。返還後の確認用に作成された。昭和二十一年九月から特派員としての仕事を開始したフランク・ホーレーは、かつて英国文化研究所の助手を務めていた照山越子を探し当て、ロンドン・タイムズ東京支局に迎えた。当時の東京支局は朝日新聞本社内に置かれていた。
「白木屋」は白木屋デパート、後に「東急百貨店日本橋店」へと改称し、平成十一年一月三十一日に閉店。「昆さん」は表具師。ファン・グーリックとフランク・ホーレーはこの職人の技量を高く評価していた。「P.C.」はプレスクラブ。終戦直後、宿泊場所を確保できなかった外国新聞の記者たちは、資金を出し合って「丸の内会館」ビルを賃借りし、東京特派員クラブを設立した。戦前はレストラン（西洋料亭「竹葉亭」）であった建物（五階建地下一階）は、施設も整っており、ダイニングルームや宿泊施設を確保した記者たちは、ここを活動拠点として各社に占領下の日本情報を送った。マッカーサーも記者発表の場所とした。ホーレーが到着したのは、終戦の一年後であったが、接収家屋がＧＨＱから提供されるまで、東京特派員クラブに居住した。現在は「公益社団法人 日本外国特派員協会」となっている。

参照：

照山越子「ホーレー先生のこと、思い出すままに」『生活文化研究所年報』第十二輯

照山越子「ホーレー先生のこと、思い出すままに（その二）」『生活文化研究所年報』第十九輯

拙著「創立期の東京特派員クラブとフランク・ホーレー」本編第六巻所収

（一八五頁）「十一月五日　小林さん辞められる。白木屋へ行く。

日記に用いた使い回しのノート。冒頭部は二頁 Dart Hunter A papermaking 分（一八五～一八六頁）は日記の記述。鉛筆・黒インク・赤鉛筆・青鉛筆。

「十一月五日　小林さん　辞められる。白木屋へ行く。

六日くもり　嵐のあとの静けさ。朝昆さん見え　印と紙のこと。

□七日十二時頃　共同の interview。

おひる頃 P.R.O に　午后は I.T. に。

□八日金　二時半頃、M.Noe 朝日に。

堀さんより電話　11AM
□生さん　二時半頃　見える
□ガタ氏　3時頃　見える
Mr. Tecotahp, Dutch
Toshiko san
十日くもり　朝頃　昆あらはる。
昼食は朝日で。
Sida をかひに行く　なし。
小雨　さむし　P.C. の本　朝日に移す。
八日　ひる頃　佐伯氏あらはる　P.C. で三人
昼食とる
三時　大森へ行かれる。」（一八五頁）

「本の整理
新聞はゲラズリのみ
香港より横浜に六個荷物着くのは二〇日頃とのこと　よってくはしくは

十一日　朝俊子さんと御一緒

部屋の整理
鈴木さん　見えられ　H. V. の話の事　etc
稲垣さんに Miss Potter への手紙□

十二日　朝　昆さん見える
十一時　松本氏のところへ行かれる
午后　1. 30 松本
十三日　Allied Council
午后　松本氏の事務所へ
経済団体　Tel 23 4375 ～ 9
西川
c/o 工業 Club 松本」（一八六頁）
「先生十一時の便で岩国へ。十一日朝　帰京の予定。
十二月七日　池上へ」（一八七頁の冒頭）
「十一月八日」が金曜日となる年は一九四六年であることから、このノートの日記の記述は昭和二十一年（一九四六年）当時の物である。また「昆」は製本職人。「P. C.」は「プレスクラブ（東京特派員クラブ）丸の内」。
「廓語□　一冊

足利学校見聞記　一冊

千代田の本の整理

大きな本

津逮秘書」（一八八頁）

「あふらむしの研究　工藤元平

琉球人方　御長持御産物請帳　天保三年」

「元本　本草衍義

他ノ場所ニ単ニ本草衍義トシテ書テヰルカモシレナイ」（一八九頁）

「Kナシ」は「慶應義塾の目録に無い」ことを意味している。「Keio」は慶應義塾。「Minoda san」（二三五頁）で始まるこの二頁は、美野田琢磨本を意味している。十一日に「岩国」から帰京したのは、取材のため。

書名の記載は、「令義解　十一冊　前田家旧蔵本」から始まっている。

資料05（ノート・欧文帰国後）第1巻　二四三〜二六五頁

大学ノート　ペン書き　258 × 190ミリ。

表記：「12-106」「欧文」「帰国後」

「Okakura Kenkyusha's New English Japanese Dictionary, 1 vol. Kenkyusha, Tokyo, 1942」（二六〇・二六一・二六二頁）この頁の筆跡は、フランク・ホーレー。

大学ノート。製造者表記無し、「資料04」と同一のノートを使用。

表紙に「12-106」「欧文」「帰国後」（フランク・ホーレー筆跡）。

　全四二頁、記入箇所一六頁。二四七〜二五九頁、著者、書名、発行者、発行年が列記されている。二六〇〜二六二頁には、ホーレーの筆跡によって、書名が列記されている。全般に×印（鉛筆）が付されており、照合作業がなされたことが分かる。後者にある符号「新」「郵」は意味不明であるが、「ケ」「セ」はそれぞれ「慶應義塾」「世田谷」を意味すると察せられる。二四七頁の「Fujimori, S.（Trd. Hawley F.）On Watanabe-Kazan as a Painter, Nippon Bunka Chuo Renmei, Tokyo, 1939」は、抜刷本を別注製本したものにホーレーの蔵書票が付された物が筆者のもとにある。これは田口親氏が一誠堂古書店で入手したものを、筆者が譲り受けた。二六五頁のペン書きの紙片はホーレー筆跡の「WERTHEIBER, LOUIS」著「A Muramasa Blade A Story of Feudalism in Old Japan, 1887」についての改題文である。鉛筆で「第三章に改題の内容（剣は侍の魂）」の箇所を示し、「極めて希書であること、購入時は三百ドルであった」ことが加筆されている。ホーレーはこの種の「文献（情報）カード」を作成していた。これは、後にカードにタイプ打ちされて現存する。

資料06（貼付ノート・宗因）第１巻　二六七〜三四四頁

大学ノートの紺色紙装幀　260 × 190 ミリ。
邦文タイプ　紙片貼付　書名順。柵状に切断した邦文タイプ打ち紙片を、アイウエ順で貼り込み。各所にホーレーの書入れあり。

（二八一頁）「二五八二ブン　文藝（合本）　自昭和八年十二月至昭和九年三月・一冊・山本三生・東京改造社」この項に対して「F. H.'s articles」（ホーレー筆）加筆、有り。

（二八三頁）「二八七一ブン　文献通攷巻一―巻二十四・二十四冊四帙・臨貴興」

この項に対して、加筆「まだもう二部ある」ホーレーは「文献通考」を三種（「欽定續文献通考」「馬氏文献通考」「馬氏文献通考　巻三二四〜二三二」）所蔵していた。

書名総数八八四件（概数）。

（二八四頁と二八六頁）重複。

資料07（貼付ノート・六部成語）（貼付ノート・宗因）　第1巻　三四五〜四二六頁

大学ノートの紺色紙装幀　260 × 190 ミリ。邦文タイプ　紙片貼付　書名順。

柵状に切断した邦文タイプ打ち紙片を、アイウエ順で貼り込み。各所にホーレーの書入れあり。

（三五一〜五四頁）琉球関係の図書、複数あり。書名総数九七三件（概数）。

資料08（貼付ノート・雲遊帖）　第1巻　四二七〜四六八頁

大学ノートの紺色紙装幀　245 × 177 ミリ。

大学ノート「NOTE BOOK」「Ⅳ　全拾冊」邦文タイプ　紙片貼付　書名順

二六〇ウン　雲遊帖　一冊一帙　屋形武　京都屋形雲山堂　昭和八年

資料06(貼付ノート・宗因)・資料07(貼付ノート・六部成語)・資料08(貼付ノート・雲遊帖)の三冊は、同じノート(「大学ノート」)を用い、紺地の色紙で元の表紙を覆ったもの。

冒頭から書名は「一四六六ソウ宗因の「飛鳥川」に就いて及解説・一冊・小宮豊隆・東京審美院・昭和八年」「一六二〇アシ足利十五代史(全)・一冊・国史研究会編纂・東京大同館・大正元年」と続く。

この書目は、書名確認の為に編集したもので、欧文タイプライターで清書打ちし、目録化したもの(「資料16(タイプ目録・アイヌ語を通じて観たるアイヌの族性他」)を書名単位で短冊状に切り分け、「アイウエ順」に貼付したものである。「書名読み」に関わったのは、書名に詳しいものではなかったようで、「読み」を無視して正しい読みの箇所に貼付けている。確認を行った際に、ホーレーの訂正・加筆がある。例えば、[二八一頁]の「F. H's articles」は、雑誌『文芸』に掲載のホーレー論文を意味している。原本との照合の際の記録「水ビタシ」[三六二頁](ホーレー筆跡)。複数本あるものは、その旨。

冒頭の番号は、目録番号、仮名は書名の「読み」である。最初の「一四六六ソウ宗因の「飛鳥川」に就いて及解説・一冊・小宮豊隆・東京審美院・昭和八年」は、「飛鳥川」に基づいている。紙面には、照合結果を示す色鉛筆の記号が付されているが、意味は不明。

資料09(貼付ノート・Acker. W.)　第2巻　五〜七〇頁

(貼付ノート)　300×225ミリ。

洋式ノートにタイプ打　紙片貼付　人名(アルファベット順)

「1309 At Acker, W., The Fundamentals of Japanese Archery, 東洋弓道基**, 1. vol. Ichitsu Kyoto, 1937」

「197. Bo Merrill, E. D. and Walker, E. H. A Bibliography of Eastern Asiatic Botany, The Arnold Arboretum of Harvard University, Mass., 1938」（末尾）

方眼線の入ったノート紙面に、タイプ打ちした紙片（番号・分類・著者名・書名・形態・発行場所・年）がアルファベット順に添付されている。

冒頭の「Acker, W., The Fundamentals of Japanese Archery, [...]」には鉛筆（ホーレー筆跡）で「2 copies checked one only」「2 copies checked 20th April by（48?）」とチェックマークが読み取れる。漢字表記を加筆し、貼付けた書名にさらに鉛筆で加筆している。これはホーレーの筆跡ではない。

「Acker, W.」は「Acker, William Reynolds Beal」、坂西志保を交えたホーレーの友人仲間のひとりであった。一九三七年（昭和12年）に京都に滞在し、弓道を修行していたアッカー（阿伽惟廉）は、那須容和と共著で『東洋弓術基堅・巻上』（梓稷会・一九三七年刊）を英文で著作した。日本の弓道を英文で紹介した最初の著作である。親しい関係にあったホーレーは、二冊所蔵していた。書名総数九八一件（概数）。

資料10（貼付ノート・Ashbee: Library Catalogue）　第2巻　七一～二二九頁

（貼付ノート）　287 × 230 ミリ。

ノート内に、整理に用いた用紙（手書き・タイプ打ち）が含まれている。著者名順に配列するために、アルファベットを記号化している。（二二九頁）

資料11（貼付ノート・Transaction of Asiatic Society of Japan）　第2巻　二三一～二三二頁

（貼付ノート）　205×157ミリ。

タイプ打ちした用紙を柵状に断片化して、貼付。冒頭はペン書で、「Transaction of the Asiatic Society of Japan」（日本アジア協会会報）。

資料12（目録・List of 364 missing or imperfect Books.）　第2巻　三三五～四三六頁

白紙に鉛筆書きの罫線・ペン書き・253×203ミリ。

表紙にはホーレー自筆の記述。

「For use of C.P.C.
List of 364 missing or imperfect books (i.e. certain vols missing).
Copy sent to Keio at their request.
This list constitutes less than 10 (ten) percent of the books not yet returned by Keio.
F. Hawley
26 March 1947」

冒頭頁に項目として「書名・冊数・缺及未還」が記されている。

資料13（書類添付・File No.05264 Enclosure No.4［Separate book No.1］　第3巻　五〜一八七頁

「INVENTORY OF THE BOOKS IN JAPANESE AND CHINESE LANGUAGES」（「返還日本語・中国語図書目録」）

一冊　タイプ打ち表紙、罫線用紙。263 × 190ミリ。

「一九四九年七月一日までに、フランク・ホーレーに返還された図書の資産目録として署名する。

File No.05264

Enclosure No.4（Separate book No.1）

「被返還者」「返還者」「証人」

罫線用紙、B4判を袋綴じ、一枚に二八行、九〇枚。カーボン紙による複写書き。「書名」「著者名」「冊数」「備考」の項目に従って列記されている。備考欄には、「不完全」「未還」「大破」、さらに「不完全第六・第七巻は未還」「不完全　未還」（二六頁）「第二、一冊」（一七頁）など、具体的な冊子の状態が赤字で記されている。記載件数、二四八七件。

資料14（慶應義塾用箋・十六世紀地図）　第3巻　一八九〜三五〇頁

「慶應義塾」名入りの罫線事務用紙、B5判、250 × 175ミリ、一枚一二行、全一六〇枚。複数人の書写によるカーボン紙使用の複写記入。用紙の左肩に頁番号「1〜159」が記入されている。「書名」「著者名」「冊数」が記載されている。

内容的には資料13（書類添付・File No.05264）［第3巻　五〜一八七頁］と同じであるが、以下の特徴がある。すな

わち、
複数の記入筆跡がある。
縦書きと横書きが混在。
「一書き」（三一三頁～三四八頁）
「資料13」の未記載の英文書名の図書がある。
重複記載
複数冊の詳細が明記されている。例えば、「國學院雑誌」（三二三頁）、「藝文」（三三四頁）。
記入順の錯誤がある。例えば三〇四頁の「琉歌集」は、「資料13」では三〇五頁の「琉球年代記」の次に記載されている。全一七四〇件。
前「資料13」の「二四八七件」に比較して不足の冊数の理由は、末尾の用紙（三五〇頁）記載記事「甲府ニ疎開中ノHawley氏図書」が語っている。因みにその分量は「27 volumes books Wadahira-cho, Kofu, Yamanashi Prefecture（二七件の図書、山梨県甲府和田平町）」（SCAP, AG386.3（1 Apr.47）OPC/FP（SCAPIN 3537-A）APO 500, 1 April 1947,「List of Properties to be returned to Mr.Frank Hawley」）とある。この他に書架二十七基（二十基は慶応義塾、七基は美野田琢磨管理倉庫）が、明記されている。
前掲（資料13）と同じ内容の目録であるが、この目録は複数人の書写による。冒頭部分の一六枚ほどは熟達した筆跡であるが、その後の筆跡は頁ごとに筆者が入り乱れ、「No.66」（二五六頁）からは書名と著者が入れ替わるなど、書体にも稚拙さが目立つ。前記の資料に未記載の書名もある。

両資料を比較して以下のことが推測できる。まず、慶應義塾図書館はＧＨＱの返還命令に対して、学内・疎開先の図書に含まれる宝玲文庫本を確認した。受入時に作成した当該図書カードを準備、もしくは、新たに図書に基づいて図書カードを作成した。このカードを基に資料14が作成され。複数の手によるのは、一時に作成されなかったことを意味している。当時の図書館員の記録から、一括してホーレーに返還されなかったことが察せられる。ホーレーは何度も図書館を訪ねて返還の不十分さを指摘している。

資料15（手書目録・アイヌ語を通じて観たるアイヌの族性他）第3巻　三五一〜四一五頁

罫線用紙、Ｂ４判、未綴体裁、250 × 350ミリ、半帳一二行全二四行。三二枚。ペン書き。タイプ打ちのための原稿に用いられたと考えられる。

書名、冊数、編著者、発行者、発行年の記載。赤鉛筆の注記印（三五四頁）、文字の指摘（三五七頁、「表具のしをり」「平田篤胤全集」）があり、資料16では、該当箇所が手書きされている。

資料16（邦文タイプ打目録・アイヌ語を通じて観たるアイヌの族性他）第3巻　四一七〜四七三頁

「資料15」を用いて、タイプ打ちした目録。この目録を短冊状に切断し、再編成して蔵書の検索確認に用いた。資料15のカーボン打ち原稿控頁。Ｂ４判、258 × 363ミリ、一帳三二行〜三三行。冒頭頁に、「Hawley's copy」（ホーレー自筆）の筆書きがある。

「800.」「600.」「300.」の数字は、意味不明。整理用の分類番号を検討したものか。

資料17（目録・嵯峨志　嵯峨自治会）　第４巻　五〜六六頁

白紙に謄写版刷、一頁一一行。235 × 160ミリ。六〇枚。書名と巻数が記載。

資料18（目録・愛書趣味）　第４巻　六七〜一七五頁

資料12と同質の用紙に鉛筆書きの罫線、ペン書き、253 × 203ミリ。冒頭頁に項目として「書名・冊数・缺及未還」が記されている。

資料19（書類添付・File No.05264）　第４巻　一七七〜二〇〇頁

資料13の「(Separate book N0.1)」に続く、「(Separate book N0. 2)」。本文タイプ打ち、二一枚、一冊。タイプ、カーボン打ち、297 × 210ミリ。

「Japan and China」「Manchuria & Mongolia」「India」「Miscellaneous」「General Asia and East」「Siam」「Indochina」「Malay」の項目毎に著者、書名、出版者、出版地、発行年が記載。赤字で「not returned」・「Incomplete」「Badly damaged」「Incomplete (5 vols. are missing)」が、資料13と同様に加筆されている。

資料20（慶應義塾用箋・Japan and China）　第４巻　二〇一〜二七三頁

「慶應義塾」名入りの罫線事務用紙、Ｂ５判、245 × 170ミリ、一枚一二行、全七一枚。複数人の書写によるカーボン用紙使用の複写記入。用紙の右肩に頁番号「1 〜 71」が記入されている。資料19はこれをタイプ打ちしたもの。

資料21（タイプ目録・A LIST OF BOOKS TO BE RETURNED BY KEIO UNIVERSITY）
第４巻　二七五～三三二頁

白紙にタイプ、カーボン打ち。253 × 203ミリ、全五三枚。

冒頭に、「A LIST OF BOOKS TO BE RETURNED BY KEIO UNIVERSITY」

ABCの項目ごとに、書名がアルファベット順に列記されている。


資料22（タイプ目録・Merryweather, F.S.Biliomania）　第４巻　三三三～四〇七頁

薄様のタイプ用箋、297 × 210ミリ、全七三枚。冒頭に、「Hawley's copy」と金額表記がある。記載の合計金額（「7,420,400」）を計算した別資料（カード一二枚）がある。

目録の冒頭の番号は、連番を示し、その次の二文字は書誌分類（「SUBJECTS AND THEIR MARKS」「SUBJECT MARKS FOR BOOK-NUMBERS」参照「美野田琢磨文庫目録」）を記している。


資料23（HW自筆目録・Poppe, NN.）　第４巻　四〇九～四六六頁

白紙にホーレー自筆のペン書き、275 × 210ミリ、全五六枚。

関連資料解題　（第5巻掲載資料）

関連資料01「ホーレー文庫蔵書展観入札目録」

二五八×一八三ミリ、全六十二頁、七百二十件。

ホーレーの没後、蔵書は古書籍商への負債と銀行借入金の弁済に充てるために、管財人によって管理され、東京美術倶楽部（東京都港区新橋）で展示販売となった。これは入札のために作成された文庫目録である。表題は「ホーレー文庫蔵書展観入札目録」。

表紙見返しには、四月一日付の冒頭挨拶に続き、反町茂雄（弘文荘）、村口四郎（村口書房）、佐々木惣四郎（竹苞楼）、若林正治（春和堂）の四名が「札元」として記されている。その上部には、宝玲文庫の蔵書印三種（大型楷書墨印・大型草書朱印・小型楷書朱印）の影印がある。最初の口絵頁には「フランクホーレー氏小照」と題して、「ホーレー氏」「令息ジョン君」「島袋久さん」の写真が載せられ、その裏面頁には「フランク・ホーレー氏略歴及び著書」が簡略に記されている。奥付頁には、上部にファン・グーリックの筆になる扁額「宝玲文庫」の写真。その下に下見会、入札売立の期日が記されている。

一般下見　昭和三十六年四月五日（水）自午前十時　至午後五時
入札売立　昭和三十六年四月六・七両日　自午前九時半　業者間ニテ
場所会場　東京美術倶楽部
主催　　　東京古典会

ホーレーの著書として次のものが挙げられている。

La Philosophie du Langage dans L'Encyclopedie, 1930
The linguistic theories of Ernst Cassier, 1931
The sources of the TAKETORIMONOGATARI（竹取物語）, 1937
An English Surgeon in Japan in 1864-1865, 1954
Whales and Whaling in Japan, Vol.1, 1961

列記された第一・二の著書については、未だ確認できていない。
ホーレーの略歴、「教授」名の使用が厳密でないうえに、一九二七年に、リバプール大学を卒業し、一九四二年に修士学位を取得していること、また太平洋戦争開戦時まで英国文化研究所の所長を務めていたことなどが未紹介である。

続いて天理教教主の中山正善の「ホーレー氏の思い出」がある。これは三月十六日に反町茂雄とホーレーについて面談した時の筆記録をもとにしている。知り合った時期、その時の印象、それから「五〜六度」天理図書館を訪れたこと、ホーレーから「五山版」「満蒙のコレクション」を譲り受けたことを語っている。

十八頁に及ぶ頁には、書物の蔵書印（宝玲文庫）のある冒頭頁が掲載され、続いて目録の本文が上下二段で列記されている。冒頭の「フランクホーレー氏蒐集　和紙関係文献コレクション　和洋取り交ぜ一括　四三一部（四百三十一）」は、その後に天理図書館が購入した。

関連資料02「フランク・ホーレー氏蒐集　和紙関係文献目録」

「序」・図版・目録四百二十二件、三〇五×二三〇ミリ、二枚・四〇頁・一枚、糸綴じ。

料紙は、ホーレーの著書『Whales and Whaling in Japan（日本の鯨と捕鯨）』のために、宮城県白石の遠藤元雄が漉いた厚手の楮紙で、両面に印字されている。昭和三十六年六月二十五日発行、編者・発行者は反町茂雄、印刷者は戸根木印刷株式会社。五百部印行、非売品。

ホーレーは京都山科へ転居した頃から、新たな書物を手にするためと経済的理由によって、蔵書を手放し始めた。これを主に商ったのは反町茂雄と村口四郎であった。ホーレーが亡くなった後、琉球・沖縄関係の蔵書はハワイ大学の坂巻駿三が購入し、他は東京美術倶楽部で入札会に掛けられた。その中で、和紙関係のものを天理図書館が一括購入し、目録はこの時期に作成された。発行者である反町茂雄は、宝玲文庫の散逸することを残念に思い、序文で「和紙文献の集が、このイギリス生まれの、最大の日本書コレクターの蒐集の痕を、部分的ながらまとまった形で我々に示してくれる唯一のもの」だと述べている。

関連資料03（巌松堂　評価目録）

用紙は「株式会社巌松堂書店」の柱刻のある鳥の子事務用箋、罫線色は青で半帳に十行、一枚に二十行、全十六帳。冒頭の頁表に、邦文タイプ印字で「請求書」、続いて、

一金壱千九百拾九円八拾四銭、
内訳別紙明細書之通リ、
右ハ英国人「フランク・ホーレー」宛販売セルモノニ付貴会社、
敵産係ニ於イテ御支払賜ハリ度ク此処御請求申上候也、
東京都神田区神保町二丁目二番地、
株式会社　巌松堂書店、
代表取締役　波多野一　［会社方形朱印「株式会社巌松堂書店取締役社長波多野印」］
三井信託株式会社　御中

とあり、裏帳に記載はなく、表紙頁となっている。

第二帳から明細が記されており、冒頭「明細書」、「書名」「数量」「金額」の項目がある。第十六帳目の表まで記入されている。最後に、

「[合]計　九九壱九[円]八四[銭]、入金　八〇〇〇[円]〇〇[銭]、差引残高　一九一九[円]八四[銭]」と記されている。各帳は金具(ステープラー)で綴じられ、綴じ合わせの下部に冒頭の会社印が割印されている。

古書店「巌松堂書店」の作成した、三井信託株式会社に宛てた日付のない請求書の綴りである。

ホーレーは敵性外国人として逮捕勾留され、その後、日英交換船で英国へ帰国する。英国大使館ではホーレーの身分(「顧問」)・負債・蔵書の扱いが検討された。この目録は、帰国に際して日本国内に残したホーレー自身の負債(約二千円)を精算するために、負債金額分の蔵書を巌松堂書店が「気に入れば買うという条件」で預けることに選定した書物の評価付きの図書目録(一九一九[円]八四[銭]分)である。

当書類がホーレーの手元にあったのは、戦後の管理財産返還の手続きの中で、自身の蔵書評価の根拠として用いたと考える。ちなみに、これらの書物は敵産管理財産の対象として、慶應義塾図書館の所蔵となり、慶応義塾図書館の作成した返還書目の中に見いだされる。賠償請求の根拠としても用いられたと考えられる。

項目で二八四件、冊数で五百八十八冊、請求金額は九千九百十九円八十四銭、内金としてホーレーから八千円が支払われており、巌松堂は三井信託銀行に対して千九百十九円八十四銭を請求した形となっている。

【巌松堂 評価目録】

				筆者参考項目				
	書名	冊数	値段/¥	備考	参考書名	著者	発行所	発行年
1	物品目録	2	28		本草綱目物品目録			
2	神農像	1	45					
3	紙切手	5	10	和紙				
4	経済要録	7	4.5		経済要録	佐藤信淵		
5	日本物産索引	1	2					
6	熱海之図	1	3		熱海の絵図			宝暦 8 刊
7	持用作物調査書	1	1.5					
8	好古日記	2	2.8		好古日録	藤原貞幹		寛政 9 刊
9	諺集	1	0.12		諺草			
10	塔影	1	2		塔影/酔茗作			
11	福井実地製法大全	1	2.5					
12	経済秘法廃刑用	1	3.5					
13	明治理科書	1	2		明治理科書字引	植田友次郎編	文学社	明治27.8
14	必用便覧	1	2					
15	蜀牌譜	1	3.8					
16	年中被下物並献上物恒例	1	10					
17	絵本絶言蒐	1	18.6					
18	女大学宝箱	1	2					
19	變生抄	1	15					
20	古今要覧稿草	6	18		古今要覧	屋代弘賢		
21	象志	1	18					享保14刊
22	薬類考	1	10					
23	屠蘇の記	1	10					
24	食品本草	1	10	本草	食品本草			
25	十薬新書	1	10					寛政11刊

26	シーボルト関係書翰集	1	5		シーボルト関係書翰集	日本学会，日独文化協会共編	大井久五郎	昭和16
27	仮面譜・猿楽考・蘭曲座敷飾拙解	3	50					
28	東洋画論集成	2	15		東洋画論集成	今関天彭纂訂	読画書院	大正７
29	和名抄	1	1.7					
30	手版源氏	1	0.8					
31	無盡方	1	8		無尽方			
32	倭淵梨	3	38		倭訓栞			
33	本邦古代性の研究	1	10					
34	佶毦録	3	7					
35	和蘭醫活	2	35		和蘭醫話			文化２刊
36	本朝通巻	1	12		本朝通鑑			明治版？
37	薄用色図	1	18		薄様色目			
38	巌谷小波日本童話	6	1.8					
39	製紙改良実験全書	1	13	和紙				
40	三柳楮養新説	1	7	和紙				
41	観斎雑改	2	6.5					
42	萬葉集全校	1	38.5					
43	神話会説大系	18	55					
44	日本和傘宝鑑	1	6		日本和傘寶鑑	高津太三郎著	日本和傘寶鑑發行所	昭和５
45	荒櫃	1	2.5					
46	俳説仁王経	1	10					
47	舎密開宗	21	30					
48	有竹斎玉譜	2	85					
49	画工便覧	6	12		畫工便覧	新井白石著		
50	大日本農会報	1	0.3					
51	財政経済時報	1	0.3		財政経済時報・産業叢書	財政経済時報社編		昭和９-10
52	濫殿斎護志	1	1					

53	南葵語典沿革史	2	3.5		南葵語曲沿革史			
54	帝国二藝	1	0.5					
55	物館研究	1	0.4					
56	経済論双	2	0.8		經濟論叢	交通大學上海交通管理學院經濟學會編輯	上海：廣益書局	昭和 4
57	大日本仏教全書	15	600					
58	蔵書印譜	2	15					
59	竹類造紙学	1	6.5	和紙				
60	日本霊異記	3	7					
61	徳川時代の傘椎考	1	1.2					
62	南海號	1	2					
63	和紙洋紙パルプに関する調査	1	2	和紙				
64	嘉納先生傳	1	3.8		嘉納先生伝	横山健堂著	講道館	昭和16
65	能楽盛衰記	2	9.5					
66	国書刊行会出版目録附							
67	日本刻世書史	1	5					
68	天朝墨談	5	30					
69	曲謡軒端之舟	1	15					
70	紙漉重宝記	1	0.75	和紙				
71	日本工業史	1	3.5					
72	文学　昭和 6 年～13年	1	25					
73	製紙改良同業組合定款	1	4	和紙				
74	合義解校合書入本	3	8		令義解校合書入本			
75	藁紙製法新書	1	20	和紙				
76	紙楮仕立方記録	1	7	和紙				
77	千代田製紙株式会社定款	1	2	和紙				
78	曲舞	1	20					
79	山水並に地形図	1						
80	重要樹苗説明	1						
81	歴木図草説	1						

82	香椒図説	1			
83	紫疏園攷傳	1	以上五点 98		
84	張以府志	1			張州府志
85	菊の湯山	1			
86	西行間中留志	1			
87	西行登集	1	以上四点 34		
88	蕪村印譜	1			
89	九日新誌　第一輯	1	以上二点 35		
90	楮祖神社之記	1		和紙	
91	六物新誌	1			
92	花彙	1			
93	本草綱目深疏	1	以上三点 75	本草	本草綱目纂疏
94	泥索廃草木異	1		本草	
95	木草索要	1		本草	本草穿要
96	百世草	1		本草	
97	本草要正	1	以上四点 135	本草	
98	日本山海名物図絵	1		本草	日本山海名物図会
99	山海名産図絵	1	以上二点 50	本草	山海名産図会
100	救荒新論	1		本草	
101	農家補荒録	1		本草	
102	救荒有毒　植物図説	1		本草	
103	二物考	1		本草	
104	救　提要	1		本草	
105	蓄くさ	1		本草	

106	鄭絵餘意	1		本草				
107	鑯年要録	1		本草				
108	補鑯方書	1		本草				
109	救荒孫三杖	1		本草				
110	麦飯おもし草	1		本草				
111	五穀無尽蔵	1		本草	五穀無尽蔵巻上，下（上原無休）			
112	救荒野薬図説	1		本草				
113	救荒図譜	1		本草				
114	二物考	1		本草				
115	救荒野譜記夢	1		本草				
116	救荒本草抜粋	1		本草				
117	救荒図録	1		本草	救荒図譜			
118	社会観喩并附録	1		本草				
119	社会私議	1	以上二二点135	本草				
120	萬病回春名物考	1						
121	支干考	1						
122	十二月私名考	1						
123	鶴風考	1						
124	本草治龍考	1		本草				
125	屠蘇考	1						
126	福草考	1						
127	酒古名考	1						
128	納豆考	1						
129	木瓜考	1						
130	西仙二柱考	1						
131	楓考	1						
132	白牛酪考	1						
133	花の川三考	1						

134	薇御考	1						
135	駱駝考	1						
136	加佐伎考	1						
137	牟閉名實考	1	以上十八点280					
138	本草経尼種録	1		本草				
139	神遺考	1						
140	古方薬説	1						
141	三法方典	1		科学書				
142	増廣太旬和劑屈方	1						
143	廣恵済急方	1						
144	蘭薬原	1						
145	古法薬議	1	以上八点150					
146	飲膳摘要	1	3.8					
147	狩生水絵見覚書	1	3					
148	かてもの	1	2			上杉治憲・中条至宝他		
149	頭山満翁写真伝帳	1	12		頭山満翁写真伝		頭山満翁写真伝刊行会編	昭和10
150	本草指南	6	28	本草				
151	異国草木会目録	1	16.5					
152	老筵小片賣	1	20					
153	日新会写生刻本	4	88					
154	本草集要	1	425	本草				
155	本草通串	1	50	本草				
156	かてもの	1	5			上杉治憲・中条至宝他		
157	日本産業発達史の研究	1	4		日本産業発達史の研究	小野晃嗣著	至文堂	昭和16
158	本草綱目指南	1	20	本草				
159	相思学	1	17.6					

160	成形図説	30	67.1	本草				
161	懐中王国銘鑑	26	3.3					
162	五葉版画　風影	1	150					
163	琉球談	1	7	琉球				
164	赫鞭余録	1	28					
165	木草通串	1	1100		本草通串			
166	備荒宗録							
167	秋野七草　一冊本	1						
168	秋野七草　一冊本	1						
169	木草秘事	1			本草秘事			
170	春の七草	1	本草					
171	本草異名記	1	本草					
172	書灰書	1						
173	衣裏珍玉	1						
174	養蚕家傳書	1						
175	穀草雌雄辨	1	以上十点					
			35					
176	帝大紀要	1						
177	はなのかたみ	1			花筺			
178	櫻花百絶	1	以上三点	本草				
			48					
179	五葉亘カミスク女	1	115	和紙				
180	五葉亘立姿女	1	70					
181	五葉亘坐スル女	1	85					
182	好色一代女	6	12		好色一代女（影印版）			昭和 2
183	室町時代小説論	1	4.8		室町時代小説論	野村八良著	巌松堂書店	昭和13
184	能楽	揃	120					
185	典籍散語	1	2.5		典籍散語	新村出著	書物展望社	昭和 9
186	加茂真淵傳	1	6.3		加茂真淵伝	小山正著	春秋社	昭和13
187	韻鏡考	1	20					

188	国語法調査報告書	2	35					
189	女草学論攷	1	3.37					
190	倭律	8	30					
191	濟象新論	5	30					
192	日本鋼版画志	1	16		日本銅版画志	西村貞著	書物展望社	昭和16
193	蘭病薬解	1	28					
194	本草修蒙名疏	8	28	本草				
195	胡椒考	32	110					
196	山樂志人撰集	1	25.3					
197	蘭山像	1	37.4					
198	本草余纂	12	649	本草				
199	草物會文會抄	1	28					
200	火浣布略説	1	32					
201	大同歌家方	23	100					
202	御膳本草	1	45	琉球				
203	怡顔斎蘭事	2	25					
204	夢醒新論	1	80					
205	花伝留	4	150					
206	琉球小話	1	1.2	琉球				
207	病名纂	1	20					
208	花傳書	1	450					
209	本草古義	1	1200	本草				
210	琉球大観	6	350	琉球				
211	新撰五十瓶図	2	6					
212	室町時代物語集	2	14		室町時代物語集	横山重，太田武夫校	大岡山書店	昭和12至15
213	竹田翁尺	1	13					
214	仁和寺諸院家記	4	30					
215	製茶図解	1	6					
216	支那碑碣形式の変遷	1	15		支那碑碣形式の変遷	関野貞著	座右宝刊行会	昭和10

217	瓶花図彙	2	20					
218	飛鳥時代寺院跡の研究	1	65		石田茂作	飛鳥時代寺院址の研究	聖徳太子奉讃会	昭和11
219	救荒本草	1						
220	救荒本草	2	80					
221	藝苑名言　稿本	1	60					
222	庶物款纂竹	3	150					
223	皇朝竹譜	1	50	和紙				
224	紙漉重宝記	1	63	和紙				
225	天工開物	3	24					
226	永楽大典	1	20					
227	壺亭茶話	1	35					
228	琉球版御教條	1	35	琉球				
229	琉球歌謡	1	0.5	琉球				
230	琉球雑誌	1	25	琉球				
231	中山世譜	1	2.5	琉球				
232	球物	3	33	琉球	球陽			
233	講談社の絵本	1	0.5					
234	常野探薬記	4	55					
235	寛永卯月謡曲百番	20	50					
236	本草綱目	2	35	本草				
237	石綿論	1	35			黒田玄鶴		
238	琉歌集	1	28	琉球				
239	豆州熱海誌	1	2					
240	明治改正京都名勝一覧目録	1	3.5					
241	直段付	1	8					
242	錦正堂画	1	3.5					
243	長野図書記	1	28					
244	ままのことぶき	1	3.5					
245	心中紙屋治真	1	20					

246	志土ヤ乃和坐	1	18					
247	内国製革紙	1	4.5	和紙				
248	鷹皮紙目録	1	4	和紙				
249	絵具分量考	1	5					
250	工業化学雑誌	1	1.2					
251	浮世絵史	2	15					
252	工工西　下巻	1	12	琉球	工工四			
253	浮世絵師略伝	1	7		古代浮世絵版画集所載浮世絵師略伝	河浦謙一	吉沢商店	大正8
254	読書宝物産會品目	1	12					
255	浮世絵師付	1	12					
256	製紙法	1	3	和紙				
257	東洋文庫展観書目	2	5		東洋文庫展観書目		東洋文庫	大正13
258	日本俚諺集成	1	4					
259	天覧図書目録	1	4		天覧図書目録	静岡県立葵文庫〔編〕	静岡県立葵文庫	昭和5
260	紀藩士著述目録	1	2		紀藩士著述目録	斎藤勇見彦編	南葵文庫	明治41
261	鹿射香唐茶種取引証文	1	15		麝香唐茶種取引証文			
262	正倉院御物棚品目録	1	1		正倉院御物棚別目録		帝室博物館	大正14
263	法律語彙	1	20					
264	本草序例	1	3.5	本草				
265	かてもの	1	2.5	本草		上杉治憲・中条至宝他		
266	華彙	8	60					
267	一月軒権民天徳地福伝	2	7.5					
268	漸江三紙業	1	15	和紙				
269	塔影（正倉院御物集）	1	2					
270	和紙製造大綱	1	8.5	和紙				
271	紙漉美人	1	35	和紙				
272	浮世信内火	2	30					
273	洋紙製造工程図解	1	2	和紙				

274	紙漉之図	1	2	和紙				
275	新撰紙鑑	1	20	和紙				
276	日本書籍考	1	8		日本書籍考	林道春		
277	新撰紙	1	19	和紙				
278	救荒本草記聞	2		本草				
279	小萩集	1	1.7					
280	剪燈新話	1	1.7		剪燈新話	鈴木真海	支那文献刊行会	
281	片恋	1	1.7		片恋	長谷川辰之助	春陽堂	明治29
282	謡と能	1	1		謡と能	大和田建樹	博文館	明治33
283	清少納言と紫式部	1	1.7		清少納言と紫式部	梅沢和軒	実業之日本社	大正 1
284	海潮音	1	3					

関連資料04「美野田琢磨文庫図書目録」（漢字・欧文）

「美野田琢磨文庫図書目録　和、漢、満、蒙、其他西方諸域文書」

Ｂ４判、二五〇×三五〇ミリ、全十一枚。本文表題下部に「和漢満蒙其他西方諸域語之部　昭和十九年四月」とある。全五百三十八件。

「T. Minoda's Library of books in foreign languages (European) at Setagaya Tsurumacho. August. 1904」

二九五×二二九ミリ、本文十枚。冒頭二枚の琢磨による「SUBJECTS AND THEIR MARKS」「SUBJECT MARKS FOR BOOK-NUMBERS」があり、書目の冒頭に付記されている。全二百七件。

これらは、フランク・ホーレーの岳父美野田琢磨の蔵書目録である。美野田琢磨は、明治八年（一八七五）に宮城県丸森の森家の次男として生まれ、美野田家養子となった。明治二九年七月に第二高等学校（大学予科第二部学科）を卒業し、東京帝国大学工科大学へ進学、明治三十二年に土木科を卒業。鉄道院に入り、明治三十三年二月に高等官七等、七月には台湾総督府鉄道部打狗（高雄）出張所技師に就任し、台湾国有鉄道の縦貫鉄道建設に関わった。翌年十月、逓信省鉄道作業局技師に転任。明治三十八年四月、山形鉄道作業局出張所建設掛勤務（鉄道技師）。明治四〇年（一九〇七）に帝国鉄道庁技師に就任し、翌年依願退官している。その後、アメリカ・イギリスに自費渡航し、鉄橋・トンネルについて学ぶ。京都で「いなば組」を設立し、逢坂山トンネルの工事を請負うが、六十万円の赤字を出して倒産。大正三年（一九一四）に開通した宇和島鉄道の隧道建設に主任技術者として関わった記録がある。大正二年（一九一三）に「工業商会」を東京市京橋区木挽町で設立した。英・仏・独・エスペラント語に通じ、特にエスペラントの普及に尽力し、昭和五年には万国工業会議の公用語としてエスペラント語を提案している。

ホーレーが俊子と出会ったのは、昭和六年の夏。日本に向かう満州鉄道の車内で、英語に堪能な松野正志はホーレーと親しくなった。日本に知人のいない青年ホーレーに、伯父の美野田琢磨を紹介した。到着後間もなく虫垂炎を患ったホーレーは、琢磨に連絡を取り、娘の俊子が看護にあたった。三年後の昭和九年四月に第三高等学校の英語教師として京都に赴任する日に、帝国ホテルで結婚式をあげている。この松野正志との出会いは、ホーレーの人生にとって大きな意味を持つことになった。

松野正志は美野田琢磨の実家宮城県伊具郡小斎村森家の親戚で、明治二十九年四月二日の生まれ。大正八年東北帝国大学工学専門部を卒業し満州鉄道京城管理局に勤務、十年にイリノイ大学工学部鉄道土木工学科に入学。二年後に卒業（マスター・オブ・サイエンス）した。帰国の途中に欧州各国を見学。十四年に朝鮮総督府鉄道局技手、昭和三年から八年まで鉄道建設並改良工事区長、昭和四年に技師に昇任、十年には平壌建設事務所長となり、十九年に京城交通工業株式会社専務取締役となる。昭和二十一年五月に株式会社西松組に入社した。松野の語学力は、戦後の西松組の三沢基地工事に貢献し、業績が評価され昭和二十三年から二十七年まで取締役となった。（『日本産業人名資料事典』・西松建設記録）

俊子がホーレーと離縁となったのちも、八〇歳の琢磨は書翰（昭和二九年十月）を送っている。ホーレーのリュウマチ症を気遣い「俊子に贈られたMise Japonica Comerfold's Journalを全部読みました。めんどうな仕事を、こんなきよく完成されて、感心であります」と、ホーレーの仕事（Miscellenea Japonica I）を充分に認め、著作を丁寧に読み、技術者としての所見を述べている。文末に「私のはmoralist, humanism, historyの本を読むのがHobbyです。興味又は利益のある本を、気づかれたら御示し（inform）下さい（仏、独、新、古の本でもよろしく）」と、心のこもった温かい文面である。

美野田琢磨も多くの書物を所蔵していた。妻俊子は琢磨の蔵書も敵産管理の対象となったことを語っている。琢磨の図書目録は、「美野田琢磨文庫図書目録　和、漢、満、蒙、其他西方諸域文書」B4判、謄写版印刷、十一頁と「T. Minoda's Library of Books in foreign languages (European) at Setagaya Tsurumacho. August, 1904.」十頁の二種である。

松野正志の著書

「朝鮮鎮南浦港石炭船積施設」松野正志・斉藤固『土木学会誌』第二十巻九号、昭和九年九月。

美野田琢磨の著書

『実業青年諸君へ』日本エスペラント学会、改定第二版、昭和三年三月。
「岡野博士の中學の語學教育を讀んで」『汎交通』四一巻一二号、一九四〇年十二月。
「時言」『汎交通』四二巻七号、一九四一年七月。
「時言」『汎交通』四三巻三号、一九四二年三月。

【美野田琢磨文庫図書目録（欧文）】LIST OF BOOKS IN T. MINODA'S LIBRARY

目録を作成するに際して、本文には詳しく記載が無いが原本が類推できる書物の書誌については筆者がこれを補い、内容を［　］記号で示した。ロシア語表記書名の書物が二件［187・207番］あるが、手書き文字が不明瞭であったので併記されている英字を表記した。

					year	vols
1	Dc	E. M. Satow	English-Japanese dictionary of the spoken language	Sanseido, 4th edition	1930	1
2	Dc	E. M. Satow	English-Japanese dictionary of the spoken language	Sanseido, 4th edition	1930	1
3	Dc	M. Alderton Pink	A dictionary of correct English	[Pitman, London]	[1935]	1
4	Lg Dc	Michael West	New method of English dictionary	Longmans, Green & Co., London, 1936	1936	1
5	Lg Dc	Michael West	New method of English dictionary	Longmans, Green & Co., London, 1940.	1940	1
6	Lg	[Thomas. R. G.] Lyell	Slang, phrase and idiom in English [Slang, phrase and idiom in colloquial English and their use]	Hokuseido, 1936	[1936]	1
7	Dc	F. Brinkley	An unabridged Japanese-English dictionary [和英大辞典]	[Sanseido]	[1896]	1
8	Dc	Okakura [岡倉由三郎]	Kenkynsha's New English-Japanese dictionary [新英和大辞典]	[Kenkyusha]]	[1927]	1
9	Dc	Takenobu [武信由太郎]	New Japanese-English dictionary (新和英大辞典)	Kenkyusha	[1931]	1
10	Gr	[G. B.] Sanson	[An] Historical grammar of Japanese	The Clarendon Press, Oxford. 1928	1928	1

11	Gr	[Otto] Jespersen	[A] Modern English grammar	[Kenkyusha]	[1928]	1
12	Dc (F)	Jam Lemarēchal	Dictionnaire Japonais-Français			1
13	Dc	Gubbins	A dictionary, Chinese-Japanese words	Maruya & Co., Tokyo, 1908	1908	1
14	Lg	Y. Matsumiya	Exercises in Japanese conversation	Tokyo		1
15	Gr	Garfield Moilroy	Chamberlain's Japanese grammar			1
16	Dc	Davidson-Houston	Modern military dictionary-Chinese and English [Chinese and English modern militany dictionary：漢英軍事辞典]	Henri Vetch	[1935]	1
17	Dc Hy Gy	E. Papinot	Dictionary of history and geography of Japan [Historical and geographical dictionary of Japan]	[Kelly and Walash]	[1909]	1
18	Dc	札幌教区宣教師団	独和辞典	光明社		1
19	Dc (D)	u. n.	Cassel's German dictionary (German-English & English-German)			1
20	Lg (D)	Meissner [von Kurt Meissner]	Japanische Umgangssprache [Unterricht in der japanischen Umgangssprache]	[Tokyo：Kyo Bun Kwan, 1936]	[1936]	1
21	Gr	Sloman [Arthur Sloman]	A Latin grammar [A grammar of classical Latin]	[Camb. the Univ. Press, 1906]	[1906]	1
22	Dc	Lewis [Charlton. T. Lewis]	A Latin dictionary for schools	[Clarendon Press, 1899]	[1899]	1
23	Dc	Vigario Apostologio Japoniae	Lexicon Latino-Iaponicum			1
24	Lg (F)	Meillet	Histoire des Grecque et Latine			1

25	Gr (F)	Deny	Grammaire de la langue Turque			1
26	Gr	Jächke	Tibetan grammar			1
27	Dc Sc	u. n.	A vocabulary of chemical terms (化学語彙)	[by Nippon-Kagaku-kai 日本科学会]		1
28	Hy Lg	Vendryes	A linguistic introduction to history			1
29	Lg	Rogets	Thésaurus of English words and phrases			1
30	Ps Gr	Jespersen [Otto Jespersen]	[The] Philosophy of grammar	[London: George Allen & Unwin, 1924]		1
31	Dc (H)	S. Schlegel	Nederlandisch-Chineesch Woordenboek (荷華文語類参)	J. Brill, Leiden, 1886-1890	1890	1
32	Lg Dc	A. De Smedt & c	Le dialecte Monguor, dictionnaire Monguor-Français	L'université Catholique, Peiping, 1933	1933	1
33	Dc (F)	Kowalewski	Dictionnaire Mongol-Russe-Français	French Book store, Peiping, 1933, 3 vols	1933	3
34	Dc	H. C. Wyld	The universal English dictionary [The Universal dictionary of the English language]	[George Routledge]		1
35	Dc	H. C. Wyld	The universal English dictionary			1
36	Dc	Sarat Chandra Daś	[A] Tibetan-English dictionary			1
37	Dc (R)	A. Alexandrow	Russian-English dictionary [Complete English-Russian dictionary]			1
38	Cl	Conrad Nielsen	Instituttet for Sammenlignende Kultur forskning	(Serie B. Skrifter), Oslo, 1932	1932	1

39	Dc	Ram Narain Lal	The student's practical dictionary of Hindu Stani-Urdu-English	(Persia), 1940	1940	1
40	Es Gr (F)	Robert Gaunthiot	Essai de grammaire Sogdienne	Paul Geuthner,Paris, 1914-1923, 2 vols	1923	2
41	Lg Ed	The Institute for Research in English Teaching	A commemorative volume	10th annualconference of English teachers 1933	1933	1
42	Lg	u. n.	Linguistic Society of America, vol. IV	1928	1928	1
43	Lg (F)	Ernest Renan	De l'origin du Language	Paris, 1925	1925	1
44	Lg (F)	u. n.	Actes du premier congrès international de linguistea à la Haye du 10-15 avril 1928	Lyden, 1930	1930	1
45	Fi (F)	E. Matsuoka	L'ētalon de change or en Extrême-Orient		[1939]	1
46	Bn Pl (F)	u. n.	Bulletin de la Maison Franco-Japoneise	Mitsukoshi Book dpt, Tokyo, No. 4-1938	1938	1
47	Li Po (F)	G. Bonneau	Rythmes Japonais	Paul Geuthner, Paris. 1933-34	1934	1
48	Jy Cl (F)	Henri Bernard	Lea premiers rapports-de le culture européenne avec la civllisation Japonaise			1
49	Jr Pl	u. n.	Journal of North China Branch of R. A. S.	1860, 1868 (2 vols), 1874-5 (2 vols), 1878-9 (2 vols), 1881-3 (3 vols), 1889-1910 (16 vols), 1912-38 (28 vols including index), Total 53 vols		53
50	Hy	u. n.	Current history	No. 2 (1932), No. 6 (1932), 2vols	1932	2

51	Jr Pl	u. n.	Harper's monthly magazine	No. 1022 (1935), No. 1023 (1935), No. 1030 (1936), 2 vols	1936	2
52	Jr Pl	u. n.	Atlantic monthly	No. 5 (1932), No. 3 (1934), No. 4 (1935), 3	1935	3
53	Jr Pi	u. n.	Journal of American Oriental society (J. A. O. S.)	from 45 (4 vols), 1925 to 58 (1-4), 1938 & 59 (1). 1939, Total 57 vols		57
54	Bn Pl	u. n.	Bulletin de l'ecole française d'extrême-orient	Tome I (1910) – Tome IX (1909), Hanoi, Total 9 vols	1909	9
55	Bb Li	G. Bonneau	Bibliographie de la littérature japonaise contemporaine	Maison Franco-Japonaise 1938	1938	1
56	Lg	K. Ojima	National language readers of Japan	Vol. I & supplement, Vol. IV-VIII, Sankosha, Tokyo, 1929-39, Total 7 vols	1939	7
57	Dc (F)	Jules Guirand	Dictionnaire Anglais-Français		1926	1
58	Gr	Hoffmann	Japanese grammar	A. W. Sythoff, Leiden, 1868	1868	1
59	Lg	Rudolf Lange	A text book of colloquial Japanese, revised English edition by C. Noss	Kyobunkan.		1
60	Dr	The Japan year book office	The Japan year Book 1926		1926	1
61	Lg (F)	Meillet et Marcel Cohen	Les langues du monde			1
62	Lg	O. Jespersen	Language, its nature, development and origin			1

63	Li	Kyoson Tsuchida	Contemporary thought of Japan and China	Williams & Norgate, London, 1929	1929	1
64	Gr (F)	H. Gavel	Grammaire Basque	Tome I, Impriméric du "Courrier", Bayonne, 1929		1
65	Es Mr	Sophia University	Monumenta Nipponica	Vol. V, semi-annual No. 1 (1942)	1942	1
66	Tr Cu	Samual Purchas	Purchas, his pilgrim in Japan			1
67	Cu	Shway Yoe	The Burman, his life & nations	Macmillan, London, 1910	1910	1
68	Hy	Peter Pratt	History of Japan	1822	1822	1
69	Hy	F. O. Adams	The history of Japan (1853-1872)	2 vols		2
70	Pt	C. M. Salwey	The island dependencies of Japan	Engéne L. Morice, London, 1913	1913	1
71	Es	J. A. B. Scherer	Japan whither?	Hokuseido, 1933	1933	1
72	Es (F)	Kikou Yamada	Japan derniére heure			1
73	Hy Pt	A. May Knapp	Feudal & modern Japan	Duckworth, London, 1898, 2 vols	1898	2
74	Cu Ta	Naomi Taraura	The Japanese bride	Harper & Brothers, N. Y., 1893	1893	1
75	Li (F)	W. G. Aston	Littérature japonaise			1
76	Ed	Japanese Department of Education	Japanese education	Philadelphia International Exhibition (1876)	1876	1
77	Ed	Lombard	Pre-Meiji education in Japan	Kyobunkan, Tokio, Tokyo, 1914	1914	1
78	Jy Dp	Nitobe	Japanese traits & foreign influences	Kegan Paul, London, 1927	1927	1

79	Hy Ad	J. E. de Becker	Feudal Kamakura : out line sketch of the history of Kamakura from 1186 to 1333	Kelly & Walsh	1907	1
80	At Pa	Fritz Rumpf	Sharaku（写楽）	Lankwitz	1932	1
81	So	S. M. Shirokogoroff	Social organization of the Manchus（Royal Asiatic Society）	Shanghai, 1924	1924	1
82	Nv	Kenzo Kai	Sakura no Kaori（war novel）	Kenkyusha, 1933	1933	1
83	Ed Ad	Louis Wertheimber	Muramasa Blade, a story of feudalism in old Japan	Ticker & co., Boston, 1887	1887	1
84	At Le	H. L. Joly	Legend in Japanese art	John Lane, London, 1908	1908	1
85	At Pa	Katsuki Takahashi	Wall paintings of Hôryuji temple			1
86	Cu Le	C. Pfoundes	Fu-so Mimi Bukuro（扶桑耳袋）, abudget of Japanese notes	Japan Mail, Yokohama, 1875	1875	1
87	At	Nasu	The fundaments of Japanese archery	2 vols		1
88	Rp Mr	Kyoto prefecture	Summary of the grand ceremonies of the Imperial Enthronement	showa 3 y	1928	1
89	Cal	Chamberlain	The study of Japanese writing	Crosby Loskwood, London,1905	1905	1
90	Jy	Koop & Inada	Japanese names & how to read them（銘字便覧）	Bernard Quaritch, London, 1923	1923	1
91	Rn Po	A. von Staël Holsten	Sanskrit hymn translated with Chinese characters			1
92	Hy Si Cl	Cho - Yüan - Tan（言単卓垣）	The development of Chinese libraries under the Ching dynasty, 1644-1911（清代図書館発達史）	The Commercial Press, Shanghai, 1938	1935	1

93	At	Noritake Tsuda	Hand-book of Japanese art	Sanseido, Tokyo, 1938	1938	1
94	Td Dp	Oskar Nachod	Die Beziehungen der Niederländischen Ostindischen Kompagnie zu Japan in Siebzehn Jahrhundert	Rob. Fries, Leipzig, 1897	1897	1
95	Dc Lg	W. Radloff	Versuch einer wörtdeterbuches der Türk-Dialecte	St. Petersburg, 4 vols		1
96	Bu Rn (R)	G. C. Cybikov	Buddist Palomnik u svyatyn' Tibeta	1919	1919	1
97	Ml (F)	V. Madsen et V. Thomen	Anatomie Mandchoue	Bibliotheque Royal, Copenhagen, 1919	1919	1
98	Ta Gy	Stein	Innermost Asia	The Clarendon Press, Oxford, 1928, 4 vols	1928	4
99	Dc Lg	Meninski	Thesaurus Ling	Orientalium, Turcicae, Arabicae, Persioae, 4 vols		1
100	Cu (D)	C. Netto	Papier Sohmetteringe aus Japan（日本紙蝶々）	Weigel, Leipzig, 1888	1888	1
101	Bn Pl (F)	u. n.	La Societé Acadêmique Indo-Chinoise-Bulletin	Au siège de la Societé, Paris, 1878-1890, 6 vols	1890	6
102	Fr (F)	u. n.	L'Acadêmie des Sciences de l'Urss, 1928-30 (classe des humanites)	2 vols	1930	2
103	Pri	The Times	Printing in 20th Century	London, 1929	1928	1
104	Es Mr	u. n.	Monumenta Serica - Journal of Oriental Studies of the Catholic University of Peking	Henri Vetch, Peiping, 1935-38, 3 vols	1938	3
105	Tr Gy	Terry's	Guide to the Japanese Empire including Japan, Korea & Formosa	Houghton Mifflin, Boston, 1933	1933	1

106	Tr	G. Caiger	From Japan to Japan	[Hokuseido Press]	[1935]	1
107	Tr	Sedler	Saka's diary of a pilgrim to Ise（伊勢大神参詣記）	Meiji Japan society, Tokyo, 1940	1940	1
108	Jy Tr	Grenon	Verdant Simple's views of Japan	1890	1890	1
109	Fi	Munro	Coins of Japan	Yokohama, 1904	1904	1
110	Rn Cl	Holton	The national faith of Japan	Kegan Paul, London, 1938	1938	1
111	Mi Hy (D)	Karl Florenz	Japanische Mythologie (Nihongi, "Zeitalter der Götter")（日本紀）	Hobunsha, Tokyo, 1901	1901	1
112	Ps (F)	Sakurazawa	Philosophie d'extrême orient	Libraire Philosophique, Paris, 1931	1931	1
113	Bn Pl	u. n.	Royal Asiatic Society, North China Branch	XXIII (1888). XXIII (1389), Vol. 25 (1890-91), Kelly & Walsh, Shanghai, Total	1891	3
114	Bn Pl	u. n.	Royal Asiatic Society of Great Britain & Ireland	London, 1932 (2 vols), 1921. (1 vol.) Total 3 vols	1921	3
115	Nv	P. G. Wodehouse	A century of Humour	[London, Hutchinson]		1
116	Nv	Sidney Horles	Hunters of death			1
117	Es	Floyd Dell	Love in the machine age (Psychological)	George Routledge, London, 1929	1929	1
118	Es	[James A. B.] Scherer	America : pageants & personalities	[Hokuseido]		1
119	Fa	u. n.	AEsop's fable with illustrations	Hokuseido		1
120	Es	Th. H. Huxley	Selected essays [and addresses of T. H. H.]	[Macmillan]	[1914]	1
121	Li	Brandt	Introduction to literary Chinese	Henri Vetch, Peking, 1936	1936	1

122	Hy (D)	I. J. Schmidt	Geschichte der Ost-Mongolien			1
123	Hy Gy (F)	H. Gordier	Mélange d'histoire et de steographie orientales	Jean Maisonneuve, Paris, 1914-23, 4 vols		4
124	Tr (F)	François Bernier	Voyages à Grand Mogol	Tome I (1709), Tome II (1710), Amsterdam, Total 2 vols		2
125	Tr (P)	u. n.	Da Asia de Diogo de Couto, Decada Duodecima, Parte Primeira	Parte Segunda, Parte Ultima Lisboa, 1788, 3 vols	1788	3
126	Tr (P)	u. n.	Vida de João de Barros, Indice geral das quarto Decada da Sua Asia	Lisboa, 1778	1778	1
127	Tr (P)	u. n.	Vida de Joao de Barros, Decada un decima da Asia	Lisboa,1778	1778	1
128	Tr (P)	u. n.	Vida de Joao de Barros, Indice geral des Decados de Couto	Lisboa, 1778	1908	1
129	Gy Ml	Kenelly	Richard's comprehensive geography of the Chinese Empire (中国坤輿詳誌)	T' Usewel Press, Shanghai, 1908	1908	1
130	Bl (P)	Rouveyre	Connaissanees nécessaries à un bibliophile	Paris, I-X, total 5 vols		5
131	Rs (D)	Bruno Schindler & c.	Asia Major	Verlag der Asia Major, Lipsiae, 1924-7.	1927	4
132	Ay	J. Bose	The origin of the Chinese people	Oliphants, London, 1916	1916	1
133	La Dp	M. J. Pergament	The diplomatic quarter in Peking	China Booksellers Peking, 1927	1927	1
134	Hy Cl	Ruxton	The people of Asia	Kegan Paul, London, 1932	1932	1
135	Cal	W. A. Mason	A history of the art of writing	Macmillan, N. Y. 1928	1928	1

136	Ms	u. n.	The Queen's Book of the Red Cross	Hodder & Stoughton, London, 1939	1939	1
137	Es	Robert Briffault	The mothers, a study of the origin of sentiments and institutions	George Allen & Unwin, London, 1927, 3	1927	3
138	Ap (D)	F. F. V. Reitzenstein	Das Weib, anthropologischen studien	3 vols		3
139	Hy Gy (D)	Leopold v. Schrenek	Die Völker des Amur Landes			1
140	Gy (H)	Nicholaas Witsen	Noord en oost Tartaryen	Gewesten Azien en Europa, Amsterdam, 1785, 2 Vols	1785	2
141	Dc (F)	F. S. Couvreur	Dictionnaire clascique de la langue Chinoise	Mission Catholique, Ho Kien Fou, 1911	1911	1
142	Ml (D)	Fr. Hübotter	Die Chinesische Medizin (中華医学)	Bruno Scuindler, Leipzig, 1929	1929	1
143	Gy Hy	John F. Baddeley	Russia, Mongolia & China	Macmillan & co., 1919,2 vols	1919	2
144	Ar Bb	Kern Institute	Annual bibliography of Indian archaeology	Leiden,1928.	1928	1
145	Jy Av (D)	Siebold	Nippon, Archiv zur Beschreibung	Heft 1, 5, 11-12, 13-14, 17-20, Leiden, 1832, Total 5 vols	1932	5
146	Jy Av (L)	Siebold	Catalogus librorum et manuscriptorum Japonicorum	Lugduni Batevorum, 1845	1845	1
147	Ey (I)	Gino Bottiglioni	Atlante linguistico etonografico Italiano della Corsica	Pisa, 1932	1932	1
148	Jy Cu	u. n.	Fortune vol. XIV, No. 3, The Japanese Empire		1936	1
149	La	A. P. Herbert	Misleading cases in the common law	Methuen, London, 1931	1931	1

150	Nv	P. G. Wodehouse	A gentleman of leisure			1
151	So Nh	Dewar	Difficulties of the evolution theory	Edward Arnold, London,1931	1931	1
152	Fl Cu（F）	M. Marcel Granet	Fêtes et chansons anciennes de la Chine	Librairie Ernest, Paris, 1929	1929	1
153	Nv	Wodehouse	Carry on	Jeeves, New York, 1927	1927	1
154	Nv（D）	Vicki Baum	Helene Willfüer			1
155	Nv	Aldous Huxley	Crome Yellow	London, 1929	1927	1
156	Nv	May Edginton	Life isn't so bad	London		1
157	Es Mo	Freda Kirchwey	Our changing morality, a symposium	Albert & Charles Boni, N. Y., 1930	1930	1
158	Nv	Remy de Gourmont	Histoires magiques	Paris, 1924	1924	1
159	Li	H. F. Wood	A collection of British authors, "The passenger from Scotland Yard"	Leipzig, 1888	1888	1
160	Nv	A. Trollope	Barcherter Towers	London, 1938	1938	1
161	Nv	R. H. Mottram	Europa's beast	London, 1930	1930	1
162	Nv	R. A. Freeman	The puzzle lock	N. Y., 1926	1926	1
163	Nv	Wodehouse	Mr. Mulliner speaking	N. Y., 1930	1930	1
164	Nv	John Galsworthy	A modern comedy	London, 1939	1939	1
165	Nv	Alexandre Dumas	The Countess Dubarry	Collins Clear-Type Press, London		1
166	Hy Cl	Fox	The threshold of the Pacific	Kegan Paul, London, 1932	1932	1

167	Lt	Kazuo Koizumi	Letters from B. H. Chamberlain to Lafcedio Hearn	Hokuseido, Tokyo, 1936, 1937, 2 vols.	1937	2
168	Es Hy	Sir Henry Yule	Cathay and the way thither, being a collection of medieval notice of China	London, 1915, 5 vols.	1915	1
169	Hy Av (F)	Lȅon de Rosny	Le livre canonique (書紀) de l'antique japonaise	Paris, 1887, 2 vols	1887	2
170	At Sp	W. Anderson	Japanese wood engravings			1
171	Et Te	R. C. Armstrong	Light from the East, studies in Japanese Confucianism	University of Toronto, 1914	1914	1
172	Hy (D)	I. J. Korostovetz	Von Ginggis Khan zur Sowjetrepublik	Gesehichte der Mongolei, Leipzig, 1926	1926	1
173	Et Te	James Legge	The Four Books (英華四書)	The Chinese Books Co., Shanghai, 1930	1930	1
174	Et Te (F)	F. S. Couvreur	Les Quatre Livres (四書)	Mission Catholique,Sien Hsien, 1934	1934	1
175	Et Te (F)	F. S. Couvreur	Li Ki (礼記)	Mission Catholiqie, Ho Kien Fou, 1913	1913	2
176	Et Te (F)	F. S. Couvreur	Cérĕmonial (儀礼)	Sien Hsien, 1928	1928	
177	Et Te (F)	F. S. Couvreur	Chou King (書経)	Sien Hsien, 1935	1935	2
178	Pap	Dard Hunter	A Paper-Making pilgrimage to Japan	Korea & China, Pynson Printers, N. Y. 1936	1936	1
179	Pap	Dard Hunter	Paper-making through 18th centuries	W. E. Rudge, N. Y.1930	1930	1
180	Do Bo	Gerth Van Wijk	Dictionary of plant-names	Martino Nijhoff, The Hague, 1911	1911	1

181	Bo	E. Hawkes	Pioneers of plant study	The Seldon Press, London, 1928	1928	1
182	Pt	Th. F. Carter	The invention of printing in China and its spread westward	Columbia University Press, N. Y. 1931	1931	1
183	Mp (D)	W. Radoloff	Atlas der Alterthümer der Mongolie	(Size 51×35.5×4.5 cm)	1892	1
184	Sct		The Tibetan, Mongolian & Mannchurian Buddhist Scriptures	6 vols.		6
185	Pa		The thousand Buddhas (Paintings recovered by A. Stoin & with essey by L. Binyon) - Ancient paintings from the cave-temples of Tun-Huang (敦煌)	Bernard Quaritch, London. 1921. (Contained in a box). Collection by the Orchou-Expedition	1921	1
186	Mp	Kokusai Bunka Shinkokai	Map of Japan and Adjacent regions	Tokyo, 1937	1937	1
187	Dc (R)	V. V. Velyaminov	Zernov-Slovar Dzagataisko	Turetskij St.Petersburg 1868	1868	1
188	Mp	Rand	Mc Nally-Handy atlas of the world		1922	1
189	Mp	Alexis Everett Frye	New geography book	Ginn & Co, 1880	1880	1
190	Jr		Transastion of the Asiatic Society of Japan	Tokyo, odd Volumes (unbound), 1872-1912, 57 vols (3 packages)		57
191	Lg	Rose-Innes (A)	English-Japanese conversation dictionary Japanese phrase-book for beginners and tourist	Yoshikawa, Yokohama, 1935. 2 vols	1935	2
192	Bo (D)		Japanische Bergkirschen, ihre Wildformen und Kulturrassen	Imperial University of Tokyo, 1916. (with illustrations)	1916	1

193	Rp (D)		Mittheilungen der Deutschen Gesellaschaft für Natur und Völe Kerktunde Ostasiens			1
194	Jr		Fortune special number for Japan	Sept. 1936	1936	1
195	Jr	Samuel Couling	The New China review	No.1, 1919, No.4 & No.5. 1920, Kelly & Walsh, Shanhai, 3 vols	1920	3
196	Dc (F)	G. Cesselin	Dictionaire Japonais-Francais	Maruzen Co Ltd., Tokyo, 1939	1939	1
197	Lg	F. Brinkley	New guide to English self-taght	Sanseido, Tokyo, 1909 (明治42)	1909	1
198	Cu	The Eisho Shuppan Sha (英書出版社)	Marriage custom in Japan, with descriptions of the Imperial wedding	The eisho Shuppan sha (英書出版社) Tokyo, 1904 (明治37)	1904	1
199	Tr	Charington (A. J. H.)	Le livre de Marco Polo, Albert Nachbaur	Pékin, 1924, '26, '28, 3 vols	1928	3
200	Rs	Van Gulik (R. H.)	Hayagriva-The mantrayānic aspect of horse-cult in China and Japan. (With 14 illustrations)	E. J. Brill, Leiden, 1935	1935	1
201	Jr	Menchken (H. L.)	The American Mercury	107 (Nov. 1932)-124 (Apr. 1934)-145 (Jan. 1936), New York, 19 vols	1936	19
202	Gr (D)	Nieder Raveket (Hendk)	Gramatica of Nederdentsce Spraakkunst (低地ドイツ語文典, 前編)	Leyden, 1822	1822	1
203	Gr (D)	Nieder Raveket (Hendk)	Syntaxis of Nederdeutsche Woordvoecing (低地ドイツ語文典, 後編)	Leyden, 1810	1810	1
203	Rp Rs	The Japanese sericultural Association	The sericultural industry in Japan	Tokyo, 1910	1910	1

204	Tr (F)	Antoine Charingnon et Melle Medard	A Propos des voyage aventureux de Ferdinand Mendez Pinto, in chitsu (帙)	Imperimerie de la Politique de Pekin, 1934	1934	1
205	Rn	Alekcie Pojatniev	About Jesus Christ in Kamik language, Translated from Greek	St. Petersburg, 1887	1887	1
206	Hy (Siamese)		The list of Chau Phaya in Ratana Kosintra	Bamrung Nukulkit, 2461 (Tai Era), 1918, A. D.	1918	1
207	Jr		Krasnij Bibliotekar (Red Library)	issued Spet., Oct., Nov., Dec., 1931. 4 vols	1931	4

【美野田琢磨文庫図書目録（欧文）・記号一覧】

		書物番号	件数
Ad	政治・行政	79-83	2
Ap	人類学	138(D)	1
Ar	考古学	144	1
At	芸術	80-84-85-87-93-170	6
Av	保管文書・文献	145(D)-146(L)-169(F)	3
Ay	作品集	32	1
Bb	文献学	55-144	2
Bl	愛書	130(F)	1
Bn	会報・公報	46-64-101-113-114	5
Bo	植物学	180-181	2
Bu	仏教	96	1
Cal	古文書	89-135	2
Cl	文化	38-48(F)-92-110-134-166	6
Cu	習慣	66-67-74-86-100(D)-148-152(F)	7
Dc	辞書	1-2-3-4-5-7-8-9-12(F)-13-16-17-18(D)-19(D)-22-23-27-31(H)-32-33-34-35-36-37-38-39-57(F)-95-99-141(F)-180	31
Dp	外交	78-94-133	3
Dr	名簿・目録	60	1
Ed	教育	41-76-77	3
Es	エッセイ	40-65-71-72(F)-83-104-117-118-120-137-157-168	12
Et	倫理学	171-173-174(F)-175(F)-176(F)-177(F)	6
Ey	民族誌学	147(I)	1
Fa	寓話	119	1
Fi	金融	45(F)-109	2
Fl	民俗学	152(F)	1

Gr	文法	10-11-15-21-25(F)-26-30-40(F)-58-64(F)	10
Gy	地理学	17-98-105-123(F)-129-139(D)-140(H)-143	8
Hy	歴史	17-28-50-68-69-73-79-92-111(D)-122(D)-123(F)-134-139(D)-143-166 168-169-172(D)	18
Jr	ジャーナル	49-51-52-53-190	5
Jy	日本学	48-78-90-108-145(D)-146(L)-148	7
La	裁判	133-149	2
Le	伝説	84-86	2
Lg	言語学	4-5-6-14-20(D)-24(F)-28-29-32-41-42-43(F)-44(F)-56-59-61(F)-62-95 99-191	20
Li	文学	47-55-63-75(F)-121-159	6
Lt	文字	167	1
Mi	神話	111	1
Ml	医学	97(F)-142(D)	2
Mo	道徳	157	1
Mp	地図	183(D)(R)-186-188-189	4
Mr	回想録	65-88-102(F)-104	4
Ms	雑録	136	1
Nh	博物学	151	1
Nv	小説	82-115-116-150-153-154(D)-155-156-158-160-161-162-163-164-165	15
Pa	絵画	80-85-185	3
Pap	製紙	178-179	2
Pl	定期刊行物	46(F)-49-51-S2-53-54-101(F)-113-114	9
Po	詩歌	47(F)-91	2
Pri	印刷	103	1
Ps	哲学	30-112(F)	2
Pt	政治的	70-73-182	3
R	ロシア語で	187(R)	1

Rn	宗教	91-96(R)-110	3
Rp	報告書	88	1
Rs	研究	131(D)	1
Sc	科学	27-151	2
Sct	聖書	184	1
Si	シナ学	92	1
So	社会	81	1
Sp	彫刻	170	1
Ta	物語	74-98	2
Td	貿易	94	1
Te	教授	171-173-174(F)-175(F)-176(F)-177(F)	6
Tr	旅行	66-105-106-107-108-124(F)-125(P)-126(P)-127(P)-128(P)	10
(D)	in German	ドイツ語	17
(F)	in French	フランス語	32
(H)	in Dutch	オランダ語	2
(I)	in Italian	イタリア語	1
(L)	in Latin	ラテン語	1
(R)	in Russian	ロシア語	3
(P)	in Portuguese	ポルトガル語	4

関連資料05（坂巻駿三「琉球コレクション」書抜）

ホーレーの没後、坂巻駿三は遺族（島袋久）と交渉し、宝玲文庫の琉球・沖縄関係図書を購入した。詳しくは「ハワイ大学宝玲文庫成立の経緯」に記した。その際に作成された、購入対象図書の目録である。坂巻が滞在していたと思われる京都ステーションホテルの便箋に、短時間で書き連ねたものである。「通し番号、書名、冊数」が箇条書きされ、それぞれの頁の右上にその頁の冊数が記されている。当時、ホーレーの手元には文庫の目録は作成されておらず、「琉球・沖縄関係図書」として何冊が該当するかは不明であった。正確な冊数については、整理が完了した時点まで定まらなかった。

短時間の「書名リスト」であったため、後に整理された「宝玲文庫琉球コレクション」の書名と一致しないものもある。また、琉球関係と誤認して、朝鮮通信使史料、鯨関係史料が紛れてここに含まれている。山科のホーレー邸の宝玲文庫にあった「琉球関係史料目録」としてまとめられたものとして、最初のものである。書体を見てみると、少なくとも三名以上の筆跡が確認できる。坂巻駿三・重久篤太郎の他に、沖縄研究者として仲原善忠が書名リストに関わった。

重久篤太郎の日記には

一九六一年一月二九日　坂巻駿三教授と山科のホーレー邸を訪ねて、未亡人島袋久さんに会い、書架に配置されている琉球コレクションをみる。島袋さんは、27日京都ステーションホテルでは、ホーレーは生前十万ドルの価値があるといっていた。この時には古本屋の評価では二万五千ドルだから、琉球コレクションは二万五千ドルで売りたいという。坂巻駿三はハワイ大学に購入交渉のために帰国、結局ハワイ大学からは一万五千ドル、坂巻君が五千ドルを用意して、二万ドルで購入することになる。坂巻教授が用意した五千ドルはいずれハワイ在住の沖縄出身者から募金する予定だという。

一九六一年三月九日　坂巻・仲原善忠・重久の三人が書名リストを分担作成。荷造りに立ち会う。荷造りした木箱は九箱で、冊数の見積は約千六百冊、翌日、朝日通が受け取りに来り。午後の汽車で東京まで発送。さらに東京のアメリカの友人（ジョージ・秋田）によってハワイへ汽船で送付されることになっている。」（記事は重久氏から筆者に提供された）

この書目は、ハワイ大学図書館「坂巻文書」に含まれる。冒頭の十項目（南浦文集　三項目、路加伝福音書、御膳本草　二項目、仝上（御膳本草）、沖縄風俗之図、大島筆記（三項目）、二十七冊は「持参」と記されており、この部分は特に貴重と見做されて、他のものから分離され手荷物として運ばれた。後半の無罫線用紙に二列に記された書目（「以上三百六十五点」）には書名がローマ字でルビとして記されている。受け入れのための目録作成であったと考える。

関連資料06（伊波普猶文庫目録）

「故伊波普猷所蔵研究資料（沖縄関係ノ分）」

Ｂ４判二十六行詰罫線用紙、二五〇×三五〇ミリ、五枚にペン書きされている。

この目録には複数回の加筆が認められる。一頁目「5 pages Frank Hawley」「琉球官話集　百二十五枚」（見せ消し）、二頁目「Nakahara has a copy」」、四頁目「琉球の形附　一冊　昭和十八年」はフランク・ホーレーによる鉛筆書。各書名の冒頭にあるチェック印（鉛筆）は原本と照合の際のもの。五頁目「伊波普猷著作　チェック印は焼失」は、空襲被災の後のもの。目録本文の加筆鉛筆書には、資料の頁数や著者、伝来などの詳細が含まれており、専門家の手によるものである。伊波普猷資料の経緯は、仲宗根政善著『石に刻む』（沖縄タイムス社）に記されている。これを参考に推理すると以下のようになる。

伊波普猷の沖縄研究資料は折口信夫に預けられていた。伊波が引き取った後に空襲に遭ったが、幸いにも資料は運び出された。そのことは、目録四頁目の「中山傳信録」には「水ビタシ本」と加筆されていることから分かる。伊波普猷は昭和二十二年八月十三日に亡くなった。その後、残された妻冬子は資料の行く先を案じた。伊波の旧蔵本目録「故伊波普猷所蔵研究資料（沖縄関係ノ分）」がホーレーの手元に渡ったのはこの時で、仲介をした琉球の専門家（宮良當壯？）は、原本を確かめて現状を目録に加筆した。例えば、目録二頁目の「琉球国来聘記　天保三年」には「黒川本」とあり、これは国学者「黒川真頼」「黒川真道」の蔵書印を根拠としている。この説明を聞きながら、ホーレーも加筆した。しかし結局、この蔵書はホーレーの手もとには渡らなかった。昭和三十年に、仲宗根政善は冬子の求めに応じて御徒町の伊波冬子を訪ねている。当時の様子は『石に刻む』には次のように記されている。「これまで、折口先生が保管しておられたが、もうこれを切り売りして生活しなければならないところまで、生活はおいつめられておられた。ホーレー氏が買いとり、夫人を司書に採用して、生活の面倒を見てやるといっているが、その気にはなれないと話しておられた」、そして「これらの資料をホーレー氏には譲らず、琉球大学に伊波文庫として永久に保管してもらいたい、との冬子夫人の御意向を承って帰った。その後、翁長俊郎事務局長が上京して、風呂敷に包まれた「おもろ覚書」の御遺稿を除いて、すべての資料を譲り受け、「伊波文庫」として琉球大学図書館に保管した」。

伊波普猷資料の情報をホーレーに伝えたのは、前述の専門家と島袋久であったろう。資料の購入ばかりでなく、冬子夫人の処遇をも提案したことに、おなじ沖縄の出身である島袋久の存在を感じる。

記録によれば、伊波普猷文庫が琉球大学図書館に入ったのは昭和三十年で、百六十一冊を購入したとある。現在、琉球大学図書館の「伊波普猷文庫目録」には百六件が載せられ、「琉球・沖縄関係貴重資料デジタルアーカイブ」には百三十六件が公開されている。本資料目録に記載され、琉球大学図書館の目録に無いものもあり、今後の比較研究が期待される。目録の作成者は伊波冬子夫人であったろう。

関連資料07（C・R・ボクサー書簡）

用紙は「The New Yorker」のレターヘッドのある便箋。C. R. Boxer（一九〇四～二〇〇〇）は上海でエミリー・ハーン（Emily Hahn）と出会い、結婚。エミリー・ハーンは「The New Yorker」の執筆者。ボクサー自身は、イギリスの歴史学者で、オランダ及びポルトガルの貿易史について研究。王立陸軍学校で学び、一九三〇年に日本語を学ぶために来日。奈良の日本陸軍歩兵連隊に派遣される。一九三六年に香港のイギリス陸軍に転属、「香港の戦い」で負傷し、終戦まで日本軍の捕虜となり、台湾で拘留された。一九四六～四七年、連合王国極東委員会委員として来日する。推測するに、フランク・ホーレーとの関わりは、一九三四年にホーレーが第三高等学校外国語教師として京都に滞在していた時期と、戦後の極東委員会委員で来日していた時期が考えられる。ホーレーの手元には、ボクサーの蔵書の被った被害とその経緯についてのニューヨークからの書簡一通があるのみ。発信の時期から、ホーレーは自分の蔵書が日本政府の敵産管理に遭っていることをボクサーに告げ、何らかの情報を得ようとしたのであろう。ボクサーはホーレーの蔵書について心配し、自分の経験を語り、助言している。一部、判読できない文字がある。

132 East Street New York City U.S.A.

19 February 1946

Dear Hawley,

Many Thanks for your letter of the 12 on February. First and foremost, I should like to say how grateful I am to you for taking luck an active interest in my library, at luck an early stage of the game, and secondly how sorry where that your books were pinched as well.

I was lucky enough to find virtually the whole of my library, (save almost 15-16 books out of nearly a thousand) intact in Tokyo in the Imperial Library at Ueno, whither it had been removed in The summer of 1944 by The Monbusho from The General Staff (I don't think the Jap. F.O. ever had anything to do with it, and own F.O. took, as you surmised, no action whatever on your letter) . I had it packed up and send **** to our embassy for safe keeping as I hope to return to Japan in due course, or at any rate to the Far East. The bindings were much mildew from dump but otherwise it was in good condition and kept altogether.

Regarding your own, it is most unfortunate you did not write me or Sir George in Tokyo, as we could easily have found out what has become of it. If Keio was not bombed (and I have a vague idea that it escaped) it should be OK.

I suggest you write to our embassy staff there and ask them to take the matter up night away with the Monbusho thorough the American and Jap. Central Liaison Office, **** either Pinto (who is still there, the unfortunately I missed seeing *** him and Okamoto) or Ishida of the Toyo Bunko, or Father Lowes& Kraus who will probably know where it was sent if transferred from Keio. ***might produce some results, who' it is much better to be on the ***st; and I doubt if I could have got by own books back had I not been on the spot and met Ishida Koda (who dipped are off as to their where about) and dean Col. Freddie Munson, Head of the Jap. Liaison at G.H.Q. who is an old friend of mine (and maybe of yours too, if so write him as well as our embassy, of whom MacDer**tt, Watts and Oscar Moreland are the best people for you to get in touch with). Hoping you leave the some luck as I did, and write are again if any more hope that I can give you.

Yours Sincerely　Charles Boxer

関連資料08（青山ホーレー邸書架　配置図）

ホーレーは昭和十五年（一九四〇）の一月十七日に、同潤会「江戸川アパートメント」（牛込区小川町二丁目二）五三号室から、南青山五丁目四十五番地に引っ越した。この家屋は海軍造船中将有賀譲の借家であった。有賀は昭和十二年（一九三七）に勲一等瑞宝章を受け、翌年十二月二十日に東京帝国大学十三代総長になったことによって官舎に転居した。

この地番の一帯（約一万六千坪）は、かつては明治政府官僚で衆議院委員の安川繁成の子息安川重種の所有地で、「四十五番地」には十件の住居番号がある。したがって、有賀邸にホーレーが移ったことは、住居番号の記載がない番地のみからは確定できないが、俊子夫人と池田越子がその旨を筆者に語っている。因みに、更に遡れば、この屋敷地は嘉永四年まで二本松藩丹羽左京太夫の下屋敷であった。

転出した「江戸川アパートメント」五三号室のあとには、同じアパートに居住していた堀口大學が室内の設備が気に入り、引っ越してきている。また、戦後の昭和二十二年六月十五日には、比嘉良篤が「南青山五丁目四十五番地」（現在・南青山四丁目十四番七号）を購入した。比嘉はホーレーの死後、宝玲文庫琉球関係図書とハワイ大学の坂巻駿三を結びつけた人物である。（『比嘉良篤　生と像』私家版・昭和六十二年十月。）

ここにあるのは、南青山ホーレー邸の書架配置図である。用いられたのは妻俊子の父美野田琢磨の社名用箋三枚で、四・六・六・八・十畳敷各部屋の書架の場所、各書架の寸法詳細である。ホーレーは書物を、この書架二十四基と、他に四畳部屋押入部の上下に二箇所収めている。書架の幅の全長は百二十四、五尺、すなわち二十間七五、三十八メートルに及ぶ。書架［#1］から［#17］は、同一寸法の特注品で、美野田琢磨が調えている。書架には124番まで番号が付されている。ホーレーはこの他に、岳父美野田琢磨の倉庫（世田谷弦巻）も書庫としていた。

巾	高	BookNo	BookNo	冊数	整理	
4.4	7.5	1	74	74	高田美穂	資料01
4.4	7.5	75	175	101	高田美穂	資料01
4.4	7.5	176	190	15	高田美穂	資料01
4.4	7.5	191	226	36	高田美穂	
4.4	7.5	227	251	25	高田美穂	
4.4	7.5	252	266	15	高田美穂	
4.4	7.5	267	283	17	高田美穂	
4.4	7.5	284	294	11	高田美穂	
4.4	7.5	295	326	32	高田美穂	
4.4	7.5	327	345	19	高田美穂	
4.4	7.5	346	361	16	高田美穂	
4.4	7.5	362	509	148	高田美穂	資料01
4.4	7.5	510	573	64	高田美穂	
4.4	7.5	574	603	30	高田美穂	
4.4	7.5	604	637	34	照山越子	
4.4	7.5	638	718	81	照山越子	
4.4	7.5	719	797	79	照山越子	
3.3	7	798	832	35	照山越子	
4.4	7.4	833	877	45	照山越子	
4.4	6.3	878	939	62	照山越子	
5.3	5.5	1127	1192	66	照山越子	
3.8	7.5	不明				
3.8	7.5	不明				
3.8	7.5	不明				
4.4	7.5	不明				
2.6	4.8	940	1009	70	照山越子	
4.8	4.8	1010	1122	113	照山越子	
		1123	1126	4	照山越子	
4	2.5	不明				
5.1	3.1	不明				
124.5	198.9					
30.3	30.3					
3772.35	6026.67	22734708.57				

畳	BookCaseNo
8	1
8	2
8	3
8	4
10畳裏6畳	5
10畳裏6畳	6
10畳裏6畳	7
10畳裏6畳	8
10畳裏6畳	9
8畳裏6畳	10
8畳裏6畳	11
8畳裏6畳	12
10畳	13
10畳	14
10畳	15
10畳	16
10畳	17
裏4畳	18
裏4畳	19
裏4畳	20
廊下	21
廊下	22
廊下	23
廊下	24
8畳裏6畳	A
	B
	D
	C
裏四畳	下方
裏四畳	下ノ押入

資料01	288件
資料03	295件

関連資料09-01（[書目] 日付入り青野線用紙一枚十四行　二枚）

第一帳「茶園栽培問答　一冊　二〇円」から始まり「明堂灸経　一冊　四八円」まで、二段書き、計二十六項目。第二帳「九条家本　毘沙門堂記　二十六冊　一五〇〇円」から「飼鳥必用　比野勘六著　三冊　八五円」まで、八項目。

古書店からの提案目録で、都合三十四項目の書物が価格とともに記されている。書入れの鉛筆書きはホーレーの筆跡で、「総額四千六百六十六円分を購入して、同時に三千九百円支払って、七百六十六円未払」の意味を冒頭に記している。

「増訂華英通語　一冊　三五円」は「返品」している。「琉球聖典おもろさうし選釈　一冊　六〇円」と「琉球産物爪甲見帳　二冊　五〇円」の書名はハワイ大学宝玲文庫「HW679」「HW680」として確認できる。但し、前書は現物確認ができていない。後書は「一冊」として記録されすぐ後の書目「HW680」に「琉球産端物見帳」があり、坂巻駿三の整理の段階で二冊に別けて記録したと推測できる。「爪甲」は鼈甲（玳瑁）を意味し、「琉球・沖縄関係貴重資料デジタル・アーカイブ」解説によれば、この文書の作成者は村上藤兵衛である。昭和九年に村上家文書は売却散逸されたという。

「九州大学文化史研究所所蔵琉球関係史料の研究」参照。「伊豆海島風土記　森立之枧園旧蔵本　題簽及朱筆立之自筆　一冊　三八〇円」は『ホーレー文庫蔵書展観入札目録』に記載されている。

関連資料09-02（[書目] 赤罫線用紙　一枚十四行　二枚）

第一帳「壒嚢鈔　正保版　大和万法寺旧蔵　十五冊　六〇〇円」から「書入本　延喜式　稲葉通邦自筆書入　五十冊　八五〇円」まで、十四項目、第二帳「東大寺献物帳　一冊　四〇円」から「九條家本　體源抄　二〇冊　七〇〇円」まで十二項目。都合二十六項目。前掲の資料と同じ筆跡。金額は八千二百六十円、ホーレーは「Paid」（支払った）と記している。

関連資料09-03（[ホーレーメモ] メモ一枚　青鉛筆書）

「list of books sent to Kon」「Parrolt has Allen's Short Economic History 」「(got from Shimada)」「Etsuko has Treverlyan's history」

「Kon」は帙製作者の昆。これは「昆に帙作成を依頼した書目」を意味している。「Etsuko」は照山越子。

関連資料09-04（ホーレー宛吉田久兵衛書簡　便箋　一枚）

吉田久兵衛は「文淵閣　朝倉屋書店」店主。

昨日は失礼致しました
御依頼の件につき早速出点主に問合せましたところ
やはりすでに売約済になっていましたそうで遺憾なが
ら如何とも致し方がありませんでした何卒悪しからず
思召下さいませ
先は右御知らせまで

吉田久兵衛拝

ホーレー様

玉案下

関連資料09-05（琳琅閣納品書　「コクヨ104」用紙　二枚　（昭和）二十二年三月二十日）

一枚目「義経蝦夷実記　一冊　五円」から七項目。
二枚目「□式聞書　二冊　一〇〇円」から四項目。
都合十一項目、三千九百五十円、ホーレーは「Paid（支払って）」いる。
一枚目の「催馬楽註秘抄　康正写本　一冊　二五〇〇円」に注書がある。

康正写本は極めて稀珍之書と存じています

関連資料09-06（[書目] ホーレー宛村口四郎書簡　村口書房用箋　二枚）

一枚目「東医宝鑑　古韓本　二五冊　三五〇〇円」から、十一項目。

二枚目「剪花翁傳前編　五冊　一〇〇円」から、五項目。

末文に「計六八二〇円　村口」とある。

青鉛筆で「Baron Watanabe's books（2冊）」とある。渡辺男爵は「渡辺千秋」、昭和二十二年に蔵書の売り立てがあった。

関連資料09-07（村口書簡　榛原製の用箋）

ホーレ様　　　　　村口生

再々お使いを頂き常に他出中の為

要領を得ず詢に失礼して居ります

例の花伝書ですが再度返戻下さる様

お願い致して居りますがどうしても頂き度い

そして代金は何時でも支払ふと申して全く困って

居ります　先も古くからの客ですし営業者と

して弱って居りますが　何れは取り戻し度く
該書に変わる善本を推めて何れは取り戻し
度く存じて居りますから　今久らくお待ち
下さいませ　実に困ってます
次に本朝書籍目録古写本は入手してあり
ます
先ずは右お詫び旁々御願ひまで

この書簡は、村口四郎が既に売約済となった「花伝書」を、研究を進めていたホーレーの執着によって返本させようとしている苦労が記されている。再々の催促、「是が非でも」というホーレーの書物への執着が、現れている。

関連資料09-08（村口書簡　村口書房の用箋）

発信期日不明

能口傳書　禅竹。　四帖　八五〇〇
中右記ハ博物館ヨリ未だ戻リマセンノデ
戻リ次第御納メシマス。

村口

ホーレ様

関連資料09-09（［書目］赤罫線用紙　一帖十四行）

一枚目「本朝官制沿革図考　四冊　一八〇」

二枚目「法華経考異　二冊　九〇」他十二項目

三枚目「江家次第　橋本経亮自筆書入本　十九冊　八〇〇」他九項目

都合一万千二百十五（円）分の記載がある。

関連資料09-10（［ホーレー図書購入メモ］メモ一枚　青鉛筆書）

一九四七年四月二七日の朝倉屋と文久堂に宛てた支払いの覚えである。

Asakuraya not paid for

（1）Books including 明醫雑著　一冊

（2）Books obtained 27/4/47

Bunkyudo　未払

（1）茶　3000

（2）韓　500

（3）雑　180

3680

関連資料09-11（［請求書］琳浪閣斉藤兼蔵「コクヨ259」用紙　一枚）

昭和二十二年三月三十一日付。合計金額三千七百七十円。

三月二十日に納品された書物の請求書。

関連資料09-12（［書目］一九四七年四月二七日に池上製本所へ託した製本依頼の書物目録）

白紙にホーレーのペン書き。二十八件。

Sent to Ikegami 27 April 1947

関連資料09-13（村口書簡　村口書房の用箋。一九四七年四月二十五日付）

「not yet paid」（未払い・青鉛筆）八件。

名山図会　三百五十

南島志　二百五十

大和御陵図　百八十

名所考　五百

風土記　百五十
蝦夷叢書　二千五百
正平本論語　五百
鹿島名所図絵　八十

関連資料09-14（琳琅閣納品書　昭和二十二年二月二十日付「コクヨ104」用紙）

「又他の三点は売切申候」と摘要欄にあり、六点注文したうちの三点の納品書目。

関連資料09-15（［書目］一九四七年三月十四日に池上製本所へ託した製本依頼の書物目録）

白紙にホーレーのペン書き。六件。

「Sent Ikegami 14 March 1947」

関連資料09-16（［書目］一九四七年十一月二十四日に池上製本所へ託した製本依頼の書物目録）

白紙にホーレーの鉛筆書き。四件。四件の書物を届け、その際に風呂敷を置き忘れている。

池上　十一月二十四日

4 items sent Ikegami 24 Nov.

Also one furoshiki left

Letter to Ikegami

関連資料09-17（[書目] 一九四七年一月三十一日に池上製本所へ託した製本依頼の書物目録）

白紙にホーレーのペン書き。十件。

「Sent to Ikegami 31/1/47」

関連資料09-18（[書目] 一九四七年一月二十四日に池上製本所へ託した製本依頼の書物目録）

白紙にホーレーのペン書き。十三件。

「Sent to Ikegami 24 Jan '47」

関連資料09-19（[書目] 一九四六年十二月五日に池上製本所へ託した製本依頼の書物目録）

白紙二枚にホーレーの鉛筆書き。十七件。翌年の四月二十七日の日付で、返されていないと書き入れ。

「17 items sent Ikegami 5 Dec 1946」

関連資料09-20（[書目] 一九四六年十二月二十六日に池上製本所へ託した製本依頼の書物目録）

白紙二枚にホーレーの鉛筆書き。十六件。

Sent to Ikegami on 26 Dec 1946

24 voll. + 1 leaf（二十四冊　一帖）

関連資料09-21（［書目］一九四七年一月二十五日に池上製本所へ託した製本依頼の書物目録）

白紙にホーレーのペン書き。一件。

「Sent to Ikegami 25th Jan 1947」

関連資料09-22（村口書簡　榛原製の用箋）

期日不明、鉛筆書き、七件、金額記載あり。

ホーレー書き入れ。

returned

15000　10/3/47　8,450

関連資料09-23（村口書簡　榛原製の用箋）

期日不明、ペン書き、四件、金額記載あり。

ホーレー書き入れ。

6000 paid 1/2/47

関連資料09-24（［書目］一九四七年四月二十七日　メモ）

白紙にホーレーの青鉛筆書き。五件。

Muraguchi（村口書店）

27/4/47

関連資料09-25（［書目］期日不明　メモ）

白紙にホーレーの鉛筆書き。七件。

Muraguchi

Oshima Ise (1) Ise (2) no Kadensho yes Chuuki Sale Yashiro – Koken rare monogatari of Watanabe

Asakuraya sale **** agreement

このメモは、朝倉屋の古書目録から村口書店に購入を依頼したものであろう。書物は、「大島筆記・伊勢物語・花伝書・中右記・屋代弘賢の渡辺崋山についての物語」が推測できる。

「Yes　no　?.」（青色鉛筆）は、後日、その結果が知らされた際のメモ。

関連資料09-26（［書目］期日不明　メモ）

白紙にペン書き。四件。

gold mere brilliant kindei ikkanmono scarce　many of chuzonkikyo are yubi　peculiarity of peacock design?　Fujiwara makki original jiku　[nakazuri]

純金金泥一巻物　珍しい　多くの中尊寺経は優美　孔雀模様の特徴　藤原末期当時の軸（訳）

このメモは、表に中尊寺経・神護寺経・美福門院・藤原紺紙金泥経の四件の書名があり、その裏面にホーレーの鉛筆メモがある。書店の中摺り説明をそのまま書き写したと思われる。

関連資料09-27（［書目］期日不明　メモ）

白紙にペン書き。五件。

関連資料09-28（［書目］一九五〇年一月八日　池上製本所宛てメモ）

白紙にペン書き。八件。

9 items in all 8 January 1950 (Ikegami)

関連資料09-29（［反町茂雄書翰］六月二十五日　榛原製の用箋　一枚　「弘文荘印」（朱））

提案書物の紹介。解題として松田武夫の著書『和歌と新資料』を例示し、収集の成果を説明している。

松田氏の報告については同氏著「和歌と新資料」一九三頁以下を御参照下さい、その後に小生三條家の多くの古書の内から第五巻の残部を発見しまして五冊まで完全な本とする事が出来ました。そのため価格も昨年の不完全の価格（当時七千五百円）より若干高くなりました。この点御諒承を得たく御願ひ申し上げます。

その他にも若干の古書持ち合わせて居ります。おついでの節に御立ち寄りの上御高覧下さいませ。

先ずは右当用まで　草々

六月二十五日　茂雄

ホーレー様

侍史

参考：松田武夫著『和歌と新資料』越後屋書店、一九四三年四月、一九三頁。

関連資料09-30（［池上幸二郎書翰］年月不明　二十五日）

白紙に墨書、二枚。

ホーレーの製本調整依頼を受けて、池上が幸二郎が謝意と進捗状況、資材の不足と近況を報告している。

拝啓　毎度御引立ニ與リ厚ク御礼申
上ゲマス御下命ノ製本モ全部完了　此
ノ所全部ノ表紙付ヲ始メテ居マス　是
モ二三日ノ処デ終ルコトト思ヒマス　ソノ後
ハ帙ニカカリマスガボール紙ガ不足シ
テ居テ仲々ニ思フ様ニ参リマセンデシタ
ガ今度ボール紙ヲ売リタイト申シ
テイタ人ガアリマシタノデ夫ヲ買フコト
ニシマシタカラ漸ク愁眉ヲ開クコトガ
出来マシタ　ボール紙ハ近々ニ手ニ入ルコ
トト思ヒマスカラ今度ハ順調ニ御納メス
ルコトガ出来ルト思ッテイマス

箱ハ予定ガ少シ遅レテ今月中
ニハ出来上ルコトト思ヒマス　金子御届
ケ願ッテ誠ニ恐縮ニ存ジテイマス
製本ヤ虫損ヤ其他大イニ努力シテ

必ズ御意ニカナフ様ナモノヲ作ルツモリ
デスカラソノ点ハ御心配ノナイ様ニ願
上ゲマス

日本モ敗戦ノ為総テノ文化機関ガ
破壊サレマシタガ大イニ努力シテ学問
ノ為ニ働キタイト思ッテイマス

二十五日　　　　池上幸二郎
頓首

寶玲先生
侍史

関連資料09-31（［書目］白紙にカーボン複写した目録　二枚）

古書店からの大学図書館目録を中心とした提案書。都合、四十二件。

関連資料09-32（［池上幸二郎書翰］年月日不明　十日）

Ｂ４版四百字詰原稿用紙白紙に墨書。一枚。

拝啓

○子供ノ病気ノ為又スコシダケシカ出来ナク
テ恐縮デス今后ハ二十日頃御ツイデモア
リマシタラ長谷川サンヲ御遣シ下サイ

○注文ノ箱三個　長恨歌　五山版　寂室録　御請求目録
ガ二十日頃出来上ガリマス箱代ハ
　長恨歌　上製　百七八十円位
　寂室録　並製　二百二三十円位
　請来目録　上製　三百二三十円位
ト云ウコトデアリマスノデ約七百円バカリ
二十日頃マデニ御届ケ願ヘレバ甚ダ幸デ

ス箱屋モ焼ケテ今ノ所一軒シカナクテ仲々
高イコトヲ云ツテ困ツテヰマス、但シ仕事ハ仲々
立派デス
○先日差上ゲタ『和紙の創成と発達』ト云
フ小冊子ニハ同封ノ印刷ガ付イテヰマスカ
ラ貼付けて置いて下サイ
○スピンクス様が時々御見エニナッテ御噂ヲ申
上ゲテヰマス
○ヨイ仕事ヲシタイト勉強シテヰマス
十日 池上幸一郎 頓首
寶玲先生 侍史

〔欄外〕私モ大変貧乏シテ、箱屋ニ支払フ金モ少シ心細イ様ナ昨今デス、御笑ヒ下サイ。

「長谷川サン」はホーレーの専属運転手。
「『和紙の創成と発達』」は濱田徳太郎 著。刊記不明。
「スピンクス様」不明。

関連資料09-33（フランク・ホーレー宛松村書店書翰　年不明　九月二十六日）

神田神保町松村書店「Matsumura & Co.」用箋三枚。鉛筆書きは、ホーレー。かつては、神田神保町七番地にあったが、現在は廃業、店主は松村龍一。

拝啓　漸く秋らしくなって参りました。愈々御清栄の御事と御喜び申し上げます。
この度は御送付頂きました書籍他十五点、先便にて申し上げました通り無事到着いたしましたので早速評価させていただきました処、上記の通りになりましたが如何でせうか御伺いいたします
大変よい本を多く御送りくださいまして誠に難有存じ居りますが、価格の方が仲々御希望の通りに必ずしも参りませんかも存じませんが何卒宜敷に御願ひいたします現今東京の古本業界は餘り景気が香ばしからぬ状態です。
古本が思う様に売れませんとにかく現在に於て出来るだけ勉強して評価いたしした心算です
先ずは右取敢えず御照会迄

草々

九月二十六日

后四時　　松村龍一　拝

フランク　ホーレー様

ホーレーは蔵書を手放す目的で、四十五点を松村書店に届けた。その内の五点には自己評価価格（一万八百円）を記した。これに対して、松村はここにあるように、評価価格を記した返書を送っている。都合十八万二百円で引き受けると、書き送っている。書名は書物の特徴のみを記しており、現物を前提としているので、確定するのは難しい。

第一枚目の冒頭にある「Blades: Caxton 2 vols」、この書物は「William Blades」の「The Life and Typography of William Caxton, England's First Printer, with Evidence of His Typographical Connection with Colard Mansion, the Printer at Bruges, 2 vols.」を示していると思われる。ホーレーは三万九千円と評価しているが、松村は三万とした。「Piggot: Elements of Sosho 1 vol」、松村は千五百と評価した書物は、「Piggot, Capt. F. S. G., The Elements of Sosho, Kelly & Walsh, Yokohama, 2nd Year of Taisho」を示していると思われ、[資料11]（貼付ノート）第二巻二五七頁に、書名を見いだせる。接収図書の返還時には、「六千円」と自己評価していた。[資料22]（タイプ目録）、第四巻三四五頁。

関連資料09-34（［書目］書簡用便箋　墨書）

記

嘉禄板　大般若経　無刊記
　文永二年五月　厳意朱書　五帖　七、五〇〇
室町初期　法華経　無刊本
　　時代面取経絹入完本　八巻　三五、〇〇〇
〃　末期刊　三千仏筆彩　一葉
　七段十行　七十躰
徳川初期　理趣経扉絵　一葉
〃　中期　鐘馗像　一葉
　　　　　　　四、〇〇〇
　以上

追記
琉球首里詩巻　趙文摺外　一巻　二、〇〇〇
敦煌佛書　一葉　三、〇〇〇

関連資料09-35（［書目］「全国古書籍商組合連合会東京都古書籍商業協同組合原稿用紙」）

Ｂ５判、原稿用箋、四枚。鉛筆書き。琉球関係の書名がある。

宇治拾遺物語　竹屋光忠書　十六冊　八、五〇〇
従来ヨリ該書ノ傳写本ハ稀デ内閣文庫ニ
片仮名本ノ古写本ガ特ニ名アリ他ニ古写本ノ
アルヲ聞カズ　竹屋光忠ノ傳詳カラズ
説話集ノ代表。
義経草紙　室町中期頃(明応文亀)古抄本
成立年代ハ一応室町初期~中期ト判定セラレ
現存デハ文忍文庫本(室町中期頃推定)ガ
最古トセラレ貴重本トナレリ他ニ内閣文庫
ニモ古写本アレド零本ナリ　新タニ発見セラ
レタル該書ハソノ内容ニ於テモ書写年代ニ就テモ
前記「不忍本」ト優ルトモ劣ラザルモノト思料セラ
レル新資料ナリ　称スルニ「菊屋本」ト名ツケタリ
大形古写本　八冊　三五、〇〇〇
菊花百咏　元禄七年刊　稀本　一冊
菊花百詠　元禄刊　一冊

法隆寺起請文　二通　七、六〇〇
紙背文書　元応二年四月（御醍醐帝）
常楽寺文書。

鶴林玉露　室町中期書写　吉田本　二冊
四三〇〇
琉球雑記　附大島筆記　二冊　三八〇〇
上巻　安芸権七外五名ヨリ戸部良煕ガ聞キ取リ
タルモノヲ録ス
下巻　琉球歌（久志親玉作）　絵入
水鏡　江戸中期写　合一冊　一、八〇〇
ますかがみ　江戸初期古抄本　七冊　六、五〇〇
伊勢物語*疑抄　江戸上期写　二冊　四、八〇〇
佛祖宗派綱要　古刊　一冊　一、八〇〇
琉球神道記　慶安刊上本　三冊　二、八〇〇
日本行記　高橋景保著　七冊　一、七〇〇

【著者紹介】

横山　學（よこやま・まなぶ）
1948年、岡山市生まれ。1983年、筑波大学大学院歴史・人類学研究科史学日本史専攻博士課程修了。現在、ノートルダム清心女子大学名誉教授、早稲田大学招聘研究員。文学博士。

（主要著書）

『琉球国使節渡来の研究』（吉川弘文館、1987年）『書物に魅せられた英国人　フランク・ホーレーと日本文化』（吉川弘文館、2003年）『江戸期琉球物資料集覧』（本邦書籍、1981年）『琉球所属問題関係資料』〈編著〉（本邦書籍、1980年）『神戸貿易新聞』〈編著〉（本邦書籍、1980年）『文化のダイナミズム』〈共著〉「フランク·ホーレー探検　人物研究の面白さ」（大学教育出版、1999年）『描かれた行列―武士・異国・祭礼』〈共著〉「琉球国使節登城行列絵巻を読む」（東京大学出版会、2015年）『生活文化研究所年報』〈編著〉（ノートルダム清心女子大学生活文化研究所、１輯1987年～30輯2016年）“Journalist and Scholar Frank Hawley”, British & Japan Vol.5, Edited by Hugh Cortazzi, 2004. ”Frank Hawley and his Ryukyuan Studies”, British Library Occasional Papers 11, Japan Studies, 1990.

書誌書目シリーズ⑪⓪ フランク・ホーレー旧蔵「宝玲文庫」資料集成
第5巻

二〇一九年七月　十六日　印刷
二〇一九年七月二十五日　発行

編　著　横山《よこやま》　學《まなぶ》
解　題　横山　學
発行者　鈴木一行
発行所　株式会社ゆまに書房
〒一〇一―〇〇四七
東京都千代田区内神田二―七―六
電話〇三（五二九六）〇四九一（代表）
印　刷　株式会社平河工業社
製　本　東和製本株式会社
組　版　有限会社ぷりんてぃあ第二

◆落丁・乱丁本はお取替致します。

定価：本体18,000円＋税

ISBN 978-4-8433-5135-2 C3300